LA REVANCHE DU CERVEAU DROIT

Pour en savoir plus sur les Éditions du Dauphin
(auteurs, titres, vidéos, catalogue, conférences, actualités, etc.)
vous pouvez consulter notre site internet :
www.editionsdudauphin.com
Et nous suivre sur les réseaux sociaux :

www.facebook.com/editionsdudauphin
www.instagram.com/editionsdudauphin
www.youtube.com/c/editionsdudauphin

Conception graphique : Caroline Fresnais
Crédits illustrations : ©theerakit - Adobe Stock.com (p130, Ying Yang), ©Philippe Guillemant (p152, Schéma « 3 temps 3 niveaux de conscience »), ©serkorkin - iStock.com (signe du cerveau, ouvertures de parties et chapitres), © Jean-Christophe Poggioli (illustration p406)

ISBN : 978-2-7163-1778-8

DAUPHIN ÉDITIONS
43-45 rue de la Tombe-Issoire
75014 PARIS
www.editionsdudauphin.com

Ferial Furon

Marjorie
Rafécas-Poeydo

LA REVANCHE DU CERVEAU DROIT

Une ouverture pour demain

40 personnalités témoignent

dauphin
ÉDITIONS

À nos enfants
Charles, Alexis et Raphaël
Victor et Héloïse

Et à tous les enfants (et grands enfants) qui se sont sentis un jour, différents

Ainsi qu'à Olivier Poeydomenge qui nous a quitté trop tôt
à cause d'une tumeur cérébrale, sa femme Agathe et ses enfants Rose et Henry

Remerciements

Un grand merci

Aux quarante experts qui ont accepté l'aventure avec nous. Des esprits libres et visionnaires aussi passionnants qu'attachants qui nous ont permis de tisser des liens inédits entre des domaines *a priori* hermétiques (sciences physiques, biologie, neurosciences, philosophie, sociologie, psychologie, coaching, art, économie…). Avec eux, l'épopée du cerveau droit a été exaltante !

À Bruno Giuliani pour sa bienveillance, son rôle de « parrain » philosophique et sa préface joyeuse et profonde.

Toute notre gratitude envers Marie-Laure Colonna, brillante psychanalyste jungienne, qui a eu la délicatesse de nous mettre en contact avec une éditrice audacieuse.

À Gabrielle Tromelin, notre éditrice et sa maison d'édition du Dauphin (l'emblème du Dauphin qui unit Apollon-cerveau gauche et Dionysos-cerveau droit, dans l'esprit grec).

À Alain de Vulpian, sociologue spécialiste des transformations de l'Occident, que nous avons rencontré au crépuscule de sa vie et dont la vision optimiste nous a fortement inspirées.

À Irène Dupoux-Couturier, fondatrice d'Happymorphose, pour son engagement en faveur de la métamorphose humaniste.

À Myriam Ogier, coach spécialiste des « cerveaux droits », pour son cri du cœur : « *Le XXIe siècle sera créatif ou ne sera pas !* ».

À Audrey Chapot, anthropologue hybride, dont le lien avec l'invisible est fascinant.

À Marie-Pierre Dillenseger, experte des arts stratégiques chinois, qui nous encourage à oser s'incarner.

À tous nos proches qui nous ont soutenus dans ce projet, en particulier Dominique Poeydomenge et Kamel Bengana.

À Marie-Louise Poeydomenge de Bettignies[1], aujourd'hui décédée mais dont les livres de sa bibliothèque sur l'asymétrie cérébrale et C.G. Jung nous ont épaulées.

À nos amis Thomas Roche et Juliette Servouse (qui se reconnaîtront dans le cerveau droit).

À Dalila Mebarki, pour son amitié chaleureuse et son anglais soutenu.

À Christine Bach, fondatrice du cercle littéraire « Le Rendez-vous Rive gauche » et du prix littéraire « Marco Polo Venise » pour ses conseils avisés et ses encouragements.

À Guilaine Depis, fondatrice de Balustrade qui nous a fait découvrir des auteurs fascinants et qui est une attachée de presse investie et attachante.

À Samuel Dock, docteur en psychologie et psychanalyste qui a toujours été présent et dont les livres sur la psychanalyse nous ont nourries.

À Franck Agier, fondateur de Baglis TV, qui a cru en notre projet immédiatement.

À Adèle Horaist et Maurice Rafécas, pour leur précieuse relecture.

À Maria Vega de la rue du Dragon, qui nous a soutenues depuis le début de l'aventure et a veillé comme une vraie « maman » à l'accouchement de ce livre, une femme exceptionnelle.

À Richard Cassin, fondateur de l'école de coaching musical EEMA France, qui a su transformer sa dyslexie en une force artistique et qui a su harmonieusement orchestrer ses talents Cerveau droit, un modèle à suivre.

À Jean-Christophe Poggioli, pour son optimisme face à l'intelligence artificielle et pour sa surprise artistique que vous découvrirez dans notre épilogue.

Et bien sûr à Jung, Nietzsche, Spinoza, « des cerveaux droits » aux pensées révolutionnaires !

---

1. Marie-Louise Poeydomenge de Bettignies, *L'éducation selon Rogers, les enjeux de la non directivité*, Bordas, 1993.

Table des matières

Partie 2

Les nouvelles frontières de la conscience : ouverture au monde subtil

Partie 3

Le cerveau droit, la clé pour une nouvelle humanité

Partie 4

L'intelligence intuitive, un autre rapport au bonheur

A tous nos lecteurs

Une aventure amicale et collective

Cet ouvrage est l'aboutissement du premier livre que nous avions tenté d'écrire en 2005 sur les risques d'une déshumanisation des relations en entreprise. Mais les aléas de la vie nous ont écartées de ce chemin … Comme nous sommes tenaces et croyons à la puissance de notre cher « cerveau droit », 15 ans après, nous renaissons avec un projet plus ambitieux et mûrement réfléchi, qui se veut interdisciplinaire.

L'originalité de notre texte est qu'il s'inspire d'une pensée globale en arborescence : nous ne nous limitons pas à un domaine particulier et offrons aux lecteurs un angle de vue à 360 degrés en brisant les silos qui enferment les disciplines. Nous avons mené notre réflexion comme une enquête, et avons souhaité démontrer la puissance de l'intelligence collective en questionnant des personnalités engagées dans des domaines très variés (des scientifiques, des philosophes, des psychologues, des coachs, des sociologues, des ethnologues, des économistes, des artistes…). C'est avec cet éclectisme que notre créativité s'est déployée et que notre ouvrage s'est enrichi avec le plus d'objectivité possible car nous sommes convaincues que l'on ne se rapproche de notre vérité que grâce à la confrontation de différentes théories.

Depuis le chaos pandémique et le confinement exceptionnel dans lequel nous avons plongé, notre ouvrage pourra peut-être participer à l'éveil des consciences et à une société plus créative et hybride auxquels aspirent aujourd'hui nombreux de nos concitoyens. Nous vous proposons donc de vous embarquer pour un voyage transdisciplinaire qui fera jaillir de nouvelles vérités.

Le XXIe siècle sera créatif ou ne sera pas.

Préface de Bruno Giuliani[1]

*« L'intuition est la reine des facultés de la sagesse…
Mais personne ne sait ce que c'est… ».*

J'adore cette citation ! Et vous savez de qui elle est ? Platon ? Bergson ? Macron ? Vous donnez votre langue au chat de Schrödinger ? Ou vous préférez noyer le poisson de Jésus Christ dans l'océan de compassion de Siddharta le Bouddha ? Ne comptez pas sur moi pour vous le dire. Vous aurez peut-être la réponse si vous lisez entièrement ce livre incroyable des deux plus redoutables philosophes en herbe que j'ai eu la chance de rencontrer au cours de ces dernières années festives de chaos pandémique. Totalement dingues, les nanas ! Ont-elles été touchées par un mutant du CO-Vid ? Ou ont-elles trop forcé sur le Martini Blanc à la sauce LSD ? Mêlant allègrement psychologie jungienne, philosophie spinozienne et physique quantique, le duo « Ferial et Marjorie » est ce que j'appelle dans le jargon de la Joÿa une *dyade*, c'est-à-dire une amitié sacrée, pour ne pas dire une sacrée amitié !

Sans compter que nos deux Ali Baba se sont entourées de 40 fieffés voleurs de feu pour commettre leur crime de lèse-majesté : elles n'ont pas fait une bouchée du pauvre dualisme cartésien. Des Ali Baba cool? De vrais terroristes de la joie, oui ! Montaigne et La Boétie n'ont qu'à bien se tenir… Parce qu'on peut dire que « ça crée » sacrément chez nos deux « zèbres » parisiennes ! S'il est vrai qu'« *être une femme libérée, tu sais, c'est pas si facile…* », alors deux d'un coup ! Alors oui, je l'avoue humblement, je me suis laissé charmer par l'audace de ces deux princesses du Nouveau monde, et malgré ma paresse congénitale et mon peu de loisir, j'ai décidé de les soutenir dans leur folle entreprise : penser le nouveau paradigme. Rien que ça… *Non mais, les femmes se permettent tout mainte-*

1. Bruno Giuliani est docteur en philosophie et maître en biochimie. Il est l'auteur de l'ouvrage *Le bonheur avec Spinoza, l'Ethique reformulée pour notre temps*, Almora, 2017.

nant ! Même Edgar Morin n'a pas osé aller aussi loin. Si j'étais Woody Allen, je leur consacrerais bien une scène ésotérico-romantique dans son prochain film sur la décadence de l'empire matérialiste occidental. Car c'est bien de cela dont il s'agit : la domination du cerveau gauche a fait son temps. Réjouissons-nous, chers amis de l'humanité : après des siècles de répression, le cerveau droit est en train de prendre sa revanche !

Alors, respirez… Et entrez en méditation : détendez-vous, centrez-vous, allumez bien votre cerveau droit. Et maintenant, un peu de sérieux en ces temps tragiques de restriction tous azimuts de nos libertés chéries où il nous faudra bientôt un pass sanitaire pour avoir le droit de respirer !

Quel est le message essentiel de ce livre ? Nous sommes à l'aube d'une extraordinaire évolution planétaire : une révolution spirituelle. Et quelle est donc cette ***autre voie*** que ses auteures proposent d'ouvrir à l'humanité à travers la métaphore de « la revanche du cerveau droit » ? C'est l'émergence d'une nouvelle civilisation.

En s'intéressant aux différentes formes d'intelligence et tout particulièrement à sa forme la plus haute, englobante et subtile, ***l'intuition***, ce livre met d'abord en lumière la dimension la plus puissante, la plus profonde et la plus oubliée de la spiritualité – et le meilleur remède aux dérives scientistes de la (pseudo) intelligence artificielle autant qu'aux délires des intégristes religieux : la ***philosophie*** dans son sens premier d'***amour de la sagesse.***

Or, qu'est-ce que la sagesse ? Nous le savons depuis l'Antiquité, c'est le **savoir le plus haut** : la conscience lucide du réel qui permet de vivre selon la lumière de la raison, en accord avec la Nature, dans le plus grand des bonheurs. C'est l'**art de vivre heureux**. De Pythagore à Bergson en passant par Épicure, Spinoza et Nietzsche, les plus grands penseurs l'ont affirmé : la sagesse est avant tout intuitive. Et je suis bien d'accord avec Ferial et Marjorie : c'est de sagesse philosophique dont nous avons aujourd'hui le plus besoin en ces temps d'effondrement. Et c'est pourquoi les sciences les plus avancées, de la physique quantique aux neurosciences, retrouvent aujourd'hui l'évidence première sur laquelle se fonde la philosophie de Spinoza : l'unité entre le corps et l'esprit, la matière et la conscience, l'être et le devenir, la Nature et Dieu. L'unité de la vie.

C'est en fait le nouveau paradigme spirituel du **monisme vitaliste** – *tout est vivant* – que ce livre audacieux propose d'explorer en examinant les dernières avancées de la réflexion sur le nouveau paradigme post-matérialiste en émergence. Et c'est au pouvoir des alchimistes et à la puissance des grands mythes que ce livre nous invite à nous intéresser pour sortir de l'impasse du paradigme scientiste actuel.

Quelle est cette autre voie ? C'est d'abord celle de Thésée : l'intelligence du cœur qui allie l'héroïsme du courage (affronter le minotaure de notre vie pulsionnelle) à la prudence de la sensibilité (suivre le fil d'Ariane de la raison intuitive). Nous demandant avant tout une vertu oubliée – la patience –, cette nouvelle voie initiatique nous invite à sortir peu à peu du labyrinthe du mental (les idées inadéquates selon Spinoza) pour progresser pas à pas avec l'humilité du philosophe vers la sagesse intuitive (la connaissance du 3e genre).[2] À la suite de Spinoza et Bergson, j'appelle « sagesse intuitive » la pensée globale qui intègre science (connaissance objective analytique) et spiritualité (savoir subjectif synthétique) au sein d'une ***intelligence affective*** qui culmine dans ***l'art de vivre***. C'est finalement à emprunter la **voie symbolique de l'intuition** – la pensée qui relie, unifie et s'accorde au sens évolutif de la vie – que ce livre nous invite. Le contraire de **la voie diabolique du mental** qui sépare, détruit et conduit à l'absurdité du monde transhumaniste. Après des siècles de dissociation entre l'Homme et la Nature, ce nouveau courant de pensée se place avant tout sous le signe de ***l'unification des polarités***.

Il montre que nous avons besoin d'unir à nouveau Dionysos et Apollon, le corps et l'esprit, la puissance de l'instinct et la lumière de la raison, la transe et la logique, le cerveau droit et le cerveau gauche. Besoin de reprendre le chemin

---

2. Spinoza appelle connaissance du 3e genre « par intuition ou science intuitive » la connaissance immédiate et directe de l'essence des choses par les idées adéquates de l'esprit. Ce sont les pensées nécessairement vraies, connaissances parfaites accessibles à tous par la raison comme dans la logique, les mathématiques et la métaphysique, dont nous ne pouvons douter, comme « 3x4 =12 », « un cercle est le résultat de la rotation d'un segment de droite », « Dieu est cause de soi » ou « l'amour est meilleur que la haine ». Il la distingue de la connaissance du 1er genre, par opinion, perception sensible ou par ouïe dire, et de la connaissance du 2e genre, la science empirique comme la physique ou la psychologie, obtenue par raisonnement déductif. Un esprit doit selon lui tout repenser à la lumière de l'intuition s'il désire vivre dans la sagesse et la joie. Voir mon livre « Le bonheur avec Spinoza, l'Éthique reformulée pour notre temps » (Almora).

initiatique vers la ***véritable connaissance de soi*** en tant qu'*être humain cosmique* habité par l'ensemble des archétypes animaux et divins (Jung) et capable d'entrer en expansion de conscience pour explorer les « nouveaux univers d'étoiles » (Nietzsche). Et sans le dire, c'est finalement à la création d'une **nouvelle sagesse orphique** que ce livre appelle : à la naissance d'une ***nouvelle humanité créative*** gouvernée par le charme **d'Orphée**. Héros de l'enchantement, Orphée est l'archétype majeur du poète-musicien éveilleur des âmes. C'est l'artiste sacré dont le chant est suffisamment magique, et l'amour assez puissant, pour aller chercher sa femme Eurydice – symbolisant Psyché, l'âme humaine – enlevée aux enfers. C'est à une humanité réconciliée avec la Nature, à la fois artiste et scientifique, intuitive et créative, affective et rationnelle, qu'il appelle. À une civilisation supérieure capable d'apporter une métamorphose humaniste à nos sociétés mécanisées et hypnotisées par les mirages de la Technique. C'est une nouvelle philosophie de la joie qu'il nous propose d'adopter pour engendrer la renaissance spirituelle nécessaire au ré-enchantement du monde. Quel merveilleux programme !

Le programme des philosophes des Lumières, en somme, qui proposait déjà à ***la Renaissance*** de réintégrer l'Homme au cœur de la Nature (Spinoza), plutôt que de le placer au-dessus en dominateur (Descartes). Avec une invitation très simple : passer du dualisme de la Morale (*tu dois obéir à la loi*) à l'unité de l'Éthique (*Bien agir et se tenir en joie*). C'est aussi la voie de la médecine holistique, reprenant la tradition millénaire chinoise du Tao équilibrant le yin et le yang, le féminin et le masculin. La voie des alchimistes, des chamanes et des psychonautes qui savent jouer après Jung avec les symboles et les archétypes pour donner un sens cohérent aux mystérieuses images de l'inconscient.

C'est dans ce **retour à une vie spirituelle** à la fois inspirée et raisonnable que **l'intelligence holistique** à la fois affective, intuitive et créative des artistes et des thérapeutes est sans doute la plus nécessaire. Parce qu'elle est le centre de toute sagesse : non pas réprimer, mais accueillir, discerner et transmuter les émotions, les désirs et les rêves pour engendrer une **nouvelle civilisation artiste** qui sache maîtriser les sciences et les techniques au service de la vie, vers un bonheur partagé.

En redécouvrant la puissance de la transe et l'importance de la méditation, voie royale vers la réalisation de soi, les neurosciences le confirment. Plus que de science et de philosophie, c'est d'art et de poésie dont nous avons besoin.

C'est de présence sensible à la beauté du monde. De communion affective avec les êtres de la Nature. De célébration du miracle de l'harmonie cosmique. C'est d'accès direct au sens sacré de la vie.

Au-delà du narcissisme égotique stérile qui domine notre société du spectacle, nous avons besoin de retrouver la voie de l'humain. Au-delà de la consommation et de la domination par l'argent, nous avons besoin de cultiver les vertus de l'amour et le sens du mystère. Besoin de ressentir l'enthousiasme de créer de nouvelles formes d'entreprises éveillées au service du vivant. Besoin de métamorphoser la société et l'éducation pour la rendre plus philosophe, plus artiste et plus spirituelle : plus ouverte à l'enchantement et à l'émerveillement. Nous avons besoin de plus de cerveaux droits !

Contre les excès de la robotisation, la numérisation et la virtualisation grandissante de la société, ce sont surtout les jeunes qui ont aujourd'hui besoin de retrouver l'espace du rêve en accord avec le réel sensible. De déployer sans limite - comme le jeune musicien prodige Jacob Collier - leur imagination fertile, leur génie créatif et leur intelligence intuitive pour créer un « Nouveau monde » où il fera bon vivre demain pour tous les êtres vivants. C'est pourquoi nous avons besoin d'une nouvelle éducation, d'une nouvelle culture et d'une nouvelle politique : celle qui est incarnée par les milliers de chercheurs inventifs qui travaillent aujourd'hui plus ou moins dans l'ombre pour incarner la nouvelle philosophie des lumières.

C'est ce message d'espérance que ce beau livre propose d'emprunter en réunissant ici 40 personnalités venant d'horizons divers, comme autant d'esprits libres à la fois brillants et audacieux. Et c'est pour moi un grand honneur d'avoir été choisi pour être le porte-parole de ce qui ressemble fort à l'émergence d'un nouveau courant de pensée, « les créatifs intuitifs », au sein de notre riche paysage intellectuel français. Toutes mes félicitations et ma gratitude à Ferial et à Marjorie pour cet immense et salutaire travail de synthèse et de démocratisation d'idées complexes rendues ici accessibles pour un large public. Et bonne lecture à vous tous qui allez pouvoir vous réjouir ici de la ***bonne nouvelle,*** encore ignorée par la plupart des médias et des écoles : un tout nouveau monde est en train de renaître des cendres de l'ancien, et nous sommes tous appelés à en être les co-créateurs.

Bruno Giuliani

La Rosière, Savoie, le 4 octobre 2021.

Introduction

Notre société peut-elle s'épanouir sereinement dans un monde en perte de sens qui s'enlise dans la vitesse et l'immédiateté ? Nous sommes aujourd'hui les contemplateurs passifs d'une mécanisation du monde et des prémices de la robotisation de l'humain, qui semblent être les symptômes de quatre siècles de rationalisme. Cette normalisation excessive de notre civilisation refuse la différence et engendre un monde sans poésie, sans beauté, des environnements froids et désabusés si bien décrits dans les romans de Houellebecq.

Mais c'est souvent dans le chaos et l'incertitude que l'homme se transcende. L'humanité va-t-elle accoucher d'elle-même ? Quel « nouveau monde » va-t-il éclore des grands bouleversements qui secouent le XXIe siècle dans tous les domaines (scientifique, environnemental, économique, sociétal) ?

Pour ouvrir le champ à des interprétations intéressantes de la « mutation anthropologique[3] » en cours, nous avons fait le choix de conduire notre réflexion à la lueur du concept cerveau droit – cerveau gauche…

Pourquoi le concept « cerveau droit – cerveau gauche » peut-il encore révolutionner le monde ?

Même si l'asymétrie cérébrale est aujourd'hui un concept controversé, nous aurions tort de l'enterrer trop vite. Le cancérologue Lucien Israël y consacre une réflexion inédite dans son ouvrage *Cerveau droit, cerveau gauche : Cultures et civilisations*[4]. Fasciné par cette avancée en neuropsychologie, il précise, au

3. La « mutation anthropologique » est expliquée par le sociologue Alain de Vulpian (que nous avons interviewé dans ce livre) dans son ouvrage *Éloge de la métamorphose, en marche vers une nouvelle humanité* paru en 2016 aux Éditions Saint-Simon et récompensé par le prix de l'essai 2016 de l'Académie française.
4. ISRAËL Lucien, *Cerveau droit, cerveau gauche* : *culture et civilisations*, Plon, 1995.

début de son propos, que son désir est de « donner aux lecteurs le goût d'aller plus loin ». Établir un lien entre les cultures des civilisations et la préférence hémisphérique droite ou gauche est une approche originale qui nous offre des clés de compréhension d'une société humaine.

Il n'est pas question de considérer l'un de nos deux hémisphères cérébraux, plus noble que l'autre. Nous savons que le fonctionnement de notre cerveau est bien plus complexe que cela. C'est d'ailleurs une chance pour l'humanité et un désarroi pour les chercheurs en robotique. Cependant, il est fascinant d'imaginer – comme beaucoup de psychologues le pensent – que la préférence hémisphérique droite ou gauche engendre deux modes de pensées distinctes et une vision du monde bien différente.

Cette théorie a d'ailleurs été reprise par Nerd Hermann qui a développé à la fin des années 80 un test de personnalité HBDI[5] selon la préférence hémisphérique utilisée : pensée analytique, séquentielle, linéaire lorsque le cerveau gauche est sollicité préférentiellement et pensée intuitive, globale, analogique, en arborescence lorsque le cerveau droit domine.

Par l'originalité de sa pensée, Einstein aurait probablement été neuro-droitier. Hélas, cela ne veut pas dire qu'un « cerveau droit » a forcément l'intelligence d'Einstein. L'inventeur génial de la relativité générale disait : « Je dois mes découvertes à ma lenteur mentale » et d'après Étienne Klein, « il avait une pensée musculaire : il pensait en image ses théories ».

En utilisant ce concept de manière plus métaphorique que scientifique, Lucien Israël a ouvert le chemin. Nous avons le désir de le poursuivre en vous offrant un autre regard et notre propre sensibilité sur les enjeux de notre siècle.

---

5. *Hermann Brain Dominance Instrument.*

Un moment charnière de l'histoire de l'humanité

Dans cette période d'instabilité qui fait vaciller des pans entiers de notre civilisation, plusieurs futurs sont possibles mais il semblerait que deux voies extrêmes se dessinent :

- L'une est celle du « cerveau gauche » avec la poursuite du dualisme qui a dominé l'Occident depuis l'Antiquité et surtout avec Descartes et le développement de la science. Ce paradigme instaure une frontière entre le corps et l'esprit, entre l'Homme et la Nature. Il est aussi à l'origine d'une économie capitaliste et industrielle avec ses dirigeants technocrates favorisant une hyperconsommation sans aucun respect de la planète et de notre écosystème. L'excès de cerveau gauche nous déshumanise par une pensée mécaniste (logique et séquentielle avec une vision du temps linéaire).

- L'autre est celle du « cerveau droit » qui marquerait un virage possible vers une nouvelle humanité. Elle fait écho à la parole prophétique qu'aurait prononcée Malraux : **« Le XXIe siècle sera spirituel ou ne sera pas »**. Une éclosion de la créativité humaine nous permettrait de faire face à une intelligence artificielle qui galope. Rétablir les lettres de noblesse du « cerveau droit » est nécessaire pour développer une pensée globale et analogique, plus adaptée aux nouvelles technologies et plus apte à créer de nouveaux horizons. Le cerveau droit accepte la complexité du monde et crée des passerelles, comme la physique quantique, entre la matière et l'invisible. Dans ce nouveau paradigme, l'homme prend conscience de sa « reliance » au vivant et s'harmonise avec son environnement.

Nous ne savons pas quelle voie l'emportera mais comme nous sommes co-créateurs de notre futur collectif, un virage est encore possible. Il est temps de reconnecter nos deux cerveaux pour mettre le cap vers un avenir plus serein.

Le fil rouge de notre propos

Alors que l'humanité s'enlise dans un aveuglement technologique asservissant, nous plaidons pour une ouverture aux autres formes d'intelligence telles que les intelligences émotionnelle, kinesthésique, musicale et spirituelle, conceptualisées par le psychologue américain Howard Gardner. Nous accordons une place importante à l'intuition qui est la forme la plus haute et la plus subtile de l'intelligence humaine face à une intelligence artificielle qui fascine. C'est l'objet de la première partie.

Nous entrebâillons la seconde partie sur les nouvelles frontières de la conscience qui créent un clivage important entre les chercheurs sur le rôle du cerveau dans la pensée humaine. Cette divergence a été à l'origine de la discorde entre Freud, le père fondateur de la psychanalyse et son disciple, Carl Gustav Jung. Les concepts d'inconscient collectif et de synchronicités théorisés par le psychiatre suisse rejoignent aujourd'hui une révolution conceptuelle du temps que nous explique le physicien Philippe Guillemant avec sa théorie de la double causalité ou rétro-causalité. La représentation « passé-présent-futur » n'existe peut-être pas.

Cela ouvre d'incroyables perspectives qui pourraient faire éclore une nouvelle humanité. Le cerveau droit en est la clé et nous invite à développer l'intelligence du cœur. Dans la troisième partie, nous tentons d'expliquer en quoi Spinoza fut le précurseur de cette « autre voie ». Par son immanence, il fut plus visionnaire que Descartes qui a créé un dualisme trop fort entre le corps et l'esprit au XVIIe siècle. Du coup, il suscite un engouement extraordinaire auprès d'un nombre croissant de contemporains qui s'ouvrent aux thérapies holistiques et à un « monde plus grand ».

L'intelligence intuitive pourra-t-elle révolutionner notre rapport au bonheur ? La quatrième partie tente de répondre à cette question. Il ne faut pas confondre plaisir et bonheur et c'est la grande confusion de ce siècle. La voie du « cerveau gauche » nous mène vers un narcissisme pathologique et la voie du « cerveau droit » vers un élan socratique (« connais-toi toi-même ») qui nous invite à rallumer notre flamme intérieure et à déployer notre créativité.

Vouloir attribuer aux robots des émotions et des sentiments, c'est une façon de mépriser la nature humaine, en prétendant que tout est « codable ». Valorisons plutôt la pensée intuitive, les talents créatifs et multipotentiels qui pensent *out of the box*. Ils peuvent nous donner des nouvelles clés pour une économie innovante et responsable. Par sa revanche, le « cerveau droit » nous offre une réponse possible à notre excès de matérialisme et d'économie mondialisée sans aucun respect de la planète. Les leaders inspirants sont le plus souvent des dominants « cerveau droit », au grand dam des dirigeants technocrates mal-aimés de leurs collaborateurs. Mais ces deux modes de management pourraient demain s'accorder pour nous conduire vers un nouvel essor. C'est ce que nous développons dans la cinquième et dernière partie de ce livre.

Partie 1

Ouverture aux différentes formes d'intelligence

Chapitre 1

Le neuromythe cerveau droit-cerveau gauche ou la révolution des autres intelligences

■ Résumé

L'asymétrie cérébrale n'est plus à la mode aujourd'hui et elle est largement décriée par les tenants d'une discipline qui a le vent en poupe, celle des neurosciences. Nous le savons ! Et pour freiner d'emblée une éventuelle levée de boucliers, comme nous l'avons précisé en introduction, nous avons fait le choix d'utiliser ce concept davantage pour sa métaphore que pour sa vérité scientifique. C'est donc avec audace que nous vous présentons les fondements de notre réflexion en vous relatant dans ce premier chapitre la célèbre découverte du neurologue Roger Wolcott Sperry, prix Nobel. Nous évoquons aussi l'expérience étonnante du Docteur Jill Bolte Taylor qui, en raison d'un AVC dans son hémisphère gauche, a pu éprouver la capacité de son hémisphère droit à nous faire accéder à un état mystique. Ce qui nous intéresse avant tout est la différence de traitement de l'information entre nos deux hémisphères engendrant deux modes de pensée distinctes : l'une privilégiant la rigueur analytique, l'autre privilégiant l'intuition. Par une pensée en arborescence, les personnes à prédominance « cerveau droit » peuvent parfois se sentir en décalage en société. Pour vous éclairer sur leur mode de fonctionnement, nous avons interviewé Myriam Ogier qui accompagne depuis plusieurs années ces « cerveaux droits » au pays des « cerveaux gauches ».

Témoignage de Myriam Ogier, coach spécialiste des neuroatypiques.

L'histoire de l'asymétrie cérébrale commence en 1865. Paul Broca constate que des lésions du lobe frontal gauche engendrent des conséquences plus fâcheuses que celles du lobe frontal droit sur la production du langage. C'est ainsi que l'on nomme la zone cérébrale qui s'active lorsque l'on parle, « l'aire de Broca », et elle se situe dans l'hémisphère gauche. Le langage est apparu chez l'*Homo sapiens*, il y a 40 000 ans et c'est à ce moment-là que l'évolution biologique de l'homme s'est interrompue pour céder la place à l'évolution culturelle. L'apparition de la communication verbale entre les hommes leur a permis de s'organiser et d'anticiper collectivement la menace de leurs prédateurs. Il n'est donc pas question de dévaloriser notre « cerveau gauche » dans notre propos, celui-ci ayant joué un rôle primordial dans l'évolution intellectuelle de l'humanité.

Il faut attendre le XXe siècle pour que l'asymétrie cérébrale devienne un sujet d'étude. Le neurologue Roger Wolcott Sperry y consacre toute sa passion. Ses recherches sont couronnées de succès par le prix Nobel de physiologie et médecine en 1981.

Dès lors et malgré la grande complexité de l'anatomie du cerveau, le concept « cerveau droit - cerveau gauche » est sur orbite et va susciter un fort engouement populaire, y compris dans la communauté des neuropsychologues.

Mais avant de poursuivre sur ce neuromythe, nous vous proposons un bref rappel de la structure de notre cerveau.

L'évolution du cerveau au fil du temps

Notre cerveau a évolué en trois grandes strates – ce qui est encore remis en question aujourd'hui par certains neurobiologistes mais communément admis dans la communauté scientifique. Nous sommes encore loin de comprendre parfaitement notre fonctionnement cérébral. C'est une bonne nouvelle contre les apprentis sorciers qui rêvent de créer un cerveau artificiel…

Le « **cerveau reptilien** » est le plus ancien et il est apparu, il y a cinq cents millions d'années. Il va du tronc cérébral jusqu'à l'hypothalamus. C'est dans cette partie de notre matière grise que sont recueillies et traitées les informations liées à notre survie et à la perpétuation de notre espèce. Il assure nos fonctions vitales dont nous n'avons même pas conscience : la respiration, les battements du cœur, la pression artérielle, l'état de nutrition. Il est le siège de nos instincts primitifs[1].

Il y a trois millions d'années est apparu le « **cerveau limbique** » qui gouverne les fonctions du cerveau reptilien. Dans cette aire cérébrale, il n'est plus question d'instincts mais d'émotions. Les messages sensoriels s'affinent. C'est là que se jouent la symphonie des grands équilibres biochimiques et la distribution des messages endocriniens et électriques. C'est dans cette région de notre matière grise que naissent « nos passions tristes » telles que la colère et la peur ainsi que les comportements qu'elles engendrent comme l'agressivité ou la fuite, la possession ou la soumission[2].

Et enfin, la strate cérébrale la plus récente dans l'évolution de l'homme est le **néocortex**. Il est remarquablement développé et composé d'une centaine de milliards de neurones organisés en nombreux sillons et circonvolutions. Il se divise en deux hémisphères, le droit et le gauche, **parfaitement symétriques sur le plan organique mais asymétrique sur le plan du traitement de l'information**, celle-là même qui provient des organes sensoriels, de l'organisme tout entier et de l'environnement extérieur[3].

Le « cerveau droit » et le « cerveau gauche » sont reliés par le corps calleux. Ce dernier assure la connexion et le partage de l'information entre les deux côtés de notre cerveau. Les deux hémisphères ne peuvent fonctionner l'un sans l'autre. Et chaque hémisphère traduit l'information qui lui provient du système limbique – du centre des émotions – en même temps que l'autre.

---

1. ISRAËL Lucien, *Cerveau droit, cerveau gauche : cultures et civilisation*, Plon, 1995.
2. *Ibid.*
3. *Ibid.*

« Cerveau gauche » versus « cerveau droit », deux modes de pensée distinctes

L'enthousiasme lié à la découverte de Roger Wolcott Sperry sur l'asymétrie cérébrale a conduit à la croyance selon laquelle la préférence hémisphérique induisait deux modes de pensée distinctes.

En effet, il semblerait qu'à l'instar de ceux qui écrivent de la main droite ou de la main gauche, c'est parfois le cerveau droit qui domine le gauche, parfois le contraire, chez chacun d'entre nous.

Comme nous l'avons précisé en avant-propos, les deux modes de pensée distinctes liés à cette préférence hémisphérique suscitent notre intérêt pour interpréter le changement de paradigme de la société occidentale. Il n'est pas dit que « les cerveaux droits » soient plus intelligents que « les cerveaux gauches ». Mais ils pensent différemment que la norme et accèdent ainsi à une réalité du monde plus singulière et souvent originale. D'ailleurs beaucoup d'entre eux ignorent totalement leur « douance » et se considèrent souvent comme inadaptés à une société trop normée.

L'univers étrange des « cerveaux droits »

Dans un ouvrage lumineux intitulé *Je pense trop*[4], Christel Petitcollin nous décrit avec empathie le mode de pensée des « cerveaux droits ». Selon cette psychologue, il y aurait un lien entre la prédominance de l'hémisphère droit et l'hypersensibilité.

S'il vous a été souvent dit : « Arrête de cogiter comme cela », « Je te sens ailleurs », ou alors : « Tu prends les choses trop à cœur », ou bien « Tu es susceptible! » ... Si dans votre jeunesse, il vous a été assené : « Tu es bête » et que cela vous a bouleversé. Si plusieurs fois dans votre vie, vous avez eu le sentiment de ne pas être compris, de provenir d'une autre planète, ne cherchez plus, il se pourrait que vous soyez un « surefficient mental ». Et c'est ainsi que l'auteure de ce livre qualifie les personnes qui utilisent préférentiellement leur hémisphère droit. *Je pense trop* est réjouissant pour toutes celles et ceux qui s'y

4. PETITCOLLIN Christel, *Je pense trop*, Trédaniel, 2016.

reconnaîtront! Cette auteure accompagne depuis des années ces hommes et ces femmes qui ont du mal à s'insérer en société et qui ne rentrent pas dans le moule. Au mieux, ils sont qualifiés « d'originaux », au pire, on les trouve compliqués, instables, ingérables. Ils peuvent même être considérés comme « fous ». Mais qu'est-ce la folie en fait ? Parfois un brin de folie peut faire tellement de merveilles… En réalité, ce sont des adultes qui, dans leur enfance, auraient été « précoces ». Beaucoup sont passés entre les mailles du filet. Ils n'ont jamais été reconnus en tant que tel dans leur parcours de vie et se sont souvent crus « anormaux ». Affaiblis par leurs blessures d'enfance qu'ils ont tentées tant bien que mal de panser, il traîne un certain mal-être même s'il est bien enfoui derrière une joie de vivre de façade. Ils se sentent souvent nuls voire carrément « sous-doués » et souffrent souvent du « syndrome de l'imposteur » par un manque de confiance en eux. Ils doutent d'eux-mêmes en permanence et surtout de leur intelligence. Pour compenser leur mésestime de soi, ils s'en sortent souvent par le rire et l'autodérision, un moyen admirable de combler leur décalage avec les autres.

La pensée en arborescence des « cerveaux droits » versus linéaire des « cerveaux gauches »

Sur le plan biologique, il s'agirait d'un déficit du système d'inhibition qui permet de trier automatiquement l'information sensorielle. Ce tri se fait inconsciemment donc automatiquement pour ceux qui ont une pensée séquentielle et linéaire. Ils ne captent que l'essentiel sans faire d'effort alors que pour les « cerveaux droits », ce choix de l'information se fait consciemment donc en mode manuel. Cela est dû à une sensibilité accrue de l'amygdale qui est le siège des émotions dans le cerveau et essentielle à notre capacité de ressentir et de percevoir chez les autres certaines émotions (d'où la forte empathie des hypersensibles). Ce qui explique le problème de concentration et de hiérarchisation des idées d'un « cerveau droit » qui a tendance à les mettre toutes au même niveau d'importance.

Cette pensée en arborescence est liée à un câblage neuronal différent de la majorité des personnes qui raisonne de manière linéaire et séquentielle. Les « cerveaux droits » auraient une « organisation neuronale en réseau » qui permet de traiter simultanément un plus grand nombre d'informations[5]. Ils effectuent

5. PETITCOLLIN Christel, *Je pense trop*, Trédaniel, 2016.

un « va-et-vient constant entre passé, présent et futur »[6]. Ce rapport au temps, nous l'aborderons plus précisément dans la prochaine partie. De manière imagée, leur mode de pensée serait en « entonnoir » à l'opposé de celle « en tuyau » de la majorité des humains.

La pensée en arborescence tient ses performances dans l'association d'idées qui décuple la possibilité de mémorisation et du choix des réponses[7]. **Cette capacité à établir des associations d'idées transversales augmente la créativité**. C'est la raison pour laquelle les « cerveaux droits » seraient plus créatifs. Ces associations d'idées engendrent aussi des raccourcis qui permettent de raisonner vite. D'ailleurs les « cerveaux droits » se heurtent souvent à l'incompréhension de leur entourage dans la mesure où il leur est difficile de dérouler leur pensée de manière linéaire. Ils ont ainsi une grande capacité à survoler et à cerner les problèmes dans leur ensemble[8].

Cette pensée en arborescence peut être considérée comme un cadeau empoisonné si on n'a pas réussi à comprendre son fonctionnement et comment gérer ce foisonnement d'idées et cette surcharge d'émotions. C'est la raison pour laquelle, si vous vous reconnaissez dans ce mode de pensée, ne doutez pas de votre intelligence, il se pourrait que vous soyez tout simplement « un cerveau droit qui l'ignore ». Nous détaillerons les différentes formes d'intelligence dans le chapitre qui suit. Mais avant cela, poursuivons avec la sensation d'appartenir au grand Tout, spécificité qui définit le rapport au monde des hypersensibles.

Les « cerveaux droits » et la reliance au grand Tout

L'expérience du Dr Jill Bolte Taylor, neurobiologiste renommée, est étonnante. Un AVC (accident vasculaire cérébral) a provoqué une hémorragie foudroyante dans son hémisphère gauche. Ce traumatisme a duré 8 ans. Mais grâce à la plasticité cérébrale - qui est d'ailleurs une découverte récente de la capacité du cerveau à se régénérer, cette scientifique a retrouvé toutes ses facultés au bout de toutes ces années. Son vécu lui a permis une nouvelle approche de la vie qu'elle raconte dans *Voyage au-delà de mon cerveau*[9].

6. *Ibid.*
7. *Ibid.*
8. *Ibid.*
9. Dr BOLTE TAYLOR Jill, *Voyage au-delà de mon cerveau*, J'ai lu, 2013.

Lorsque ses cellules cérébrales se détruisaient sous une marée sanguine dans la partie gauche de son cerveau, elle prenait conscience des sensations que l'hémisphère droit lui procurait. Au moment où elle perdait progressivement l'usage de sa parole, elle se voyait comme une masse énergétique et ressentait une extatique béatitude en se sentant reliée au monde. Elle détaille dans son livre la sensation qu'elle a vécue lorsque son hémisphère droit a pris les commandes de sa conscience « au bout de quelques heures, je suis passée par un état de conscience modifiée où il me semblait ne plus faire qu'un avec le reste de l'univers. Ce qui m'a permis de comprendre de quelle partie de notre cerveau dépend notre capacité à connaître un état mystique »[10]. Elle en est convaincue, son accident cérébral l'a conduite à considérer que « notre empathie, notre capacité à nous mettre à la place d'autrui prend naissance dans notre cortex frontal droit »[11]. Alors qu'elle était enfant, Le Dr Jill Bolte Taylor s'intéressait beaucoup plus au lien entre telle ou telle chose qu'à leur différence intrinsèque et elle pensait en images. Elle en conclut que dans son enfance, elle sollicitait plus son hémisphère droit que le gauche…

Ainsi celles et ceux qui seraient « à droite » – cérébralement et non politiquement bien sûr – auraient des appétences particulières pour la spiritualité. Souvent des tas de questions existentielles taraudent leur esprit en surchauffe telles que : « Pourquoi sommes-nous sur cette Terre ? », « D'où venons-nous ? », « Où allons-nous ? », « Qu'est-ce l'infini ? » Bref, toutes ces questions « perchées » qu'une « prise de tête » se pose.

Pas de frontière rigide entre nos deux hémisphères

Nous ne cesserons de le répéter tout au long de cet ouvrage, nous utilisons ce concept selon un prisme résolument symbolique et parfois poétique. Ainsi l'hémisphère droit pourrait être assimilé au principe féminin (le yin) et l'hémisphère gauche au principe masculin (le yang). L'un et l'autre sont complémentaires, ils ne pourraient pas survivre l'un sans l'autre et ces deux moitiés communiquent entre elles. Les deux parties cérébrales forment une unité. Mais, c'est tantôt l'une qui est préférentiellement sollicitée et tantôt l'autre. Comme un couple d'amoureux fusionnels. D'ailleurs comme l'écrit le Dr Jill Bolte Taylor :

10. *Ibid.*
11. *Ibid.*

« En général, il nous est difficile, voire impossible, de distinguer la personnalité de l'un et de l'autre de nos deux hémisphères vu que chacun de nous se perçoit comme un individu, doté d'une seule conscience »[12].

Ainsi le cerveau droit et le cerveau gauche communiquent entre eux pour nous faire percevoir la réalité de la façon la plus subtile possible et de penser le monde en globalité.

Notre objectif n'est pas de promouvoir la prédominance du « cerveau droit» mais une complémentarité harmonieuse entre nos deux hémisphères. Le monde occidental, depuis des siècles, au travers de sa gouvernance verticale et de son éducation, a sollicité exagérément notre cerveau gauche. Ainsi, nous encourageons la reconnexion de nos deux cerveaux car elle va dans le sens d'une ouverture d'esprit plus large et elle nous permet d'appréhender le monde technologique avec le plus de discernement possible.

En science, les savants fous sollicitent leur cerveau droit autant que leur cerveau gauche. Surtout lorsqu'ils sortent des sentiers battus pour faire preuve de sérendipité. En musique aussi, les musiciens de talent utilisent bien leurs deux hémisphères. D'après Daniel Lévitin, professeur canadien de psychologie et neurosciences, l'hémisphère droit permet de discerner les contours d'une mélodie, alors que le cerveau gauche sait nommer les notes, les titres des chansons, le son d'un instrument. Ainsi, la musique fait appel à nos deux hémisphères : le gauche pour la précision et la justesse, et le droit pour la mélodie, l'histoire, les émotions.

Par conséquent, il serait faux d'affirmer que les musiciens n'utilisent que leur « cerveau droit » et les scientifiques que leur « cerveau gauche ».

---

12. *Ibid.*

Une histoire de cygnes…

Nous venons de sceller notre collaboration avec notre éditrice lors d'une vision conférence. Je (Ferial) rappelle Marjorie pour que nous partagions notre joie et pendant notre discussion, j'aperçois à ma fenêtre, des cygnes majestueux qui nagent sur la Seine. Je ne sais pas pourquoi mais je suis saisie sur le moment par le sentiment étrange que ces cygnes nous délivrent un message. Je m'empresse de rechercher sur Internet la symbolique du cygne qui est certes admirable, mais elle ne me satisfait pas. C'est seulement quelque temps plus tard, en découvrant le livre de Myriam Ogier *Un cerveau droit au pays des cerveaux gauches*[13] que tout s'illumine. Je comprends enfin le message de nos cygnes et le sacré clin d'œil à notre livre ! Myriam Ogier est coach depuis plus de 20 ans et se consacre à l'accompagnement des « cerveaux droits ». En introduction de son ouvrage, elle nous rappelle la fable du vilain petit canard de Hans Andersen. Ce petit canard est rejeté dès sa naissance par sa fratrie car il ne leur ressemble pas. Il quitte sa famille. Après une période souffrante de pérégrination, il découvre sur son chemin des cygnes qu'il trouve magnifiques. Il les rejoint et en regardant son reflet sur l'eau, s'aperçoit qu'il en est un lui-même. Myriam Ogier nous explique que cette fable est une bonne métaphore de ce qu'endurent les « cerveaux droits » isolés (les cygnes) au pays des « cerveaux gauches » (les canards). Cette personnalité chaleureuse qui est elle-même « un cygne » nous apprend que ces êtres qui pensent autrement ont des singularités qui font leur richesse : des capacités à innover et une efficacité à exploiter, une grande ouverture d'esprit, une grande exigence, de la finesse et de la profondeur qui les rendent attachants, des relations particulières aux autres et au monde, des comportements et des besoins qui les distinguent. Nous l'avons interviewée pour qu'elle nous explique leur façon de fonctionner.

13. OGIER Myriam, *Un cerveau droit au pays des cerveaux gauches*, Eyrolles, 2018

*Interview de **Myriam Ogier**, coach spécialiste des neuroatypiques*

Nommer les « cerveaux droits » est un véritable casse-tête. Ils sont affublés de plusieurs appellations : neuroatypiques, hypersensibles, « dys » (dyslexie, dysorthographie, dyspraxie...), TDA, HPE, HPI, zèbres, surdoués. De par votre expérience, quelle dénomination remporte votre adhésion ?

Myriam Ogier : je préfère parler de multipotentiel atypique car il renvoie aux intelligences et potentiels multiples de ces personnalités qui ne rentrent pas dans le moule. J'utilise aussi le terme de « neuroatypique ». Je n'ai pas retenu le terme de « surdoué » car beaucoup de personnes très intelligentes n'ont pas aimé l'école voire étaient des cancres, et plus tard, ont connu des échecs professionnels. Du coup, ils ne se reconnaissent pas du tout dans cette appellation. Je n'ai pas repris le mot de « zèbre ». Évidemment on parle de « drôle de zèbres » à cause de leurs rayures ou parce qu'ils se démarquent dans la savane, mais ils ne me semblent pas particulièrement rapides. Quant à l'utilisation du terme HPI (Haut Potentiel Intellectuel), le problème est qu'il y en a plusieurs sortes comme l'explique Lucien Israël dans son ouvrage *Cerveau droit-cerveau gauche : cultures et civilisations*. Certains peuvent être très doués, intelligents et rapides, mais être dans la norme, et n'être ni visionnaires ni créatifs.

Vous accompagniez déjà ce genre de profils sans le savoir. Comment expliquer qu'ils soient venus vers vous ?

Myriam Ogier : je pense qu'ils trouvaient quelqu'un qui les comprenait et qui leur renvoyait une image très positive d'eux-mêmes, alors qu'ils étaient souvent traités d'instables, de bizarres, d'ingérables. Moi je les trouvais particulièrement intelligents, intéressants, rapides, originaux. Maintenant, les entreprises me demandent de les accompagner ou ils

viennent à moi par bouche-à-oreille, ou après avoir lu mon livre, mes posts sur LinkedIn ou visionné ma conférence TEDx.
Certains de leurs propos me permet de les repérer, par exemple « on me confie des missions complexes et difficiles ; je les réussis dans un délai record, mais je n'en tire aucun fruit, ni reconnaissance, ni augmentation ; et parfois même on m'a poussé dehors », « d'autres s'attribuent le succès d'un projet alors que c'est moi qui aie tout fait ou presque », « je m'ennuie très vite », « on ne me comprend pas », « je repère très vite les failles d'une personne ou d'un système », « j'adore les challenges », « je ne respecte que l'autorité de compétence », « je parle de la même manière à tout le monde sans distinction de statut ou de hiérarchie », « je me disperse facilement ». En fait le sommaire de mon livre est un bon résumé des caractéristiques des multipotentiels atypiques. J'ai aussi conçu pour mon site web un quiz qui résume leurs principales spécificités.

Comment les « cerveaux droits » s'adaptent-ils dans un monde de « cerveaux gauches » ?

Myriam Ogier : ils essaient de s'adapter au mode de fonctionnement rationnel majoritaire en France (contrairement aux « cerveaux gauches » qui se remettent moins souvent en cause) mais ils ont des difficultés à saisir ce qui pourrait être la « norme ». Il y a aussi ceux qui arrivent à alterner une pensée type « cerveau droit » et « cerveau gauche », tels des ambidextres. Je l'ai moi-même vécu en écrivant mes livres. J'ai un foisonnement d'idées qui me viennent (pensée en arborescence) et je fais beaucoup de liens entre différents sujets puis arrive le moment où il faut organiser ses idées et faire un plan (pensée linéaire séquentielle). En fait, nos comportements doivent être adaptés à la situation. Nous devons être capables de passer d'une vision globale à une vision de détail, un peu comme un champion de tennis sur un court qui doit savoir jouer en fond de court et à la volée, sur son coup droit et son revers. Et comme lui, travailler et développer au maximum ses talents, ses forces pour gagner en puissance. **Il faut jongler avec les deux modes de pensée pour élargir le spectre de la réalité, autrement on ne voit le monde que sous un seul angle.**

Un changement de mentalité est-il en train de s'opérer vis-à-vis de ces multipotentiels atypiques ?

Myriam Ogier : en 2016, un confrère m'a dit que nous étions 10 en France à être des spécialistes de ce sujet. Mais depuis 2019, c'est devenu un peu une mode ; de nombreux coachs se disent aujourd'hui spécialistes de l'atypisme. Mais les multipotentiels atypiques ne sont pas pour autant plus reconnus au sein de la société et des entreprises. S'ils veulent se faire accompagner, je leur conseille de choisir une personne (coach, mentor ou thérapeute) qui fonctionne *a minima* comme eux. Ceci dit tout le monde doit pouvoir retrouver son intuition et ses sensations d'enfants. L'enfant est créatif par essence ; il découvre et explore avec son « cerveau droit ». Il rationalise sous l'influence des adultes et de l'école. Picasso disait qu'il peignait à 15 ans comme Raphaël et qu'il avait mis 50 ans à retrouver sa créativité d'enfant.

D'après certains neuropsychologues, ces personnalités dotées d'une pensée en arborescence auraient un câblage neuronal différent de la majorité. Est-ce une réalité scientifique ?

Myriam Ogier : c'est exact. La pensée des multipotentiels correspondrait à un câblage neuronal plus rapide et plus dense que celui d'une pensée linéaire et séquentielle. Leur pensée en arborescence, associée à une intuition hors pair, leur permet de faire beaucoup de liens et d'associations expliquant leur capacité à penser *out of the box*. Mais je laisse aux scientifiques le soin d'expliquer plus en détail ce qui les différencie.

Comment expliquez-vous que l'asymétrie cérébrale soit controversée aujourd'hui et considérée comme un « neuromythe » ?

Myriam Ogier : comme l'imagerie médicale a fait énormément de progrès, les neuroscientifiques s'aperçoivent que les deux hémisphères cérébraux sont actionnés simultanément. Je fais souvent l'analogie avec les deux mains. On peut écrire de la main droite et utiliser sa main gauche pour tenir sa feuille. Le vécu de Dr Jill Bolte Taylor (citée dans votre livre), neuroanatomiste et porte-parole de la banque des cerveaux à Harvard, apporte la preuve de la véracité de ce concept pour l'avoir vécu dans sa chair lorsqu'une hémorragie cérébrale s'est déclarée dans son hémisphère gauche . Lorsqu'elle s'est réveillée sur son lit d'hôpital, seul son hémisphère droit fonctionnait. Elle a ressenti alors une euphorie quasi mystique et elle ne percevait plus les limites de son corps. L'expression « cerveau droit » perdure dans le langage courant, même si la réalité est plus complexe.

Avez-vous le sentiment qu'il y a de plus en plus de neurodroitiers parmi nous ?

Myriam Ogier : c'est bien possible avec le numérique et Internet notamment. Le fait de zapper d'une information à l'autre et de faire plusieurs choses à la fois développe une pensée en arborescence. Les femmes, souvent plus multitâches, utilisent davantage leur « cerveau droit » que les hommes, plus monotâches.
Le nombre de neurodroitiers n'est pas arrêté, peut-être de 15 à 30 % de la population. La fourchette est donc large. Le Dr Jill Bolte Taylor remarquait qu'ils étaient plus nombreux chez les gauchers. L'éducation joue aussi beaucoup sur le développement de l'un ou l'autre des modes de pensée. Lucien Israël considérait également que des langues et des écritures comme le chinois développaient davantage le cerveau droit.

Un « cerveau droit » peut-il mal tourner s'il n'est pas reconnu en tant que tel ?

Myriam Ogier : en effet, je pense que certains multipotentiels peuvent virer dans la perversion s'ils ont eu une enfance difficile et s'ils n'ont pas soigné leurs blessures et leur faille narcissique. Ce ne sont pas tous des bisounours comme souvent on l'entend. Pour moi, les pervers qui voient « les failles » des autres avec une précision d'orfèvre sont des neuroatypiques qui ont mal tourné. Je pense à des dictateurs comme Staline ou Hitler. On en retrouve probablement beaucoup chez les chefs de bande ou de réseaux douteux. D'où la nécessité de repérer les multipotentiels dès l'enfance. Je pense que la reconnaissance de leurs spécificités et de leurs intelligences est un sujet de santé publique et un facteur d'efficacité et de bien-être au bénéfice de tous. Il est donc impératif de leur proposer des méthodes d'apprentissage adaptées à leur fonctionnement. J'ai d'ailleurs consacré un chapitre sur l'éducation et les multipotentiels dans mon dernier livre.

Le concept cerveau droit – cerveau gauche à l'aune de l'intelligence

Ce concept est intéressant pour nous démontrer de façon pédagogique la prédominance d'un mode de pensée sur d'autres intelligences, toutes aussi importantes. C'est une caricature nécessaire pour dépasser certains automatismes inculqués depuis des siècles.

Si nous faisions une synthèse,
voici comment nous pourrions les symboliser :

Cerveau gauche	Cerveau droit
Pensée analytique et traitement linéaire	Pensée en arborescence et traitement holistique
Logique	Intuition
Vision détaillée	Vision globale et unifiée
Langage	Créativité et imagination
Rationalité et intelligence processée	Émotions et intelligence relationnelle

En résumé, le « cerveau gauche » représente les facultés qui sont mesurables par le test de Quotient Intellectuel, et le « cerveau droit » valorise les intelligences qui ne se mesurent pas.

Chapitre 2

Les différentes formes d'intelligence

■ Résumé

L'intelligence est aujourd'hui dominée par le sacro-saint test de Quotient Intellectuel (QI) créé par le Français, Alfred Binet. L'intelligence a pourtant étymologiquement une acception plus large et désigne la capacité à relier. Pour nous sortir de ce monolithe de l'intelligence logico-mathématique, Howard Gardner, psychologue américain, a publié en 1983 une théorie sur les intelligences multiples où il décrit sept formes différentes d'intelligence. Il insiste sur la différence entre la pensée séquentielle (plutôt cerveau gauche) et la pensée en arborescence (plutôt cerveau droit). L'intelligence musicale est par ailleurs un bel exemple d'intelligence harmonieuse car elle sait « mettre en musique » les talents des cerveaux gauche et droit. Howard Gardner que nous avons interviewé dans ce chapitre reste un chercheur humble et attribue tous les mérites du concept de l'intelligence émotionnelle à son confrère Daniel Goleman, aujourd'hui promue dans les entreprises.

Témoignage d'Howard Gardner psychologue américain cognitiviste, et enseignant à Harvard.

Définir l'intelligence n'est pas aisé. Bizarrement, nous disposons de peu de livres sur le sujet. Même les philosophes qui se sont attardés sur la conscience, le bonheur, le temps, ont peu écrit sur l'intelligence. Ils se sont plutôt concentrés sur comment raisonner le plus justement possible. Les philosophes ont néanmoins, à travers les concepts de la Connaissance ou de la Raison, livré quelques notions de l'intelligence humaine. Aristote, Descartes ou Pascal ont mis en valeur l'intelligence logique et abstraite : « L'arithmétique et la géométrie sont beaucoup plus certaines que toutes les autres sciences »[14]. Cette citation de Descartes nous évoque instantanément « que nul n'entre ici s'il n'est géomètre » de Platon ou « l'esprit de géométrie » de Blaise Pascal. Ils ont célébré le raisonnement déductif avec les syllogismes. Nos philosophes, seraient-ils alors finalement trop dans la glorification du « cerveau gauche » ? Rien n'est moins sûr lorsque l'on se replonge dans les textes de Descartes où il s'émerveille devant le pouvoir de l'intuition « il n'y a de science qu'avec l'intuition et la déduction »[15]. La philosophie ouvre donc la voie à plusieurs formes d'intelligence…

L'étymologie du terme « intelligence » est aussi éclairante. Dérivée du latin *intellegere* (plus précisément des deux mots *inter* (entre)- *legere* (cueillir, rassembler)), elle désigne **l'aptitude à relier**. Créer des liens entre des réalités différentes pour mieux comprendre. L'étymologie d'intelligence se veut par conséquent assez subtile et polymorphe, comme si elle présupposait que la véritable intelligence serait la capacité de relier tous les savoirs, y compris en reliant les cerveaux « gauche » et « droit ». Le terme anglais *cleverness* est quant à lui plus pragmatique. Étymologiquement, *cleverness* décrit plutôt les aptitudes manuelles. En 1580, la définition de *cleverness* était « adroit de ses mains (*handy*), dextérité (*dexterous*), ayant des capacités manuelles spécifiques (*having special manual ability*) ». Nous étions loin d'une intelligence spéculative chère à nos rationalistes occidentaux.

Dès lors, nous comprenons qu'il existe autant de définitions d'intelligence que de cultures. La culture asiatique a probablement une notion différente de l'intelligence. D'ailleurs en chinois, le Qi prononcé « chi » signifie « souffle », « air », ce qui est loin de notre définition du QI…

---

14. Descartes, *Règles pour la direction de l'esprit.*
15. *Ibid.*

Ceux qui ont le plus contribué à déceler les ressorts de l'intelligence sont les psychologues. En effet, c'est dans ce domaine où nous trouvons le plus de littérature. D'ailleurs, c'est un psychologue français, Alfred Binet, qui a conçu la mesure du Quotient Intellectuel (QI).

De façon spontanée et conformiste, nous avons tendance à associer l'intelligence à la logique, ou encore, à des talents hors norme, des génies qui ont fait avancer l'humanité. Mais le « hors norme » ne se mesure pas. Certains scientifiques comme Robert Plumin[16] supposent que l'intelligence est déterminée par le potentiel génétique. Ils la corrèlent, de ce fait, directement aux capacités du cerveau. Selon lui, les gènes prédiraient environ 60 % de l'intelligence d'un individu. Ainsi, l'éducation et la scolarité ne permettraient d'agir que sur 40 % du potentiel d'un être humain… Néanmoins, si les gènes expliquent 60 % de l'intelligence, il reste encore de multiples chemins à parcourir pour développer les 40 % restants… Mais cette façon de mesurer l'intelligence en pourcentage du cerveau nous paraît suspecte : est-ce bien scientifique ? L'intelligence est-elle « dans sa globalité » mesurable ?

Depuis l'invention du QI, force est de constater que l'humanité n'a pas vraiment progressé sur sa notion d'intelligence. À l'exception de la nouvelle tendance en management qui promeut l'intelligence collective, nous sommes encore conditionnés par une multitude d'*a priori* sur les caractéristiques d'une intelligence « individuelle ». D'ailleurs, à l'intérieur même d'un individu, plusieurs intelligences peuvent entrer en interaction pour résoudre une problématique.

L'intelligence rime avec pluriels. Un psychologue américain, Howard Gardner, a tenté en 1983 de briser cette dictature de l'intelligence unique avec son concept d'intelligences multiples. Selon lui, on peut discerner **sept formes d'intelligence : l'intelligence langagière, musicale, logico-mathématique, spatiale, kinesthésique, l'intelligence interpersonnelle/relationnelle et intrapersonnelle** (dans laquelle les philosophes excellent). Il n'y a pas qu'une seule façon d'être intelligent… Ce qui multiplie les chances de l'être !

16. PLUMIN Robert, *Blueprint : how DNA makes us who we are,* Allen Lane, 2018.

Intelligence séquentielle ou arborescente ?

Pour reprendre les termes de Howard Garner dans son livre *Les intelligences multiples* [17], l'intelligence « rayon laser » serait notre concept de cerveau gauche, la pensée séquentielle qui ne déborde pas. Alors que le « projecteur qui balaie sans cesse tous azimuts », se rapprocherait du concept du cerveau droit, la pensée en arborescence. Grâce à l'intelligence artificielle, qui semble davantage menacer la pensée binaire et séquentielle que la pensée globale et complexe, l'humanité a la chance de pouvoir requestionner à nouveau ce qu'est par essence l'intelligence humaine et de ne pas réduire l'intelligence au QI. Le QI ne mesure pas toutes les intelligences, il en évalue notamment deux : la logique et la langagière. Or ces deux intelligences appartiennent à la famille du concept du cerveau gauche. Les « cerveaux droits » sont oubliés, au même titre que les intelligences manuelles. Bien sûr, nous avons de multiples livres sur l'intelligence émotionnelle, l'intelligence relationnelle, mais quel est le crédit réellement accordé à ces théories ? Puisque les écoliers sont toujours évalués par ce vieux test de QI. Au mieux, cela alimente le marketing des cabinets de conseils en ressources humaines pour vendre des tests. D'ailleurs cette boulimie des tests est dénoncée indirectement par Howard Gardner dans son livre : il reconnaît que sa théorie des intelligences multiples a ouvert des nouveaux business pour les cabinets spécialisés en ressources humaines… Au demeurant, l'école ne s'est jamais sentie concernée.

Avant de continuer sur l'intelligence musicale, nous vous proposons un court intermède avec Howard Gardner, qui a eu la gentillesse de répondre aux questions que nous lui avons posées. Il a cette intelligence à la fois des grands sages et des archéologues chercheurs, ouvert et multiple.

17. GARDNER Howard, *Les Intelligences multiples*, Retz, 2008.

*Interview d'***Howard Gardner***,*
psychologue cognitiviste, professeur de neurologie et enseignant à Harvard graduate school of education

Dans votre livre Les intelligences multiples, *vous décrivez sept formes d'intelligences : langagière, logique, spatiale, kinesthésique, musicale, interpersonnelle ou intrapersonnelle. L'étymologie du terme intelligence vient du latin* inter *(entre) -* legere *(cueillir, rassembler), qui signifie une aptitude à relier. Vous expliquez, par ailleurs, que l'on peut ajouter encore d'autres formes d'intelligence comme celle des naturalistes. Pourrions-nous envisager que la vraie intelligence soit la capacité à faire interagir ces différents talents, ces sept « intelligences » ?*

Howard Gardner : la capacité d'établir des liens est certainement très importante. Elle est également trop complexe pour être simplement qualifiée d'intelligence additionnelle. J'ai écrit longuement sur cette problématique dans mon livre[18] – il est possible de se référer aussi à mes articles rédigés sur l'esprit de synthèse sur mon site[19].

D'après votre expérience, laquelle de ces sept intelligences contribue le plus au bonheur ?

Howard Gardner : le bonheur est un exercice assez différent de l'intelligence. Je dirais que les individus sont plus heureux s'ils reconnaissent leur profil d'intelligences et s'en servent professionnellement ou pas. Mais cela dépendra de l'individu et de la société dans laquelle il évolue.

---

18. GARDNER Howard, *A Synthesizing Mind* (Un esprit synthétique), MIT Press, 2020.
19. Site web d'Howard Gardner : www.howardgardner.com

Peut-on considérer l'intuition comme une forme d'intelligence ? Ou serait-elle plutôt le résultat des deux formes d'intelligences interpersonnelle et intrapersonnelle, ou encore d'une intelligence spirituelle ?

Howard Gardner : chaque intelligence a un aspect intuitif. L'intuition est une performance fulgurante sans nécessairement comprendre ce qui a causé cette haute performance. Je ne crois pas qu'il y ait une intelligence spirituelle, il peut y en avoir une existentielle - le désir de débattre avec les grandes questions.

Avez-vous constaté que, par la suite, votre théorie des intelligences multiples a modifié les recrutements ?

Howard Gardner : mon travail a peut-être inspiré les ressources humaines, mais je dirais que ce sont davantage les travaux de Daniel Goleman sur l'intelligence émotionnelle qui sont aujourd'hui reconnus dans les départements recrutement et ressources humaines.

L'intelligence musicale, la parfaite harmonie entre cerveau droit et cerveau gauche ?

La musique est une discipline intéressante car elle actionne les deux hémisphères du cerveau. Plus le cerveau crée des connexions, plus l'aptitude à la musique s'accroît. Comme nous l'avons écrit dans le chapitre précédent, l'hémisphère droit permet de discerner les contours d'une mélodie, alors que le cerveau gauche sait nommer les notes, les titres des chansons, le son d'un instrument. « Il apparaît que la formation musicale a pour effet de faire passer certaines facultés d'analyse de l'hémisphère droit (intuitif) à l'hémisphère gauche (logique) à mesure que les musiciens apprennent à parler de musique en termes linguistiques » explique Daniel Lévitin[20]. La musique résonne par ailleurs aussi bien avec les régions les plus anciennes du cerveau que les plus récentes. Elle orchestre une savante connexion de tous nos hémisphères et crée de formidables chorégraphies de neurotransmetteurs. Elle permet en effet de produire de la

20. LEVITIN Daniel, *De la note au cerveau,* Héloïse d'Ormesson, 2010.

dopamine par le biais du noyau accumbens[21], neurotransmetteur qui est associé au système du plaisir et qui intervient également dans les coups de foudre amoureux. La musique est donc une intelligence intéressante à développer, car c'est une discipline très complète qui crée une harmonie charmante entre les cerveaux « droit » et « gauche ». Nietzsche avait raison : sans la musique, la vie serait une erreur... D'ailleurs, dans son livre *La Naissance de la tragédie*, il a eu l'intuition de génie d'opposer Dionysos, l'être débordant de vie, de mouvement, de puissance créatrice, à Apollon, symbole de la mesure, de la sérénité et la maîtrise rationnelle. Il est curieux de constater que cet antagonisme se retrouve dans les neurotransmetteurs de nos cerveaux, entre la dopamine et la sérotonine ou l'ocytocine. Et même d'ailleurs dans l'antagonisme « cerveau droit » (Dionysos) et « cerveau gauche » (Apollon). Mais, revenons à notre quotient intellectuel, loin des belles symphonies chimiques et artistiques de notre cerveau...

Le QI, une religion monothéiste, parmi le polythéisme des intelligences multiples ?

Le fait de reconnaître plusieurs formes d'intelligence est peut-être le symptôme d'une pensée en arborescence, soit d'une prédominance « cerveau droit ». Mais s'agit-il de plusieurs formes d'intelligences ou de plusieurs formes de compétences que l'intelligence orchestre ? On pourrait d'ailleurs imaginer que les sept intelligences de Howard Gardner soient plutôt des aptitudes ou des compétences et que l'intelligence constitue la capacité à créer des liens entre ces dernières ou l'art de faire interagir des savoirs. Ainsi, la véritable intelligence ne connaît pas de frontières.

Si l'on considère par exemple l'intelligence spirituelle, Howard Gardner estime que la spiritualité est un mélange d'intelligences inter et intrapersonnelle. Ainsi, nous pouvons tricoter d'autres intelligences à partir de deux formes d'intelligences. Nos capacités se démultiplient. D'ailleurs, notre psychologue américain prône l'intelligence globale philosophique pour éviter d'émietter l'intelligence « en cherchant à repérer ce qui relève du spirituel, du transcendant, de l'émotionnel, du moral, du cosmique ou religieux ». La philosophie a justement la vertu de créer des liens entre diverses disciplines pour participer à un monde plus intelligent.

21. Voir lexique.

Le bonheur est-il une forme d'intelligence ?

On pourrait se demander si le bonheur ne résulte pas d'une forme d'intelligence ou de la combinaison de plusieurs formes d'intelligence. Le magazine Cerveau & Psycho[22] s'est posé la question autrement : « Être intelligent rend-il plus heureux ? ». Dans la mesure où cette hypothèse n'est démontrable que par des mesures d'intelligence psychométrique, on sait déjà que l'on s'expose à un double biais :

- une définition trop restrictive de l'intelligence (celle que l'on peut tester) ;
- et un parti pris de ce que l'on appelle le bonheur (si l'on considère la polysémie[23] philosophique que revêt le concept du bonheur).

Le magazine a isolé deux formes d'intelligence : logique et émotionnelle, pour identifier laquelle contribue le plus au bonheur. Il semblerait que la question soit difficile à trancher par les chercheurs… En revanche, ils ont constaté que l'intelligence émotionnelle accroît la performance de l'intelligence logique. Par conséquent, l'intelligence suprême est de savoir jongler entre les différentes formes d'intelligence, ce qui nécessairement accroît également le potentiel de bonheur. Car tout comme l'intelligence, le bonheur est multiple. L'ennemi mortel des deux : le conformisme. Par conséquent, être intelligent revient à chercher son nombre d'or, une parfaite harmonie entre ses différentes formes d'intelligences, habilités et passions.

22. Cerveau & Psycho juillet-2019 - N°112.
23. Voir lexique.

Chapitre 3
L'intelligence est-elle mesurable ?

Résumé

Pourquoi cette obsession occidentale de la quantification de l'intelligence ? Certaines formes d'intelligence ne se mesurent pas et ce goût pour la « testomanie » est une façon indirecte de créer une élite au détriment d'autres talents. Il est plus que nécessaire aujourd'hui de relativiser cette fringale de l'intelligence « psychométrique ». Comme le dénonce Howard Gardner, « L'intelligence est trop importante pour être laissée aux mains des fabricants de tests ».

La quantification de l'intelligence est une obsession occidentale d'après Nicolas Gauvrit, psychologue et mathématicien français spécialisé en sciences cognitives. À l'origine, le Quotient Intellectuel est un score qui avait été inventé pour prédire la réussite scolaire - c'est-à-dire le degré d'adaptabilité à un modèle pédagogique- mais non pour décréter si telle ou telle personne est intelligente... Ce test a été largement dévoyé. L'intelligence ne se résume pas à la réussite scolaire. On peut être tout à fait « surdoué » dans un domaine et « sous-doué » dans un autre...

Pourquoi un esthète, doté de la faculté de créer du beau, ne serait-il pas reconnu aussi intelligent qu'un élève excellent en mathématiques ? Un artiste a aussi son intelligence que l'on préfère ranger dans la catégorie plus floue de « talent », de « génie ». Comme si la créativité de l'artiste était indicible et de nature divine, contrairement à l'intelligence logico-mathématique qui est terre à terre et qui va si bien de pair avec notre société matérialiste. Platon proposait même d'éliminer la poésie de sa République. Faut-il pour autant classer Platon dans les dominants « cerveau gauche » ? Hélas non, la réalité n'est pas aussi binaire.

Auparavant, l'intelligence était une notion intuitive. Tout a dégénéré quand on a pensé qu'elle était quantifiable. L'intelligence est-elle toujours quantifiable ? Rien n'est moins sûr. Le QI, même s'il a la vertu de détecter un éventuel retard mental, a joué un rôle extrêmement réducteur sur l'intelligence. Nous l'avons bien trop sacralisé. Pourquoi idéaliser « les compétences langagières et logico-mathématiques » comme le dénonce Howard Gardner ? Il explique trois travers de la société occidentale : « l'occidentomanie »[24] qui consiste à mettre certaines valeurs culturelles occidentales héritées de Socrate sur un piédestal, « la testomanie »[25] qui privilégie les compétences mesurables et quantifiables, « l'élitomanie », qui cherche à créer des castes supérieures. Cette course à l'élitomanie rappelle les propos de Christopher Lasch, historien et sociologue américain, sur le narcissisme, un symptôme préoccupant de notre société : « Narcisse divise la société en deux groupes : d'une part, les gens riches, puissants et renommés, d'autre part, le troupeau »[26]. Le test de QI, s'il a été conçu à l'origine pour sauver des élèves d'un échec scolaire, il est aujourd'hui adulé par des parents qui ont la hantise que leurs enfants fassent partie de la « moyenne ». Leurs enfants doivent être exceptionnels et échapper à tout prix à la médiocrité. Toujours cette tendance au binaire : les *winners* et les *losers*. On oublie trop souvent que cette pensée binaire, « c'est blanc ou noir », est une forme de manque d'intelligence qui révèle la peur d'affronter la complexité. Pour cette raison, les tests devraient être là pour aider les professionnels à mieux cerner une personne pour pouvoir choisir la thérapie ou le mode de rééducation la plus appropriée, mais non pour les ranger dans des cases. Les tests ne doivent pas abreuver les mauvais penchants de la nature humaine. Le narcissisme est une pauvreté intellectuelle, qui ne permet d'atteindre ni l'intelligence ni le bonheur.

Olivier Houdé, neuroscientifique, directeur du LaPsyDé, travaillant dans le bureau où Alfred Binet a inventé le test du QI, critique sa mesure car ce dernier ne tient pas compte de la flexibilité mentale. Le QI ne mesure ni la curiosité, ni la capacité de savoir vivre dans le doute. La vraie intelligence se développe durant toute une vie, contrairement au QI qui est une simple photographie de certaines capacités intellectuelles.

---

24. Voir lexique.
25. Voir lexique.
26. LASH Christopher, *La culture du narcissisme*, Flammarion, éditions Poche 2018 (paru la première fois en 1979).

Le besoin de classer des personnes dans des cases est un défaut humain qui ne supporte pas l'ambiguïté. Prenons l'exemple des enfants dits « zèbres ». Un certain élitisme pourrait entourer ce nouveau concept si on le réduisait à un fort QI. Or la complexité de ces profils nécessite une approche moins stigmatisante. Comme nous l'avons vu au premier chapitre, Christel Petitcollin et Myriam Ogier évoquent plutôt une « pensée en toile d'araignée » à « haut débit », qui pourrait correspondre à un cerveau droit dominant. Elles mettent aussi en valeur l'hypersensibilité qui, dans notre société, est plutôt jugée comme un fardeau. L'hyperesthésie, qui correspond à une perception des sens hors normes, permet l'émerveillement et le raffinement. Les hypersensibles peuvent s'émouvoir d'un petit rien, d'un détail. C'est une façon différente de scruter le monde. L'hypersensibilité est une richesse d'interprétations du monde qui nous entoure. Et cette notion ne classe pas les gens dans une catégorie inférieure ou supérieure aux autres, elle est juste un rapport différent au monde. L'hypersensibilité peut même faire vivre des expériences mystiques. Effet moins glorieux d'un excès d'intelligence logique dans notre société : certains hypersensibles ont malheureusement été internés dans les siècles passés dans des hôpitaux psychiatriques car les médecins posaient le diagnostic, telle une condamnation irréparable, de « fou ». Étiquette fatale. Encore aujourd'hui, les psychologues ont tendance à les percevoir comme *borderline*. Mais, cette sensibilité hors normes est une force indéniable pour la créativité. À titre d'exemple, certains neurologues se sont demandé si Arthur Rimbaud était synesthésique[27]. Son poème *Voyelles*, témoigne de cette virtuosité. Cette capacité est une forme d'intelligence qui ne se mesure pas avec des tests. Et qui appartient au cerveau droit.

Relativiser l'intelligence psychométrique est nécessaire

Une « société vouée aux tests » serait néfaste pour le développement de la créativité. Heureusement les disciplines artistiques échappent à cette hystérie de la testologie. Nous sommes tombés dans l'industrie des tests, au lieu d'être une société réfléchie qui cultive la nuance et l'esprit critique. Howard Gardner nous met en garde : « L'intelligence est trop importante pour être laissée aux mains des fabricants de tests ».

---

27. La synesthésie est une capacité à créer des correspondances entre plusieurs sens, à associer des notes de musiques à des couleurs ou une odeur à un toucher.

À l'époque où les tests d'intelligence ont été mis en place, personne n'a trop fait attention « à la théorie de l'intelligence qui les sous-tendait » (Howard Gardner). La créativité ne pouvant pas se mesurer par un test psychométrique. La « pensée divergente » ou « la facilité idéatoire » ne s'évaluent pas. Il a juste été constaté des points communs dans la façon de travailler des créatifs, mais ce n'est pas à proprement dit, une mesure. Est-ce que le monde continuerait à tourner rond si certains revendiquaient un QI de 130 en créativité ? La créativité échappe à tout dogmatisme.

« C'est le cerveau gauche qui a besoin de classer et de quantifier ce qui l'entoure et même ce qui devrait rester une donnée immensurable. Cette démarche de jauger et de coter est à l'opposé des valeurs des cerveaux droits refusant de juger et d'apposer des étiquettes »[28].

---

28. PETITCOLLIN Christel, *Je pense trop*, Trédaniel, 2016.

Chapitre 4

L'intelligence intuitive, la plus subtile des intelligences ?

■ Résumé

Tout comme l'intelligence, il existe une pluralité de définitions de l'intuition, certains scientifiques ont tendance à la définir comme un mode de pensée rapide en proie aux biais cognitifs. D'autres y voient plutôt la faculté de penser en arborescence, avec une capacité à faire des liens improbables avec des faits sans connexion apparente. L'intuition, pensée rapide ou globale ? Nous avons interviewé Isabelle Fontaine, ancienne journaliste et experte dans le domaine de l'intuition pour qu'elle nous éclaire sur cette intelligence encore trop controversée. La définition jungienne de l'intuition et la théorie des champs morphiques du scientifique iconoclaste Rupert Sheldrake sont les approches les plus fascinantes. L'intelligence intuitive est souvent confondue avec l'intelligence émotionnelle or une émotion n'est pas synonyme d'intuition même si elle peut contribuer au talent intuitif. L'intuition est une intelligence très subtile, qui pourrait devenir une compétence clé de demain dans tous les domaines, y compris dans la finance, la médecine et les enquêtes policières.

Témoignage d'Isabelle Fontaine, experte en intuition.

Comme le fait ironiquement remarquer Isabelle Fontaine dans son livre *Libérez la voix de l'intuition* [29], l'intuition reste encore au stade de la rumeur. Et comme Albert Einstein le mentionnait dans cette citation, « étrange époque que celle où il est plus facile de briser un atome qu'un préjugé ».

Est-ce que l'intelligence artificielle peut véritablement rivaliser avec nos millions de milliards de bits que stocke notre inconscient ? L'intuition constitue un « savoir souterrain » dont on n'a même pas conscience.

Comment définir l'intuition ?

Définir l'intuition est loin de faire consensus... Pour les neuroscientifiques, il s'agirait plutôt d'automatismes qui nous font gagner du temps, sans poser un raisonnement complet. Pour les personnes plus ouvertes à la transcendance, il s'agit d'un moment de communion avec l'univers. Notre inconscient collectif nous livre les signaux faibles utiles à une future prise de décision.

Selon Daniel Kahneman, psychologue et économiste américano-israélien, la pensée humaine fonctionne selon deux systèmes : un système heuristique[30], intuitif et rapide (avec des biais possibles) et un système réflexif, logique plus lent et coûteux. Gerd Gigerenzer, psychologue allemand, estime que l'intuition s'appuierait sur des heuristiques, « des raccourcis mentaux simples et rapides[31] » à partir d'informations simples. Fernand Gobet, professeur de psychologie cognitive, décrit l'intuition comme la reconnaissance rapide de patterns[32]. Les patterns se forgent avec l'expérience. Certains sont prédictifs, mais pas tous. Car les mêmes causes ne produisent pas toujours les mêmes effets.

À lire les résultats des différentes études, on ne peut pas opposer intuition et raisonnement conscient, ils sont complémentaires. Il peut y avoir une continuité entre l'intuition et la pensée consciente. Il semblerait que plus nous sommes experts d'un domaine, plus nous pouvons nous permettre d'utiliser l'intuition pour résoudre des problèmes complexes. Car l'inconscient va faire des rapprochements que nous ne posons pas consciemment.

---

29. FONTAINE Isabelle, *Libérez la voix de votre intuition,* Eyrolles, 2019.
30. Voir lexique.
31. GIGERENZER Gerd, *Le génie de l'intuition*, Belfond, 2009.
32. Voir lexique.

Il n'y a pas de surperformance de la logique sur l'intuition, les deux coopèrent. Comme le suggère Kamila Malewska, professeur en théorie des organisations en Pologne, au sujet du management intuitif, l'intuition n'est pas le contraire de la logique. C'est juste l'acquisition d'automatismes, qui permettent de prendre des décisions plus rapidement. L'intuition peut être aussi de la logique non verbalisée.

Mais toutes ces approches neuroscientifiques, liées au seul fonctionnement du cerveau, restent très « mécaniques ». L'approche Jungienne est plus immatérielle. Selon Jung, l'intuition serait une connexion avec l'inconscient profond, soit son propre inconscient, soit l'inconscient collectif. « L'intuition est une fonction très naturelle, parfaitement normale et nécessaire ; elle s'occupe de ce que nous ne pouvons ni sentir, ni penser, parce que cela manque de réalité, comme le passé qui n'en a plus et l'avenir qui n'en a pas autant que nous le pensons. Nous devons être très reconnaissants au ciel de posséder une fonction qui nous octroie certaines lumières sur ce qui est « par-delà les choses » »[33].

L'intuition peut être plus subtile ou liée à d'autres parties du corps. « En réalité, on intuite avec toutes nos cellules. Tout notre corps est une antenne intuitive ! », d'après Isabelle Fontaine. Dans son livre *Libérez la voix de votre intuition*[34], cette spécialiste de l'intuition que nous avons interviewée pour ce chapitre, nous conseille de faire confiance à notre intuition et se consacre désormais à l'accompagnement dans la découverte et l'acceptation de ce trésor enfoui en chacun de nous. Une faculté naturelle qu'il faut nécessairement exploiter dans un monde devenu ultra technologique et hyperconnecté. Comme un muscle à travailler, il est pertinent d'aiguiser son intuition pour accéder à l'authenticité de sa vie et prendre les décisions adéquates. Longtemps raillée, voire dénigrée, l'intelligence intuitive devient doucement mais sûrement un *eldorado* auquel s'ouvre le monde très rationnel de l'entreprise. Des signaux faibles de ce changement de mentalités se font ressentir dans une « société des gens » qui se métamorphose. Et c'est une excellente nouvelle car l'intuition est « une amie qui vous veut du bien » comme aime nous le rappeler Isabelle Fontaine.

Comment savoir si nous fonctionnons *a priori* d'une manière intuitive ou rationnelle ? Il faut savoir que l'intelligence intuitive est « capable de traiter

33. JUNG Carl Gustav, *L'Homme à la découverte de son âme*, Albin Michel, 1987.
34. FONTAINE Isabelle, *Libérez la voix de votre intuition*, Eyrolles, 2019.

simultanément plusieurs lignes d'informations et de créer des ponts entre elles, par le biais d'associations »[35] . Cette capacité ne serait-elle pas l'apanage des « cerveaux droits » doués d'une pensée en arborescence ? Plus prosaïquement, si vous êtes ouvert d'esprit, curieux de tout, en recherche permanente d'opportunités, si vous avez souvent plusieurs projets ou livres en court, que vous êtes doué d'esprit de synthèse et que vous comprenez les choses à demi-mot..., vous avez de grandes chances de répondre au portrait-robot d'une « personnalité intuitive ». Mais les autres, ne vous découragez pas. Voici ce que nous dit Isabelle Fontaine de sa passion et quelques *tips* qu'elle nous offre...

*Interview d'***Isabelle Fontaine***,*
experte en intuition

Parmi les spécialistes de l'intuition,
lesquels vous paraissent incontournables ?

Isabelle Fontaine : ce qui est complexe dans l'intuition est qu'elle recouvre différents domaines. Il n'est pas aisé de trouver le fil conducteur. C'est à la fois un concept philosophique, spirituel, neuroscientifique, voire une notion de plus en plus utilisée dans le domaine du management. Les chercheurs l'étudient surtout dans le champ des prises de décisions - comme le psychologue allemand Gerd Girerenzer dans son ouvrage[36] - mais aussi de nos émotions. Le neuroscientifique **Antonio Damasio** a beaucoup étudié le lien émotion, décision et intuition dans son livre[37]. Il y a également l'ouvrage du journaliste et conférencier américain **Malcom Gladwell**,[38] qui reprend des études réalisées sur l'intuition. Dans cette approche, normée et scientifique, l'intuition émane exclusivement de notre cerveau.

35. Ibid.
36. GIRERENZER Gerd, *Le génie de l'intuition*, Pocket, 2011.
37. DAMASIO Antonio, *L'erreur du Descartes,* Odile Jacob, 1995.
38. GLADWELL Malcom, *La force de l'intuition*, Pocket, 2007.

Est-ce que cela signifie qu'il existe plusieurs approches de l'intuition ? L'une plutôt neuronale et une autre qui ouvre la voie d'un champ extraneuronal, plus « jungien » ?

Isabelle Fontaine : il y a effectivement deux tendances, celle d'une intuition confinée à la boîte crânienne, et une autre plus vaste, où l'intuition est associée à des champs d'information disponibles à l'extérieur de nous et qui relève d'une capacité à s'y connecter. Le cerveau est alors considéré comme une « antenne », un intermédiaire permettant de capter ces informations, et non dépositaire lui-même de ces informations. C'est ce que suggère la notion d'inconscient collectif du psychanalyste suisse Carl Gustav Jung, mais aussi la théorie des champs morphiques du scientifique iconoclaste Rupert Sheldrake. Celui-ci révise tous les dogmes de l'ancien paradigme, comme le fait que la conscience s'inscrive uniquement dans la matière. L'intuition pourrait ainsi venir d'ailleurs que de notre cerveau.

Vous distinguez dans votre livre[39] quatre cercles permettant de cerner les façons de concevoir l'intuition, et son origine. Quels sont-ils ?

Isabelle Fontaine : ces cercles s'imbriquent comme des poupées russes :

- Il y a au centre le cercle matérialiste selon lequel l'intuition émane de notre cerveau. C'est le champ de recherche des neuroscientifiques.
- Puis au-dessus se trouve le cercle collectif ou informationnel. Il suppose que l'intuition existe sous forme de champs d'informations extérieurs à nous et donc hors de notre encéphale. C'est le champ de recherche de la parapsychologie.
- Ensuite se trouve le cercle métaphysique, ou l'intuition-voix de Dieu, qui s'inscrit dans un champ philosophique et spirituel.
- Enfin, un dernier cercle est celui de la physique quantique, qui - à sa manière - a créé une intégration des trois autres cercles en reliant matière et esprit. Ces cercles sont une représentation pour faire comprendre que l'intuition est vaste : matérielle à très immatérielle.

39. FONTAINE Isabelle, « *Libérez la voix de votre intuition* », Eyrolles, 2019.

Howard Gardner[40] estime que l'intuition de type « Eurêka » est liée à un mécanisme de logique non verbalisée. Qu'en pensez-vous ?

Isabelle Fontaine : oui, il y a un travail qui se fait de manière souterraine, inconsciente, comme dans les processus créatifs. La personne est habitée par un sujet ou une recherche, et en *background* de sa conscience, elle élabore des scénarios, lesquels peuvent donner lieu à une intuition de type Eurêka. On peut assimiler ce mécanisme à de la logique. On parle alors d'intuition de l'expert, qui est étroitement liée à nos connaissances dans un domaine. On retrouve beaucoup ce type de mécanisme en entreprise. On est là dans une dimension matérielle, presque rationnelle de l'intuition, qui est aussi très importante et noble par rapport à une dimension plus spirituelle de l'intuition.

Ne pas confondre émotion et intuition

Attention à la projection des émotions : il a été constaté par des psychologues que des émotions négatives pouvaient changer le mode décisionnel[41]. Benedetto de Martino, professeur en neurosciences au Royaume Uni a constaté que les individus ayant subi un stress négatif, des émotions négatives repérées dans l'activité de l'amygdale, ont tendance à prendre des décisions plus risquées, car ils n'ont rien à perdre. Autrement dit, si nous pouvons faire confiance à nos émotions positives, tout est à craindre de nos émotions négatives… Il existe bel et bien des biais cognitifs émotionnels. Dès lors, comment savoir quand nous ne sentons pas quelqu'un, s'il s'agit juste de la projection d'une émotion négative ou un signal faible que notre inconscient a capté et que, par rapport à nos expériences vécues, il nous signale un danger ? Ce qui est d'autant plus paradoxal que les êtres intuitifs sont souvent sensibles, voire hypersensibles. Comment interpréter nos émotions ? Albert Moukheiber, docteur en neurosciences cognitives, nous alerte sur l'influence des émotions négatives : nous ne choisissons certes pas d'être jaloux ou mesquin, mais nous pouvons agir sur nos métacognitions[42]. Être émotif ne suffit pas pour développer son intuition. En effet, prendre une décision ne consiste pas à projeter ses émotions. A contrario, elles peuvent être un piège.

40. Psychologue concepteur de la théorie des intelligences multiples interviewé dans le chapitre 2.
41. Etudes Palfai *et al.*, 1993; Park *et al.*, 2000 et Oaksford *et al.*,1996.
42. Voir lexique.

*Interview d'***Isabelle Fontaine** *(suite)*

Comment distinguer une intuition d'une émotion ?

Isabelle Fontaine : ce sont des phénomènes distincts mais avec des caractéristiques communes : ils arrivent de manière spontanée et sont pilotés par l'inconscient. Ils sont de l'ordre du subtil, avec une réaction physiologique associée. Les émotions sont en quelque sorte les précurseurs de l'intuition, elles en favorisent la manifestation. C'est parce qu'on se laisse traverser par ses émotions que l'on va être réceptif aux intuitions. Mais attention, l'intuition en elle-même est dénuée d'émotion. Une intuition de danger ne fait par exemple pas ressentir de la peur en elle-même, mais une couleur d'émotion associée. L'intuition a toujours la sérénité de la vérité. C'est un piège de confondre une intuition avec la projection d'une émotion. Il faut savoir mettre ses émotions à la juste distance. Sans compter que les émotions des autres peuvent aussi nous influencer.

Comment distinguer l'intelligence intuitive de l'intelligence émotionnelle ?

Isabelle Fontaine : ces deux intelligences sont liées mais distinctes. L'intelligence émotionnelle signe la capacité de faire preuve d'empathie, c'est-à-dire ressentir et comprendre ce que l'autre ressent, qui est une qualité intuitive. L'intelligence intuitive comprend aussi notamment la compréhension des symboles et des enjeux cachés d'une situation. Certaines personnes ont une intelligence émotionnelle peu développée, mais ont des intuitions. Par exemple, les personnes réputées très rationnelles comme les informaticiens ou les mathématiciens peuvent avoir des intuitions fulgurantes de type Eurêka. Einstein lui-même n'était pas dans l'émotionnel, mais était très intuitif.

Est-ce que la télépathie est une intuition ou une capacité extrasensorielle ?

Isabelle Fontaine : la télépathie est une forme d'intuition selon Jung, elle se manifeste par les sens de façon intériorisée. On peut avoir des pensées, des images, ressentir des sensations à l'intérieur de soi : odeur, goût en bouche, douleurs etc. L'étymologie de « télépathie » fait référence à la souffrance (pathos) qui se transmet. Voici à ce propos une anecdote étonnante. À la fin du XIXe siècle, un soir, sur scène, la cantatrice Célestine Galle Marié, interprète de Carmen, s'effondra, transpercée par une douleur au cœur. Au même moment, Georges Bizet, le compositeur de l'opéra, avait, à plusieurs kilomètres de là, une crise cardiaque dont il décédera plus tard dans la nuit. La cantatrice était une proche de Bizet, et l'on observe que la télépathie fonctionne mieux avec les personnes proches : amis, amoureux, parents enfants, collègues etc. Les recherches en parapsychologie ont étudié ces phénomènes de manière très rigoureuse.

Peut-on opposer l'intuition à la rationalité ?

Les êtres humains ont du mal avec l'ambiguïté, avec le doute. Lorsqu'ils n'arrivent pas à concevoir la complexité, ils créent des systèmes binaires pour se rassurer. Comme l'écrit Albert Moukheiber dans son livre *Votre cerveau vous joue des tours* [43] : « L'homme a un très fort penchant pour ce qui fonctionne par paire : le bien et le mal, la gauche et la droite, le froid et le chaud ». Le modèle du psychologue Daniel Kahneman qui consiste à opposer intuition et raisonnement tombe dans ce piège.

Pour les artistes, l'intuition est un redoutable élan, une force, un « feu sacré ». C'est ce que l'on appelle aussi « l'inspiration », comme si notre corps et notre esprit étaient habités par une force mystérieuse. Quand les idées viennent à « grands flots », pour reprendre l'expression de Mozart, l'intuition nous porte et on se sent entraîné par une force créatrice.

---

43. MOUKHEIBER Albert, *Votre cerveau vous joue des tours*, Allary Editions, 2019.

Cette puissance créatrice est d'ailleurs également possible en science. Einstein croyait en la force de l'intuition et était traversé par des éclairs de génie. Selon le psychologue Gerd Gigerenzer, l'intuition est tout à fait compatible avec la rationalité, c'est juste qu'elle va plus vite. Elle est puissante car elle échappe à tout test psychométrique. Elle est d'ailleurs étonnante, car tour à tour elle peut être appelée inconscient, synchronicité si on se réfère à Jung, et peut même être parfois magique…

Contrairement à la culture occidentale, l'intuition est une notion clé dans la philosophie orientale, elle est symbolisée par le 6e chakra, *ajna*. C'est le point rouge porté par les hindous au milieu du front. C'est une passerelle qui permet d'entrer en relation avec les énergies subtiles. Même Descartes[44], contrairement aux idées reçues sur « l'esprit cartésien », a reconnu l'intelligence intuitive. Un cartésien « authentique » doit rester ouvert aux intuitions. « Par intuition, j'entends, non pas le témoignage changeant des sens ou le jugement trompeur d'une imagination qui compose mal son objet, mais la conception d'un esprit pur et attentif, conception si facile et si distincte qu'aucun doute ne reste sur ce que nous comprenons ».

Par ailleurs, les penseurs dits « du soupçon » comme Schopenhauer, Nietzsche et surtout Freud, ont ouvert la voie de l'intuition, avec la reconnaissance d'une volonté de puissance, d'un inconscient qui agit à notre insu.

L'intuition est-elle guidée par des synchronicités ?

Un peu comme le préconisait le mouvement surréaliste, il faut savoir réserver de l'imprévu dans son existence pour accueillir les heureuses coïncidences, les « calembours du destin ». Car les coïncidences, aussi appelées « synchronicités » sont comme les petites pierres du Petit Poucet, elles nous montrent la voie à suivre. Ce sont des guides. Car pour ceux qui croient à cette intuition plus subtile, plus « immatérielle » hors des circuits neuronaux, cette intuition fait confiance à l'univers et à l'inconscient collectif. Nous sommes tous reliés. Nous détaillerons ce phénomène dans la prochaine partie.

---

44. DESCARTES René, *Règles pour la direction de l'esprit*, 1684.

Dans le livre *Se souvenir du futur*[45], on y découvre la rétrocausalité du temps : selon les auteurs, le futur pourrait changer le présent. Les synchronicités seraient des signes provenant du futur. Romuald Leterrier et Jocelin Morisson s'inspirent d'une théorie de Philippe Guillemant que nous avons eu la joie d'interviewer pour ce livre : « Le futur, sans nécessairement être totalement réalisé, pourrait l'être suffisamment pour contenir des conditions finales ». Et ces « conditions finales » peuvent jouer un rôle d'attracteur sur le présent. Selon Bernardo Kastrup, ingénieur informatique et docteur en philosophie, l'univers serait une création mentale et la conscience humaine existerait en dehors des limites de l'espace et du temps. Ainsi les synchronicités pourraient provenir aussi du futur, cela dépasse largement notre perception habituelle du temps ! Notre prochaine partie détaillera ces nouvelles approches du temps et de la conscience.

Selon Isabelle Fontaine, l'intuition « survient lorsque le mental est mis au repos lors d'une somnolence, à l'endormissement ou au réveil… Lorsque le cerveau débranche ». Afin que l'intuition déploie ses plus belles ailes, il est recommandé de lâcher, autant que faire se peut, sa raison raisonnante et s'ouvrir à une petite dose d'irrationalité. Cet attachement de Jung à l'irrationnel l'a conduit à rompre avec son mentor Freud. Une grande divergence s'est instaurée entre eux lorsque Jung a décidé d'explorer à sa manière les frontières de son inconscient. Taxé de « mystique » par Freud, Jung a étudié les grandes disciplines de transformation intérieure, de l'alchimie antique aux traditions des anciennes civilisations chamaniques. Et c'est en suivant ce chemin non orthodoxe qu'il a conceptualisé ses grands principes d'inconscient individuel et collectif, de synchronicités et d'individuation, aujourd'hui validés par la mécanique quantique ou les champs morphiques de Rupert Sheldrake. Nous y reviendrons un peu plus tard.

---

45. LETERRIER Romuald et MORISSON Jocelin, *Se souvenir du futur*, Trédaniel, 2019.

*Interview d'***Isabelle Fontaine** *(suite)*

ÉCLAIRAGE SUR LES SYNCHRONICITÉS

Que penser de la théorie de Jung sur les synchronicités ?

Isabelle Fontaine : une synchronicité est un hasard qui fait sens et nous guide. C'est une coïncidence signifiante, en lien avec notre intuition, qui peut être heureuse ou malheureuse. Jung, qui a formalisé cette théorie, observait que les synchronicités se présentent en des moments clé de l'existence, de transformation, comme la crise de la quarantaine, l'adolescence, un changement de travail, de conjoint ou de lieu de vie. Certaines synchronicités peuvent être expliquées, par la télépathie ou des transmissions familiales inconscientes qui nous font répéter des traumas liés à des secrets de famille. Dans tous les cas, il y a quelque chose à décrypter avec un travail intérieur à faire. Les synchronicités peuvent servir de base à un profond travail de développement personnel et spirituel.

Est-ce que le sujet de l'intuition a créé une scission entre Freud et Jung ?

Isabelle Fontaine : Jung était en désaccord avec Freud à propos de la place très importante accordée à la libido. Il a exploré des domaines comme l'alchimie et l'astrologie qui n'ont pas toujours une connotation sérieuse. L'intuition faisait partie intégrante de son approche et de sa pensée, il la considérait comme un phénomène normal, naturel et nécessaire. Freud en avait une vision plutôt négative de son côté, il voyait dans l'intuition un réflexe primitif. Jung a été très suivi aux USA, mais en France, c'est Freud qui l'a emporté.

L'intuition, une compétence clé de demain ?

Notre inconscient a un savoir souterrain, très puissant, il enregistre tout. C'est une boîte noire. Aujourd'hui tout le monde évoque la révolution de l'intelligence artificielle, mais peut-être que la révolution viendra de la découverte de capacités humaines insoupçonnées, trop négligées par l'intelligence logique, qui refuse d'autres systèmes. Il faut dire que l'intuition souffre encore d'une image trop féminine. Comme l'explique Gerd Gigerenzer, l'intuition a été dévalorisée car « la mémoire, l'imagination, la sociabilité étaient des traits féminins[46] ». De nombreux philosophes comme Kant pensaient que les femmes ne savaient pas raisonner, mais ressentir. Darwin associait les facultés dites « féminines » aux « races inférieures » ... Autant le dire sans concession : l'intuition a été, comme la femme, décrédibilisée pendant des siècles par cet excès d'esprit rationaliste, suffisant et dominant. Or, il a été prouvé à travers différentes expériences scientifiques que les hommes sont aussi intuitifs que les femmes, voire plus.

Il existe différents domaines où l'intuition - ou du moins des méthodes plus « empiriques » - permet d'aboutir à des résultats plus performants que des systèmes calculatoires très complexes et sophistiqués. N'avez-vous jamais expérimenté lors d'une prise de décision importante ce sentiment de panique, à force d'additionner les « pour » et les « contre », de ne jamais réussir à résoudre l'équation ? N'avez-vous jamais été saisi de stress et d'effroi pour choisir ? Alors qu'au fond de vous, sans raisonnement complexe, une réponse toute simple a fini par résonner en vous.

Personnellement (Marjorie), il m'est arrivé plusieurs fois de me fier à mon intuition, notamment à travers mes rêves, lorsque je n'arrivais pas à dénouer les avantages des inconvénients. À titre anecdotique, à la naissance de mon premier enfant, j'ai pris la décision de changer de travail car je ne supportais plus l'ambiance managériale. Le jour même où j'avais accepté la proposition d'un nouveau job, j'ai rêvé dans la nuit d'une belle plage avec un horizon dégagé et un soleil radieux, avec un sentiment de liberté si fort, que je me suis réveillée souriante. J'ai su tout de suite que c'était le bon choix. D'ailleurs, j'avais eu aussi une synchronicité qui confirmait mon rêve avec ma future manager : elle sortait elle aussi d'un congé maternité, sa fille avait 4 jours d'écart avec mon fils, leurs prénoms étaient jumeaux : Victor et Victoire. Bref, vous l'avez compris, ce changement de trajectoire professionnelle a été une « victoire ». Un autre exemple : en me rendant dans un cabinet de recrutement, j'ai été saisi d'une odeur nauséabonde, si forte que je me suis fait la réflexion que cela n'augurait rien de bon. Alors que j'avais le profil idéal pour ce poste, le recrutement a en effet capoté pour des raisons obscures... Même les odeurs peuvent parfois

46. GIGERENZER Gerd, *Le génie de l'intuition*, Belfond, 2009.

nous délivrer des messages, des signaux faibles à ne pas négliger. Bien entendu, vous me rétorquerez que les odeurs d'égouts sont familières dans les villes et ne présentent rien d'extraordinaire, mais c'est la façon dont votre inconscient l'interprète qui est intéressante.

Dans certaines disciplines telles que la finance, la médecine ou encore les enquêtes policières, l'intuition peut parfois s'avérer plus efficace que la méthode déductive.

La finance : les profanes sont-ils plus performants que les traders ?

Autrement dit : est-il possible que le hasard en investissement boursier, avec des combinaisons aléatoires, soit plus performant que les calculs savants de traders ? Dans le livre *Le génie de l'intuition* de G. Gigerenzer, le psychologue relate une étude suédoise qui a comparé les résultats d'un groupe d'experts financiers et d'un deuxième groupe de profanes dans la prédiction du rendement de vingt actions. Les prédictions des profanes ont été justes une fois sur deux, un taux similaire au hasard. En revanche, les experts ont été moins performants : 40 % de prédictions correctes au lieu de 50 %. Ce qui aurait tendance à invalider les méthodes complexes en finance…

Ce qui vient à se demander si l'intelligence artificielle peut mieux faire que l'intuition humaine en termes de prédiction financière, dans la mesure où une variable échappe aux équations, celle de la psychologie des investisseurs. L'objectif des algorithmes qui reposent sur l'IA est d'apprendre par l'expérience inductive. Ils reposent sur une puissance de calcul colossale qui peut apprendre à la vitesse de l'électron. Mais peuvent-ils anticiper la psychologie des marchés financiers ou des foules ? La question est ouverte et suscite des craintes. Il serait intéressant de voir si ceux qui ont réussi en bourse sont plutôt des cerveaux droits ou cerveaux gauches dominants…

Résolution d'enquêtes policières : méthodes Hercule Poirot ou Inspecteur Colombo ?

Le domaine des enquêtes policières est aussi intéressant pour comparer la performance des méthodes déductives et intuitives. Hercule Poirot, le personnage d'Agatha Christie, est l'archétype même de la méthode déductive : il analyse tout minutieusement de façon déductive. Aucun indice ne lui échappe. L'inspecteur Colombo s'imprègne au contraire de l'ambiance globale de la pièce du crime, essaie de comprendre la psychologie des personnages, pour faire venir à lui des insights. Que ce soit Hercule Poirot, cerveau gauche ou Colombo, cerveau droit, les deux approches sont efficaces et complémentaires. Les tribunaux, la police ou les services secrets peuvent parfois « en off » recourir à des magnétiseurs, des médiums, des intuitifs lorsqu'ils n'ont aucun indice. C'est par exemple le cas pour retrouver un corps d'une personne disparue. Comme l'écrivait Agatha Christie, « un crime peut être une œuvre d'art, et un détective un artiste » …

Médecine : quelle place à l'intuition ?

Nous avons vécu ce débat méthodologique au début de la pandémie de la Covid-19 : la méthode pragmatique du professeur Raoult est-elle plus efficace que les études randomisées, plus longues et rigoureuses ? Les experts comme les infectiologues peuvent avoir des intuitions, qui sont parfois plus performantes que de longues recherches laborieuses. D'après Gerd Gigerenzer l'adage « moins c'est plus » peut s'appliquer également au secteur médical. Il interroge l'utilité de la mode des dépistages systématiques : sont-ils réellement efficaces? Une étude a été menée auprès de médecins, sur les mammographies : est-ce qu'ils prescriraient le même nombre de mammographies à leurs patients qu'à un de leurs proches ? La réponse a été différente selon qu'il s'agissait d'un patient ou d'un proche. Les médecins craignant des procès en cas de cancer préfèrent prescrire systématiquement un dépistage, même s'ils pensent que ce n'est pas indispensable. Aux États-Unis, les hystéroscopies sont d'ailleurs moins fréquentes chez les femmes d'avocats que chez le reste de la population… Il a été prouvé par des expériences dans des urgences de cardiologies que les intuitions cliniques, des méthodes « empiriques et simples », étaient plus performantes que des diagnostics complexes. La médecine n'est donc pas une science exacte et nous aurons l'occasion de revenir sur ce sujet dans le chapitre consacré à la médecine holistique de la 3e partie. Rappelons au passage que le mathématicien Henri Poincaré, était coutumier des intuitions *insight* à l'instar de « l'Eurêka» d'Archimède, cet éclair de génie qui vient de nulle part et qui vous apporte « LA » solution.

Aussi l'intuition est un atout majeur pour les chercheurs scientifiques qui font des découvertes. Les exemples de ce type font florès dans l'histoire de la science. C'est par une pomme reçue sur la tête qu'Isaac Newton a compris la gravitation universelle. C'est en attendant patiemment sa femme faire des emplettes que Melvin Calvin, prix Nobel de chimie en 1961, a compris le mode de fonctionnement du carbone.

Nous conclurons par les propos d'Isabelle Fontaine sur le développement possible de l'intelligence intuitive. Notre société n'est malheureusement pas encore prête à reconnaître la puissance de cette faculté. Mais, on assiste néanmoins à une prise de conscience de la part des dirigeants d'entreprise, qui pourrait ouvrir la voie à de nouvelles façons de prendre des décisions.

*Interview d'***Isabelle Fontaine** *(suite)*

Intuition compétence clé de demain ?

Pourquoi l'intuition est-elle une capacité si peu reconnue par la société, alors qu'Einstein par exemple la vénérait ?

Isabelle Fontaine : une scission s'est opérée à la Renaissance, où l'on a commencé à poser les bases d'une réflexion rationnelle et à développer un esprit cartésien, loin de l'intuition alors considérée comme de la superstition. Pourtant, Descartes lui-même a parlé de l'intuition, il considérait qu'elle était nécessaire, aux côtés de la raison, pour accéder à la « Vérité ». Il faisait des rêves initiatiques, et accueillait cette dimension subtile de la pensée. Cette conception d'hyperrationalité qui s'est peu à peu imposée depuis lors dans notre société ne correspond pourtant pas à la réalité sensible de l'expérience humaine.

Est-ce que l'intuition pourra devenir une compétence clé de demain en entreprise par rapport à l'intelligence artificielle, comme vient de l'affirmer récemment Richard Branson ?

Isabelle Fontaine : je sens un intérêt grandissant, surtout dans les sphères dirigeantes, bien que cela demeure compliqué, en particulier dans l'hexagone. Cela va avec le besoin de transformation de structures devenues trop rigides, ainsi que des salariés en quête de sens. Richard Branson, avec Steve Jobs, qui a introduit la méditation en entreprise, fait partie des dirigeants qui ont ouvert la voie sur ces sujets. Néanmoins, il y a encore trop peu de leaders qui osent comme eux s'engager sur ces sujets. Une telle vision demande à revoir toute l'organisation de l'entreprise pour développer l'intuition. De plus en plus présent et nécessaire à la fois dans la vie privée comme professionnelle, le sujet de l'intuition est encore tabou. La transition est là. C'est un processus qui va mettre du temps, comme tous les changements à l'œuvre, mais l'intuition devrait occuper à l'avenir une place grandissante dans nos vies... Pour retrouver celle qu'elle a finalement toujours eue, celle de guide intérieur.

Chapitre 5

L'intelligence artificielle, une chance pour célébrer les autres intelligences ?

Résumé

Et si l'intelligence artificielle (IA) était un défi lancé à l'humanité pour qu'elle devienne plus intuitive ? Le caractère binaire des algorithmes est plus proche d'une pensée séquentielle et linéaire. On pourrait donc considérer le « cerveau gauche » comme une métaphore de l'IA. Dès lors, l'intelligence émotionnelle pourrait prendre sa revanche face au développement de l'intelligence robotique qui tend à détrôner l'intelligence humaine logico-mathématique. C'est ce que nous transmettons dans ce chapitre en nous appuyant sur le témoignage de Laurence Devillers, chercheur dans les interactions homme-machine. Cette spécialiste des « robots émotionnels » - le titre de son dernier ouvrage - nous met en garde sur l'Homme augmenté : attention à ne pas se rendre esclave de la machine et de robotiser l'humain. Il est préférable de prôner un hyperhumanisme plutôt qu'un transhumanisme.

Témoignages de Laurence Devillers, Professeure en Informatique, dirige au CNRS la chaire de recherche en Intelligence Artificielle HUMAAINE et de Gary F. Bengier, auteur de science-fiction, ancien directeur financier d'ebay.

L'intelligence artificielle nous interpelle. Elle nous fascine et nous effraie en même temps. Stephen Hawking, l'astrophysicien de génie spécialiste des trous noirs, en avait une vision très pessimiste. Il a été l'un des premiers à se demander si l'intelligence artificielle était « la pire ou la meilleure chose arrivée à l'humanité ». Selon lui, une autonomie de l'IA conduirait à la fin de la race humaine. Le film culte de Stanley Kubrick, sorti en 1968 - *2001, l'odyssée de l'espace* dans lequel un astronaute perd le contrôle de son vaisseau spatial - nourrit encore nos fantasmes. La science du XXIe siècle est structurée autour du réseau Internet et de l'Intelligence artificielle. Or nous n'avons pas conscience de cette révolution technologique majeure tant les objets connectés s'infiltrent subrepticement dans nos vies.

Dans son livre *La guerre des intelligences*[47], le controversé Laurent Alexandre alarme l'opinion publique sur une éventuelle « guerre des cerveaux ». Il nous rappelle que « depuis deux siècles, le monde a connu trois grandes révolutions technologiques et économiques. La première s'étend de 1770 à 1850, avec les premières usines, puis la machine à vapeur et le réseau de chemin de fer. La seconde, de 1870 à 1910, avec la naissance de l'aviation, de l'automobile, de l'électricité et de la téléphonie. Enfin, la troisième est celle que nous vivons en ce début de troisième millénaire avec l'arrivée des technologies NBIC (Nanotechnologie, Biotechnologies, Informatiques et sciences Cognitives). »[48]

Après avoir vécu plusieurs hivers, l'IA se réveille en 2012 avec le *deep learning*. C'est un système d'apprentissage et de classification, basé sur des « réseaux de neurones artificiels » qui permettent à un ordinateur d'acquérir certaines capacités du cerveau humain. Ces réseaux peuvent faire face à des tâches très complexes, comme la reconnaissance du contenu d'une image ou la compréhension du langage parlé. En 2015, AlphaGo, l'IA développée par Deepmind[49], terrasse le champion européen de Go. Cet exploit est d'autant plus surprenant que les chercheurs ne s'attendaient pas à ce miracle avant dix ou vingt ans.

---

47. ALEXANDRE Laurent, *La guerre des* intelligences, Intelligence Artificielle versus Intelligence Humaine, JC Lattès, 2017.
48. *Ibid.*
49. Filiale de Google.

La course folle à l'IA

Tout se joue entre les géants du web, GAFAM[50] (États-Unis) et BATX[51] (Chine) avec de forts impacts économiques et sociétaux. Cette compétition technologique repose sur une vision du monde mécanique (cerveau gauche oblige !) dont les dérives pourraient nous conduire vers une robotisation de l'humain. Les projets transhumanistes portés par les leaders de ces empires du numérique promettent à l'homme des pouvoirs illimités : modifier son génome, reprogrammer son cerveau, conquérir le cosmos, vaincre la mort… Mais jusqu'où peut-on aller en matière d'humain connecté ?

Les leaders du numérique qui s'engagent dans « l'homme augmenté » ne partagent pas les mêmes convictions. Selon le géoéconomiste Nicolas Mazzucchi[52] interviewé pour France Culture : « Le point de bascule est la façon dont ils considèrent l'intérêt de l'intelligence artificielle. Certaines entreprises, comme Google, sont très favorables à la création d'un système informatique capable de répliquer le comportement humain. Mais d'autres y sont très opposés, comme Elon Musk, qui considère que l'intelligence artificielle est la principale menace pour l'humanité. »

Cette divergence d'opinions se traduit ainsi : le patron de Tesla et Space X n'hésite pas à investir dans des implants cérébraux afin que l'homme ne soit pas dépassé par la machine. Neuralink est son projet phare. C'est une prothèse branchée directement dans le cerveau qui pourrait aider des patients atteints de paralysie de gagner en autonomie. Quant à Ray Kurzweil, l'ingénieur en chef de Google et promoteur du transhumanisme, estime que la machine va dépasser l'homme et qu'il convient à ce dernier de s'y connecter.

Et nous autres, consommateurs addicts de nos smartphones, nous n'avons pas conscience que nous alimentons ce système en utilisant quotidiennement Google ou en postant nos photos sur Facebook. Nous aborderons les questions éthiques liées au développement de tels projets dans l'interview que nous a accordé Laurence Devillers, spécialiste de l'IA, en conclusion de ce chapitre. Mais avant cela, considérons l'IA comme un outil de transformation du monde du travail.

---

50. Google, Amazon, Facebook, Appel, Microsoft.
51. Baidu, Alibaba, Tencent, Xiaomi.
52. Géoéconomiste, chercheur à la Fondation pour la recherche stratégique (FRS).

L'intelligence artificielle va métamorphoser certains métiers

L'IA actuelle est « faible » c'est-à-dire qu'elle n'est pas consciente d'elle-même et qu'elle n'est pas capable de résoudre une problématique transverse. Cependant avec sa puissance de calcul et sa vitesse vertigineuse d'analyse des données, elle peut transformer des emplois dans des disciplines de pointes comme celles des ingénieurs ou des médecins. Ainsi, l'IA va rapidement concurrencer les radiologues dont la spécialité ne nécessite pas de transversalité, mais paradoxalement ne pourra pas remplacer les médecins généralistes dont le diagnostic repose sur un éventail de matières médicales. L'engouement pour cette nouvelle technologie est renforcé par les bénéfices qu'elle peut nous offrir dans un futur proche notamment dans le domaine de la santé (nouvelles thérapies, lutte contre la maladie d'Alzheimer, guérison du cancer, etc.). Mais l'IA étant incapable, pour le moment, de transversalité, elle se rapprocherait davantage d'une pensée séquentielle est linéaire de type « cerveau gauche ».

Dans leur livre *Les métiers du futur*[53], Isabelle Rouhan en collaboration avec Clara-Doïna Schmelck, imaginent l'émergence de nouveaux métiers couplant IA et expertise métier. Deux domaines ont attiré notre attention : la santé et le droit. Le « médecin numérique » par exemple exercera la télémédecine pour combler les déserts médicaux. En plus d'être rompu aux technologies de la communication, il devra faire preuve d'une grande intelligence émotionnelle pour combler l'interface écran-patient. Selon les défenseurs de cette médecine hyperconnectée, le diagnostic pourra être affiné par l'analyse d'informations numérisées collectées autour du patient (rythme cardiaque, température, poids, nombre de pas…). Paradoxalement, cette médecine ultra-connectée - qui s'inscrira plus que jamais dans une approche « cerveau gauche » considérant l'homme comme une machine biologique - creusera davantage l'écart avec la médecine chinoise plutôt « cerveau droit » (nous y reviendrons). Quant aux métiers du droit, ils devront aussi se transformer. « L'avocat augmenté » pourra, par la technologie, exercer de manière plus efficace et améliorer la relation avec son client. En effet, l'IA pourra être un atout en évaluant le risque juridique par une large analyse de la jurisprudence. De plus, les nouvelles technologies favoriseront un meilleur accès au droit à grande échelle via le développement de l'aide juridictionnelle numérique.

53. ROUHAN Isabelle, SCHMELCK Clara-Doïna, *Les métiers du futur*, First, 2019.

L'IA peut conduire au développement des intelligences plus disruptives, telles que l'intuition et la créativité

L'avantage de l'homme sur les machines réside dans la pensée complexe qui permet la créativité. Pour concurrencer l'intelligence humaine, il faudrait donc concevoir une IA contextuelle capable de mémoire et de transversalité. Certains chercheurs annoncent publiquement que cette nouvelle génération pourrait être disponible à partir de 2030 avec des IA plus transversales dotées progressivement de bon sens et associées à des robots polyvalents. Leurs rêves les plus fous les conduisent même à imaginer une IA forte, consciente et autonome, complètement libérée des programmes préétablis par les informaticiens. Cette vague d'enthousiasme a conduit Sébastien Thrun, l'inventeur de la Google Car, à la déclaration cinglante du 5 septembre 2015 de *The economist* : « Il va être de plus en plus difficile pour un être humain d'apporter une contribution productive de la société. Les machines pourraient nous dépasser rapidement. Les chauffeurs routiers vont être parmi les premiers à être remplacés par les machines mais aucune profession n'est à l'abri ».

Ainsi nous ne cesserons de le répéter, il est plus que jamais nécessaire de valoriser les autres formes d'intelligences, celles qui dépendent de notre « cerveau droit » et qui représenteraient un atout majeur dans la métamorphose du marché du travail. Encourageons la *revanche du cerveau droit* ! C'est d'autant plus urgent que les métiers valorisés dans un avenir proche seront ceux qui demanderont un grand talent créatif et d'innovation.

En péchant par excès d'optimisme, nous sommes amenées à penser qu'un jour nous pourrions sous-traiter par l'IA les fonctions primitives de « l'intelligence déductive » qui rend l'homme trop sous pression et lui font augmenter le stress. Nous l'avons évoqué précédemment en illustrant notre propos dans le domaine de la santé et du droit. Et c'est en cela que l'intelligence artificielle pourrait être une belle opportunité. **Cela permettra à l'homme de s'ouvrir à d'autres formes d'intelligence et donnera encore plus de valeur à ceux qui ont une sensibilité, une intuition et une intelligence émotionnelle.**

Notre système éducatif prépare-t-il les nouvelles générations à développer leurs intelligences multiples ?

Rien n'est moins sûr. L'enjeu est donc d'encourager une révolution éducative. Il semble impératif pour la France qui plonge dans les profondeurs du classement PISA[54] de moderniser les méthodes d'apprentissage, ce qui suppose un enseignement personnalisé. C'est le cas des méthodes Montessori, Steiner et Freinet. Dans un rapport *Vers une société apprenante*[55], rendu au ministère de l'éducation en avril 2017, le chercheur François Taddei et fondateur du CRI (Centre de Recherche Interdisciplinaire) insiste sur la nécessité de « développer d'autres compétences et plus seulement se remémorer, lire, écrire, quand les machines le font mieux que nous. Il faut travailler les sens, l'empathie, des compétences que le système éducatif ne développe pas alors que l'esprit critique est plus que jamais utile ». Des compétences du registre de « notre cerveau droit » entre autres.

Mais attention à l'effet pervers de l'IA : l'intelligence pourrait se réduire à des clones génétiquement modifiés.

Seulement la moitié de notre intelligence provient de notre patrimoine génétique. Fort heureusement, il nous reste l'autre partie à développer tout au long de notre vie. La fatalité liée à nos gènes n'existe pas et cette bonne nouvelle est aujourd'hui renforcée par les découvertes récentes en épigénétique. Cette révolution scientifique libère l'homme de la technique et prône sa réconciliation voire son harmonisation avec son environnement. Nous y reviendrons. Mais précisons d'ores et déjà que l'épigénétique engendre une nouvelle vision du monde plutôt « cerveau droit » car davantage connectée au vivant. Cette science nouvelle nous enseigne que nous pouvons influencer l'expression de nos gènes par notre conscience sans avoir recours à des artifices. Par ailleurs,

---

54. PISA, le programme international pour le suivi des acquis des élèves, est la plus grande étude internationale auprès d'élèves dans le domaine de l'éducation. Pilotée par l'OCDE, PISA mesure l'efficacité des systèmes éducatifs. L'objectif est de comparer les performances des élèves issus de différents environnements d'apprentissage pour comprendre ce qui les prépare le mieux à leur vie d'adulte.
55. En collaboration avec BECCHETTI-BIZOT Catherine et HOUZEL Guillaume.

les découvertes récentes sur le cerveau - notamment en neurogenèse en période adulte et en plasticité cérébrale - mettent en avant des modifications d'apprentissage jusque-là acquis. Même à un âge avancé, le cerveau peut recréer des liens avec des neurones. D'après les travaux du Professeur Jean-Marie Lledo, 10 % des connexions synaptiques sont remplacées dans certains neurones en 24 heures. Le cerveau est ainsi un système dynamique, en perpétuelle reconfiguration.

Cependant, malgré toutes ces avancées scientifiques qui invalident le fatalisme génétique, nous devons plus que jamais rester vigilants dans un monde de « cerveaux gauches » qui a érigé la technique comme l'apanage du progrès. Le « génie génétique » est prôné aujourd'hui par les apprentis sorciers du transhumanisme à savoir doper l'intelligence des humains par des implants cérébraux ou des manipulations génétiques *in utero.* Ainsi cette nouvelle donne – à savoir la concurrence de l'homme avec l'IA – pourrait pousser certains parents à contrer le déterminisme de naissance – s'il est supposé exister – en sélectionnant *in utero* des gênes. C'est l'idée-force du film de science-fiction *Bienvenue à Gattaca* d'Andrew Niccol réalisé en 1997. Ce chef-d'œuvre du genre décrit une société ayant fait le choix d'un eugénisme massif et systématique. Une catastrophe sociétale inégalitaire où deux sociétés vivent côte à côte, l'une génétiquement augmentée, supérieure donc, et l'autre composée de sous-citoyens non génétiquement modifiés.

La réalité dépassera-t-elle la fiction ? En Chine, des expérimentations récentes ont augmenté les capacités cognitives de souris en modifiant la séquence de leur ADN [56]. Les prochains cobayes seront les singes. Quand passera-t-on à l'homme ? Les Chinois sont les plus permissifs sur ces biotechnologies d'avant-garde et n'auraient aucun complexe à augmenter le QI de leurs enfants par une manipulation embryonnaire.

56. Les Chinois, prêts pour le dopage du QI in utero (lemonde.fr).

Dans cette grisante surenchère technologique, quelle frontière établir entre l'humain et la machine ?

Les mythes et fantasmes sur l'intelligence artificielle que nourrissent les médias nous écartent de l'état de l'art qui est encore loin de menacer l'humanité mais qui soulèvent de nombreuses questions éthiques. Comme l'écrivait Rabelais, « *science sans conscience n'est que ruine de l'âme* ».

Pour éclaircir notre horizon, nous sommes allées à la rencontre d'une experte sur le sujet. Laurence Devillers est professeure à l'université de la Sorbonne en informatique appliquée aux sciences humaines et sociales, et dirige au CNRS, au Laboratoire interdisciplinaire des Sciences du Numérique à Saclay, la chaire de recherche en intelligence artificielle HUMAAINE sur l'apprentissage machine, détection des émotions et interaction homme-machine, manipulation et éthique. Elle est membre du Comité National Pilote d'Éthique du Numérique. Elle est l'auteure de *Des robots et des hommes : mythes, fantasmes et réalité*[57] et *Les robots émotionnels*[58].

Deux visions de la nature humaine s'opposent au regard des nouvelles technologies, l'une est mécaniste (cerveau gauche), l'autre réconcilie raison et émotions (cerveau droit). Laurence Devillers contrairement à Yann Lecun[59] considère que l'intelligence artificielle ne pourra avoir ni conscience ni ressentir des émotions. Par son combat pour une utilisation éclairée de ces nouveaux objets connectés qui arrivent sur le marché de plus en plus vite, elle rétablit clairement la frontière entre l'humain et la machine en rappelant l'importance de nos sens et par conséquent de notre corps dans notre raisonnement. Elle insiste à juste titre sur la différence fondamentale entre l'intelligence humaine et artificielle. Nous l'avons interviewée pour qu'elle nous éclaire sur le fonctionnement de l'IA et sur les questions éthiques que soulève cette nouvelle technologie.

---

57. DEVILLERS Laurence, *Des robots et des hommes*, Plon, 2017.
58. DEVILLERS Laurence, *Les robots émotionnels*, L'Observatoire, 2020.
59. Yan Lecun est chercheur en IA et l'un des inventeurs de l'apprentissage profond.

Interview de **Laurence Devillers**, *Professeure en Informatique. Dirige au CNRS la chaire de recherche en Intelligence Artificielle HUMAAINE*

Pour lever certains fantasmes sur l'intelligence artificielle, pouvez-vous nous la définir en quelques mots ?

Laurence Devillers : l'intelligence artificielle est un ensemble d'algorithmes et de logiciels qui ont pour objectif d'imiter les capacités cognitives de l'homme. Cette avancée est enthousiasmante car cela va nous permettre de mieux comprendre notre intelligence. Et également de mettre en œuvre des systèmes qui vont percevoir et réagir sur le monde extérieur pour exécuter certaines tâches mais d'une façon très différente de l'homme. **Ce qui est fondamental est de comprendre que derrière le mot « IA » ne se cache pas du biomimétisme[60] réel mais une inspiration lointaine du vivant.** Les réseaux de neurones ne sont pas une reproduction de l'architecture neuronale du vivant et ne sont pas si nouveaux : je les ai utilisés pour ma thèse en 1992. Ils sont fondés sur la modélisation du neurone formel[61] qui date de 1943[62] et s'appuie sur les travaux sur le neurone biologique[63] décrit comme ayant un noyau, un axone et des dendrites avec à leurs extrémités des boutons synaptiques pour se connecter à d'autres neurones. Malgré la simplicité de cette modélisation, le neurone formel reste aujourd'hui un élément de base des réseaux de neurones artificiels. L'organisation en réseaux des neurones permet d'illustrer les notions d'apprentissage et de mémorisation grâce à la modification des poids des connexions qui s'apparentent à la modélisation de la plasticité cérébrale. Mais ces systèmes multicouches n'ont rien à voir avec notre architecture cérébrale qui est bien plus complexe. Par exemple l'implication des cel-

60. Voir lexique.
61. Voir lexique.
62. McCulloch et Pitts.
63. Prix Nobel en 1906.

lules gliales dans la transmission de l'information dans le cerveau a été sous-estimée par rapport au rôle des neurones, mais il est aujourd'hui reconnu qu'elles exercent une action modulatrice sur la neurotransmission. Le détail de ces mécanismes est encore mal compris aujourd'hui.

Peut-on modéliser la biochimie du cerveau humain, voire nos pensées ?

Laurence Devillers : dans les réseaux de neurones artificiels, il n'y a que de la transmission numérique. Les informations sont distribuées dans l'architecture des réseaux. On ne sait pas comment les idées naissent à partir de l'activité du cerveau. On ne sait pas quel est le substrat de la représentation de nos pensées. Je ne cesserai de le répéter : le biomimétisme qui s'inspire du vivant nous permet de construire des architectures artificielles mais tellement simplifiées qu'on est très loin de notre façon de réfléchir avec un cerveau.

Quelles sont les frontières entre l'humain et la machine qu'il ne faut pas dépasser ?

Laurence Devillers : Elon Musk promet d'aider les personnes âgées ou handicapées atteintes de problèmes neurologiques par des implants cérébraux. Ces implants sont-ils correctement testés ? Seront-ils réversibles ? Pourrons-nous toujours avoir le choix ? Serons-nous à l'abri de manipulation grâce à ces puces ? L'idée qui se cache derrière cela est aussi celle de « l'Homme augmenté », d'aller vers le transhumanisme[64]. Y a-t-il un risque de fracture dans la société entre ceux qui auront accès à cette technologie et les autres ? Il faut faire très attention à ce qu'on est en train d'initier. La question qui se pose aussi est la suivante : qui seront les prochains cobayes ? Si ce sont des personnes vulnérables, seront-elles véritablement consentantes ? Je travaille beaucoup sur les questions éthiques dans divers comités mais cela ne veut pas dire que l'on doit sacrifier un savoir-faire et se priver des avancées technologiques.

---

64. Voir lexique.

L'éthique est une question qui nous tient à cœur. S'achemine-t-on vers une coordination internationale ?

Laurence Devillers : l'éthique, c'est le respect de nos valeurs humaines. Ce n'est pas juste de décider d'interdire l'usage de certaines technologies, c'est aussi de travailler à les encadrer plutôt que de les bannir en essayant de construire des outils, des mesures, des bonnes pratiques autour de ce qu'on veut développer pour la société. Il y a de grands sujets de recherche comme celui de la stabilité des algorithmes, de l'explicabilité (les boîtes noires), de détection de mauvais comportements des machines, qui ne sont pas simples. On ne sait pas spécifier beaucoup de ces systèmes qui apprennent automatiquement à partir de données. On ne sait pas les évaluer correctement. L'IA marque une rupture. Il faut surveiller ces systèmes d'IA sur le long terme pour bien maîtriser leurs usages. Il est plutôt rassurant de voir se monter de plus en plus de comités éthiques qui enrichissent le débat. L'ONU, l'OCDE, l'UNESCO ou l'Union Européenne ou encore le GPAI (*Global Partnership on AI*) se sont emparés de ces questions au niveau international.

Pour prendre l'exemple du Japon, comment expliquez-vous leur culture du robot plus prononcée qu'en Occident dont l'imaginaire collectif demeure imprégné des mythes du Golem ou de Frankenstein ?

Laurence Devillers : ce phénomène n'est pas que lié à la culture animiste du Japon. Une conjoncture de différents faisceaux explique cette appétence pour les robots comme le fait qu'il n'y ait pas beaucoup d'étrangers dans ce pays ou encore que la littérature et les mangas montrent des robots bienveillants. Il y a 13,6 millions de célibataires au Japon, or les gens qui achètent des *love doll* sont peu nombreux, on les désigne par le terme *otaku*. Ils refusent de fonder un foyer, à la fois par refus des normes et de la compétition. Un autre exemple éloquent de nos différences avec le Japon est cette publicité pour GateBox qui commercialise un agent conversationnel avec un personnage en hologramme. Cette fée clochette s'appelle Azuma Hikari, et c'est un personnage à la sauce manga : yeux immenses et voix enfantine. Cet agent virtuel représente la femme à la maison ! Même quand on est sorti de chez soi, Azuma continue à être présent en envoyant des SMS.

Les Japonais développent un imaginaire différent qui va leur permettre de jouer avec ces objets sans culpabilité. Ce qui engendre une recrudescence de problèmes conjugaux et de natalité. En robotique plus que dans tout autre domaine, la science-fiction a précédé la science : la série télévisée Real Humans en 2012 met en scène des robots humanoïdes dans un cercle familial. Les robots fascinent et cristallisent les peurs avec l'angoisse d'être un jour dominés, voir supplantés par eux. Nos peurs se nourrissent des mythes du Golem ou de Frankenstein – c'est-à-dire de la création d'un être qui va se rebeller contre son créateur – des fantasmes et des fictions mais surtout d'une méconnaissance fondamentale des avancées de la technologie.

Selon vous, une pensée systémique est plus adaptée aux nouvelles technologies. Pourquoi ?

Laurence Devillers : une pensée globale est nécessaire en même temps qu'une pensée analytique. À l'heure actuelle, les informations multiples qui arrivent doivent être gérées à plusieurs niveaux. Si on prend l'exemple de la recherche, on peut rester cloisonné dans son expertise propre et ne jamais réaliser quelles seraient les incidences de ce que l'on est en train de faire. Or les objets d'IA qu'on manipule ont des incidences très fortes sur le monde économique et social. **Il est donc important avec ce genre d'objet de développer une pensée experte mais en même temps une vision holistique pour pouvoir anticiper les risques. Ce type de pensée globale et analogique est plus développée en Asie qu'en Occident.** C'est lié en partie à l'écriture en idéogrammes qui développe une gymnastique de visualisation et en même temps de recours à l'écriture. L'Occident avec l'imprimerie a progressé différemment. Aux États-Unis, il a été proposé dans une école maternelle de supprimer l'écriture cursive pour la remplacer totalement par l'écriture via l'écran. Des recherches en neurosciences indiquent que des apprentissages scolaires différents : bilinguisme, musique, bouleversent nos réseaux de neurones. Quelles aptitudes les enfants vont-ils développer ?

Pour revenir à votre spécialité qui est la modélisation des émotions et les interactions hommes-machine, pourra-t-on un jour être leurré par la machine selon le test de Turing ?

Laurence Devillers : le test de Turing[65] était un test brillant mais qui ne cherchait pas à tester l'intelligence mais l'imitation de l'intelligence. À la CNPEN, je travaille sur la parole non humaine des agents conversationnels. Ces machines vont amplifier l'anthropomorphisation, c'est-à-dire notre capacité à projeter sur elles des capacités de l'humain. Si elles disent qu'elles sont tristes, on va penser qu'elles ressentent de la tristesse. Pour certains chercheurs, la machine va ressentir des émotions au bout d'un moment. Le *deep learning* est en effet très sophistiqué. Mais les fondamentaux sont les mêmes que le neurone formel. On a gagné principalement en optimisation et en temps de calcul. Ces prises de position publiques sont problématiques car elles poussent à croire que nous n'avons plus besoin de la connaissance humaine. Or l'intelligence de la machine n'a rien à voir avec l'intelligence humaine même si elle arrive à simuler des émotions. **Ce qui nous diffère des machines, c'est notre intuition, notre instinct de survie et notre capacité à nous adapter.** Avec Internet, l'immédiateté s'accélère et nous répondons à cette urgence avec de nombreux biais cognitifs.

Vous citez dans l'un de vos livres le paradoxe de Moravec selon lequel le raisonnement de haut niveau (jeux, mathématiques, planification etc.) est beaucoup plus facile à reproduire et simuler par un programme informatique que les aptitudes sensori-motrices. Pouvez-vous nous en dire plus ?

Laurence Devillers : la différence fondamentale entre l'homme et la machine est illustrée par le paradoxe de Moravec « le plus difficile en robotique est souvent ce qui est le plus facile pour l'homme ». La machine ne ressent rien mais est infatigable pour faire des calculs très complexes. Ces robots n'ont pas encore de capteurs sensori-moteurs très fiables mais cela va changer. Dans mon dernier livre[66], je cite des

---

65. Voir lexique.
66. DEVILLERS Laurence, *Les robots émotionnels, Santé, surveillance, sexualité... : et l'éthique dans tout ça ?* De l'Observatoire, 2020.

chercheurs japonais qui travaillent sur la simulation de la tristesse/joie ou de la souffrance/plaisir. Ils conçoivent des capteurs de sensations qui permettent au robot de détecter si on les frappe ou si on les caresse. Ce qui amplifie le leurre de l'anthropomorphisme[67] lorsque les robots réagissent en fonction de ces détections. En Europe, ce genre de robots nous effraie car nous n'avons pas les mêmes codes et la même distance qu'au Japon.

La vision de Gary F. Bengier, auteur de science-fiction

Dans son roman[68], Gary F. Bengier a imaginé une aventure trépidante qui explore des questions profondes d'ordre sociétal, spirituel et philosophique. C'est l'histoire d'un chercheur en IA qui souhaite créer une conscience robotique.

Titulaire d'un MBA de la *Harvard Business School* et d'une maîtrise en philosophie de l'université d'État de San Francisco, Gary F. Bengier a travaillé dans diverses entreprises technologiques. Il a été directeur financier d'eBay et a mené l'introduction en Bourse et les appels publics pour l'épargne de l'entreprise. Après une carrière dans la Silicon Valley, il a voulu vivre ses passions en étudiant l'astrophysique et la philosophie puis s'est lancé dans l'écriture. Nous l'avons interrogé pour qu'il nous dévoile sa vision de l'impact de l'IA sur l'humanité.

---

67. Voir lexique.
68. BENGIER Gary F., *Un voyage sans entraves*, Chiliagon Press Napa California, 2021.

Interview de **Gary F. Bengier**, *auteur de science-fiction, ancien directeur financier d'ebay*

L'intelligence artificielle menace-t-elle ou réveillera-t-elle au contraire notre humanité ?

Gary F. Bengier : la principale voie du développement de l'IA et de la robotique est claire. Cela se traduit par un plan d'ingénierie qui consiste à améliorer les logiciels et les IA, et à les transformer sous des formes physiques utiles – des robots qui se promènent, des puces intégrées dans tous les appareils que nous utilisons, sans doute intégrées dans nos cerveaux pour remplacer les téléphones mobiles. Si l'on suit cette voie de développement, nous tenterons d'imiter au travers de ces objets une sorte de conscience reconnaissable. Le chemin vers cette conscience sera tracé par les commodités et l'économie, pour faire paraître les objets conscients de nos besoins. Le développement se poursuivra pour les rendre plus complets émotionnellement, pour être comme nous, afin que nous puissions leur parler comme à d'autres humains. Je pense qu'essayer de créer la conscience de la machine sera incroyablement frustrant, surprenant, ennuyeux et effrayant.

Pourquoi ?

Gary F. Bengier : ce sera frustrant car les « progrès » seront imprévisibles et inégaux. Les dernières décennies ont connu des avancées surprenantes concernant les IA suivies d'autres plus décevantes... Alors que les algorithmes d'apprentissage promettent beaucoup, je m'attends à plus d'obstacles qui laisseront les chercheurs perplexes. À titre d'exemple, nous sommes surpris de constater que les IA peuvent diagnostiquer une maladie à partir de données de mesure plus précisément que les humains les plus expérimentés. Il existe d'innombrables domaines où ces surprises se reproduiront. Pour bon nombre de ces découvertes, les IA seront incapables d'expliquer la méthode utilisée. Nos IA peuvent apparaître comme des oracles, auxquels nous pouvons être simplement contraints de faire confiance (de manière non scientifique, car il n'est peut-être pas possible d'appliquer la méthode scientifique pour confirmer leurs recommandations). Les IA, en particulier celles incarnées dans des robots se promenant parmi nous, et en tant qu'assistants personnels dans des puces intégrées, seront ennuyeuses. Les voix informatisées – bien qu'elles soient apaisantes – interpréteront mal nos injonctions, nos émotions et la manière de répondre à nos besoins réels. Cependant les robots s'amélioreront à mesure qu'ils deviendront omniprésents. Et ils deviendront plus effrayants. Non pas à cause d'un scénario de type « Terminator », ou parce qu'ils atteindront du jour au lendemain la super intelligence, mais plutôt à cause des « inconnues » du processus de développement. Les voitures et les camions autonomes tueront des gens. Des avions autonomes s'écraseront, faisant la une des journaux et des enquêtes gouvernementales. Les machines de guerre tueront des civils. Je m'attends à ce que les questions de politique publique sur l'IA et le déploiement de la technologie robotique dominent notre conversation sociale durant ce siècle. Il est impossible de prévoir comment cela se traduira pour de nombreuses questions cruciales, telles que la sécurité, la vie privée, le contrôle des citoyens et quelles technologies s'imposeront comme indispensables pour vivre dans cette future structure sociale.

Ne pensez-vous pas qu'en construisant ces machines, nous explorons notre propre humanité ?

Gary F. Bengier : je pense que l'IA nous aidera à nous interroger sur la conscience humaine. Comment atteindre l'équilibre entre la pensée séquentielle (qui a permis aux premiers humains de planifier une chasse) et la compréhension émotionnelle donnant lieu à la coopération et à l'altruisme ? D'où vient notre créativité ? Pourquoi écoutons-nous de la musique et apprécions-nous la beauté ? D'où vient la morale ? Comment intégrer toutes ces questions existentielles dans une machine ? Pour paraphraser le philosophe Gian-Carlo Rota – nos machines se heurteront-elles à « la barrière du sens » ?

Les humains pourront-ils construire une machine vraiment consciente ?

Gary F. Bengier : je pense que pendant un certain temps, nos machines sembleront tour à tour presque conscientes, puis frustrantes car aussi insondables que des pierres. Si jamais nous pouvons construire une telle machine (une question ouverte), je doute qu'elle soit au point au cours de ce siècle. Mais ce sera un siècle étonnant de découvertes.

En conclusion, restons résolument humains !

Nous rejoignons l'analyse du scientifique et prospectiviste Joël de Rosnay dans son livre[69] qui interroge l'homme et les mystères de l'univers. Il prédit – grâce aux smartphones, à l'intelligence artificielle et aux réseaux sociaux – l'émergence d'une « intelligence collective augmentée » qui va engendrer un hyperhumanisme, bien préférable selon lui au cauchemar transhumaniste de la Silicon Valley. Joël de Rosnay a même cité Spinoza dont il se réclame de la même lignée philosophique et que nous allons largement aborder dans la troisième partie. Ainsi, l'intelligence artificielle dans ce scénario serait une façon d'augmenter l'intelligence humaine sans la brider. Une chance donc pour l'humanité.

En tout cas, œuvrons collectivement pour que l'IA soit une opportunité d'élévation de l'humanité vers un monde plus grand et non un cauchemar qui conduirait l'humanité à sa perte. Et reconnectons bien nos deux cerveaux pour faire face à ce défi !

---

69. DE ROSNAY Joël, *Je cherche à comprendre, les codes cachés de la nature*, Les liens qui libèrent, 2017.

Chapitre 6

La philosophie, trait d'union de toutes ces formes d'intelligence ?

Résumé

La philosophie est une discipline qui vise une harmonie entre les deux modes de pensées, cerveau gauche et cerveau droit, thèse-antithèse-synthèse. C'est l'art de résoudre la contradiction. Avec Descartes et Kant, nous avons eu une lignée de philosophes plutôt cerveau gauche, puis avec les philosophes du soupçon comme Nietzsche, une revanche des cerveaux droits a fait son chemin. Ce chapitre évoque la philosophie plutôt cerveau droit de Nietzsche, son dilemme entre Apollon et Dionysos. Son « crépuscule des idoles » cerveau gauche, son « gai savoir » sont autant de coups de marteau portés contre le dogmatisme de la science et d'une société trop matérialiste. Jung s'est fortement intéressé à la personnalité et aux écrits de Nietzsche dont il s'est inspiré pour ses archétypes. Mais selon lui, Nietzsche aurait pâti de son excès de cerveau droit « par-delà le bien et le mal ».

En philosophie, nous retrouvons des modes de pensée type « cerveau droit » ou « cerveau gauche » dominant. Cette richesse rend la philosophie fascinante et foisonnante car elle réunit différents modes de pensées et met sur un piédestal le dépassement de la contradiction : thèse, antithèse, synthèse. Cette synthèse est d'ailleurs proche du cerveau droit dans la mesure où ces exercices de dialectique acceptent la complexité et tentent de générer une pensée globale, au-delà des paradoxes. L'exercice de dissertation auquel s'adonnent encore les lycéens est proche de la pensée « en entonnoir » du cerveau droit. La dissertation a en quelque sorte échappé au carcan de la pensée linéaire qui refuse les contradictions. C'est une petite victoire du passé, vestige de la Grèce Antique… En fait, la philosophie est la seule discipline qui vise une harmonie entre les deux modes de pensées. Malheureusement, la philosophie imposée dans le programme de classe de Terminale en France est régulièrement chahutée et remise en question. Elle dérange les esprits dogmatiques et techniciens. D'ailleurs, en 2019, il a été question de supprimer le thème de l'inconscient dans les programmes scolaires français. Dans cette envie d'évincer la révolution psychanalytique qui a ébranlé la puissance de la pensée logique, on ne peut qu'y voir une résistance des « cerveaux gauches » à accepter les philosophes du soupçon.

Dans l'histoire de la philosophie, on peut noter que son point d'ancrage a été initié par une pensée globale, sans silo entre les scientifiques, les littéraires, les historiens, les mathématiciens etc. Elle était réellement transdisciplinaire. D'ailleurs, les mathématiciens ont été des brillants philosophes : « Que nul n'entre ici s'il n'est géomètre », clamait Platon. Blaise Pascal et René Descartes étaient des scientifiques qui croyaient en une transcendance. Ils ont essayé à partir de raisonnements logiques de démontrer l'existence de Dieu, ce qui serait impensable de nos jours… Puis, il y a eu une cassure au XXe siècle. La philosophie s'est renfermée dans un cercle élitiste et a alors oscillé entre cerveaux gauche et droit, provoquant encore des guerres froides entre les deux fronts. D'ailleurs, Nietzsche écrivait « grand embarras de savoir si la philosophie est une science ou un art. C'est un art dans ses fins et productions. Mais les moyens, la représentation en concept, elle l'a en commun avec la science »[70]. La philosophie est résolument bicéphale. Concentrons-nous maintenant sur son « cerveau droit ».

Les philosophes, des artistes harmonieux de la pensée en « entonnoir »

Les philosophes ont l'habitude de jongler avec les différents modes de pensée. Cerveau gauche ou cerveau droit, ils cherchent sans cesse l'harmonie. Kant, avec son impératif catégorique, serait plutôt le digne représentant d'une pensée logique très rigoureuse (sa vie était d'ailleurs réglée comme un métronome). Alors que Nietzsche, cet artiste philosophe qui aimait la musique et la danse avec ses farandoles d'aphorismes, est une parfaite illustration d'un raisonnement en arborescence. Son style philosophique taquine la frontière de la poésie

70. NIETZCHE, *Le livre du philosophe*, Flammarion, 1991.

et embrasse la contradiction. Nietzsche célébrait le pouvoir de l'illusion, la vérité scientifique était selon lui un leurre. Kant l'a écrit autrement, davantage penché sur le « cerveau gauche » : il nous est impossible de connaître les choses « en soi », puisque nous les voyons qu'à travers le prisme de notre cerveau, un intermédiaire entre la réalité et notre pensée. D'ailleurs, le temps et l'espace étaient, selon Kant, des formes pures de notre intuition, ils n'existent pas en dehors de nous. Nous y reviendrons dans notre chapitre sur le temps.

Comme les artistes, les philosophes inventent de nouvelles façons d'interpréter notre monde. Ce sont des créateurs de concepts. Le concept de l'âme, avant d'être une notion religieuse, a été au cœur des réflexions philosophiques. Lorsque nous évoquons dans le chapitre 1 que le cerveau droit peut ouvrir davantage à la spiritualité et au sentiment d'appartenir à un « grand tout », la philosophie a été un miroir de ces intuitions du cerveau droit : Descartes a été tellement subjugué par l'idée de l'infini qu'il l'a utilisée pour démontrer l'existence de Dieu. Spinoza, qui a réussi une parfaite alliance entre la logique et le cerveau droit plus mystique, a défendu un sentiment d'unité avec son concept de monisme : « Nous faisons partie de la Nature, rien ne nous sépare de l'univers ». C'est l'idée d'harmonie qu'a toujours prônée la philosophie grecque. Ou encore l'expérience numineuse de Jung qui réveille en nous cette envie de spiritualité. Il existe différentes façons de pratiquer la philosophie : étudier l'histoire de la philosophie de façon académique, apprendre les différents modes de pensée pour aiguiser son esprit critique ou encore développer l'art de la sagesse (étymologie du mot Philosophie : *Philo*-amour et *Sophie*-sagesse). Les deuxième et troisième voies sont bien sûr les plus passionnantes et grisantes, celles auxquelles nous invitent l'arborescence et le mysticisme du cerveau droit.

Nietzsche, la revanche d'un « cerveau droit » en philosophie ?

Nous pouvons parfois être perplexes face à l'ardeur avec laquelle Nietzsche se rebelle contre Socrate, l'esprit chrétien et la science. Il les traite sans vergogne de « plèbe », de « canaille », de « faibles ». En fait, cette hargne de Nietzsche contre ceux qui représentent le rationalisme ou les stigmates d'une morale trop stricte peut être la revanche des cerveaux droits, et de son cerveau droit représenté par « Zarathoustra » dans son livre phare *Ainsi parlait Zarathoustra.* Nietzsche prône l'art contre la science en tant que vérité. Dans *Le livre du philosophe*[71], Nietzsche écrit « l'unité hellénique s'émietta pour libérer la force scientifique ». D'après notre philosophe allemand, c'est à cause de Socrate que nous sommes dans l'hypertrophie de la logique. Et la logique serait une revanche des faibles gorgés de « ressentiment » pour contrer la fureur passionnée de Dionysos, la force créatrice, le dieu des artistes. Une lecture trop hâtive de Nietzsche pourrait nous laisser croire qu'il est élitiste, lui qui défend la figure des « aristocrates » contre la « plèbe ». Or, l'aristocrate chez Nietzsche représente en réalité l'artiste, les êtres humains qui n'ont pas peur de la force de leur « cerveau droit ». Les aristocrates sont ceux qui se laissent habiter par les « grands instincts helléniques » contre le culte moderne de la raison. Socrate serait de ceux qui sont dans le ressentiment, la plèbe. Nietzsche va même jusqu'à traiter Socrate de « méchant rachitique » ... Mais pourquoi Nietzsche oppose science et art ? Les deux sont en réalité indispensables. C'est parce que la science prétend détenir la vérité à elle seule. Et cela Nietzsche ne peut l'accepter. La science ne détient pas le monopole de la vérité. Et c'est en cela que son « cerveau droit » prend sa revanche sur ce monopole imposé par l'esprit scientifique. Il détourne ainsi l'omnipotence de la science : l'attachement à la logique est selon lui une marque de faiblesse. Nous sommes dans un platonisme inversé. Nietzsche revalorise le monde sensible dévalorisé par Platon avec la suprématie du monde intelligible.

Nietzsche conteste aussi la vision linéaire du temps. « Temps, espace, causalité, ne sont que des métaphores de la connaissance avec lesquelles nous interprétons les choses ». « Le temps n'est en soi qu'une absurdité : il n'y a de temps que pour un être sensible »[72]. Le temps est, pour Nietzsche, une illusion, comme le pensait d'ailleurs Einstein. La science est, dès lors, fondée sur un postulat qui est faux : l'espace-temps. Le temps est une « sensation » et n'est pas une vérité absolue. La science reposant sur des notions fausses, l'art seul est susceptible, selon lui, de nous sauver.

Dans *Le Gai savoir*, il écrit que la science conduit à « rabaisser l'existence au rang de composition de calcul à en faire un petit pensum pour mathématiciens». Le monde des mathématiciens est pour lui triste et lugubre, car il anéantit les passions humaines, « trop humaines ».

---

71. *Le livre du philosophe*, Nietzsche, Flammarion, 1991.
72. *Ibid.*

Nietzsche ou la destruction des idoles du cerveau gauche

Si Platon a décrété « que nul n'entre ici s'il n'est géomètre », Nietzsche aurait pu déclamer : « Que nul n'entre ici s'il n'est mélomane ». « Sans musique, la vie serait une erreur… », écrit Nietzsche dans le *Crépuscule des idoles.* Cette citation donne le « la » de l'ouvrage, un de ses derniers livres qui révèle les points saillants de toute sa philosophie, dans lequel Nietzsche s'en prend violemment « à coups de marteau » aux idoles de la science moderne, de la morale chrétienne et à Socrate. À tous ces faux dieux, qui maintiennent l'humanité dans le nihilisme, loin du dieu des artistes, Dionysos.

Selon Luc Ferry, les cinquante premières années du XXe siècle ont été dominées par la philosophie de Marx, et la deuxième moitié par Nietzsche. Nietzsche a été la réponse à un excès de rationalisme et de matérialisme, et à aider à la reconstruction après de terribles guerres mondiales. La philosophie de Nietzsche a probablement participé à la rébellion de mai 68, à la libération des sens et du surmoi.

Sa destruction des idoles est celle des idoles du cerveau gauche : science, religion et le monde platonicien qui refuse la puissance du corps. Nietzsche, comme Schopenhauer et Spinoza, ses maîtres à penser, était très intuitif. Il a pressenti que le peuple allemand allait sombrer dans des guerres atroces. Les Allemands ont été, selon lui, coupés de leur inconscient collectif, de la puissance de l'art au XIXe siècle, coupure qui a induit des névroses violentes qui ont fait le terreau du nationalisme hitlérien.

Peut-on considérer réellement Nietzsche comme un destructeur d'idoles ? Lui, qui finalement n'a eu de cesse d'en avoir, notamment dans le domaine musical et mythologique. Des idoles plutôt branchées « cerveau droit ». Il a simplement écrasé les idoles conformistes et nihilistes de son époque : Dieu, la science et le monde platonicien.

En bouclier contre les idoles du rationalisme, Nietzsche propose l'arme de la gaieté. Cette légèreté, ce « gai savoir » nous aident à lutter contre le conservatisme bourgeois, le sectarisme scientifique qui croit détenir la vérité et la religion qui impose une définition du bien et du mal. « Au Moyen Âge, le savoir contre la croyance, maintenant contre le savoir, nous dirigeons l'art : retour à la vie ! »[73].

---

73. Ibid.

La musique plus « vraie » que la science selon Nietzsche

Nietzsche perçoit dans la musique une métaphysique supérieure à celle de la religion. Sa conception dionysiaque du monde, qu'il décrit dans son premier livre *La naissance de la tragédie*, révèle la « vraie » nature des hommes. Le poème de Rimbaud, « Soleil et chair » dans *Les cahiers des Douai*, traduit admirablement bien l'univers dionysien de Nietzsche avec le satyre, figure mythologique mi-homme mi-bouc.

Selon notre philosophe dionysiaque, la science ne serait qu'une interprétation superficielle des choses, puisque nous percevons la réalité à travers le spectre de notre conscience. La vérité que fait entrevoir la musique, gouvernée par la loi de l'intuition, devrait supplanter la loi du concept. Avec Nietzsche, le corps reprend ses droits et se métamorphose. Au contraire, l'art doit s'affirmer et la gaieté aussi. Après Wagner, Nietzsche va se tourner vers une musique plus légère, plus aérienne, plus aérée. L'opéra de Carmen lui redonne de l'espoir et ravive sa flamme dionysiaque. « Nous avons besoin de tout art pétulant, flottant, dansant, moqueur, puéril et serein, pour ne rien perdre de cette liberté par-delà les choses[74] ». Nietzsche n'aime pas cette manie intellectuelle de « se prendre au sérieux », c'est une « machine embarrassante, sinistre et grinçante[75] ». De cette nouvelle pétillance musicale, naît *Le Gai Savoir*, *la gaya scienza*, cet essai que Nietzsche a écrit en grande partie en Sicile. La *gaya scienza* est une notion provençale, qui signifie « unité de troubadour, du chevalier et de l'esprit fort... »

Cette *gaya scienza* est intrinsèquement liée à la pétulance de l'art musical, contre la lourdeur de la « vérité » scientifique : le monde n'est pas logique. Il faut accepter l'irrationalité de nos vies, avec la puissance de Dionysos. Voici ce que défend Nietzsche : le droit à l'irrationalité musicale. La musique, l'hymne à la joie de Beethoven, raconte des histoires aussi vraies que la science et sa logique...

74. Nietzsche, *Le gai savoir*, aphorisme 107.
75. Nietzsche, *Le gai savoir*, aphorisme 327.

Apollon et Dionysos : une métaphore de l'antagonisme cerveau gauche et cerveau droit ?

L'opposition entre Apollon et Dionysos est centrale dans la philosophie de Nietzsche. Elle oppose de façon métaphorique le monde intelligible, rationnel, bien délimité aux formes harmonieuses à l'inconscient irrationnel, sans limite et sublime, de l'être humain. Dionysos est en quelque sorte le torrent endigué par Apollon.

C'est le Dionysos de Nietzsche qui aurait inspiré à Freud le concept d'inconscient.

Et comme vous l'avez sûrement pressenti, son Dionysos correspond à l'allégorie du cerveau droit : intuition, force créatrice, dissolution du temps. Quant à Apollon, il représente la rigueur, la morale avec ses limites, la logique et l'espace-temps, des qualités davantage « cerveau gauche ».

Symbole du dieu Apollon *(le dieu archer grec de la clarté solaire, de la raison, des arts) :*

Apollon est le dieu des arts, de la beauté, de l'ordre et de l'harmonie. Son apparence embellit la vie. Il correspond à la sagesse qui refuse la démesure. C'est l'apparence, les formes individualisées, les arts plastiques (contrairement à Dionysos qui représente l'art musical).

Symbole du dieu Dionysos *(Dieu de la vigne, mythologie grecque) :*

Le satyre, figure mythique déjà évoqué dans le poème de Rimbaud, est associé à Dionysos et est la synthèse de l'homme et du bouc, réconciliant ainsi l'Homme et la Nature ou l'homme et l'animal. Dionysos est le dieu de l'ivresse et de la créativité. Il est proche de la terre et de sa folie. Il dissout le « moi » pour nous permettre de renouer avec la Nature et l'humanité. Ce sont la musique et la tragédie qui anéantissent l'individu. Le mot dionysiaque exprime un besoin d'unité, un dépassement de la personne. D'après Angèle Kremer Marietti, une spécialiste de Nietzsche, « l'ivresse évoquée a le privilège d'abolir toutes les frontières et toutes les limites, aussi bien celles entre le maître et l'esclave que celles entre l'homme et la nature ». « L'ivresse produit la fraternité universelle. Ce n'est pas sans raison que, dans la Naissance de la tragédie, Nietzsche fait allusion à l'Hymne à la joie. » Dionysos est en quelque sorte la métaphysique de l'artiste, son inconscient.

Dès lors, le « deviens ce que tu es » de Nietzsche peut se comprendre dans les rôles subtils que jouent Apollon et Dionysos dans son œuvre. Dans *La Naissance de la tragédie*, Apollon et Dionysos s'opposent (contradiction). Mais dans *Ecce Homo*, « Dionysos est à la fois dieu des chaos en devenir et dieu de l'apparence et de la lumière ». « Devenez durs, tel est le signe véritable d'une nature dionysienne », écrit Nietzsche. Pour embrasser la volonté de puissance et devenir ce que l'on est, faut-il être alors nécessairement dionysien et apollinien, et dépasser ainsi ses contradictions ? Nous pensons que tout comme Apollon doit nécessairement apprivoiser la force de Dionysos, notre cerveau gauche doit veiller à modérer le cerveau droit, et inversement.

Le surhomme n'est pas un transhumaniste...

Grande est la tentation de plusieurs obédiences de récupérer à leur actif le concept de surhomme émanant du livre *Ainsi parlait Zarathoustra*. C'est le cas des transhumanistes qui voient dans le surhomme, l'avènement de l'homme augmenté par les technologies. Or, c'est le problème des deux concepts phares de Nietzsche, le surhomme et la volonté de puissance, ils peuvent être déformés aisément, sortis de leur contexte. **Le surhomme est en réalité à l'opposé de ce que prônent les transhumanistes, car c'est l'homme dionysien, qui ne fait qu'un avec la Nature et qui accepte le risque, en disant oui à la vie ! Les transhumanistes sont le symptôme d'un excès de matérialisme et de cerveau gauche qui n'acceptent pas la mort et qui ne visent que le confort de l'homme, sans aucune métaphysique ou velléité artistique.** C'est en somme la conséquence d'un excès de science qui s'est enfermée dans un dogme... Nous y reviendrons.

Comme André Comte-Sponville, nous adorons le Nietzsche artiste et attachant du *Gai savoir*, d'*Aurore*, ses passages sur la musique et la gaieté sont pétillants et inimitables. Ainsi que son côté démystificateur, qui le rapproche de Spinoza dont nous consacrons aussi un chapitre un peu plus loin. En revanche, ses métaphores de « morales de maître et esclave » peuvent être utilisées de façon malveillante et se retourner contre le cœur de ses théories qui sont avant tout libératrices.

Dans ce livre, nous préférons prendre le parti que *le surhomme* et *la volonté de puissance* de Nietzsche prônent tout simplement *la revanche du cerveau droit*, pour compenser la surpuissance d'un monde trop rationnel et calculateur.

Nietzsche a-t-il pâti de son excès de « cerveau droit » ?

Jung partageait la même sensibilité que Nietzsche au regard de ses théories sur Dionysos et le surhomme. *Dans Psychologie de l'inconscient*[76], le fondateur de la psychologie des profondeurs écrit « la stimulation de l'humeur, tout d'abord joyeuse, qui va s'exciter jusqu'à atteindre des hauteurs où l'on se sent de plain-pied avec l'héroïque et le divin, sera suivie de façon certaine par une dégringolade de la même ampleur ». Jung décrit dans cette phrase la difficulté de vivre selon ses passions car elles sont cyclothymiques si on ne cherche pas à les maîtriser (passion étant, étymologiquement, ce que l'on subit). Lorsque Nietzsche énonce « tout ce qui ne tue pas rend plus fort », c'est parce qu'il sait au fond de lui que s'exposer à la force dionysiaque revient à surfer sur des montagnes russes et qu'il faut être un surhomme pour surmonter tous ces obstacles.

Cependant le psychiatre suisse conçoit que l'absence de morale aurait affaibli Nietzsche, sa vie par-delà le bien et le mal l'aurait fait chavirer. Les principes moraux peuvent nous aider à contenir nos exubérances passionnelles. « Le cas de Nietzsche montre d'une part quelles sont les conséquences d'une unilatéralité névrotique, et d'autre part quels sont les dangers que comporte en soi toute tentative de sauter par-dessus le christianisme. » Nietzsche, selon Jung, se serait livré « alors inéluctablement à l'âme animale de l'homme. C'est alors le moment de l'ivresse dionysiaque, la révélation bouleversante de la "Bête blonde" qui s'empare du naïf, ignorant de l'aventure où il s'est engagé, et qui le remplit d'un vertige inconnu. L'état frissonnant de possession dans lequel il se trouve fait de lui un héros, ou une espèce de demi-dieu, animé par le sentiment d'une grandeur supra-humaine. Il se sent précisément « à six mille pieds par-delà le bien et le mal. »

76. JUNG Carl Gustav, *Psychologie de l'inconscient*, 1916, Le Livre de Poche, 1996.

Nietzsche n'a pas réussi à surmonter son ombre, représenté par Zarathoustra. Son inconscient l'a rattrapé. Zarathoustra a écartelé son « moi » et à la fin de sa vie, la folie mentale a envahi notre philosophe musicien. Cette maladie mentale l'a conduit à une terrible dissociation de la personnalité. Nietzsche n'a pas eu la force psychique de résister aux attaques de son inconscient.

Pour cette raison, nous ne défendons pas dans notre ouvrage la suprématie du cerveau droit, mais bien un équilibre entre deux types de pensée, soit encore entre Apollon et Dionysos. Néanmoins, ce qui est intéressant dans la philosophie de Nietzsche, est la mise en évidence d'une philosophie « cerveau droit », qui a ouvert des voies révolutionnaires, comme celle de la psychanalyse. Lorsque j'avais vingt ans (Marjorie), j'ai moi-même expérimenté l'excès de nietzschéisme… J'étais subjuguée par cette philosophie si vivante et rebelle. La passion, le romantisme, le lyrisme, j'y plongeais gaiement. Le conformisme m'ennuyait terriblement. Je ne suis bien sûr pas allée aussi loin que ce que décrit Alexandre Lacroix, rédacteur en chef de Philosophie Magazine, dans son livre *Quand j'étais nietzschéen…* Mais le problème de « vivre à fond » selon ses passions est que l'on est victime de chutes émotionnelles, qui peuvent être aussi appelées « mélancolie ». Bien sûr, elle est un moment créatif, qui nous pousse à dépasser notre mal-être pour créer. Les poètes connaissent bien cette petite flamme bleue qui les rend à la fois vulnérables et créatifs. Mais, la vie en montagnes russes peut s'avérer épuisante. C'est en lisant *Vivre heureux*[77] de Christophe André que j'ai compris que mon bonheur était trop dépendant d'un bonheur d'action et qu'il fallait chercher à développer d'autres formes de bonheur. Nous en reparlerons dans la partie dédiée à ce thème.

Cependant Nietzsche a eu sa revanche car Jung s'est quand même inspiré de la *Naissance de la tragédie* pour bâtir sa théorie sur les mythes. On retrouve d'ailleurs dans son livre *Présent et avenir* de forts accents nietzschéens : **« Dans les deux cas, le rationalisme commet les mêmes ravages : dès lors que les individus croient que la science, l'économie et la technique vont les conduire vers « le progrès », ils se coupent de toute vie intérieure et ne se préoccupent plus que de leur confort matériel et de ce qui pourrait leur garantir la sécurité : l'État. »**

77. ANDRE Christophe, *Vivre heureux,* Odile Jacob, 2003.

Partie 2

Les nouvelles frontières de la conscience : ouverture au monde subtil

Chapitre I
Une vision nouvelle de la conscience

Résumé

Notre société rationnelle ancrée dans un profond matérialisme a tendance à négliger la « conscience », cette conscience d'être au monde, cette conscience d'exister, au profit d'une intelligence verbale et logico-mathématique. La conscience d'être soi est-elle générée uniquement par le cerveau ? Pour les scientifiques matérialistes, la conscience émerge de la complexité neuronale comme le foie sécrète la bile. Or les mystères de la mécanique quantique nous ouvrent les portes d'une conscience immatérielle et hors espace-temps. Cette divergence crée des clivages redoutables entre les chercheurs. Nous évoquons dans ce chapitre des phénomènes inexpliqués comme les EMI (expériences de mort imminente) qui conduisent à envisager l'existence d'une conscience extraneuronale. Il existerait différents niveaux de conscience. Le chamanisme est par exemple un état modifié de conscience. Quel rapport alors avec notre cher cerveau droit ? Il faut savoir que des électroencéphalogrammes enregistrés lors de moments de transe révèlent une suractivité de l'hémisphère droit. Ainsi, le cerveau droit participe indirectement à l'atteinte d'autres niveaux de conscience.

> *Témoignage du Dr Olivier Chambon, médecin psychiatre et psychothérapeute depuis 30 ans, spécialiste de l'utilisation thérapeutique des états élargis de la conscience (chamanisme, psychédéliques, EMI, etc.).*

Peut-on être intelligent en ayant un faible niveau de conscience de la réalité qui nous entoure ? Et vice versa ? La frontière entre conscience et intelligence est tenue. Alors que l'intelligence incarne notre capacité à relier des savoirs et à s'adapter à notre environnement, la conscience pourrait être considérée comme l'aptitude à tendre vers la compréhension de la réalité qui nous entoure. Plus un être est conscient, plus il lève le voile sur les fausses croyances engendrées par le déterminisme qui le constitue (héritage sociétal, culturel et éducatif voir génétique et transgénérationnel). Platon avec son allégorie de la caverne évoque, par une métaphore, le chemin pour parvenir à la vérité en passant de l'ignorance à la connaissance adéquate. Le prisonnier de la caverne vit dans le monde sensible des illusions (ce sont les formes projetées par des marionnettistes sur les parois de la caverne alors qu'il est enchaîné par des liens) et quand il en sort par des étapes douloureuses, il va vers le monde intelligible de la réalité universelle. C'est un chemin initiatique qui définit l'élévation de conscience d'un être humain. Les épreuves de la vie lui permettent d'accéder à des idées vraies.

Deux visions divergentes de la conscience au XXe siècle

Aujourd'hui les chercheurs en robotique et apprentis sorciers de notre temps, héritiers de la *via moderna* cartésienne, envisagent et font croire à l'opinion publique qu'un jour pas si lointain – 2030, disent-ils – des humanoïdes doués d'intelligence artificielle pourraient avoir une conscience artificielle. C'est ce qu'on nomme la phase 4 de l'IA. *Homo sapiens* pourrait devenir l'esclave d'une horde de robots ultra-intelligents et conscients d'eux-mêmes.

Fantasme ou réalité ? Nous avons l'humilité de ne pas apporter de réponse tranchée. En revanche, ce que nous observons, c'est que deux conceptions de la conscience s'opposent aujourd'hui : l'une est mécaniste. On pourrait l'attribuer à un excès de « cerveau gauche » qui nous pousserait à ne croire que ce que l'on voit. L'autre, immatérielle, est davantage portée par des « cerveaux droits » plus réceptifs au monde subtil.

Mais où la conscience se loge-t-elle ?

La majorité des neuroscientifiques sont ancrés dans le paradigme matérialiste qui structure la pensée occidentale depuis des siècles. Ils persistent à considérer que le cerveau génère la conscience comme le foie sécrète la bile. Pour eux, notre conscience est encapsulée dans la matière que constituent nos milliards de neurones.

Cependant d'autres esprits s'ouvrent peu à peu à un changement de perspective et considèrent quant à eux notre organe de matière grise comme un simple filtre de milliards d'informations ou bits provenant d'une conscience hors cerveau. Cette vision « cerveau droit » de la conscience rejoint la notion « d'inconscient collectif » porté par Jung (nous y reviendrons). Pour ces créatifs intuitifs, la conscience serait partout voire première à la matière qui constitue notre univers et les particules subatomiques de notre corps.

Les matérialistes dont certains s'inscrivent naturellement dans le courant scientiste des transhumanistes continueront d'envisager qu'un jour (par miracle sans doute !) l'intelligence artificielle sera consciente d'elle-même. Nous pensons que divulguer une telle croyance pourrait finir par nous asservir à la technique et nous enferrer dans le monde illusoire de la caverne.

Or la conception postmatérialiste de la conscience nous dit le contraire. Cela représente un bel espoir de libération intérieure. L' Homme comprend qu'il possède lui-même des capacités à cheminer vers des champs de conscience plus grands.

Franchissons le seuil du monde subtil en appréhendant de plus près cette vision nouvelle de la conscience.

La conscience extraneuronale, une vision de l'esprit non orthodoxe et pourtant…

Le 15 décembre 2014, une thèse de doctorat en médecine en France a été validée par un jury composé de médecins à « l'esprit cartésien ». Les travaux ont été dirigés par un médecin réanimateur au fait du sujet de ladite thèse : le Dr Jean-Jacques Charbonnier. L'étude de recherche portait sur les EMI (expérience de mort imminente) et prouvait l'existence d'une « conscience intuitive extraneuronale ». Cette date marque un pas supplémentaire vers un bouleversement des mentalités en faveur de l'existence d'un monde invisible donc immatériel.

Après avoir étudié longuement les EMI, le Dr Charbonnier est convaincu de la véracité d'une conscience intuitive extra-neuronale qui se situerait en dehors du cerveau et dont nous pourrions avoir accès lorsque notre activité cérébrale est au repos. Les nombreux témoignages d'expériences de morts imminentes en apportent la preuve. Après un arrêt cardiaque, les « expérienceurs » comme on les appelle – alors que leur EEC (électroencéphalogramme) est plat – décrivent à leur retour dans notre monde sensible et avec précision, des manœuvres de leur réanimation ou une scène qui se serait déroulée à distance de leur corps dans une autre pièce. Leur témoignage décrit quasiment toujours une sortie de corps et la même vision d'un tunnel obscur au bout duquel jaillirait une lumière incandescente. Après un arrêt cardiaque, le cerveau a une activité nulle au bout de 15 secondes. Ainsi comment pourrions-nous expliquer des visions à distance, de la télépathie souvent, des révélations du passé et du futur, des perceptions médiumniques, des possibilités même d'autoguérison de la part de ces personnes dont la mort cérébrale a été décrétée parce que leur cerveau ne fonctionnait plus ? Si le cerveau est maître de la conscience et qu'il ne fonctionne plus, comment des expériences extrasensorielles pourraient-elles avoir lieu en état de mort cérébrale ?

Dans notre paradigme matérialiste qui résiste, beaucoup de scientifiques considèrent encore ces témoignages de mort imminente comme des hallucinations dans la mesure où le dogme actuel affirme que la conscience est un épiphénomène de l'activité cérébrale. Toutefois depuis peu, un frémissement se fait sentir vers l'acceptation des EMI qu'un nombre croissant de scientifiques considèrent désormais comme des états modifiés de conscience.

Selon eux, le cerveau ne serait qu'un filtre réducteur d'informations extérieures. Il pourrait être assimilé à un récepteur qui analyse des données provenant de l'extérieur et qui exclut celles qui ne sont pas conformes à nos apprentissages.

Nous accédons tous à ces états modifiés de conscience. À titre d'exemple, nous pouvons les vivre pendant notre sommeil lorsque nous rêvons, lors d'un coma ou d'un arrêt cardiaque. C'est toujours au moment où notre cerveau ralentit son rythme électrique. Nous méditons souvent sans le savoir lorsque nous sommes « dans la lune ». C'est pourquoi les enfants sont davantage concernés que les adultes. C'est un état où l'on se connecte à la conscience intuitive extraneuronale qui peut capter des informations pendant des fractions de seconde. Mais il nous est difficile de les mémoriser dans la mesure où la conscience analytique cérébrale, celle logée dans notre cerveau, les trie, les censure sans même que nous en soyons conscients. Nous pouvons accéder à ces états modifiés de conscience tout simplement en fixant les feuilles d'un arbre qui s'agitent avec le vent, en observant les vagues de l'océan verser leur écume blanche sur le sable, en noyant notre regard dans la flamme d'une bougie qui scintille de mille feux. C'est le moment où tout devient flou. C'est dans ce moment privilégié que notre conscience intuitive extra-neuronale s'active.

Le chamanisme est considéré comme un « état modifié de «conscience»

Les chamans de notre époque perpétuent l'une des plus anciennes traditions ancestrales universelles puisque commune aux peuples premiers du monde entier qui se sont éparpillés aux quatre coins du globe, des grandes steppes de Sibérie et de Mongolie, au Népal, en Chine, en Corée, au Japon, en Turquie, en Scandinavie, en Australie mais aussi dans l'humidité de la forêt amazonienne jusqu'au cœur même de l'Afrique. Le chamanisme a longtemps été considéré en Occident comme relevant du charlatanisme. Cependant, cette pratique, qui est centrée sur la médiation entre « les esprits » et les êtres humains, est de moins en moins réduite à un folklore pour foule incrédule et fait même l'objet aujourd'hui d'une certaine fascination dans nos sociétés occidentales où la culture et l'éducation persistent à déconsidérer notre « cerveau droit ».

Cela change, évolue, bouge dans l'entre-deux monde. Des neuroscientifiques occidentaux s'intéressent aujourd'hui à ce rituel aussi ancien que l'histoire de l'humanité. Ils le considèrent comme une pratique pour accéder à des **états modifiés de conscience** induits par la danse, le chant et le tambour dont le battement facilite les modifications des ondes cérébrales. L'idée qu'il y aurait plusieurs niveaux de conscience auxquels tout un chacun pourrait accéder commence à être admise.

Ce regard nouveau sur les capacités de notre psyché est illustré par l'expérience de la chamane occidentale Corine Sombrun. Son livre, issu de son histoire étonnante, a été adapté au cinéma dans le film *Un monde plus grand*[1]. Cette musicienne a appris qu'elle pouvait communiquer avec le monde des esprits lors d'une transe chamanique à l'occasion d'un documentaire tourné par la BBC en Mongolie. Elle est suivie aujourd'hui par des neuroscientifiques pour mieux comprendre les frontières de l'invisible. Leur collaboration a conduit à un article publié en 2019[2] dans la revue *Clinical Neurophysiology* par un groupe d'experts conduit par Olivia Gosseries, chargée de recherche au Coma Science Group de l'université de Liège. Selon cette scientifique, nous serions tous « des chamans qui s'ignorent ». En effet, le chamanisme ne peut être réduit à une tradition culturelle dans la mesure où il s'est développé dans différentes sociétés sans lien entre elles. Les électroencéphalogrammes de Corine Sombrun en état de transe témoignent d'une activité cérébrale anormale similaire à celles de trois pathologies psychiatriques : la manie, la dépression et la schizophrénie. Mais cet état cérébral est réversible et disparaît complètement après sa transe. L'étude nous enseigne par des imageries cérébrales que pendant la transe chamanique, l'hémisphère droit « s'enflamme » jusqu'à devenir prédominant[3].

Les chamans, par leur transe, ouvrent leur conscience à trois mondes spirituels afin d'y canaliser des énergies positives pour le bénéfice de la personne dont ils prennent soin.

- Les énergies captées dans le monde d'en bas sont celles des « esprits animaux ». Dans son livre *Chamanisme et magie animale*[4], Erik Sablé décrit la puissance symbolique des animaux et leur rôle guérisseur dans les souffrances de l'âme « ils sont des ponts avec l'invisible, des lieux de passage vers d'autres univers que le nôtre ». Pour le chaman, les esprits alliés qui l'aident dans la guérison apparaissent sous forme d'un chien, d'un ours, d'un cerf, d'un taureau mais aussi d'oiseaux comme la corneille,

1. *Un monde plus grand* est un film de Fabienne Berthaud sorti en salle le 30 octobre 2019. C'est une adaptation au cinéma du livre *Mon initiation chez les chamanes* de Corine Sombrun aux éditions Albin Michel et Pocket.
2. O. Gosseries, M. Fecchio, A. Wolff, L. Sanz, *Behavioural and brain responses in cognitive trance*, Clinical Neurophysiology, 2019.
3. Article dans les Echos de Paul Molga publié le 4 janvier 2020.
4. SABLE Erik, *Chamanisme et magie animale suivi de : l'oiseau dans le voyage spirituel de l'âme,* Dervy, 2014.

le hibou, l'oie, l'aigle. Plus les animaux sont nombreux, plus le chaman est puissant. Beaucoup de peuples anciens ont tissé un lien sacré avec le règne animal dont la grâce estompe la douleur et imprègne de joie chaque cellule de notre corps. Ce fut le cas à l'époque pharaonique où l'on vénérait les dieux à la figure animale : le dieu chacal Anubis, la déesse chat Bastet, le faucon Horus, le dieu singe Thot et bien d'autres encore. Cette conscience de la puissance animale et de sa capacité à apporter de l'aide aux humains a été longtemps méprisée par les intellectuels de la Grèce antique qui la réduisait à de la zoolâtrie. Ce qui était une erreur de jugement que René Schwaller de lubicz souligne dans son livre[5] : « En réalité dans l'esprit pharaonique, on n'adore pas l'animal mais on révère en lui l'incarnation d'une fonction spécifique dont il est le symbole ».

- L'autre monde auquel se connecte le chaman est celui du milieu qui n'est autre que celui de notre incarnation terrestre avec accès « aux vies antérieures ». C'est dans ce monde-là que le chaman guérit les traumatismes transgénérationnels.

- Quant au monde d'en haut, c'est celui des guides où règnent les « esprits bienveillants » auprès de qui le chaman peut capter des informations qui l'aideront dans sa démarche de guérison. Les chamans du Canada disent qu'entre nous et les défunts, il n'y a qu'une feuille d'érable.

La conscience aux frontières de l'invisible selon les scientifiques et les philosophes[6]

Cette vision non orthodoxe de la conscience est renforcée depuis les découvertes troublantes de la mécanique quantique au début du XXe siècle. Cette science nouvelle qui révèle le comportement étrange de l'infiniment petit ébranle le paradigme matérialiste. Elle a notamment permis de découvrir le pouvoir de l'intention de l'observateur sur le comportement de la particule

---

5. SCHWALLER DE LUBICZ René, *le Roi de la théocratie pharaonique, Flammarion*, 1961.
6. Les informations de cette sous-partie sont issues de la conférence sur la conscience du Dr Olivier Chambon au Festival « La conscience dans tous ses états » des 13, 14, 15 septembre 2019 : conférence d'Olivier CHAMBON sur LA CONSCIENCE - YouTube.

élémentaire. C'est la raison pour laquelle des physiciens quantiques ont évolué vers un certain mysticisme. Max Planck, l'un des pères fondateurs de la mécanique quantique disait : « Je considère la conscience comme quelque chose de fondamental. Je considère la matière comme un dérivé de la conscience. Nous ne pouvons pas contourner cette question. Tout ce dont nous parlons, tout ce que nous considérons comme existant, postule la conscience (…). Toute matière provient d'une force et n'existe que par celle-ci (…). Nous devons présumer l'existence, sous cette force, d'un Esprit conscient et intelligent. Cet Esprit est la matrice de toute matière. » Quant à Schrodinger, un autre père fondateur de la mécanique quantique, il considérait que « la conscience est une ». Un autre physicien au début du XXe siècle portait ce nouveau paradigme scientifique et considérait que l'univers est une grande pensée en déploiement. Il s'agit du Britannique James Jeans, astronome et mathématicien. Selon lui : « Le flot de la connaissance pointe vers une réalité non mécanique ; l'univers commence à ressembler plus à une grande pensée qu'à une machine. L'esprit n'apparaît plus n'être qu'un intrus accidentel dans le domaine de la matière… Nous devrions plutôt le saluer comme le créateur et le gouverneur du domaine de la matière ».

La métaphysique permet de faire un pont entre la physique et la philosophie, c'est ce qui permet d'unir la science à la nature humaine. C'est relatif à ce qui est caché dans la physique. Cette disposition d'esprit tente de percer les mystères de l'invisible. Les courants métaphysiques qui s'apparentent à cette vision nouvelle de la conscience sont le **panpsychisme** et **l'idéalisme** à quelques nuances près.

Le panpsychisme considère que la conscience se trouve au cœur de la matière. Cette vision est portée notamment par le polytechnicien et chercheur indépendant Emmanuel Ransford. Il s'interroge sur l'énigme de la psyché et sur celle du cerveau conscient, qu'il tente de reformuler selon une perspective qui n'est pas celle du matérialisme ni celle du dogme religieux. Ses recherches le conduisent à proposer l'hypothèse de **l'holomatière**[7] (qu'il a aussi nommée la psychomatière), qui rajoute une dimension invisible – mais aux effets parfaitement repérables – à la matière ordinaire. Nous la croyons inerte et passive alors qu'elle ne l'est peut-être pas. À partir de cette idée, il réinterprète les propriétés très étranges des quanta[8] : à propos de l'aléatoire quantique, il considère que

---

7. Voir lexique.
8. Voir lexique.

la physique quantique ne va pas assez loin parce qu'elle n'a envisagé que deux hypothèses : le hasard pur (absence de cause = acausalité) et le déterminisme caché (**l'exo-causalité**[9]). Il propose une troisième hypothèse, celle de **l'endo-causalité**[10]. Emmanuel Ransford montre que la conscience cérébrale s'enracine dans la réalité quantique. Ce qui rend plausible l'immortalité de l'âme. Notre présence sur terre ne serait qu'un passage… Par une envolée lyrique et métaphysique qui peut assurément séduire des « cerveaux droits », Ransford écrit dans son livre[11] : « Ainsi dans un monde strictement exo-causal, tout est pratiquement écrit à l'avance. Fort heureusement notre monde est plus riche. L'endo-causalité qui en constituerait une dimension psychique le peint aux couleurs de la liberté, de la créativité et donc de l'innovation. (…). L'holomatière nous conduit à une redéfinition de qui nous sommes, littéralement fascinante. Elle met en relief notre double potentiel, l'« exo » que l'on pourrait considérer comme l'ego conditionné, localisé et déterminé et l'« endo » qui serait le « Soi quantique ». Notre potentiel exo est lié à nos caractéristiques imposées physiques autant qu'historiques, linguistiques, environnementales, culturelles, familiales, etc. L'autre, notre potentiel « endo », nous rend libres, créatifs et souverains. Il constitue notre « vivance » mais aussi notre « reliance ». Cette dernière nous donne des ailes psychiques virtuellement illimitées. Elle fait de nous des géants de l'invisible reliés au monde, aux étoiles et à l'humanité en marche. En restaurant la plénitude de notre potentiel « endo » nous progressons vers nous-même. Notre créativité se libère, et nous retrouvons la joie de vivre[12] .»

Quant à l'idéalisme, ce courant métaphysique considère que **la matière se trouve au cœur de la conscience**. Il est incarné notamment par le philosophe néerlandais Bernardo Kastrup, chantre d'un modèle postmatérialiste qui considère que la conscience est première. Il démontre dans son livre[13] que le matérialisme – selon lequel tout ce que l'on voit provient de la matière, notamment l'énergie et la conscience – n'est en réalité qu'une illusion. Son travail a conduit à la renaissance moderne de l'idéalisme métaphysique.

9. Voir lexique.
10. Voir lexique.
11. RANSFORD Emmanuel, CHAMBON Olivier, ATHAM Tom, *L'homme quantique, vers une nouvelle compréhension de nos potentiels de guérison*, Trédaniel, 2017.
12. *Ibid.*
13. KASTRUP Bernardo, *Why materialism is baloney*, iff books, 2014.

Pour le philosophe australien David Chalmers, le trajet intellectuel de « l'honnête homme » suit quatre étapes : « on commence comme un matérialiste, puis on devient dualiste, ensuite panpsychiste et on finit idéaliste. »

L'intrication quantique qui implique la reliance éternelle entre deux particules subatomiques ayant participé à un même système quantique – quand on les sépare l'une de l'autre, à l'autre bout de l'univers, si on modifie une caractéristique de l'une, l'autre subit simultanément la même modification – nous conduit inexorablement vers le postulat selon lequel la conscience est en tout, nourrit tout et relie tout. D'ailleurs que nous dit le big bang ? D'un point, tout s'est expansé. Ainsi tout est relié.

Le Dr Olivier Chambon que nous avons interviewé, utilise la métaphore de l'océan. Les vagues de l'océan pourraient représenter l'autoreflexivité de la conscience comme dans un miroir : l'océan se replie sur lui-même pour se regarder. L'océan représenterait la grande conscience qui se reflète dans les vagues qui incarneraient les petites consciences individuelles. Ainsi la grande conscience (l'océan) et la conscience individuelle (la vague) créent collaborativement notre réalité. Ce qui au niveau quantique se traduirait par l'expérience des doubles fentes de Yung : lorsqu'une particule est observée par un observateur ou mesurée, elle se comporte comme un corpuscule (un état fixe). Alors que lorsqu'elle n'est pas observée, elle se comporte comme un champ d'ondes superposées. Pour expérimenter le pouvoir de l'intention de l'observateur qui ébranle notre paradigme matérialiste, Dean Radin a demandé à des « méditants » de se concentrer sur l'appareil de la double fente de Yung en simulant par la pensée l'observation des particules. Le résultat relève du miracle pour des esprits « cartésiens » : les particules qui étaient des photons se sont mises à se transformer en forme corpusculaire. Et lorsque les méditants se sont détournés de cette intention en lâchant prise, les particules se sont mises à se comporter comme des ondes.

Le Dr Olivier Chambon que nous retrouverons dans la troisième partie est l'une des figures de proue de ce nouveau paradigme qui place la conscience avant la matière. Médecin psychiatre et psychothérapeute depuis plus de trente ans, Olivier est un pionnier des méthodes de soins comportementales et cognitives pour les patients psychotiques chroniques. Il s'intéresse depuis plusieurs années aux états modifiés de conscience (hypnose, EMDR[14], voyages chamaniques, etc.) pour élargir sa pratique psychothérapeutique. Il est l'auteur de plusieurs ouvrages dont celui qu'il a cosigné avec Emmanuel Ransford et Tom Atham[15].

Interview du **Dr Olivier Chambon**, *médecin psychiatre et psychothérapeute depuis 30 ans, spécialiste de l'utilisation thérapeutique des états élargis de la conscience (chamanisme, psychédéliques, EMI, etc.)*

L'hypothèse de « l'urcausalité » ou conscience universelle à l'origine de toute matière dans l'univers semble rejoindre la notion de « substance infinie » de Spinoza. Qu'en pensez-vous ?

Dr Olivier Chambon : en effet, selon Spinoza, une « substance » (de *substare*, « ce qui se tient en dessous ») unique, qui se manifeste selon une infinité de modes, pourrait correspondre à l'urcausalité. Cette substance infinie se différencie chez l'homme en deux modes qui sont la pensée (l'esprit, qui pourrait correspondre au ndo) ou l'étendue (le corps, qui correspondrait au xo). Cependant considérons cela comme une métaphore. Cette vision de la conscience s'inscrit dans un « dualisme moniste » selon lequel tout est « Un » dans l'absolu mais qui apparaît, dans la réalité relative de la vie quotidienne, sous forme d'un dualisme qui n'est qu'apparent : la pensée d'un côté et le corps de l'autre (cf. les sorties de corps dans les EMI). La substance infinie (conscience universelle) crée en même temps le corps (l'étendue) et la

14. Les initiales EMDR signifient *Eye Movement Desensitization and Reprocessing :* c'est-à-dire désensibilisation et retraitement par les mouvements oculaires. La thérapie EMDR utilise une stimulation sensorielle bi-alternée (droite-gauche) qui se pratique par mouvements oculaires. Elle est principalement validée pour le trouble de stress post-traumatique (TSPT).

15. RANSFORD Emmanuel, CHAMBON Olivier, ATHAM Tom, *L'homme quantique, vers une nouvelle compréhension de nos potentiels de guérison*, Trédaniel, 2017.

pensée (l'esprit ou conscience individuelle) et l'un et l'autre coévoluent. Le corps au fur et à mesure de l'évolution, est de plus en plus complexe pour recevoir de plus en plus de conscience. Et, inversement, plus les corps reçoivent de la conscience, plus ils se complexifient. Il s'agirait d'une sorte de parallélisme, le corps et l'esprit correspondant aux deux faces de la même pièce de monnaie.

Comment expliquez-vous que lors d'une expansion de conscience, c'est le cerveau droit qui s'active ?

Dr Olivier Chambon : ce n'est pas parce que le cerveau droit postérieur est activé lorsqu'on est en expansion de conscience que c'est le cerveau droit qui produit cette conscience. Quand on est dans une conscience rétrécie, ce sont plutôt les aires cérébrales gauches et antérieures du cerveau qui sont allumées à l'IRM. Plus on est en état de conscience élargie, plus les aires cérébrales droites et postérieures s'activent.

Vous parlez de la conscience au sens large mais où insère-t-on l'inconscient ?

Dr Olivier Chambon : en réalité, rien n'est jamais inconscient. Tout est conscient. Mais il y a de la conscience dont on n'a pas conscience. Pour mieux comprendre, prenons une métaphore, on pourrait comparer l'inconscient aux étoiles dans le ciel en pleine journée qu'on ne voit pas malgré leur existence. Ainsi, la petite conscience ordinaire rétrécie et focalisée sur des processus automatiques mentaux ou émotionnels ne voit pas ce qui est caché, et qui a une conscience. Quand on observe – au microscope ou par des techniques d'imagerie – le ballet symphonique des cellules, c'est magnifique, c'est comme si nos cellules faisaient la fête entre elles. Ce qui se passe dans une cellule est éminemment conscient. Tout est conscient. Mais il y a de la conscience dont on n'a pas conscience momentanément car l'attention et la réflexion ne se sont pas encore posées dessus. On appelle cela, presque par un abus de langage, « l'inconscient ». On est alors dans la conscience expérientielle phénoménologique pure, soit une « conscience d'avoir conscience ». Dans mon livre *Psychothérapie et chamanisme*[16], j'avais

16. Dr CHAMBON Olivier, *Psychothérapie et chamanisme*, Vega, 2012.

décrit trois mondes : celui de l'ego (de la réalité ordinaire), celui du rêve et celui de l'Esprit. Cela correspond dans le bouddhisme à des états de conscience différents.

L'ironie du sort est que la complexité de la conscience ne peut être éclaircie sans comprendre les forces obscures de l'inconscient. Cette partie de nous-même nous gouverne à notre insu et nous relie au monde invisible et à notre intuition. Aux frontières de l'invisible, si on imagine par une métaphore, la conscience comme la partie émergée d'un iceberg, sa face cachée immergée dans l'abysse océanique représenterait alors l'inconscient.

Chapitre 2

La divergence sur l'inconscient entre Freud et Jung, une vision « cerveau gauche » versus « cerveau droit » ?

■ Résumé

Nous ne pouvions aborder le sujet de la conscience sans explorer l'inconscient, concept rendu célèbre par Freud - le père fondateur de la psychanalyse - et qui a fait l'objet d'une discorde entre ce dernier et son disciple, le psychiatre suisse, Carl Gustav Jung. Freud voit dans l'inconscient des pulsions individuelles et infantiles, alors que Jung y pressent un inconscient collectif ancestral parsemé d'archétypes. L'inconscient collectif qui unit l'humanité tout entière se rapproche de la physique quantique et de sa théorie de l'intrication. Les expériences de synchronicités en sont des signes évocateurs. Jung nous invite à une alchimie du corps et de l'esprit, qu'il a nommé « processus d'individuation » pour atteindre notre être véritable. Cette métamorphose qui s'inscrit dans un cheminement initiatique vise à fusionner notre conscience avec notre inconscient, ce qui revient à considérer métaphoriquement l'harmonie entre nos cerveaux gauche et droit, entre notre pensée occidentale binaire et la pensée orientale plus inclusive. Cette union des contraires est représentée dans l'emblème du Dauphin qui réunit Dionysos et Apollon, comme nous l'explique en conclusion de ce chapitre, la psychanalyste jungienne Marie-Laure Colonna.

Témoignage de Marie-Laure Colonna, psychanalyste jungienne.

Il est intéressant de comparer le lien spirituel qu'unissait Freud et Jung à celui de deux grands penseurs du XVIIe siècle : Descartes et Spinoza. Dans les deux cas, ce fut un rapport de disciple à maître. Et à deux siècles d'écart, « le fils tue le père » et se libère de son emprise pour se diriger vers une autre voie et proposer une vision différente du monde et de la nature humaine que nous explorerons dans la prochaine partie. À l'instar de Spinoza, Jung ouvre le chemin vers une ère postmatérialiste.

Quels ont été les concepts de Jung qui ont conduit à sa rupture définitive avec Freud ?

Tout d'abord, leur séparation s'est cristallisée autour de la notion de libido. Jung a écrit un ouvrage en 1912 qui fit voler en éclat le fil rouge de leur relation. Il s'agit de *Métamorphoses et symboles de la libido*. Dans ce livre, il récuse le cantonnement systématique de la libido à la pulsion sexuelle. Pour Jung, la libido est « une énergie qui anime l'individu, le porte et le transporte au-delà du simple désir pulsionnel. C'est un **élan créateur** qui nourrit le dépassement et la rencontre du moi avec lui-même »[17].

Jung commençait à « étouffer » par la rigidité d'esprit de Freud et il fut très éprouvé lorsque ce dernier lui demanda de lui faire la promesse de ne jamais abandonner la théorie sexuelle. Carole Sedillot dans son ouvrage *Jung, explorateur de l'inconscient* décrit précisément la scène de rupture entre Freud et Jung. Freud aurait dit à Jung : « C'est le plus essentiel ! Voyez-vous, nous devons en faire un dogme, un bastion inébranlable… ». Un peu étonné Jung lui demanda : « Un bastion contre quoi ? » Freud répondit : « Contre le flot de vase noire de… ». Il hésita et ajouta : « de l'occultisme… »

« L'occultisme » Ce mot diabolisé par Freud englobait tout ce qui avait trait à la religion ou à la philosophie. Jung avait dû prendre conscience à ce moment-là qu'il devait impérativement se libérer de son mentor. De plus les termes « dogme » et « bastion » lui étaient rédhibitoires.

17. SÉDILLOT Carole, *Jung, Explorateur de l'esprit*, Dervy, 2018.

« Le 20 avril 1914 le père et le fils, par le biais de lettres et après maintes turbulences, se quittent définitivement. La rupture est consommée, plus jamais ils ne s'adresseront la parole »[18].

Cette séparation a conduit Jung dans les ténèbres de la confrontation à son propre inconscient. C'est à ce moment-là qu'il entreprit la rédaction de son œuvre majeure, le *Livre Rouge* qui durera 15 ans et qui décrit à travers sa création artistique, son propre processus alchimique d'individuation.

Devenu libre penseur, Jung a donc bâti par la suite des concepts que Freud rejeta sans ambages.

Le premier est celui « d'inconscient collectif ». Pour Freud, l'inconscient ne pouvait être que personnel. Alors que pour Jung, « l'inconscient collectif » fait référence à l'abysse infini de notre inconscient en lien avec la mémoire universelle de l'humanité tout entière. Dès lors, il établit une relation étroite entre l'inconscient individuel qui est la mémoire de l'individu et l'inconscient collectif qui est la mémoire de l'humanité depuis son origine. Jung nous dit dans *Ma vie* que « l'inconscient collectif est commun à tous les hommes ; il est le fondement de ce que l'Antiquité appelait « la sympathie de toute chose ». Il recèle la totalité des archétypes qui se sont forgés dans la mémoire universelle tout au long de l'histoire millénaire de l'humanité et dont chaque individu a accès dans la strate la plus profonde de son inconscient. Selon Jolande Jacobi, disciple de Jung « l'inconscient collectif, en tant que totalité de tous les archétypes, est le sédiment de toute l'expérience vécue par l'humanité depuis ses débuts les plus reculés ».

Pour défendre son concept avec un certain sarcasme, Jung souligne que l'inconscient collectif – qui permet à l'homme de se relier à l'humanité – n'est pas un « monstre démoniaque ». Il a utilisé ce terme pour s'opposer à la levée de boucliers de Freud. Il considérait l'inconscient collectif comme « un organisme naturel, indifférent au point de vue moral, esthétique et intellectuel, qui ne devient réellement dangereux que lorsque notre attitude consciente à son égard est désespérément fausse ».

18. *Ibid.*

Jung a théorisé ce concept d'une manière empirique au contact de grands malades mentaux. Leur histoire personnelle ne suffisait pas à comprendre leur problématique psychique. Il en a déduit qu'il existait des instances psychiques relevant de l'humanité plutôt que de l'individu[19].

Cet inconscient collectif se révèle au travers des religions et des mythes. Et il se manifeste dans la psyché inconsciente de l'individu par des archétypes ou images symboliques universelles. Jung nous explique « qu'il contient l'héritage spirituel de l'évolution de la race humaine, évolution reproduite dans la structure cérébrale de chaque individu ».

L'inconscient collectif de Jung rejoint aujourd'hui d'autres théories post-matérialistes de la psyché. Nous pensons aux « champs morphiques » et « résonance morphogénétique » conceptualisés par le biologiste Rupert Sheldrake. Ce dernier défie l'orthodoxie scientiste dominée par le « cerveau gauche ». Selon Sheldrake qui a bâti son expérience sur les animaux, l'apprentissage ne se réalise pas qu'au niveau de l'individu mais de l'espèce tout entière. Cela signifie que lorsqu'un individu a acquis un comportement, ce même comportement se propage dans le groupe d'individus dont il fait partie. La propagation d'une connaissance au sein d'une même espèce biologique fait écho au principe de « non-localité » ou « intrication » de la mécanique quantique (nous y reviendrons dans le chapitre sur le temps). Il s'agirait là d'une sorte de « bio-intrication » à l'échelle planétaire. Ainsi, malgré les apparences, nous ne serions pas séparés mais unis sur Terre et même au-delà de l'espace et du temps (qui sait ?) par un champ d'informations qui serait une sorte de mémoire collective… et en extrapolant joyeusement, par un phénomène de télépathie, le niveau de conscience atteint par un groupe d'êtres humains pourrait ainsi se propager à l'échelle mondiale. Les adeptes du « nouveau monde » ne devraient que s'en réjouir…

19. LEBLANC Elysabeth, *La psychanalyse jungienne*, Bernet-Danilot, coll. « Essentialis », 2002

Les phénomènes de synchronicités mis en lumière par Jung, une connaissance de type « cerveau droit » échappant au raisonnement déductif

L'autre concept – propre à Jung et qui a dû faire dresser la barbe dogmatique de Freud – est celui de la « synchronicité ». Parions que ce phénomène de synchronicités est bien connu de la majorité des lecteurs qui auront ce livre entre les mains.

Comme nous disait Paul Eluard : « Il n'y a pas de hasard, il n'y a que des rendez-vous ». On évoque une synchronicité lorsque nous sommes déstabilisés ou émus par deux événements qui n'ont aucun lien de cause à effet et qui se produisent au même moment.

Cette coïncidence qui « fait sens » dévoile la magie de l'existence et nous guide dans notre cheminement vers soi. « Le moi, alerté cherche à comprendre » pour reprendre les mots de Carole Sedillot et « le raisonnement et la logique, inopérants pour cette circonstance, doivent laisser leur place à la puissance créatrice, salvatrice et libératrice du symbole qui sait et qui connaît la solution ». « L'événement qui se manifeste à l'extérieur est une réponse à une demande intérieure »[20].

Jung a conçu cette théorie au cours d'une psychanalyse qui patinait en raison de la résistance de sa patiente dont le psychisme demeurait réfractaire à sa méthode. Un jour, elle lui raconta son rêve de « scarabée doré » dont le symbolisme a une haute valeur spirituelle dans les anciennes traditions. Dans l'Égypte ancienne, il désignait le soleil levant et la résurrection. Au moment où la patiente dévoilait son songe, Jung se leva et se dirigea vers la fenêtre. Il remit à sa patiente la cétoine dorée qui cognait à sa vitre. Il lui dit : « le voilà votre scarabée d'or ». Sa patiente en fût bouleversée. Cela a eu l'effet de la libérer de son blocage. Son analyse en profondeur a pu démarrer à ce moment-là.

Comme nous le rappelle Carole Sedillot[21] : « Pour aborder la synchronicité, il faut quitter la pensée occidentale pour la pensée orientale, c'est-à-dire

20. SÉDILLOT Carole, *Jung, Explorateur de l'esprit*, Dervy, 2018.
21. *Ibid.*

“constater” et “valider” plutôt que “prouver” pour “valider”. L’attitude à prendre nécessite un lâcher-prise. C’est précisément cet abandon au « tout possible » de la fonction symbolique qui dynamise une partie de la psyché et stimule la mise en œuvre du processus d’individuation. »

Jung et l’alchimie spirituelle

La rencontre de Jung avec l’alchimie a bouleversé sa vie. Toute son œuvre a été influencée par cette philosophie qui brave les âges et les époques. Son histoire à travers diverses civilisations est fascinante. Jung écrivait dans un extrait de *La dialectique du moi et de l’inconscient*: « Il nous apparaît aujourd’hui avec évidence, que ce serait une impardonnable erreur que de ne voir dans le courant de pensée alchimique comme cela a été trop facilement le fait, que des opérations de corps nus et de fourneaux. Certes l’alchimie a aussi ce côté et c’est dans cet aspect qu’elle fut les débuts tâtonnants de la chimie exacte. Mais l’alchimie a aussi un côté « vie de l’esprit » qu’il faut se garder de sous-estimer, un côté psychologique dont on est loin d’avoir tiré tout ce qu’il y a à en tirer. Il existait une philosophie alchimique, précurseur titubant de la psychologie la plus moderne (…). Son secret est le fait de **la métamorphose de la personnalité** grâce aux mélanges et à la synthèse de ses facteurs nobles et de ses constituants grossiers, de l’alliage des fonctions différenciées et de celles qui ne le sont pas. En bref, des épousailles dans l’être de son conscient et de son inconscient. »

Un ami missionnaire et sinologue a remis un jour à Jung le traité alchimique taoïste *Le secret de la fleur d’or*. Cet ouvrage décrit une évolution intérieure aboutissant à la formation d’un corps de lumière et d’une fleur d’or. Sa lecture a été, pour Jung, un véritable coup de foudre. « Le premier rayon de lumière qui est venu pénétrer dans ma nuit » confit-il en poursuivant: « Ce fut le premier maillon auquel j’ai pu raccrocher mes propres expériences ».

Dès lors Jung s’est lancé dans une étude exaltée des textes alchimiques des anciennes traditions pour tenter de décrypter ce qu’il désignait comme « un langage chiffré dont on pouvait déchiffrer le code ».

Au fur et à mesure que ses recherches bibliographiques augmentaient, il trouvait dans l’alchimie l’expérience la plus proche qu’il faisait de ses propres découvertes. Les images des traités anciens reproduisaient souvent des symboles que ses propres patients lui décrivaient de leurs rêves sans savoir qu'ils avaient déjà été étudiés par des auteurs cinq siècles auparavant.

Jung trouva dans l'alchimie un complément à la vision chrétienne de l'évolution intérieure

Dans *Psychologie et alchimie*, Jung décrit une succession de plusieurs rêves d'un patient ignorant tout de l'alchimie, qui montrent un cheminement vers l'accomplissement idéal de sa personnalité que symbolise « la pierre philosophale ».

Selon Jung, « le secret des alchimistes consistait, comme le processus d'individuation, en une transmutation de la personnalité par le mélange et la combinaison d'éléments nobles et vils, des fonctions différenciées et intérieures du conscient et de l'inconscient. »[22]

L'histoire de l'alchimie est passionnante. Commençons par son origine légendaire qui la rend universelle. C'est Dieu qui aurait révélé les principes de l'alchimie et le secret de son enseignement aurait été transmis par Raziel, l'ange cabalistique des mystères à Hénoch, l'ange de la parole divine mais aussi à Hermès de la Grèce antique ou à Idriss du Coran. Ce secret descend aussi à Abraham, à Moïse puis à Job. Une autre origine légendaire est révélée dans le chapitre V de la genèse. Il s'agit du mythe des anges qui tombent amoureux des femmes et qui descendent sur terre pour révéler aux hommes la connaissance des grands principes de la Nature. Mais les alchimistes préféreront toujours le patronage divin d'Hermès Trismégiste (le « trois fois grand »). Hermès est le fils de Zeus et Maya. Il apprit d'Apollon, l'art de la divination. Il était l'interprète de la volonté divine. Il devait aussi conduire les âmes des défunts aux enfers (l'accompagnateur d'âmes ou psychopompe). On assimile souvent le dieu égyptien Thot à Hermès.

L'alchimie a jalonné l'histoire de l'humanité par une spirale dynamique comme « un éternel retour » pour reprendre une expression chère à Nietzsche. Son plus lointain récit se déroule en Orient, en Chine précisément, en 4500 av. J.-C. Mais ce n'est qu'à partir du IIIe siècle de notre ère que le taoïsme va

22. JUNG C.G., *Psychologie et alchimie*, Buchet – Chastel, 2018.

véritablement se livrer à des recherches alchimiques. En Égypte ancienne, c'est au IIIe siècle que cet art sacré est né. Il va se développer jusqu'au Ve siècle, notamment à Alexandrie en pleine époque Hellénistique. Quant à l'école alchimique de la Grèce antique dont les témoignages écrits sont très importants, elle apparaît au IIe et IIIe siècle (comme le Corpus Hermeticum qui délivre des dialogues divins sur des questions métaphysiques).

C'est grâce aux savants coptes d'Égypte que les Arabes vont avoir connaissance de l'alchimie. L'alchimie arabe parvient en Occident lorsque le Khalifa de Cordoue atteint son apogée au Xe siècle puis au travers des croisades. C'est au XIIe siècle que le premier ouvrage est traduit de l'arabe en latin (il s'agit du *Tourba philosophorum*, « La tourbe des philosophes »). D'autres textes vont suivre dont la célèbre *Table d'émeraude.*

L'Église catholique a rejeté l'alchimie en raison de son problème avec les mystères de la matière qu'elle diabolisait. Envisager un « esprit divin » dans la matière pour les tenants du dogme religieux ne pouvait être qu'une terrible hérésie… Marie-Louise Von Franz, collaboratrice de Jung, dit à ce sujet lors d'une interview que : « L'inconnu de la matière et de la psyché est devenu un et est tombé dans ce qu'on appelle péjorativement les sciences occultes païennes non chrétiennes ».

Après le Moyen Âge, l'alchimie connaît une grande résurrection pendant la renaissance. Cependant, elle renaît sous l'angle de la vision chrétienne, soit sous un prisme matérialiste de transformation du plomb en or. Quant à l'aspect philosophique, il est jeté aux oubliettes. C'est Jung au XXe siècle qui revisite cette philosophie sous l'angle de l'esprit pour l'intégrer dans sa psychologie. En effet, l'alchimie mystique cherche « l'or spirituel », c'est-à-dire la transmutation de la psyché humaine vers des valeurs de beauté et de vérité. Selon Étienne Perrot, « au travers de la déchéance de l'homme et la dégradation de la Nature, le "suprême Grand Œuvre" des alchimistes a pour dessein de réintégrer l'homme dans sa dignité primordiale. La pierre philosophale n'est autre que le symbole d'une illumination de l'homme, à la fois physique et morale, qui lui permet d'atteindre le beau et le vrai. »

L'alchimiste, dans son œuvre, fait en sorte que le corps et l'esprit se rejoignent. Il y a corporification de l'esprit et spiritualisation de la matière. Ainsi le processus de l'œuvre alchimique représenterait un progrès spirituel qui se projette dans la matière.

Le processus d'individuation de Jung peut être considéré comme une transformation alchimique qui conduit à une métamorphose de la psyché. Son aboutissement conduit à l'harmonisation et à la réconciliation de toutes les instances psychiques qui la composent par la conjonction des contraires. Cette transmutation interne tend la psyché vers l'unité qui intègre la lumière et l'ombre (conscient et inconscient) comme les deux faces d'une même pièce. C'est la raison pour laquelle nous symbolisons la voie jungienne par celle du « cerveau droit ». On pourrait appeler ce chemin initiatique « la voie de l'âme ». En effet selon Jung, « c'est le désir de l'âme qui sous-tend le processus d'individuation et nourrit son élan créateur ». Il recentre l'être humain vers son individualité propre (personnalité véritable) qui se libère de ses conditionnements qui pèsent sur lui. L'être individué se sépare de la structure collective à laquelle il s'insère. Jung disait que « le but et le sens de ce processus d'individuation sont de réaliser dans son intégration, avec tous ses aspects, la personnalité originellement préfigurée dans le genre embryonnaire ». Cette métamorphose conduit à un **élargissement de conscience** de la totalité de ce que l'on est.

Quelles en sont les étapes clés sous l'angle de la psychologie jungienne ? Il y a diverses écoles parmi les anciens alchimistes. Elles nous proposent toutes un éventail de couleurs plus ou moins nuancé pour définir les différents stades du Grand Œuvre. Jung en a retenu quatre : le noir, le blanc, le jaune et le rouge.

L'œuvre au noir est l'étape de la dissolution de la conscience (ou de l'ego). C'est la descente du moi dans l'obscurité de l'inconscient où se tiennent l'ombre et tous les éléments archaïques de la psyché. La rencontre avec son inconscient est symbolisée par la *materia prima*. Les éléments qui la composent doivent subir de lentes et douloureuses métamorphoses. C'est l'étape de la mort symbolique que les alchimistes appellent « la petite mort » où l'on renaît à soi-même. C'est une phase de chaos. Cette période de mélancolie est souffrante car elle est jalonnée d'épreuves qui sont nécessaires pour avancer dans sa métamorphose.

L'œuvre au blanc est l'étape d'une douce accalmie qui arrive après une forte tempête secouante. Toutes les imperfections qui se sont libérées du noir ont été lavées et purifiées. Il demeure cependant encore des traces de souffrances mais la psyché reprend confiance en la Vie. « La confrontation avec la peur et l'angoisse a porté ses fruits ». Tel un rayon de soleil qui se lève à l'aube, l'espoir renaît. « Le blanc ouvre à un élargissement du champ de conscience. »[23]

L'œuvre au jaune est une phase intermédiaire où la psyché est revigorée d'une énergie nouvelle. Les séparations vécues comme des deuils réels ou symboliques sont acceptées et cela impose un sevrage pour continuer d'avancer sur ce chemin initiatique qui dure toute une vie. Alors qu'on était à genoux, progressivement, on se relève et on réapprend à marcher pour avancer vers la lumière.

L'œuvre au rouge est un aboutissement. Les instances de la psyché sont réunies à leur juste place dans une harmonisation des contraires. Cette étape achève la fusion du conscient et de l'inconscient. Elle est symbolisée par l'obtention de la **pierre philosophale,** ce Graal qui engendre en nous une **vision élargie de la réalité** par intégration des paradoxes et des contradictions. **Et c'est ce que nous symbolisons dans ce livre par une alternance harmonieuse entre nos deux hémisphères cérébraux, le gauche et le droit**.

Carole Sedillot considère que « ces quatre étapes ne sont jamais définitivement acquises et que dans une **dynamique spiralée**, nous les expérimentons à de multiples reprises tout au long de notre vie eu égard à la conscience que nous possédons de la nécessité et de notre désir de progression psychique et spirituelle. »[24] Nous ne sommes hélas pas égaux devant la volonté de s'élever sur le plan spirituel en raison d'un environnement technologique, égotique et narcissique qui conspire à nous maintenir dans la caverne.

---

23. SÉDILLOT Carole, *Jung, Explorateur de l'esprit*, Dervy, 2018.
24. *Ibid.*

Occident versus Orient. Individualisme versus individuation. Où en sommes-nous à l'heure des nouvelles technologies ?

Peu avant le premier confinement, j'ai (Ferial) fait une rencontre… Dans une période de doute qui faisait vaciller les fondements de mon existence, cet homme est devenu très vite un ami. Il m'a permis de retrouver « ma trajectoire idéale » selon l'expression consacrée de Paulo Coelho. J'étais dans le noir (noir plus noir que noir, *nigrium, nigrium, nigro* comme diraient les anciens alchimistes) et ma créativité était en berne. Très engagé sur le devenir humaniste de la planète, ce complice d'écriture m'a proposé que nous nous soutenions en relisant nos pages. Par des échanges épistolaires tels « des rayons de soleil dans ma nuit » (comme aurait pu l'écrire Jung), il a eu le mérite de me stimuler pour aller au bout du présent ouvrage et je lui en serai toujours reconnaissante (Marjorie aussi !). Afin de nourrir notre réflexion sur la pensée orientale, il m'a offert un essai *Le paradoxe du poisson rouge*[25] d'Hesna Cailliau. Ce mince fascicule recèle des trésors d'informations sur le mode de pensée de la civilisation chinoise dominé par le « cerveau droit » par opposition à la civilisation occidentale qui demeure encore sous l'emprise du « cerveau gauche ».

Cependant tout au long du XXe siècle, et ce depuis l'avènement de la mécanique quantique, il semblerait que la pensée occidentale « s'orientalise » comme si le « cerveau gauche » cédait sa place au « cerveau droit » dans cette partie du monde. Jung a joué un rôle de passeur entre l'alchimie et le New Age qui se propage en Occident depuis les années 70 et qui devient un véritable phénomène de société en ce début du XXIe siècle. Mais avant cela, tentons de comprendre en quoi l'apport de Jung est fondamental pour « l'orientalisation » des esprits occidentaux.

Pour Jung, l'Occident est certes arrivé à un haut niveau de civilisation. Cependant, la conscience des Occidentaux n'est pas encore parvenue à un degré satisfaisant de continuité (comprendre « d'unité », le monde occidental restant encore très influencé par le dualisme). Hesna Cailliau nous rappelle dans son ouvrage que « depuis Aristote, la pensée occidentale est fondée sur l'exclusion : ou l'un ou l'autre, alors que la Chine défend l'inclusion : et l'un et l'autre. »[26]

25. CAILLIAU Hesna, *Le paradoxe du poisson rouge*, J'ai lu bien-être, 2019.
26. *Ibid.*

C'est d'ailleurs la raison pour laquelle les trois piliers de la philosophie chinoise que sont le bouddhisme, le taoïsme et le confucianisme ne s'excluent pas mais s'unissent dans une parfaite complémentarité. Jung déplorait que le monde moderne eût pour effet de couper les êtres humains de leurs émotions, voire de leur âme. Il disait : « Cela enlève aux relations humaines toute variété, toute couleur, tout charme ». Les peuples premiers parlaient de la « perte d'une âme », ce qu'ils redoutaient plus que tout. Ce phénomène est sans doute lié au développement excessif du « cerveau gauche » par l'éducation qui a cloisonné les Occidentaux dans une pensée mécaniste, séquentielle et analytique. Cela nous emprisonne dans la matérialité et nous coupe de toute transcendance. Nous avons largement traité ce sujet dans la première partie de ce livre.

La philosophie taoïste, quant à elle, relève d'une pensée globale qui repose sur l'unité et la complémentarité que représentent les énergies yin et yang. Ces dernières sont les deux composantes, opposées mais complémentaires qui régissent les phénomènes de la vie et du cosmos. Dans un mouvement circulaire, le yin et le yang ne peuvent exister l'un sans l'autre à l'instar de nos deux hémisphères cérébraux. En prenant soin de ne pas sombrer dans la caricature, lorsqu'on se réfère au symbolisme du yin et du yang (voir image ci-dessous),

Le yin est la partie noire, elle représente l'ombre, la matière, la nuit, la lune, le féminin, l'hiver (l'inconscient ? le cerveau droit ? Dionysos ?). Tandis que la partie blanche, le yang, symbolise, la lumière, l'esprit, le jour, le soleil, le masculin, l'été (la conscience ? le cerveau gauche ? Apollon ?). Selon Hesna Cailliau, « le yin correspond à l'invisible, à l'aspect intérieur des choses et c'est sur lui qu'il importe de porter toute son attention. Selon la sagesse taoïste : « Qui voit l'invisible est capable de l'impossible »[27] ». Comment savoir si l'été existe s'il n'y a pas d'hiver ? Le jour peut-il exister sans la nuit ? L'ombre peut-elle exister sans la lumière ? Peut-on vivre harmonieusement sans l'un de nos deux hémisphères cérébraux ? Le taoïsme nous dévoile un monde d'unité par excellence qui s'harmonise par la conjonction des contraires. Cela nous renvoie à un monde d'in-

27. *Ibid.*

terdépendance, au grand Tout. Cette unité ou reliance, nous l'observons dans le symbole yin et yang par la présence, sous la forme d'un point, d'une partie yin dans le yang et vice versa. C'est ce que Jung a théorisé par l'énergie féminine chez l'homme (l'*anima*) et l'énergie masculine chez la femme (l'*animus*). Les parties noires et blanches représentent la dualité de notre monde matériel. Le taoïsme nous pousse à accepter la dualité pour la réconcilier dans le grand Tout ou l'unité qui est symbolisée par le cercle extérieur. Ce dernier représente le Tao, l'origine de toute chose (ou la voie à suivre) que l'on pourrait comparer à la « substance infinie » de Spinoza (nous y reviendrons). Cette philosophie promeut l'amour universel ou inconditionnel qui embrasse et englobe toute chose (bien/mal, amour/haine). Elle nous enseigne que la vérité se trouve dans les paradoxes et que la notion de bien et de mal est très relative.

Le taoïsme nous éloigne de la pensée binaire majoritairement représentée en Occident qui s'illustre par une forte conscience individuelle alors que la conscience collective domine parmi les Chinois[28]. Ces derniers ignorent la ligne droite. Ils pensent en spirale. Ils décomposent l'information en autant de parties sans ordre logique et par approches circulaires. Pour eux, approfondir est plus important qu'éclaircir. Ils accordent beaucoup d'importance aux détails[29]. Cela nous rappelle la pensée globale intuitive en arborescence que nous avons développée au début de ce livre.

Il est intéressant d'opposer la notion d'individualisme caractéristique du libéralisme occidental à l'individuation que la sagesse taoïste exprime au travers de la notion de « destinée » (*ming*) selon laquelle l'Homme doit accéder à sa nature profonde (*xing*). Elle n'est pas à conquérir, elle est là et émerge spontanément lorsque l'Homme se libère de ses conditionnements »[30].

Cependant, la Chine avec son rejet de l'individualisme promeut, avec le communisme, le collectivisme qui tend vers le conformisme. Ce dernier n'est-il pas un reniement de la pensée taoïste qui prône l'individuation ? Rappelons que les philosophies chinoises ont été vilipendées par Mao et réhabilitées par Deng Xiaoping qui en a fait une morale d'État. Cependant du chemin reste à parcourir pour que les Chinois retrouvent dans son entièreté ce que le communisme leur a arraché.

---

28. *Ibid.*
29. *Ibid.*
30. *Ibid.*

Concernant leur rapport au désir, Hesna Cailliau souligne que « contrairement à un cliché couramment répandu en Occident, le bouddhisme ne condamne pas le désir puisque c'est ce qui anime l'Homme et le rend vivant mais étant la seule de toutes les espèces animales à pouvoir exalter ses désirs, il a besoin de « les mettre sous la claire lumière de l'esprit » pour voir ce qu'ils valent. C'est pourquoi les bouddhistes lui donnent le nom de « troisième œil», l'œil de la conscience éveillée. »[31]

Ainsi, dans la pensée orientale, une importance fondamentale est accordée à l'intuition, ce qui nous renvoie à un mode de pensée dominé par le « cerveau droit ». Pour exemple, le Yi King dans le taoïsme est un art divinatoire qui cherche à activer le pouvoir d'intuition de l'homme. Il oblige le joueur à mobiliser toutes ses forces intuitives pour trouver sa propre réponse. C'est par la vision et non par la spéculation que l'homme accède à la connaissance, vision qui est de l'ordre de l'illumination soudaine. De plus, la racine sanskrite *budhi* désigne « celui qui est passé d'une intelligence réflexive et analytique (cerveau gauche) à une forme d'intelligence globale et intuitive (cerveau droit) ».

Par ailleurs, ce qui distingue la pensée orientale de l'occidentale, c'est le rapport à la Nature. Les chinois vivent en symbiose avec leur environnement. Ils ne comprennent pas l'expression « avoir de la chance ». Pour eux, il la remplacerait par « savoir attraper le Qi qui passe », le Qi signifiant le souffle de l'univers. Les taoïstes considèrent l'univers comme une danse synchronique. Ce qui nous rappelle la synchronicité de Jung. Pour eux « le sot est celui qui ne sait pas que les faits qui lui surviennent sont des signes et qui n'essaie pas de les lire. »[32] Ainsi, il semblerait que la pensée taoïste ait considérablement influencé notre cher Jung.

La parole d'une experte de Jung

Nous concluons ce chapitre par l'interview d'une éminence grise en la matière. Il s'agit de la psychanalyste jungienne, Marie-Laure Colonna. Nous l'avons rencontrée lors d'une conférence du cercle littéraire « Le Rendez-vous Rive Gauche » fondé par Christine Bach (que vous découvrirez dans la pro-

31. *Ibid.*
32. *Ibid.*

chaine partie). Lors de cette soirée où nous venions écouter Joël de Rosnay sur *La symphonie du vivant* [33], Marie-Laure venait de publier un ouvrage intitulé *Réenchanter l'Occident* [34]. Nous avons échangé quelques mots avec elle sur l'objet de son livre. Cette rencontre semblait être encore un signe du destin qui nous indiquait que nous étions sur la bonne voie. En effet quelques jours plus tard, nous dévorions avec régal et avidité son ouvrage et quel bonheur de découvrir qu'il s'inscrivait parfaitement dans la réflexion de notre propre livre. À la fin de son essai[35], Marie-Laure Colonna aborde le « troisième millénaire » selon une vision qui trouve un écho extraordinaire dans ce que nous tentons de vous transmettre. Elle évoque aussi le concept cerveau gauche – cerveau droit que nous utilisons comme une métaphore pour illustrer la transformation de la pensée occidentale. Pour cette analyste jungienne, **nous serions à l'aube d'une ère nouvelle qui marquerait l'avènement d'une « société plus individuée : société dont le cerveau gauche et cerveau droit coopère ; et où l'essor économique et scientifique serait équilibré par le respect de la nature et des valeurs éthiques et spirituelles.** »[36] De plus, Marie-Laure Colonna cite dans ses réflexions le cardiologue Pin Von Lommel qui a publié une étude dans *The Lancet* sur les EMI et selon laquelle : « le cerveau gauche a cette fonction de limite qui découpe d'habitude notre vie et nos perceptions en secteurs bien définis dans une séparation dualiste entre moi et l'autre, sujet et objet. Une représentation du réel bien utile en temps ordinaire mais qu'il ne faut pas confondre avec la réalité en soi, comme toutes les traditions orientales l'ont toujours enseigné et comme la physique quantique nous le démontre aujourd'hui. La conscience analytique, celle du Moi, pèse, mesure, évalue, en relation avec la perception des cinq sens. Elle nous situe dans le cadre de l'espace-temps. Dans notre vie sociale, la conscience analytique est d'autant plus active que l'activité cérébrale est intense, ce qui se mesure par l'activité électrique du cerveau dans ses différents états de relaxation, réflexion, concentration, résolution des problèmes difficiles, etc. »[37]

---

33. DE ROSNAY Joël, *La symphonie du vivant*, Les liens qui libèrent, 2018.
34. COLONNA Marie-Laure, *Réenchanter l'Occident*, Entrelacs, 2019.
35. *Ibid*
36. *Ibid.*
37. *Ibid.*

Interview de **Marie-Laure Colonna**, *psychanalyste jungienne*

Dans votre livre[38], vous faites le lien entre le parcours du héros dans la mythologie grecque et le processus d'individuation de Jung. Pourquoi ?

Marie-Laure Colonna : l'idée du parcours du héros lié à l'individuation m'est venue de Joseph Campbell. Très jungien dans les années 40-50, dans son livre *Le héros aux mille et un visages*, il a développé très tôt l'idée, qu'au fond, il y avait un monomythe dans l'humanité tout entière. Les humains, pour se développer, passent par des épreuves fondatrices obligatoires qui vont les amener (comme Ulysse lors de son Odyssée) à accomplir leur destinée. « Destinée » chez les Grecs, comme chez les taoïstes, veut dire « accomplir son mandat céleste ». Ils disent qu'ils veulent mourir le plus tard possible et dans la meilleure forme possible. D'ailleurs quand les taoïstes sont très sages et très avancés, on les appelle « votre immortalité » – en toute simplicité – parce que, selon eux, le temps où nous sommes sur Terre, est fait pour accomplir notre mandat céleste et quelle que soit la destinée qui nous attend post-mortem après notre mort biologique. Joseph Campbell est encore extrêmement moderne puisque c'est lui qui a inspiré Georges Lucas pour la réalisation de *Star Wars*. Les sagas cinématographiques de ce genre sont de véritables leçons de philosophie et de psychologie des profondeurs dispensées à tous. C'est encore extrêmement prenant et ce sont toujours des histoires de héros, de puissances malfaisantes, de difficultés, de tensions entre des opposés, de planètes en rivalité. Ces héros doivent conquérir une certaine forme de sagesse en rencontrant les parties d'eux-mêmes qu'ils n'aiment pas, qu'ils méprisent. Pour des hommes cela peut être de trouver une fonction féminine qui va être au départ représentée sous la forme d'une princesse comme pour les contes de fées ou – pour des femmes – une fonction masculine qui va être représentée par une

38. COLONNA Marie-Laure, *Réenchanter l'Occident*, Entrelacs, 2019.

figure d'amant ou une figure de sage ou une figure de tuteur ou de mentor, qui progressivement vont les faire évoluer vers une véritable fondation intérieure. Joseph Campbell avait raison de considérer qu'il y avait un mythe unique de l'humanité en se demandant pourquoi les humains sont là et dans quel sens ils vont se développer. Le sujet de votre livre est tout à fait dans cet axe, dans ce filigrane-là.

Nous sommes heureuses de vous entendre dire que notre livre s'inscrit dans le sens de la vie sur le plan individuel mais qui peut être aussi le sens de l'humanité. Pour rebondir sur cette idée, l'humanité évoluerait-elle en spirale dynamique ? Qu'en pensez-vous ?

Marie-Laure Colonna : chez l'individu, on ne va pas progresser de manière linéaire. C'est un peu à l'image d'un arbre. Chaque fois qu'un arbre va pousser une branche vers le ciel d'une manière différenciée, reconnue, visible, il faut qu'il lui pousse en même temps des racines complémentaires parce qu'autrement l'arbre va s'écraser par terre au premier coup de vent. Pour Jung qui prend souvent l'image de l'arbre, il y a l'idée que les va-et-vient entre conscient et inconscient, entre la vie extérieure et intérieure, sont des processus de croissance qui vont alterner depuis le ciel jusqu'à la profondeur de la terre pour que l'arbre – qui représente notre évolution – croisse d'une manière équilibrée, balancée, ordonnée.

Pour l'humanité, c'est un peu différent parce que les grands historiens du XXe siècle comme Arnold Toynbee par exemple ont mis en évidence que des cultures plus récentes, des sociétés, des civilisations, qui se sont détruites, voire autodétruites, ne sont plus du tout dans le même état de puissance sur le plan temporel que les grandes civilisations précédentes en Occident (les Grecs, les Romains). Aussi bien les cultures moyen-orientales de l'autre côté de la Méditerranée, comme l'empire ottoman qui a duré quatre siècles et qui s'est complètement écroulé au moment de la guerre de 1914, ont énormément bougé. Comme disait Paul Valéry : « Nous autres civilisations, nous savons maintenant que nous sommes mortelles » – il a dit ça à la fin de la guerre de 40 – et il s'est rendu compte que tout un pan de la culture occidentale était en danger, même après la fin de la Seconde Guerre mondiale. Il a pris conscience que la civilisation occidentale pouvait se suicider. Les civilisations suivent des cycles. Aujourd'hui, nous sommes dans une interrogation que la jeune génération se pose et avec angoisse, très concernée par les déséquilibres climatiques, écologiques, économiques, politiques, la mondialisation etc. Ne va-t-on pas s'autodétruire de manière collective ?

D'ailleurs c'est l'objet de ce livre : nous avons le sentiment que nous sommes arrivés à une bifurcation. Ce qui est remarquable, c'est que nous parlons là de la civilisation occidentale avec la conscience occidentale. Mais avec les réseaux sociaux, Internet, les smartphones, en bref avec toute cette nouvelle technologie et la mondialisation, cette fin de cycle se propage au niveau planétaire. Aujourd'hui, on arrive certes à la fin d'un cycle de la civilisation occidentale, mais il est même question de l'humanité tout entière... Qu'en pensez-vous ?

Marie-Laure Colonna : cela fait plus que de se propager. C'est comme la mayonnaise quand elle prend. Elle ne prend pas à droite ou à gauche de votre bol, elle prend partout en même temps. C'est le processus de cristallisation. Mais mon point de vue dans mon livre, c'était précisément de montrer pourquoi et comment la civilisation occidentale qui est née tout autour de la Méditerranée, aussi bien sur sa rive orientale qu'occidentale, apporte des solutions extrêmement précieuses aux problèmes généraux qu'elle a contribués à créer. Elle n'a pas, à elle seule, provoqué les désordres écologiques, économiques et politiques actuels, bien sûr. Mais, de plus, la capacité de clarté et de nuances et la valeur que notre civilisation met sur l'individu, donc sur l'individuation, apportent des solutions qui sont, pour moi, extrêmement fines dans une mondialisation où le bloc extrême-oriental continue de détruire dans une grande inconscience tous les équilibres écologiques. Je vais souvent en Extrême-Orient depuis 20 ans (la Chine, l'Asie du Sud Est en général). Actuellement, leur degré de conscience écologique et économique n'en est pas encore au nôtre car ils viennent de générations qui ont été très appauvries. Ils sont encore en train de s'enrichir pour simplement survivre et ne sont pas toujours en état de comprendre qu'il ne faut pas jeter des plastiques partout, par exemple.

Jung disait que l'homme occidental s'était coupé de son âme depuis l'époque des Lumières et l'essor de la science. Cela nous mène vers un excès scientiste où l'on se coupe de toute transcendance. Mais n'y aurait-il pas une autre voie qui se dessine vers d'autres arborescences où la conscience humaine s'acheminerait vers une vraie sagesse ?

Marie-Laure Colonna : sur le plan psychologique, je dis souvent que pour avancer, il suffit d'avancer un pied et tout à coup comme avec le GPS, on voit un chemin qui se dessine et qui ouvre sur quatre chemins différents etc. Mais en même temps, s'il n'y avait pas eu les Lumières et cette période longue patriarcale bien avant les Lumières, il n'y aurait pas eu de défusion (séparation) de l'âme et de la Nature. On avait besoin d'une période où l'on puisse dire comme Descartes « je pense donc je suis » . C'est sur cette base-là que le socle scientifique a pu s'édifier et c'est sur cette base-là maintenant que la science – telle qu'elle s'est développée deux cents ans après les Lumières – peut se relier dans une forme de nouvelle Renaissance avec les découvertes de la psychologie des profondeurs et d'autres domaines spécifiquement humains aussi bien sur le plan de la spiritualité ou des arts etc. Il y a une possibilité de réconcilier l'âme et la science maintenant. »

Il y a certes une mouvance qui va dans ce sens-là. Elle est mise en lumière dans ce livre. Cependant il semblerait qu'il y ait une résistance à cette évolution, qu'en pensez-vous ?

Marie-Laure Colonna : il n'y a pas de naissance sans résistance au changement. Dans le monde tridimensionnel, hauteur, largeur, profondeur plus la dimension de temps, tout ce qui naît – y compris chez chaque individu en analyse – c'est à travers des résistances, des freins, des retours en arrière, des régressions, des redémarrages, c'est normal. Comme tout le monde, on voit en ce moment des images de réchauffement climatique en Sibérie qui nous montrent que les pôles sont en train de se réchauffer plus vite que les zones plus tempérées et on voit des pans entiers de permafrost qui s'effondrent, du méthane qui explose en faisant des trous circulaires très étonnants à voir et qui libèrent une quantité inquiétante de CO_2 , peut-être même un jour de virus .et pendant ce temps-là de grands financiers internationaux en lorgnent le formidable potentiel de gisements de matières premières et de pierres précieuses. Donc va-t-on réussir à atteindre un équilibre de la conscience qui infléchisse notre tendance à tout dévaster en se moquant totalement de l'impact écologique sur les trois, quatre, cinq prochaines générations ? C'est un sujet tragique ! On est vraiment au croisement de ces deux pistes-là, sur cette possible bifurcation que vous ciblez dans votre livre.

Dans votre livre[39], vous analysez le mythe d'Apollon et de Dionysos. Pourrions-nous symboliser le cerveau gauche par Apollon et le cerveau droit par Dionysos ? Ce duo ne représente-t-il pas la parfaite alternance entre nos deux hémisphères ?

Marie-Laure Colonna : oui tout à fait. Apollon est à Delphes pendant les mois ensoleillés . L'hiver, il part aux Hespérides dans les îles Fortunées et il laisse ses palais de Delphes à Dionysos. Ils sont dans un mode tout à fait alterné et compensatoire. On ne peut pas avoir l'un sans l'autre. J'ai écrit un chapitre reprenant ce sujet dans les Cahiers Jungiens de Psychanalyse qui s'appelle « Apollon, Orphée et les Dauphins, deux visages du masculin ». Le bel et terrible Apollon, antithèse de Dionysos, est toujours représenté comme une force de la nature. Dans l'Olympe, les dieux tremblent en entendant son pas. Seules sa mère, Léto, et sa sœur, la chasseresse Artémis, ont le tendre pouvoir de décrocher l'arc de son épaule. Pourtant, tout autant que Dionysos, il est relié à la mer et au peuple des dauphins qui l'escortent partout dans ses traversées. Les dauphins, pour les Grecs anciens, doivent être honorés à l'égal des humains depuis qu'Homère en a fait les descendants des marins qui s'étaient jetés à la mer en découvrant qu'ils transportaient Dionysos sur leur voilier, et qui ont été sauvés et transformés en cétacés. Je me suis donc demandé si dans toute sa splendeur solaire Apollon ne témoignait pas d'une part de fragilité qui pouvait le relier secrètement à son frère et opposé Dionysos, via l'emblème du Dauphin qui les unit tous deux dans l'esprit grec. La vie sentimentale d'Apollon est semée d'échecs amoureux. Les êtres marqués par des traumatismes précoces sont précisément des hommes et des femmes clivés de leurs sentiments qui renforcent souvent leurs défenses en développant, comme Apollon,

---

39. *Ibid.*

de brillantes facultés intellectuelles, esthétiques, scientifiques et philosophiques, voire financières. Mais leurs attachements sont évitants. Leurs émotions sont glacées par les chocs premiers tant qu'un lien n'est pas recréé avec l'inconscient maternel qui n'a pas pu contenir normalement leur gestation dans la paix et la sécurité. Quant à Dionysos, il est à mon sens le symbole d'un voyage accompli vers l'individuation. Son union avec Ariane sera pour toute l'Antiquité l'image et l'exemple d'une passion heureuse qui s'éternise dans les liens du mariage. Sur le plan psychologique, c'est le symbole du hieros gamos, de l'alliance sacrée entre l'âme humaine, Ariane, et le dieu intérieur à travers lequel l'âme parvient enfin, après mille épreuves, mille détours, à l'unité et à la perception de l'éternité.

La « parfaite alternance » entre nos deux hémisphères cérébraux, comme nous le précise Marie-Laure Colonna, nous conduirait-elle à révolutionner notre perception du temps ? De manière prosaïque et sans doute très caricaturale, Betty Edwards, dans son livre publié en 1979[40] a établi une comparaison entre nos deux hémisphères cérébraux sur leur façon de considérer le temps. Les neurodroitiers seraient « atemporels » ; leur façon de penser plus globale ne leur donnerait aucun sens du temps. Tandis que l'immense majorité des humains qui utilisent de manière préférentielle leur cerveau gauche, logique et analytique, gardent la trace du temps, organisant les choses séquentiellement et les exécutant dans l'ordre. Il s'avère que la relativité générale d'Einstein et la mécanique quantique bouleversent depuis un siècle notre conception linéaire du temps. Que recèle cette révolution conceptuelle du temps ?

40. EDWARDS Betty, *Dessiner grâce au cerveau droit*, Mardaga, 1979.

Chapitre 3

Cerveau droit et conception du temps : vers une vision intemporelle du futur

Résumé

Le temps est le concept existentiel le plus complexe à appréhender. Notre cerveau gauche limite notre réalité au temps linéaire pour nous simplifier notre compréhension du monde. C'est pratique mais aussi terriblement limitant. La physique quantique nous permet de sortir de ce carcan pour s'ouvrir à d'autres champs des possibles. Selon le physicien Philippe Guillemant qui dénonce le dogme du déterminisme temporel, c'est certain, l'univers n'est pas mécanique et notre corps n'est pas une machine biologique. Chers lecteurs, accrochez-vous car nous abordons dans ce chapitre, sa théorie de la flexibilité de l'espace-temps et de la rétrocausalité qui explique le phénomène de la synchronicité : le futur pourrait nous influencer et le passé bouger ! Cette nouvelle conception de la matière et du temps ouvre nos esprits occidentaux à « un monde plus grand ». Et c'est ce que nous symbolisons dans ce livre par « la revanche du cerveau droit ».

Témoignage de Philippe Guillemant, ingénieur physicien du CNRS.

En Occident, nous avons majoritairement le sentiment que le temps est linéaire, qu'il s'accélère, qu'il nous échappe. Dans le tourbillon de la vie, nous perdons la boussole du sens. Le passé précède le présent qui précède le futur. Et la ligne du temps nous semble irréversible. Or ce rapport au temps varie en fonction des cultures...

Dans la pensée ancestrale chinoise, le temps est cyclique. Vivre l'instant présent, telle est la devise des Orientaux et comme l'écrit Helsa Cailliau dans son ouvrage *Le paradoxe du poisson rouge*[41], ils considèrent que « les deux principaux maux qui pèsent sur l'humanité, sont le souci de l'avenir et l'attachement au passé, le premier n'est que chimère, le second un poids paralysant. » Le temps cyclique nous évoque le concept « d'éternel retour » de Nietzsche.

Pour ma part (Ferial), j'ai toujours été fascinée par les films de science-fiction qui scénarisent des voyages dans le passé ou dans le futur... Le succès de la trilogie de Robert Zemeckis *Retour vers le futur* en illustre l'intérêt chez chacun de nous. Tout le monde se souvient de l'aventure incroyable de Doc et Marty dans leur voiture à remonter le temps. *Interstellar* aussi, le chef-d'œuvre de Christopher Nolan, met en scène des astronautes qui franchissent un trou de ver sur les airs symphoniques de Hans Zimmer. Ce film qui dévoile l'un des plus grands mystères de l'astrophysique contemporaine m'a véritablement émue. Je ne peux contenir mes larmes à chaque fois que je le revois. Ce qui est étrange, c'est qu'au moment où je vous livre ces confidences, les humains du monde entier subissent une pandémie virale qui les oblige à un confinement total... D'une manière assez brutale et surprenante, nos autorités nous contraignent de rester chez nous pour ne pas propager la Covid-19. Par ironie du sort, nous nous consacrons donc à cette partie du livre sur le temps au moment où des millions d'êtres humains ralentissent leur rythme de vie d'une manière inédite depuis près de deux siècles et ce pour le meilleur ou pour le pire...

Temps linéaire ou cyclique, la science a-t-elle tranché ?

Nous savons que les découvertes fracassantes d'Einstein sur la relativité générale et les bizarreries de la mécanique quantique ont bouleversé depuis le début du XXe siècle le concept du temps et notre vision de la réalité. Pour

41. CAILLIAU Hesna, *Le paradoxe du poisson rouge*, J'ai lu bien-être, 2019.

mieux comprendre ce tsunami temporel, nous avons rencontré un physicien qui ose établir un pont entre la physique et la métaphysique (cerveau droit oblige!). Philippe Guillemant a pris un risque incroyable en variant sa propre ligne d'espace-temps par un changement radical de vie. Depuis une dizaine d'années, il est sorti de sa zone de confort et du « parc de la pensée » scientifique *mainstream* en vulgarisant auprès d'un large public sa théorie de la flexibilité de l'espace-temps et de la rétrocausalité (ou double causalité) qui introduit le libre arbitre en sciences... Notre science, qui reste encore et toujours sous la domination d'un dogme matérialiste et déterministe... Cet ingénieur physicien a consacré la première partie de sa vie à réaliser des innovations dans le domaine de l'intelligence artificielle en collectionnant, dans ce cadre, de nombreuses distinctions. Par l'originalité de sa pensée, il s'est ouvert à d'autres disciplines notamment les neurosciences lors de ses recherches sur l'IA, ce qui lui a permis de développer considérablement sa créativité. Aujourd'hui, il est l'un des rares scientifiques à vouloir réunir science et spiritualité. Et il faut être particulièrement connecté à son « cerveau droit » pour comprendre intuitivement sa conception du temps malgré son talent de vulgarisateur.

Philippe Guillemant a publié plusieurs fois dans des revues internationales reconnues[42] sa théorie sur le temps. Ainsi il démontre scientifiquement l'influence du futur sur le présent... et même sur le passé (ce qui est extrêmement difficile à conceptualiser pour nous autres nourris au biberon du temps linéaire!). Mais comme il nous le dit avec un certain sarcasme: « Aujourd'hui, c'est la science elle-même qui est devenue irrationnelle » tant elle s'est enfermée dans un dogme moribond qui dénie les avancées en physique et astrophysique et qui rejette toute notion de conscience, d'esprit ou d'âme. En décloisonnant la science et la métaphysique, il démontre – par une logique implacable et surtout en connectant ses deux cerveaux, le gauche et le droit – la véracité de l'intuition de Jung sur la « synchronicité », ce hasard heureux qui fait sens.

42. P. Guillemant, M.Medale, *A unique but flexible cylinder could challenge multiverse theories*, *Annals of Physics*, vol. 411, 2019.

Sortir du carcan dogmatique de la science actuelle : grâce à Einstein et à la physique quantique

Alors que son discours est davantage accepté depuis une dizaine d'années grâce à une évolution remarquable des mentalités liées, sans doute, à la *revanche du cerveau droit*, Philippe Guillemant affirme que la relativité générale et la mécanique quantique sont les deux avancées majeures du XXe siècle qui engendrent une même vision de la réalité.

La relativité générale nous apprend que la gravitation[43] n'est en réalité qu'une déformation de l'espace-temps, une courbure précisément. Ainsi dans le règne de l'infiniment grand, le principal enseignement que nous offre la relativité générale est que la Terre déforme l'espace et le temps qui l'entourent. Cette découverte fracassante fait voler en éclat la conception d'un espace-temps linéaire. Comparée à la mécanique quantique, c'est cette avancée qui incarne le plus ce renversement de perspective sur la conception du temps.

Quant aux lois qui régissent l'infiniment petit, leur complexité se cogne à notre raison raisonnante. En effet le comportement des particules élémentaires est très étrange et purement incompréhensible pour des esprits cartésiens et matérialistes. Ainsi la mécanique quantique est très à la mode dans la sphère spiritualiste dans la mesure où elle ébranle les fondements de notre réalité en instaurant de la magie dans la matière. Pour simplifier à l'extrême, voici les trois principes de bases du comportement d'une particule élémentaire qui défie l'entendement :

- **La dualité onde/particule** : une particule élémentaire a une double propriété. Elle regroupe à la fois des propriétés d'ondes et des propriétés de corpuscules. C'est le cas de la lumière par exemple, elle apparaît soit en ondulatoire, d'où le concept de longueur d'onde soit corpusculaire, sous forme de photons. Cette dualité a été introduite par Einstein en 1909. Selon Philippe Guillemant, « cette superposition implique que notre réalité se déploie sous une infinité d'actions mais nous n'en vivons qu'une seule ». Dès lors, la physique quantique nous ouvre les portes d'un monde complexe, difficile à résumer dans des lois simples et déterministes.

43. Pour rappel, la loi universelle de la gravitation qui a été découverte par Isaac Newton, est une force responsable de la chute des corps et de l'attraction des corps célestes.

- **L'intrication, ou non-localité, que l'on pourrait appeler plus simplement l'interconnexion** : c'est un phénomène dans lequel deux particules (ou groupes de particules) forment un système lié et présentent des états quantiques dépendant l'un de l'autre quelle que soit la distance qui les sépare. Ce principe défit celui de séparabilité introduit par la relativité restreinte d'Einstein selon laquelle des objets distants ne peuvent avoir une influence directe l'un sur l'autre. Ainsi, la non-localité ouvre notre esprit vers une réalité reliée et interconnectée et comme nous le dit Philippe Guillemant : « Des événements séparés par l'espace ou par le temps peuvent être intriqués comme si les uns dépendaient des autres. » Ce qui pourrait expliquer le phénomène de la synchronicité, ces « heureux » hasards liés à des interconnexions « invisibles ».

- **L'influence de l'observation sur le système observé** : ce phénomène est appelé « réduction du paquet d'onde ». Au cours de la mesure, un système quantique voit son état – initialement superposé – modifié. Et Philippe Guillemant de nous expliquer ce phénomène en ces termes : « La manière dont on observe détermine le cours des événements ».

Dans les anciennes civilisations, les alchimistes étaient probablement des pionniers de ce nouveau paradigme en décrétant une adéquation parfaite entre le microcosme et le macrocosme. Cette union entre l'infiniment petit et l'infiniment grand symbolise l'harmonie entre notre édifice intérieur, que représente notre état mental, avec l'extérieur, qu'est l'univers.

Einstein n'a jamais réalisé son rêve d'unification de la relativité générale et de la mécanique quantique. Et de nos jours, la réconciliation entre ces deux physiques demeure toujours le grand casse-tête d'une communauté scientifique qui reste prisonnière d'un dogme matérialiste depuis quatre siècles.

Philippe Guillemant reconnaît que « la science d'aujourd'hui est gouvernée par le « cerveau gauche » (analytique et demandant un processus de rigueur) et nous interdit de communiquer avec la deuxième manière d'accéder à la connaissance, celle de **l'intuition**, plutôt liée au « cerveau droit » et qui nous permet d'atteindre quelque chose de plus grand en établissant un pont avec la métaphysique, la spiritualité, l'ésotérisme… ». Pour appuyer ce propos, notre scientifique fait référence à l'analogie entre l'univers et le cerveau mise en avant par l'astrophysicien David Albaz. Et de préciser : « Dès lors que « le futur est déjà réalisé », il est normal de faire un pont avec la spiritualité. Nous sommes témoins, à l'heure actuelle, d'une opposition entre deux visions de la réalité : spiritualiste versus matérialiste. »

Dans ses livres destinés à un large public, *La route du temps*[44], *La physique de la Conscience*[45], et *Le pic de l'esprit*[46], Philippe Guillemant nous transmet sa théorie de la **flexibilité de l'espace-temps** qui se décline en **rétrocausalité (ou double causalité)**. Sa thèse - en introduisant le **libre arbitre** - ébranle le déterminisme temporel qui repose sur une pensée mécaniste selon laquelle l'univers ne pourrait être régi que par des équations mathématiques « la physique contemporaine est parvenue à une impasse, à cause d'une dépendance aux équations qui lui impose le maintien d'un déterminisme purement temporel, interdisant toute évolution atemporelle de l'espace-temps et ignorant l'apport d'informations extérieures. »[47] La rétrocausalité implique, qu'au contraire, tout ne serait pas déterminé et que nous aurions le choix entre plusieurs futurs possibles.

Les découvertes de la physique moderne conduisent à une nouvelle vision du monde qui bouleverse notre conception classique du temps tel que nous le concevons ordinairement. Il est nécessaire d'ouvrir l'esprit à son intuition pour appréhender cette nouvelle vision de la réalité qui place la conscience avant la matière et qui stipule que le temps, l'espace et la matière n'existent pas tels qu'on les conceptualise ordinairement.

44. GUILLEMANT Philippe, *La route du temps*, Temps présent, 2010, édition augmentée en 2020.
45. GUILLEMANT Philippe, *La physique de la conscience*, Trédaniel, 2015.
46. GUILLEMANT Philippe, *Le pic de l'esprit*, Trédaniel, 2017.
47. GUILLEMANT Philippe, *La route du temps*, Temps présent, 2010, édition augmentée en 2020.

Interview de ***Philippe Guillemant****,* *ingénieur physicien du CNRS*

Quelle est cette « nouvelle vision de la réalité » engendrée par les avancées scientifiques contemporaines ?

Philippe Guillemant: la conception habituelle de la réalité selon laquelle nous avons la sensation de vivre dans un espace est une illusion car l'espace est:

- déformable ;
- troué, au niveau des trous noirs ;
- non local: deux évènements peuvent être séparés par de l'espace ou du temps, ils restent corrélés ;
- en vibration: les ondes gravitationnelles sont des vibrations de l'espace lui-même.

Nous vivons dans un univers d'informations et non de matière. La matière se réduit alors simplement à de l'information interprétée par la conscience comme de la matière.

Il faudrait remplacer les notions:

- temps par vibration (V): la vibration permettant de mesurer le temps;
- espace par information (I): l'information étant répartie dans l'espace;
- matière par énergie (E): l'énergie correspondant à la quantité d'informations.

Plus on va vers l'infiniment petit pour tenter de décortiquer la matière et plus on s'aperçoit que la matière elle aussi correspond à des vibrations. Ainsi, l'univers est composé de V.I.E [48]!

Notre futur déjà réalisé sous forme de potentiels multiples existerait sous forme d'informations portées par des vibrations.

---

48. L'acronyme « V.I.E » est étonnant car il nous renvoie au nouveau paradigme du vivant que nous explorerons dans la prochaine partie.

Comment modifier notre futur s'il existe déjà ? Ou la délicate question de notre libre arbitre...

Philippe Guillemant : les étrangetés de la mécanique quantique ont conduit à un consensus scientifique selon lequel nous vivrions dans une **myriade d'univers – ou multivers – qui implique un futur multiple.** Par ce concept de multivers, la science est confrontée à des conclusions extravagantes pour conserver le dogme déterministe. Les outils sont des approximations du réel. Or on ne vit pas dans un monde qui permet aux équations de fonctionner.

La relativité générale et la mécanique quantique autorisent un libre arbitre capable d'influencer d'une manière non causale sur les événements. **Ce libre arbitre est relatif**. L'idée que l'on n'ait pas de libre arbitre est un dogme. **Tout n'est pas mécanique.** Les équations ne résolvent pas tout. Tout un tas de mystères dans la physique (trous noirs, big bang, chaos) nous conduisent à une **vision intemporelle du futur.**
Ma théorie induit qu'on a besoin **d'éléments extérieurs** pour comprendre le cours des évènements. Ce sont des **informations non physiques**, que les équations ne savent pas intégrer.

Pour mieux comprendre le paradoxe d'un futur déjà réalisé et de la possibilité de le modifier, Philippe Guillemant nous renvoie à la métaphore du chemin caché par la brume[49]. Derrière la brume, il peut y avoir une **bifurcation**. Notre vie tout entière est jalonnée de bifurcations, ce sont ces croisées de chemin qui nous offrent un libre arbitre relatif dans notre existence.

Concernant les théories d'astrophysique qui font consensus, « l'univers bloc » induit que nous pourrions être conduits tout au long de notre vie comme dans un tunnel invisible. Ce qui nous renvoie au mythe philosophique de la Caverne de Platon. Tandis que les « multivers » impliquent l'existence d'une myriade de versions de nous-même dont la métaphore représenterait un arbre de vie aux multiples branches qui se ramifient à l'infini.

---

49. GUILLEMANT Philippe, *La route du temps*, Temps Présent, 2010, édition augmentée en 2020.

Philippe Guillemant illustre la théorie de la rétrocausalité par l'image du GPS : « la destination, c'est le sommet de l'arbre. On a la **liberté de changer le chemin et la destination** si cela est conforme à une intention authentique c'est à dire captée par l'intuition ou la synchronicité, qui sont des guides sur le chemin… Que dois-je faire lorsque je me retrouve à une bifurcation, tourner à droite ou à gauche ? Et pour cela nous avons une boussole qui est une émotion, celle de la joie comme nous le dit Spinoza. »

Interview de **Philippe Guillemant** *(suite)*

Comment améliorer son futur ? Voir son passé…

Philippe Guillemant : le libre arbitre s'exprime à deux niveaux : Le choix du chemin et le choix de la destination.
Si on suit le bon chemin du Soi, il peut nous amener vers des destinations plus ambitieuses.
Si on suit le chemin de la souffrance, à un moment donné, la partie de nous-même qui est intéressée par notre vie met des sources d'éveil sur cette voie…
On peut avoir une action considérable sur le futur par la conscience en changeant notre regard sur le monde, sur notre réalité et en comprenant l'importance considérable de ce qui est en nous : l'intention et l'attention.
Le libre arbitre implique une évolution de notre conscience dans notre vie quotidienne et cela se travaille même lorsque notre vie bascule vers un nouveau destin grâce au travail que nous avons réalisé sur nous-même.
Si notre futur est déjà réalisé, c'est lié à nos intentions. Il existe des intentions qui ne correspondent pas à celles de notre destinée actuelle mais si on pouvait les récupérer, cela permettrait de changer notre destinée. Notre vie change car elle est connectée à celle d'un autre… Il est important de se relier au subconscient qui nous relie à notre destin (cf. Jung / synchronicité).
Il faut faire un retour sur soi pour ressentir en soi quel est notre destin.

L'attention va nous permettre de détecter les bifurcations, la boussole de la joie va nous permettre de détecter la bonne direction.

Notre passé peut-il aussi bouger ?

Philippe Guillemant : oui. Il pourrait y avoir plusieurs vagues du présent à différentes périodes de l'histoire. Il ne faudrait pas qu'elles soient trop proches de notre futur. Cela se passe en siècle, peut-être que le XXe siècle est rejoué à la période de la seconde guerre mondiale pour que petit à petit, cela change notre propre futur.
On change peut-être ce qui est en train de se jouer en l'an 2200.
Pour ce qui est de la réincarnation, j'opterais plutôt pour des incarnations simultanées : quelqu'un qui est relié au niveau de son Soi a plusieurs vies qui ont lieu simultanément.
Les progrès que fait une partie de moi-même dans le passé, peut-être que je suis en train d'en bénéficier ou grâce à mes propres progrès, je suis peut-être en train d'aider une partie de moi-même dans le futur. On ne peut pas le savoir car nous ne sommes pas à l'étage supérieur de la conscience.
Ce qui veut dire que nous pourrions être connectés à plusieurs vies simultanées sur toute l'étendue de l'histoire, y compris dans le futur. Cette reliance entre des êtres dans le passé, le présent et le futur a été développée dans le film *Cloud Atlas* qui raconte l'histoire de plusieurs vies simultanées ayant un lien à différentes périodes de l'histoire du XIXe... à 2231. (Il faut le voir trois fois pour comprendre).
Cela ne veut pas dire que la vraie réincarnation n'existe pas.

Ce qui est fascinant, c'est que cette théorie sur le temps apporte une explication scientifique aux synchronicités de Jung. Ces coïncidences mystérieuses nous proviendraient-elles du futur ?

Philippe Guillemant : la synchronicité et un hasard heureux qui nous transmet des éléments pour savoir exactement ce que nous avons à faire. Mais en cas de changement de trajectoire, nous subissons parfois « la loi de l'emmerdement maximum » : cela ne veut pas dire qu'il ne faut pas y aller, c'est lié à la résistance de notre ancien futur. C'est pour tester notre détermination.

Notre conscience pourrait-elle déterminer notre futur ?

Philippe Guillemant : je pense que notre conscience détermine le futur. Ce n'est pas le cerveau qui crée la réalité mais la conscience.
Il existe une différence fondamentale entre le cerveau et la conscience. La conscience peut percevoir le futur selon une épaisseur de temps alors que le cerveau ne perçoit rien et fonctionne mécaniquement. C'est d'ailleurs le cerveau qui est responsable de la sensation habituelle que nous avons du temps qui passe, alors qu'en réalité le temps ne passe pas[50]. Nous avons simplement une conscience qui navigue... dans le multivers.
Le cerveau n'est qu'un filtre et pour changer de futur ou de lignes temporelles, nous captons des informations qui se situent en dehors de notre espace-temps à 4 dimensions.
Les informations qui nous permettraient de changer le tunnel, c'est-à-dire de ramener notre libre arbitre sont les 6 dimensions supplémentaires, qui avec les 3 premières, forment les 3 niveaux de la conscience : Le premier correspondrait au soma, le deuxième au moi et le troisième au Soi. Je conçois que la notion de dimension soit difficile à saisir en dehors de la dimension de l'espace.
Nous avons 3 dimensions de temps intimement liées à la conscience, auxquelles il faut ajouter 3 dimensions d'espace qui sont également intimement liées à la conscience : nous retrouvons ainsi nos 6 dimensions de la conscience ! Il nous reste donc 6 dimensions à relier à l'information-matière. Notre univers cyclique à 12 dimensions comporte donc 6 dimensions de conscience, dont 3 de temps et 3 d'espace, et 6 dimensions d'informations, dont 3 de matière et 3 d'antimatière, C.Q.F.D !
Considérant que notre futur est réalisé, nous pouvons le changer en faisant appel à 6 dimensions supplémentaires qui sont les 2 niveaux supplémentaires de la conscience. Changer la ligne du temps implique une 11e dimension créative : le *kairos* ou temps métaphysique. Changer sa destination dans le futur implique une 12e dimension : l'*aiôn* ou temps cyclique (voir schéma ci-après).

---

50. Dans son dernier livre *Le grand virage de l'humanité* publié en 2021 chez Trédaniel, Philippe Guillemant précise que cette idée que le temps ne pourrait être qu'une illusion fabriquée par le cerveau est de plus en plus acceptée en sciences, non seulement en physique grâce aux travaux d'Alain Connes et Carlo Rovelli, mais aussi en neurosciences.

3 temps et 3 niveaux de la conscience

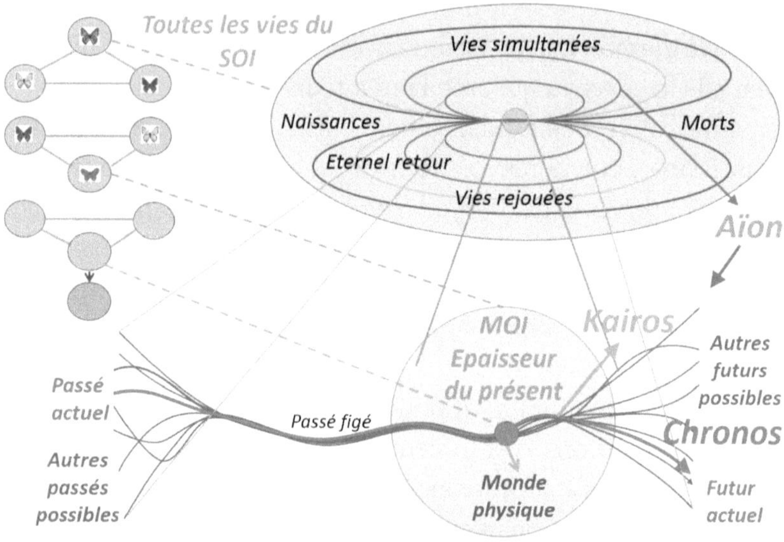

Pourriez-vous nous indiquer les pistes pour aller vers le meilleur futur ?

Philippe Guillemant : ce sont nos pensées et nos émotions qui engendrent le futur. Or nous sommes plongés dans un conditionnement. Nous ne pouvons pas changer avec le mental. Il faut réussir à faire taire ce « petit vélo ». Nous sommes prisonniers de l'analyse permanente de notre mental que la méditation permet d'atténuer grâce au lâcher-prise. Ainsi pour aller vers le meilleur futur, il faudrait se mettre en état de captation, se libérer des conditionnements pour nous mettre dans un état spirituel. Pour se libérer du centre énergétique représenté par l'ego (c'est-à-dire la conscience que nous avons de nous-même : tout cela est une illusion), il faut se déconditionner et ne plus se laisser submerger par l'émotionnel (ne plus avoir peur). Le centre émotionnel est toujours en train de juger, d'évaluer des situations (« j'ai peur de ceci, j'ai peur de cela »). Se libérer de ces centres énergétiques est la condition requise pour accéder aux intentions du Soi. Il faut prendre conscience de ce qui nous a mis le plus en joie.

Pourquoi la société occidentale résiste-t-elle à cette nouvelle vision du temps ?

Philippe Guillemant : nous sommes dans une prison de la pensée en sciences mais aussi de la sphère politico-médiatique. Or cette vision du monde complètement différente nous permettrait de résoudre un certain nombre de crises actuelles en portant un autre regard sur le monde (plus spirituel qu'avant). Il est très difficile pour un esprit cartésien de comprendre que notre conscience peut agir sur la réalité et que cela peut changer bien des choses. Nous faisons évoluer notre vie individuellement, nous pouvons faire évoluer l'espace-temps collectivement.

Dans son dernier ouvrage *Le grand virage de l'humanité*[51], Philippe Guillemant nous livre une passionnante démonstration selon laquelle la crise sanitaire actuelle est en réalité salutaire pour l'humanité. En se basant sur sa théorie de l'indéterminisme temporel et de la rétrocausalité, il nous explique que le coronavirus, par le coup d'arrêt qu'il a porté à la croissance, marquerait un virage vers un futur chargé d'espoir « *le futé lumineux* », bien loin du « *foutur* » que les transhumanistes nous préparent. En l'affublant de ce terme évocateur, notre physicien est convaincu que ce futur est carrément foutu. Selon lui, « la déshumanisation - induite par le scientisme occidental - a produit des mesures absurdes en se privant de la plus grande intelligence, celle qui sait prendre les bonnes décisions en faisant usage de son *cerveau droit* ».

Marc Luyckx Ghisi décrivait déjà un changement de société rapide et profond dans son livre S*urgissement d'un nouveau monde*[52] publié pour la première fois en 2010. Il soulignait à juste titre que « notre conception du temps, de l'espace, de la matière et de la conscience sont en train de changer en profondeur. Et nous en sommes qu'au début. C'est un des enjeux fondamentaux de la société de la connaissance. Elle ne peut fonctionner qu'avec ces nouveaux concepts du temps, de l'espace et de la conscience ».

---

51. GUILLEMANT Philippe, *Le grand virage de l'humanité,* Trédaniel, 2021.
52. LUYCKX GHISI Marc, *Surgissement d'un nouveau monde, Valeurs, vision, économie, politique, tout change*, L'harmattan, 2010, seconde édition 2021.

Partie 3

Le cerveau droit, la clé pour une nouvelle humanité

Chapitre 1

Les mythes fondateurs qui structurent notre psyché collective

■ Résumé

Nous vivons actuellement dans un monde technologique avec un dédain persistant des mythes qui constituent notre inconscient collectif. Or les mythes nous délivrent des messages qui conduisent à des prises de conscience. Le mythe d'Icare que nous évoquons dans ce chapitre est foisonnant de symboles qui indiquent une croisée des chemins : entre la voie de Dédale, celle matérialiste du labyrinthe où Icare finit par se brûler les ailes ou la voie de Thésée qui grâce au fil d'Ariane tue le minotaure et se libère du labyrinthe. Thésée symbolise l'intelligence du cœur qui est le lieu de l'association des contraires. Luc Bigé, biologiste rompu à la recherche fondamentale et Président d'honneur de l'université du Symbole dont le témoignage éclaire ce chapitre, prône le réenchantement du monde avec l'alliance subtile de la lucidité apollinienne (cerveau gauche) et de la transe dionysiaque (cerveau droit).

Témoignage de Luc Bigé, Docteur ès Sciences, écrivain, conférencier, fondateur de l'université du Symbole.

Avec le numérique qui dématérialise tout et qui nous offre un accès sans précédent à la connaissance, l'outil industriel est remplacé par un nouvel outil : « la connaissance appliquée à la connaissance par le cerveau humain afin de créer de la nouvelle connaissance » selon l'expression consacrée par Peter Drucker[1]. **Notre vision du monde est en train de changer.** Nous vivons une seconde révolution copernicienne. Mais pour la première fois de son histoire, l'Homme a créé des innovations techniques qui peuvent le conduire au suicide collectif. Alors qu'il est capable du meilleur comme du pire, c'est souvent dans le chaos qu'il a le pouvoir de se transcender. Plusieurs scénarii peuvent se jouer le menant soit vers la lumière soit vers l'obscurité. Allons-nous prendre le bon virage pour préserver notre espèce et notre environnement ? L'un des derniers colloques de l'UNESCO sur le nouveau paradigme s'est tenu en 1995 à Tokyo. Michel Random a retranscrit les débats de cette rencontre dans un livre *La mutation du futur : le colloque de l'Unesco à Tokyo*[2]. En voici un extrait éloquent : « Depuis la Renaissance, les forces de la dichotomie se sont mises à l'œuvre dans tous les domaines religieux, sociaux, scientifiques. Et ces sept siècles écoulés représentent le cycle de ce que l'on pourrait appeler « la tentation de l'esprit ». L'esprit tenté par la connaissance du fruit défendu, par le dualisme du Bien et du Mal, par la séparation de l'objet et du sujet, de l'Homme et de la Nature, de l'esprit et du corps, etc. Les sept siècles futurs seront-ils ceux de « la réintégration de l'esprit » ? C'est-à-dire le retour de l'Arbre de vie et de connaissance… **Cela signifie effectivement une convergence entre la démarche scientifique et la sagesse millénaire des traditions, une nouvelle relation entre la terre et le ciel, une conscience éveillée que l'Homme et l'Univers ne sont qu'un. Si l'Homme est capable de s'élever à cette vision, si sa conscience peut reconnaître la nature de la Conscience créatrice et se relier à elle, il survivra.** »[3]

Les mythes de la modernité

Pour comprendre les enjeux qui pèsent sur l'humanité, nous vous proposons d'explorer l'univers symbolique des mythes qui structurent notre psyché collective. Pour cela, nous avons rencontré un scientifique rompu à la démarche ana-

1. DRUCKER Peter, *Postcapitalist society*, édition originale, 1993.
2. RANDOM Michel, *La mutation du futur : le colloque de l'Unesco à Tokyo*, Albin Michel, 1996.
3. *Ibid.*

logique. Il s'agit de Luc Bigé, président d'honneur de l'université du Symbole. Ce biologiste ayant exercé dans la recherche fondamentale le revendique lui-même puisqu'il « considère l'aspect énergétique de l'astrologie comme une voie complémentaire à l'approche scientifique du cerveau gauche ». Dans le style poétique qui le caractérise, il nous enseigne que les mythes sont vivants. Ils organisent notre réalité biologique, psychologique, sociale et spirituelle au moins autant que notre constitution génétique, notre éducation et le contexte culturel. Dans son livre *Icare, la passion du Soleil*[4], Luc Bigé nous propose une fascinante lecture symbolique du célèbre mythe. Icare révèle les fondements philosophiques d'une société technologique et suggère les conditions d'un envol réussi hors des labyrinthes où s'est égarée notre existence ultra matérialiste et hyper rationnelle.

Un bref rappel du mythe d'Icare

Dédale est un ingénieur brillant et innovant. Mais il est prisonnier de son ego. Un jour, son neveu Talos se révèle plus inventif que lui. Offensé et ivre de jalousie, Dédale décide de le tuer. Il l'accompagne sur le toit du temple d'Athéna et le pousse dans le vide. Son crime est vite découvert et Dédale est banni de la Cité. Il se réfugie alors en Crète sur l'île du roi Minos, éloignée de tout. Le maître de Crète dissimule un secret, l'origine de son pouvoir. Poséidon, le Dieu de la mer, lui a donné un magnifique taureau blanc pour confirmer sa royauté. Mais un pacte avait été noué entre eux: Minos devait sacrifier ce remarquable animal en l'honneur de Poséidon. Mais il n'en fit rien. Et le Dieu de la mer se vengea en faisant en sorte que Pasiphaé, la femme de Minos tombe éperdument amoureuse du taureau blanc. Folle de désir, la reine ne souhaite qu'une chose, s'unir à l'animal. Elle demande alors à Dédale de lui fabriquer une vache artificielle afin qu'elle s'y glisse à l'intérieur et réalise son fantasme. Elle s'accouple ainsi au taureau blanc et donne naissance au célèbre Minotaure (mi-homme, mi-taureau). Pour cacher sa honte, Minos demande à Dédale de lui construire une immense demeure où il y installe le Minotaure et sa mère. C'est un labyrinthe sous-terrain qui jouxte le palais de Minos. Par la suite, le roi se venge de Dédale pour avoir aidé Pasiphaé à s'unir à l'animal, en l'enfermant dans le labyrinthe avec son fils Icare. À partir de ce moment, Dédale n'est mu que par la volonté de s'échapper. Il construit des ailes artifi-

4. BIGÉ Luc, *Icare la passion du Soleil*, Janus, 2016.

cielles avec de la cire d'abeille et décide de s'envoler dans les airs pour se libérer de cet enfer avec son fils Icare. Il donne des conseils à Icare pour qu'il garde une altitude raisonnable, le juste milieu, mais celui-ci est grisé par son vol. Il veut se rapprocher du soleil. La cire de ses ailes fond sous la chaleur de l'astre lumineux et c'est la chute mortelle.

Notre rapport à l'innovation

Foisonnant de symboles, le mythe d'Icare est un formidable appel à la vie pour un monde meilleur où la vérité du cœur l'emporte sur la peur et le besoin de sécurité. La mésaventure d'Icare est importante à comprendre pour notre avenir car elle nous fournit des enseignements existentiels. Le « labyrinthe » symbolise notre rapport à l'innovation qui est devenu un impérieux besoin de produire des objets de plus en plus ludiques qui éloignent des questions philosophiques. À toujours trouver des solutions pratiques, on s'éloigne de son centre, de son soleil intérieur, de son intuition. On s'éloigne des questions essentielles sur la nature de l'Homme et des sciences : la destruction progressive du vivant. Dédale symbolise le grignotage insensible de la sphère du vivant pour la remplacer par les fruits de son imagination créatrice.

L'ingénieur représente la pensée logique et analytique qui, depuis le XVIIIe siècle, s'est largement développée, en Europe d'abord puis dans le monde entier. Ce mythe illustre les deux façons de raisonner dans le monde contemporain. Luc Bigé les décrit ainsi : « Il y a les amoureux de la connaissance pure, facilement enclins à construire des modèles et à poser des théories en se fondant sur leur intuition ; il y a encore les personnes plus sensibles à la réalité matérielle qui l'interrogent, la questionnent, et cherchent à la transformer en faisant confiance à leur logique. »[5]

Ces deux orientations philosophiques sont illustrées dans le tableau de Raphaël « L'École d'Athènes » qui montre Platon pointant un doigt vers le ciel pour questionner le monde des Idées (les formes abstraites d'où seraient issues les formes concrètes) et Aristote qui dirige sa main vers le bas indiquant l'importance de l'investigation de la réalité objective dans tout acte de connaissance. Ces deux philosophies se sont souvent opposées au cours de l'histoire :

5. *Ibid.*

la pensée platonicienne connut son apogée au XIIe siècle. Elle fut détrônée par la logique aristotélicienne au XIIIe siècle. Le monde occidental est encore aujourd'hui fortement influencé par la pensée logique à visée pratique issue d'Aristote. Elle connut son heure de gloire au XIXe siècle.

Cependant selon Luc Bigé, les sciences modernes, avec la mécanique quantique entre autres, introduisent une lecture platonicienne du réel. Ce qui crée un décalage avec le mode éducatif qui reste foncièrement aristotélicien : causal, analytique, logique, pratique, efficace, objectif... La poursuite de l'esprit aristotélicien dans la pensée dominante se traduit par une peur du mystère de nos contemporains qui éprouvent un dédain persistant pour l'homéopathie (nous y reviendrons), l'astrologie, la voyance et autres phénomènes qui défient la rationalité et touche à l'invisible. Cette peur des mondes subtils engendre le déni de la dimension sacrée du réel. Quant à Icare, jeune et inconscient, il tente la difficile réconciliation entre les deux philosophies d'Athènes. Mais sa fin tragique dans le mythe nous rappelle son inconscience. Et Luc Bigé de conclure : « seul l'initié aux mystères a quelque chance de renaître de ses cendres et de son agitation. Seul celui qui accepte de mourir à ses représentations pour devenir un jour le soleil qu'il porte déjà en son cœur. Ce n'est pas la conscience immature d'Icare qui imagine naïvement et présomptueusement que, par son esprit, il pourra devenir l'Esprit »[6].

Deux voies d'échappées belles

Icare nous propose deux voies possibles pour se libérer du piège de notre monde devenu labyrinthique et qui engendre un manque de joie, une perte de sens avec pour toute réponse la création de nouveaux gadgets technologiques et le développement d'une société de loisirs infantiles.

- La voie du retour à Soi, du retour à sa vérité intérieure, est représentée par Thésée qui se laisse guider par son *anima* (le féminin en lui) et par les messages de l'inconscient. Pour rappel, Thésée est un autre archétype important de cette histoire. Il tue le Minotaure mais contrairement à Icare, il se libère vivant du labyrinthe grâce au fil d'amour d'Ariane. Thésée suit le fil du sens. C'est la voie de l'amour du cœur. C'est le

6. Luc Bigé, *op.cit.*

chemin de l'exploration intérieure guidée par les signes et autres synchronicités de l'existence. Nous pourrions symboliser cette voie par « *la revanche du cerveau droit* ».

- La voie ascensionnelle d'Icare et de Dédale est matérialisée par l'envol et une nouvelle prouesse technique qui impliquerait la poursuite du matérialisme. C'est « la voie du cerveau gauche ».

Selon Luc Bigé, « cet épisode mythologique nous ouvre la porte à une nouvelle réflexion sur les limites et les dangers d'une pensée aristotélicienne occupée essentiellement à représenter efficacement le réel. Si le monde dans lequel nous vivons n'était que rationnel, la chute d'Icare n'aurait pas lieu d'être. Mais il semblerait que ce monde-là comporte aussi une composante « magique » qui, à force d'être niée, déséquilibre nos modes de vie. Le manque de joie de ceux qui ont tout n'en est-il pas le premier symptôme ? La passion d'Icare pour l'élévation n'est-elle pas cette tentative désespérée de retrouver des valeurs fortes et lumineuses qui nourrissent l'âme ? Héros d'un nouveau monde, il montra le chemin à tous ceux que la complétude matérielle et intellectuelle laisse sans joie. Sa chute nous invite à méditer les conditions de la réussite de notre envol. »[7]

Pour conclure ce chapitre, nous vous offrons le fruit de nos échanges avec Luc Bigé. Ce fut une rencontre réjouissante par zoom (crise de la Covid oblige !). Dans la morosité ambiante que nous traversions, cette rencontre virtuelle, mais ô combien chaleureuse, nous a ressourcées.

---

7. Luc Bigé, *op.cit.*

Interview de **Luc Bigé**, *biologiste formé à la recherche fondamentale, président d'honneur de l'université du Symbole*

Nous avons découvert que vous aviez écrit quelques années auparavant un livre L'**Homme réunifié** ***où vous évoquiez une pensée scientifique gouvernée par le « cerveau gauche », pourriez-vous nous éclairer sur votre analyse ?***

Luc Bigé : en effet cet ouvrage sur le concept cerveau droit-cerveau gauche, je l'ai écrit il y a une vingtaine d'années. Mais depuis, la science a beaucoup avancé avec la découverte de la plasticité cérébrale et des neurones miroirs notamment. Par exemple, dans certains cas graves, si on supprime chez l'enfant un des hémisphères de son cerveau, il récupère la totalité de ses capacités cérébrales. J'évite donc d'utiliser aujourd'hui ce concept sur un plan purement scientifique mais plutôt comme une métaphore car cette spécialisation hémisphérique droite ou gauche est plus culturelle que biologique. En effet, c'est la culture qui construit cette différenciation biologique dans notre manière d'utiliser les hémisphères du cerveau. C'est probablement lié à notre alphabet qui est linéaire mais aussi à notre langage. Si on considère les Chinois ou les Japonais par exemple, leur spécialisation hémisphérique n'est pas la même qu'en Occident car leur alphabet est composé d'idéogrammes qui expriment directement le sens symbolique. En réalité, en Occident, on a oublié que les lettres étaient des symboles. En les alignant les unes derrière les autres pour écrire des mots, la pensée se structure comme une construction matérielle composée de briques ajoutées les unes aux autres, ce qui est une logique « cerveau gauche ». C'est une explication possible de cette préférence hémisphérique mais il faut la relativiser dans la mesure où le Moyen Âge occidental était une grande époque « cerveau droit » avec le même alphabet, mais sans publications de masse puisque celle-ci fut rendue possible par la presse de Gutenberg dans les années 1450. Au fond, c'est le nombre et le règne de la quantité qui effacent le travail conscient sur la qualité. Néanmoins, force est de constater que nous sommes rentrés – surtout depuis l'ère informatique – dans une logique binaire de type « cerveau gauche ».

Que nous enseigne le mythe d'Icare sur l'époque que nous vivons ?

Luc Bigé : Icare est un adolescent qui a été enfermé dans un labyrinthe avec son père Dédale – une figure de l'ingénieur ingénieux – qui en est le constructeur. Le symbole du labyrinthe a deux interprétations. D'une part il représente l'intestin, le ventre de la mère, c'est-à-dire l'hyperprotection systématique des sujets dans nos sociétés labyrinthiques (complexes ?). D'autre part, on peut le considérer comme une métaphore du cerveau (*in-testus*, « dans la tête »). Comme une image de l'intellectuel qui s'identifie à ses pensées. On rejoint alors le transhumaniste pour qui l'être humain n'est qu'un cerveau. Dans ce cas, on va s'enfermer dans une représentation, non pas « complexe » au sens d'Edgar Morin mais « compliquée ». C'est le problème de la science classique. Plus la science résout un problème, plus elle suscite de nouveaux problèmes. Sa curiosité insatiable nous aide à mieux comprendre le réel, mais elle suscite en retour une kyrielle de questions. Dédale, lorsqu'il essaie de résoudre les problèmes de Pasiphaé ou de Minos, donne une réponse qui complexifie davantage le système (Pasiphaé engendre le minotaure). Mais ce fonctionnement scientifique causal repousse toujours plus loin le vivant puisque ce dernier est de l'ordre du mystère et ne fonctionne pas dans cette logique causale. Que se passe-t-il aujourd'hui ? On voit bien que dans notre société de consommation, le labyrinthe du haut (cerveau) et le labyrinthe du bas (intestin) dialoguent sans cesse. De nos jours, les nouvelles technologies permettent d'assurer plus de sécurité, plus de bien-être et plus de consommation (c'est la logique du ventre). Les deux labyrinthes sont en résonance. Mais au fond, Icare, par son envol, nous rappelle qu'il faut sortir de ces deux labyrinthes. Cependant ses ailes sont attachées avec de la cire. Le latin, *sine cera* (« sans cire ») a donné le mot français « sincère ». La clé du mythe est de comprendre que les élans d'élévation vers le soleil, vers un nouveau monde, doivent être sincères sinon les ailes vont fondre et Icare va retomber dans l'eau céruléenne, c'est-à-dire perdre la conscience de son désir d'élévation et sombrer dans la banalité. Chacun a la possibilité de sortir du labyrinthe de l'hyperconsommation (l'intestin) pour s'envoler vers l'espace du cœur (le soleil) comme l'a tenté Icare. Mais on peut aussi tenter de sortir du labyrinthe du cerveau (la pensée) pour aller vers un autre soleil qui est celui de la transcendance. Ainsi, il y a deux voies, la première est de passer par la barre du diaphragme, qui vient de *separarer* en latin, qui permet de passer par une période de solitude pour aller vers une société de compassion (celle du cœur), celle de la prise de conscience de la sensibilité à la souffrance animale, à l'empoisonnement des plantes par les pesticides etc. La deuxième voie de l'envol est de passer de l'espace du labyrinthe du cerveau vers le soleil qui représente la transcendance et qui favorise un contact direct avec l'espace du sacré, du monde du mystère. Icare ne s'envole pas vers la Lune qui représenterait alors un narcissisme ontologique, la signature du transhumanisme. Icare représente un personnage empli d'enthousiasme, de courage qui en a ras le bol de la société consumériste dans laquelle nous vivons, qui en a aussi ras-le-bol de cette dimension de la science qui peut devenir totalitaire (on le voit aujourd'hui dans la crise sanitaire du Covid-19) et cherche une autre manière d'être, un nouveau soleil conduisant à la conscience du cœur et à un monde où chacun peut ouvrir sa conscience à la transcendance.

Vous évoquez Apollon comme un symbole de la conscience du cœur, que signifie dans ce cas son alter ego Dionysos ?

Luc Bigé : il y a deux grands symboles de la victoire de l'envol d'Icare. Apollon porte la couronne de laurier et Dionysos porte la coupe. Sur le plan du symbolisme du corps humain, ces deux divinités se retrouvent dans l'espace biologique du cœur. Les coronaires sont littéralement l'espace de la couronne, l'objet emblématique d'Apollon. Tandis que la coupe de Dionysos représente le cœur qui a une forme de cône et qui reçoit le sang de l'organisme. Ces deux divinités sont ainsi présentes dans l'espace du cœur. Elles symbolisent aussi l'éternelle jeunesse et la guérison. Apollon et Dionysos sont tous les deux des dieux guérisseurs qui ne vieillissent pas. Le cœur est le lieu d'association des contraires. C'est pour cela qu'on le considère comme l'espace de l'intelligence. Et dans toutes les traditions anciennes, l'intelligence est située dans le cœur. Alors que dans notre monde moderne technologique, on place l'intelligence dans la tête (le cerveau), mais c'est une pensée froide qui se contente de décrire le réel. Nous sommes loin de l'intelligence de la concorde qui permet de percevoir les liens harmonieux qui relient l'ensemble des êtres vivants. Le problème du transhumanisme est qu'il place exclusivement l'intelligence dans le cerveau et non pas dans le cœur. L'intelligence du cœur est née d'une alliance des contraires entre Apollon et Dionysos. Pour faire référence aux travaux de Nietzsche qui, contrairement à la pensée transhumaniste, fait descendre l'esprit dans la matière (comme Aurobindo d'ailleurs), Apollon représente l'espace de la mesure, de la lucidité, de la conscience pure, de la lumière, de la clarté. Il symbolise le contact direct avec la transcendance. Alors que Dionysos, c'est l'inverse. Il est le Dieu de l'extase et du collectif, car cette extase ne peut pas se vivre individuellement. Dionysos n'est pas un culte individuel comme celui d'Apollon. Apollon est dans le contrôle par la conscience. Tandis que l'expérience dionysiaque met en exergue la participation extatique aux valeurs collectives en relation avec l'âme du monde. Ainsi, l'espace du cœur est cette conscience lucide (Apollon) qui permet de chevaucher l'ivresse (Dionysos). J'appelle cet espace, celui de la transe-lucidité. Être à la fois dans l'espace de transe dionysiaque et de lucidité apollinienne. Et c'est cela le cœur ! L'espace du cœur est l'endroit où se relie Apollon et Dionysos dans la protection des secrets qui sont les émergences du futur, celui qu'Icare a cherché à créer, c'est-à-dire un nouveau monde.

Comment interpréter le mythe de Narcisse au regard de notre actualité ?

Luc Bigé : les personnalités qui portent une vision du monde transhumaniste répondent au mythe de Narcisse car elles cherchent la perfection du corps et l'éternelle jeunesse. À la naissance de Narcisse, sa mère, la nymphe Liriopé va voir Tirésias et lui pose cette question : mon fils atteindra-t-il un âge avancé ? Le devin lui répond : il l'atteindra s'il ne se connaît pas. Narcisse est donc un mythe de connaissance de soi. Mais il nous indique que le désir de l'éternelle jeunesse doit être sacrifié pour aller vers la connaissance de soi. Le transhumanisme est en fait un déshumanisme. Ceux qui s'inscrivent dans ce courant de pensée sont des Narcisses qui cherchent l'immortalité (l'éternelle jeunesse) et n'ont pas le courage de mourir à eux-mêmes par peur de la mort, par peur de leur sensibilité, par peur de la souffrance etc. Mais lorsque Narcisse se regarde dans le miroir, dans la source, dans le lac,

il va réussir à abandonner toutes ses peurs et il va naître à lui-même. Lorsqu'il meurt, il descend dans le monde sous-terrain et il se transforme dans la fleur qui porte son nom. Cela signifie qu'il va découvrir sa véritable identité. Le transhumanisme est l'aboutissement logique de notre société hypernarcissique. Grâce à certaines technologies prométhéennes (technologies, génie génétique etc.), les transhumanistes cherchent à amener la personne à ce qu'elle a de plus beau et de plus accompli, mais avec une ignorance des autres règnes de la Nature parce qu'ils n'ont pas la conscience du cœur. Tant que la personnalité n'a pas touché l'espace du cœur, elle ne peut pas comprendre qu'il y a autre chose qu'elle-même.
Il y a cependant un paradoxe, le fait de vouloir réaliser la perfection de la personne à travers la technologie amène à scarifier le corps, c'est-à-dire à mettre en danger l'intégrité de la nature humaine qu'elle soit psychique, physique ou émotionnelle. Il y a ainsi une coupure dangereuse avec la transcendance que les transhumanistes ne peuvent pas reconnaître car ils sont encore dans la dimension du nombril (sujet narcissique) et non pas dans la dimension de l'ouverture du cœur.

Au regard du chaos pandémique, nous avons le sentiment que l'humanité se trouve plus que jamais à la croisée des chemins où deux visions du monde s'opposent. Qu'en pensez-vous ?

Luc Bigé : pour répondre à cette question, il faut requestionner la métaphysique. Pour la plupart des scientifiques, la causalité matérielle explique tout. C'est-à-dire que la conscience s'explique par les neuromédiateurs et l'activité neuronale. Même les EMI sont appréhendées sous cet angle matérialiste. Pour ces scientifiques-là, toute expérience non ordinaire de conscience que l'on peut vivre en ayant recours aux substances psychotropes, à travers les rêves ou les expansions de conscience, est réductible à l'activité neuronale. Derrière cette croyance, il y a un présupposé métaphysique qui stipule que tout s'explique à partir de la causalité qui est ainsi appliquée à la biologie. Et puis, il y a un autre présupposé métaphysique qui envisage un champ d'informations indépendant du cerveau. Et là on rejoint le principe de l'homéopathie qui repose sur la distinction entre un champ d'informations et la matière (en effet, au-delà de 9 CH, on n'a plus de principe actif dans la dilution, on n'a que de l'eau qu'on a agitée et qu'on a informée). L'information, dans ce cas, n'est pas liée à un support biologique ou matériel, c'est un champ d'informations non matériel. On retrouve cela dans la théorie de Rupert Sheldrake sur « les champs morphiques », dans la théorie de la relativité superlumineuse de Régis Dutheil et encore avec la psychologie jungienne puisque l'inconscient collectif n'est autre qu'un champ d'informations. Alors oui, deux visions du monde s'opposent. D'un côté, le courant de pensée matérialiste nous conduisant vers le transhumanisme. De l'autre, si on envisage l'existence d'un champ d'informations indépendant de tout support matériel, on va pouvoir penser le monde autrement, ce qui nous dirige vers une autre voie qui s'ouvre vers la transcendance. La grande différence paradigmatique entre l'ancien monde et le nouveau monde réside dans cette question : est-ce que l'intelligence humaine est limitée à la boîte crânienne ou est-ce qu'elle est simplement une émergence particulière du vivant qui est répartie dans toute la biosphère ? Même les bactéries savent faire des choses qu'on ne sait pas faire (cf. la phagocytose). Les oiseaux ont développé une sensibilité auditive et une communication subtile que l'homme n'a pas. Il y a une intelligence du vivant qui se déploie sur toute la planète et en tant qu'être humain, nous avons développé un type d'intelligence particulier qui est une parcelle de ce collectif. **Votre livre est pertinent car il fait prendre conscience qu'on est dans une période charnière entre un monde de robots qui est la conséquence de la métaphore de l'homme-machine de Descartes et du rationalisme subséquent et un autre paradigme qui honore les lois du vivant.** Depuis près de quatre milliards d'années la vie biologique produit de l'harmonie grâce au conflit. Or notre espèce ne sait que générer des conflits qui dégénèrent en carnage. N'est-il pas temps de s'interroger sur nos manières de nous représenter le monde ?

Comment résister à ce dysfonctionnement qui nous mènerait vers une société déshumanisée et sous contrôle ?

Luc Bigé : d'une part en dénouant les présupposés intellectuels qui favorisent une logique de prise de pouvoir sur la réalité sociale et environnementale, car beaucoup de personnes croient bien faire sans jamais questionner leur logique. **D'autre part en développant des activités de type « cerveau droit » comme la poésie, le sens des symboles, l'écoute des rêves et des synchronicités, le courage du cœur, cette** forme d'amour qui n'a rien de sentimental mais est un sentiment d'harmonie avec les autres, la conscience lumineuse de sa fragilité, le lâcher-prise, l'entrée dans le non-savoir afin de se laisser féconder par l'intelligence du vivant.

« Se laisser féconder par l'intelligence du vivant » … Par ces mots, Luc Bigé nous invite à ne plus négliger notre cerveau droit pour un avenir humainement durable. C'est le nouveau fil rouge vers lequel nous devons tendre. Une communication harmonieuse entre nos deux hémisphères cérébraux engendrerait un saut quantique de la conscience collective qui marquerait l'avènement d'une métamorphose humaniste.

Chapitre 2

Une renaissance possible grâce à notre cerveau émotionnel

Résumé

La période de la Renaissance a été le siècle de la rationalité, mais sa prédominance excessive a créé une rupture avec nos émotions. Cette mouvance de l'esprit tend à hiérarchiser et à nous couper du vivant. Nietzsche mettait déjà en garde contre une humanité dominée par le dogme de la rationalité et de la science. Nous sommes actuellement dans l'ère de la métamorphose et avons la possibilité de passer d'une société « comme des fourmis » à celle « comme un cerveau » où chacun de nous jouerait le rôle de neurones. Alain de Vulpian - que nous avons interviewé au crépuscule de sa vie avec Irène Dupoux-Couturier - a théorisé le concept de « métamorphose humaniste » après soixante dix années de recherches expérimentales. Ce sociologue appelle les « socioperceptifs », ceux qui savent utiliser leur cerveau émotionnel et qui nous font basculer vers une nouvelle ère de l'humanité.

Témoignages d'Alain de Vulpian, sociologue et ethnologue, spécialiste des transformations du monde occidental et ***Irène Dupoux-Couturier,*** *historienne et sociologue, spécialiste des cultures internationales, co-présidente du think tank « Happymorphose ».*

L'humanité se trouve plus que jamais dans une zone instable d'incertitude. Des pans entiers qui la structurent s'ébranlent, vacillent. Le changement est là. Il est à la fois subtil et tangible. Deux paradigmes majeurs se superposent comme des plaques tectoniques. Mais dans ce brouillard, quelle direction allons-nous prendre ? Faut-il s'inquiéter ? Le scénario positif nous entraînerait collectivement dans un processus de métamorphose radicale qui pourrait déboucher sur une phase plus adulte et plus harmonieuse de notre développement. Elle pourrait être considérée comme une mutation anthropologique dont l'impact est planétaire du fait de l'hyperconnexion des individus entre eux ; reliance due aux nouvelles technologies. Ce phénomène est comparable à la transition de l'ère féodale à la Renaissance. Une nouvelle façon de percevoir le monde nous aiderait à relever les défis écologiques, économiques et sociétaux auxquels nous devrons faire face. Cette évolution de notre espèce appelée *métamorphose humaniste* par le sociologue Alain de Vulpian serait liée au fait que nous sommes de plus en plus nombreux à optimiser les potentialités de notre cerveau. Le changement d'ère annoncé s'exprime par vagues successives depuis un siècle. Le prisme de la Raison cède sa place progressivement à celui du Vivant dans un monde devenu hypercomplexe.

Nous avons pu rencontrer Alain de Vulpian au crépuscule de sa vie. Il nous a quittés à la fin de l'année 2020. Nous lui rendons hommage dans ce livre en vous transmettant à la fin de ce chapitre l'interview qu'il nous a accordée avec l'historienne Irène Dupoux-couturier (Présidente de Sol France et du think tank Happymorphose[8]). Ils ont cosigné un livre passionnant et percutant *Homo sapiens, à l'heure de l'intelligence artificielle*[9]. Il s'agit de la version actualisée d'un ouvrage plus académique qui a reçu le prix de l'essai de l'Académie française en 2016, *Éloge de la métamorphose, en marche vers une nouvelle humanité*[10].

---

8. Le cercle de réflexion « Happymorphose » a pour objectif de permettre à la métamorphose humaniste de s'étendre par le développement de la socioperception, c'est-à-dire la capacité de l'être humain à saisir tous les éléments des changements dans son environnement. C'est la reconnaissance de ses capacités intuitives et empathiques en interconnexion avec les autres qui lui permet de s'adapter et ainsi de faire vivre la métamorphose humaniste.
9. DE VULPIAN Alain et DUPOUX-COUTURIER Irène, *Homo sapiens à l'heure de l'intelligence artificielles*, Eyrolles, 2019.
10. DE VULPIAN Alain, *Eloge de la métamorphose, En marche vers une nouvelle humanité*, Saint-Simon, 2016.

Alain de Vulpian est un spécialiste des transformations de la société occidentale. Sa vision optimiste mais prudente du devenir de l'humanité pourrait paraître d'un idéalisme confondant si elle n'était pas crédibilisée par soixante dix années de recherche et étayée par des arguments solides issus d'une méthode d'investigation approfondie pour identifier « les signaux faibles » de la métamorphose.

Les métamorphoses socioculturelles d'*Homo sapiens*

Soulignons le choix du terme « métamorphose ». Moins banale et plus poétique que les mots-valises « changement de paradigme », cette idée nous provient de la biologie. Elle définit les transformations dans le règne animal telle une chenille qui se métamorphose en papillon. Il s'agit là d'insérer d'emblée *Homo sapiens* au sein même de la Nature. Il en fait partie intégrante. Il est un « animal socioculturel » qui évolue en fonction de son environnement. Cette remarque n'est pas anodine dans la mesure où la métamorphose humaniste s'appuie sur les concepts philosophiques du biologiste chilien Francisco Varela qui a exploré la relation entre science et bouddhisme et du neuropsychologue Antonio Damasio (grand supporter de Spinoza) qui s'est illustré par ses travaux sur les émotions. Alain de Vulpian compare audacieusement la transformation de l'espèce humaine en cours au phénomène « d'autopoïèse » – terme propre à Varela – qui définit la capacité du vivant à se générer, à s'autogénérer en réaction à son environnement. Antonio Damasio quant à lui définit trois caractéristiques du vivant : « survivre, se reproduire, s'épanouir ». Ainsi ces étapes du vivant correspondraient à celles de l'évolution d'*Homo sapiens* sur la Terre. En effet, la nouvelle ère qui s'ouvre pour l'humanité serait celle de l'épanouissement de notre espèce.

Auparavant, *Homo sapiens* est passé par d'autres phases de son évolution :

- la première qui fût très longue est l'ère des chasseurs-cueilleurs nomades. C'est une période de l'humanité où une forte empathie reliait les membres d'une même tribu ;
- la seconde est une ère de transition, lorsqu'il y a dix ou douze mille ans, le réchauffement climatique aidant, l'homme découvre l'élevage et l'agriculture en se sédentarisant : c'est le début de la possession de la Nature et de la hiérarchisation ;

- la troisième est l'ère des civilisations inaugurée par Summer: la Mésopotamie est la première civilisation du savoir (*Homo sapiens* se sédentarise entre le Tigre et l'Euphrate autour de 4000 ans avant Jésus-Christ): c'est l'émergence de la compétition entre les hommes, de l'organisation pyramidale et de la gouvernance verticale qui brident l'empathie dans la mesure où elle protège l'homme de l'endoctrinement.

Il est fascinant d'apprendre que les différents cycles d'apparition, d'émergence et de déclin des civilisations sont similaires. Ainsi, des sociétés différentes, sans contact entre elles, ont des tendances identiques ou font des innovations qui se ressemblent et portent sens (réchauffement climatique, sédentarisation des nomades, culture de plantes, domestication des animaux, État, hiérarchie, organisation verticale, démographie qui augmente...). L'évolution humaine vers la complexité ne serait pas une ligne droite mais une spirale dynamique portée par une élévation de conscience.

La quatrième phase de l'évolution de l'humanité serait en gestation aujourd'hui. Selon Alain de Vulpian, elle prend ses racines en Europe et présente deux métamorphoses dont celle en cours a un impact planétaire depuis l'avènement d'Internet:

- la première métamorphose a débuté à la Renaissance au XVIe siècle : elle a engendré une rationalité excessive, une science et un modèle économique fondé sur la croissance de la production et de la consommation. L'avènement de la Raison a marqué la rupture de l'Homme avec ses émotions, a hiberné ses sensations, a banni ses intuitions et pulsions. Les intelligences sensorielles, émotionnelles relationnelles et spirituelles se sont endormies;

- la deuxième phase de la métamorphose est celle de l'épanouissement de l'Homme. Ce nouveau paradigme rompt avec la « déification de la rationalité ». La raison analyse les émotions. L'humanité est sur le point d'accoucher d'elle-même mais cette gestation a démarré au début du XXe siècle au moment où la relativité d'Einstein et la mécanique quantique ont ébranlé le dogme matérialiste issu de la physique newtonienne. Le comportement des particules élémentaires défie tout entendement. Et cela remet en cause la vision purement matérialiste du monde dans la mesure où l'homme est constitué lui-même d'éléments subatomiques.

Cette nouvelle façon de penser qui s'ouvre à l'invisible s'exprime par vagues successives depuis un siècle.

Le nouveau prisme du vivant

Selon le neurologue Antonio Damasio : dans les complexités du vivant, les humains sont incapables de se conduire convenablement s'ils n'utilisent que le cerveau rationnel sans la collaboration du cerveau émotionnel. Ainsi de plus en plus de « gens ordinaires » deviennent « socioperceptifs ». Leur intelligence rationnelle se combine à une intelligence émotionnelle qui progresse et s'aiguise. Ils sentent le complexe de façon intuitive, sans l'intellectualiser. Ils creusent « leur intelligence des futurs ». Nous serions de plus en plus nombreux à prendre conscience que tout est relié et interconnecté et que l'espèce humaine fait partie intégrante de la Nature. Les socioperceptifs renforcent leur adaptation à une société complexe. Ils sont animés par une soif d'autonomie. Ils se libèrent des conventions, des conditionnements et des autorités. Leur habileté sociale progresse. Ils construisent ainsi sans le savoir une nouvelle société, économie, civilisation. Ce comportement social trouve ses racines dans la pulsion émancipatrice du bonheur-liberté qui, avec Spinoza et le siècle des Lumières, touche précocement l'intelligentsia européenne mais ne commencera à imprégner les sensibilités des gens ordinaires que quelques siècles plus tard.

Ce nouveau paradigme est celui du vivant, c'est-à-dire qu'il se structure autour des notions de vie et de complexité et comme l'avait intuitivement pressenti Edgar Morin, il prend la place du « principe de simplification » qui caractérise l'analyse rationnelle. Il marque la conscience et la subconscience, les postures, les modèles mentaux et les conduites des gens ordinaires et de bon nombre de dirigeants politiques et économiques. Il imprègne l'intuition de nos contemporains dès la fin du deuxième tiers du XXe siècle.

Vers une « société comme un cerveau »

Selon Alain de Vulpian, cette nouvelle façon de penser engendrerait l'avènement d'une « société comme un cerveau »: son organisation pourrait ressembler à celle d'un cerveau avec ses milliards de neurones connectés. Cette métaphore est aisément illustrée par le déclin d'une hiérarchie verticale qui cède sa place à une société horizontale et hétérarchique[11].

Quelle voie l'emportera ?

Dans un monde technologique et ultramatérialiste qui se complexifie, le retour à l'humain semble être vital. Cependant la bifurcation engendre des incertitudes sur le devenir de l'humanité. La métamorphose annoncée peut avorter ou être récupérée par des oligarques si nous n'en prenons pas soin. Cet entre-deux monde peut basculer dans une direction différente : les pouvoirs en place (États nations, politiciens, grandes entreprises et institutions traditionnelles) bloquent cette métamorphose. À l'heure de l'intelligence artificielle, le risque est que nous prenions le chemin d'une « société-comme-des-fourmis ». Alain de Vulpian et Irène Dupoux-Couturier perçoivent trois menaces :

- la résistance des grandes entreprises financiarisées ;
- les incertitudes liées à l'expansion extrêmement rapide du numérique ;
- la persistance de la démocratie telle que nous la pratiquons.

L'interview croisée qu'Alain de Vulpian nous a accordée avec Irène Dupoux-Couturier date de juin 2020. Irène est historienne, elle a cofondé, en 1973, le CEFRI (Centre de Formation aux Réalités Internationales) pour accompagner les organisations privées et publiques à mieux comprendre les grandes transformations de notre monde. Nous avons été accueillies par ces deux personnalités brillantes et attachantes avec beaucoup de sympathie. Nous gardons un souvenir ému de cet entretien haut en couleur.

11. L'hétérarchie (du grec *heteros* (autre) et *arckhein* (commander), signifiant à l'origine « commandement par les autres ») est un système d'organisation qui se distingue de la hiérarchie parce qu'il favorise l'interrelation et la coopération entre les membres plutôt qu'une structure ascendante.

*Interviews d'**Alain de Vulpian**, sociologue et ethnologue, spécialiste des transformations du monde occidental et d'**Irene Dupoux-Couturier**, historienne et sociologue, spécialiste des cultures internationales, co-présidente du think tank « happymorphose »*

Vous évoquez dans votre livre « Homo sapiens à l'heure de l'intelligence artificielle, la métamorphose humaniste » la transformation d'une pensée mécaniste en une pensée complexe gouvernée par le « cerveau droit » qui serait davantage connectée au vivant. Sur le plan sociologique, comment expliquer ce phénomène ?

Alain de Vulpian : le concept « cerveau droit-cerveau gauche », utilisé dans votre livre, est un « langage » adapté pour illustrer une prise de conscience. Il conduit à un fantastique saut de compréhension. Cette simplification est une bonne clé qui m'a conduit progressivement à distinguer ce qui est mécanique de ce qui est vivant. A partir d'un certain niveau de complexité, il vaut mieux considérer les organismes comme des êtres vivants plutôt que comme des êtres mécaniques.

La civilisation occidentale – en la prenant comme un tout depuis le XVIe siècle – est d'abord une découverte ou, après les Grecs, une redécouverte de la rationalité. Elle met l'accent sur la catégorisation, sur les hiérarchies, coupant les spiritualités de l'intellectualité. Cet accent sur la rationalité nous permet de développer une analyse mécanique du monde, de la Nature, de développer une économie et une technologie rationnelle, une habilité technique très remarquable. Nous allons jusqu'à rationaliser le vulgum pecus. Jules Ferry a mis tous les enfants à l'école de la rationalité. Mais ceci nous a, en partie, conduits à des catastrophes épouvantables de destruction de la Nature, de surarmement, de l'arme nucléaire, des bouleversements du climat.

C'est un fruit direct dont nous sommes très peu conscients qui nous conduit à la catastrophe. En fait les sociétés vivantes ont des ruses. C'est une des forces extraordinaires d'*Homo sapiens*. Dans certains cas – quand la vie voit venir des catastrophes – elle provoque des bifurcations. Dès le départ de ce processus, Spinoza, contrairement à Descartes, met l'accent sur l'affection. Mais au moment où cela se produit, c'est à peine visible. Spinoza n'est pas très lu. Cela apparaît au grand jour à partir du XXe siècle. Il se trouve que des gens qui étaient à dominante rationnelle – parfois à 100 % – s'ouvrent à autre chose pour des raisons que nous avons étudiées au microscope sociologique. La société leur dit : vous pouvez bouger. Alors que la société au temps de Louis XIV disait : « soyez à votre place ». Vous pouvez bouger, cela peut signifier : chercher un peu le bonheur. Les années 70 en Europe sont une formidable découverte. On s'acharne à creuser et à comprendre sa propre singularité. Mais ce faisant, on regarde les autres et on comprend comment les autres fonctionnent. L'intraception, l'empathie (la faculté de se mettre à la place de l'autre) font des progrès remarquables. On a là un fabuleux mécanisme de transformation de l'Occident qui marque nos années, 60, 70, 80, 90… Comme si la société vivante prenait un certain nombre de bifurcations pour nous éviter la faillite, l'effondrement.

Lors de ces bifurcations, *Homo sapiens* se transforme, se métamorphose. Animal social, il a des capacités qu'il a fallu des centaines de milliers d'année à faire émerger. Nous sommes entraînés par des réactions du vivant. Les voies s'esquissent qui pourraient permettre à la société de franchir une nouvelle étape de sa métamorphose. Un nouveau saut de complexité multiplierait les intercommunications empathiques et non hiérarchiques entre tous le gens ordinaires. Nous sommes depuis le début du XXe siècle clairement orientés vers une « société-comme-un-cerveau ».

Comment définissez-vous la « société comme un cerveau » qui marquerait l'avènement de la métamorphose humaniste ?

Alain de Vulpian : les acteurs de bases de cette société sont comme des milliards de neurones qui s'organisent et s'auto-organisent, s'influencent les uns et les autres sans qu'un système directionnel ne s'installe. Ce qui se passe émane des interactions des différents niveaux de

neurones. Ces neurones, c'est nous ! On pourrait dire qu'il n'y a plus d'États, pas de dirigeants traditionnels non plus. Il y a des neurones qui, à certains moments, pèsent plus que d'autres, créent entre eux de nouvelles connexions, cela bouge. C'est vivant ! Le propre du vivant, c'est - comme le disent les grands biologistes Damasio et Varela - de naître et mourir (survivre) , se reproduire, se régénérer, et trouver de l'épanouissement. C'est ainsi que chemine *Homo sapiens* qui évolue mille fois plus vite que les autres animaux.
Cette « société-comme-un-cerveau » rejoint ce que Teilhard de Chardin nomme la « noosphère ». On peut aller dans cette direction si l'on fait disparaître les freins qui nous paralysent. Les anciennes visions du monde solidement établies se fissurent, s'interpénètrent, il est en train de naître de nouvelles formes de spiritualités.

Qu'entendez-vous par « noosphère » ?

Alain de Vulpian : Teilhard de Chardin a fait une analyse géniale et intuitive d'ethnologue, d'anthropologue et comme il était chrétien, il a ajouté des éléments de la religion catholique. Ce qui ne diminue pas la valeur de son œuvre mais qui lui a permis de trouver ultérieurement des accommodements avec le Vatican. C'est une façon de parler d'un autre univers dont on sent l'existence, dont parfois on rêve. Cela joue un rôle très important dans le développement historique de la planète à partir du monde des civilisations. Les diverses spiritualités peuvent se rencontrer suivant les désirs des uns et des autres.

Irène Dupoux-Couturier : la métamorphose peut amener l'humanité vers un grand mouvement de coopération. Teilhard de Chardin va jusqu'au « point oméga » : ce qui nous intéresse dans sa théorie, c'est qu'il donne la perspective d'une autre ère en évoquant ce point oméga qui est un point de fusion. L'évolution passe de la géosphère (l'ère de la matière) à la biosphère (l'ère du vivant) à la noosphère (l'ère de la conscience). La noosphère apparaît probablement entre les premiers hominidés et *Homo sapiens*. C'est une mince pellicule qui entoure la Terre et qui est une pellicule de conscience. Cette noosphère se densifie et prend vraiment sa dimension avec *Homo sapiens*. Cette pellicule de conscience devient de plus en plus importante. Teilhard de Chardin a eu cette intuition qu'elle est en train de s'accroître par un phénomène qu'il appelle « la socialisation par l'amour ». Cela va amener petit à petit l'humanité vers ce point oméga par l'amour. Ce sera le point final. Pour lui, à l'origine, il y a « l'esprit-matière », l'esprit dans la matière,. Et cette évolution très lente va amener au développement de l'esprit et de la noosphère. Pour lui, Dieu est un Dieu de l'évolution. La liaison de Dieu et de l'humanité est une co-création absolument permanente. Ce qui l'intéresse dans l'évolution, c'est cette humanisation de la création qui prend toute sa force dans le lien Homme-Nature et qui conduit vers une forme de divinisation de l'Homme qui est pour lui le « Christ Cosmique ». Cela n'a rien à voir avec ce que les transhumanistes ont récupéré de sa pensée. La sienne amène au lien intime de l'Homme et du Cosmos.

Que pensez-vous d'une évolution en spirale de l'humanité comme un éternel retour qui alternerait les dominances hémisphériques, droite ou gauche ?

Irène Dupoux-Couturier : Pourquoi pas ? En simplifiant à l'extrême - et je dis bien en simplifiant à l'extrême car dans chaque ère qui sera décrite, on pourrait faire apparaître les tendances diverses liées à la complexité de la vie - à l'apparition de l'Homme sur la Terre, les aires du cerveau qu'il développe pour sa survie, relève beaucoup du sensoriel, certainement du relationnel-émotionnel (ce qui permet la collaboration entre eux des chasseurs) mais aussi du spirituel (les fresques des grottes), très peu de rationnel (juste pour inventer les outils de chasse). On pourrait symboliser cette période par un mode de pensée dominé par le cerveau droit. Quand on passe au néolithique, le rationnel se développe un peu plus (pour améliorer l'agriculture et organiser le village), peu à peu apparaît l'invention de la hiérarchie et le spirituel s'allie à la hiérarchie, c'est une période de transition.

Nous arrivons à l'ère des civilisations: on invente l'écriture, l'Etat, la domination de l'homme par l'homme, les castes, le roi devient un dieu. Mais ne simplifions pas trop. Akhenaton est un exemple d'un pharaon mû par le spirituel et le sensoriel avec une forme d'humilité ou de simplicité. Le VIe s. avant notre ère (vu de manière élargie) est souvent considéré comme « un siècle de l'esprit »[12] où le « cerveau droit » domine, avec à la fois Lao-Tseu, Boudha, les grands prophètes bibliques, les philosophes grecs pré-aristotéliciens. A la civilisation gréco-romaine, on s'appuie sur le rationnel et le cerveau gauche et on diminue l'influence du spirituel profond mais cela ne veut pas dire qu'il disparait. Au IIe s. après notre ère, la « pax romana » voit une recherche du spirituel. Puis, il y a les grandes invasions au Moyen-Âge, le rationnel (cerveau gauche) cède sa place au spirituel (cerveau droit) avec les constructeurs de cathédrales et les alchimistes. Arrive la métamorphose de la Renaissance où le rationnel domine avec le cerveau gauche et cela va l'emporter (malgré Spinoza) pendant quatre siècles et particulièrement au XIXe s. jusqu'à l'avènement de la mécanique quantique. Aujourd'hui, nous sommes peut-être en train de rentrer dans une nouvelle ère de l'humanité parce que *Homo sapiens* n'a jamais aussi bien connecté toutes les grandes aires ou plutôt les réseaux de son cerveau en alliant rationalité et spiritualité (cerveau gauche et cerveau droit) alliées au sensoriel et au relationnel-émotionnel. Cet équilibre, Alain de Vulpian l'appelle la « rationalité élargie ». Cela nous donne une puissance incroyable qui peut nous aider à avancer plus loin et nous donne un avantage inouï sur les machines.

Dans votre livre « Homo Sapiens à l'heure de l'intelligence artificielle » vous dites que des aires de notre cerveau jusque-là endormies par un excès de rationalisme commencent à communiquer entre elles. Pourriez-vous nous éclairer ?

Alain de Vulpian : notre société produit des cerveaux qui, plus ou moins socioperceptifs, sentent le changement d'ère. Antonio Damasio nous conduit à la prise de conscience que l'intelligence rationnelle doit être équilibrée ou dominée par une intelligence émotionnelle, on pourrait y rajouter spirituelle.

12. Thierry Gaudin.

Concernant le développement de l'intelligence artificielle, la Chine nous mène-t-elle vers une voie différente de celle des transhumanistes de la Silicon Valley ?

Alain de Vulpian : la civilisation chinoise est plus douée que la plupart des civilisations pour saisir la complexité. Elle est passée directement de l'animisme et du chamanisme à une spiritualité moderne en faisant l'économie de la croyance en Dieu qui caractérise la plupart des civilisations. La croyance en Dieu pour les civilisations est très utile parce que cela crée de la cohérence. La civilisation chinoise est aujourd'hui la plus résistante car elle est plus ancienne que la pharaonique et évidemment plus ancienne que l'Américaine. Cela contribue à expliquer l'extraordinaire succès de la Chine dans les esprits occidentaux.
Le numérique est l'innovation majeure du nouveau monde. C'est un langage complètement nouveau qui s'inscrit dans notre cerveau comme un potentiel. Comment se situent l'Amérique, la Chine, l'Europe et le bloc moyen-oriental face à cette montée du numérique ? J'ai l'impression que les Californiens sont très teintés de l'ancien monde c'est-à-dire de la mécanique. Quant aux Chinois, je suspecte qu'ils nous préparent quelque chose de différent, je ne sais pas, je suis ennuyé de ne pas savoir. Quant à l'Europe, elle est absente. Ce qui est ou une catastrophe ou une chance si c'est l'occasion de développer ce que je crois être la bonne voie : une intelligence humaine intuitive dominante et tirant parti de l'Intelligence Artificielle.

Irène Dupoux-Couturier : les Chinois, aujourd'hui, sont plus que jamais dans la complexité. J'ai l'intuition qu'en Chine, il y a la Chine traditionnelle avec sa faculté de comprendre l'univers, de le regarder émerger, de ne pas pré-décider les modèles, de s'intégrer vraiment dans le cosmos. Et ceci l'amène à travers ses gourous à pouvoir intégrer des éléments profonds de la pensée occidentale qui conforte le sens de la métamorphose humaniste. Et puis d'autre part, il y a une Chine qui prend l'autre modèle occidental avec tous ses défauts idéologiques ou économiques. Ces deux Chine co-existent face au numérique, celle du pouvoir marxiste rationaliste qui a récupéré la technologie californienne et dont le rapport à l'IA est similaire à celui des Américains et sera utilisé pour contrôler les citoyens et celle en dessous plus traditionnelle qui sait qu'elle s'inscrit dans la longue durée et qui s'adapte au changement. S'il n'y a pas intégration – ce qu'Alain de Vulpian appelle « la conscience rationnelle élargie » – qui inclut l'intuition, on exclut l'explosion de vie qui vient de la jeunesse. J'ai connu des entreprises chinoises qui se mettaient en « organisation apprenante » parce que leur jeunesse ne veut plus être soumise à un diktat.

Face au numérique, l'Europe peut-elle encourager la métamorphose humaniste ?

Irène Dupoux-Couturier : oui ! L'Europe, aujourd'hui, est plus apte à allier rationalité et humanisme. C'est incroyable à quel point notre concept de « métamorphose humaniste » a eu du succès auprès des Suédois. L'Europe est très diversifiée. Vous ne pouvez pas imaginer ce que j'ai appris des Finlandais et des Suédois. Ils sont très intégrés à la Nature et nous considèrent, nous les Latins, plus « socioperceptifs », plus sensibles à l'environnement politique. Cette complémentarité dans la manière de faire agir nos cerveaux est une force de l'Europe. Être « socioperceptifs », c'est-à-dire faire marcher ensemble tous les réseaux de nos cerveaux en s'appuyant sur l'intuition, l'empathie et une rationalité élargie est essentiel pour le futur. Il se peut que le XXIIe siècle fasse émerger une Europe des réseaux humanistes, de gens qui ont pris l'habitude de discuter entre eux sur des projets souvent locaux.

Comme l'Europe du Nord vit dans la Nature, par elle, on réapprend la vie et c'est cette métamorphose humaniste qui peut être le ferment européen. Par rapport à leur positionnement sur l'environnement, les Scandinaves sont infiniment plus en avance que les Américains. Si l'Europe prend conscience de cette force interne – et les pandémies qui nous ramènent à la Terre peuvent aider à cette prise de conscience – au XXIIe siècle « Gaïa » pourra être éclairée par l'Europe. Cela passera par l'éducation et la force des réseaux sociétaux. Les démocrates américains avec qui nous travaillons sont conscients de cette force de l'Europe.

La « métamorphose humaniste » telle que pressentie par Alain de Vulpian nous renvoie au concept de « surhomme » de Nietzsche que nous avons déjà évoqué dans la première partie. Ce philosophe qui revient en force, nous dit à travers ses poèmes et notamment dans « Ainsi parlait Zarathoustra », que la conscience de l'espèce humaine est en cours de métamorphose vers un niveau plus élevé et c'est ce type d'homme qu'il appelle le « surhomme ». Nous ne cesserons de le répéter : le « surhomme » n'est pas un cyborg ! Cette métamorphose vers une conscience élargie serait-elle le sens caché de toutes les religions ? En tout cas, c'est ce qu'on pourrait appeler la gnose. Le terme gnose a engendré la cognition qui signifie « mode de pensée ». Quand on le modifie, on se transforme, on monte en conscience. La gnose est un accès à une connaissance transcendantale. Le surhomme pour Nietzsche est donc un homme dont le mode de connaissance va au-delà de la perception de ses cinq sens, il accède à une conscience plus élevée qui lui permet d'appréhender le monde suprasensible. C'est le message de Bouddha ou « l'homme éveillé ». C'est un état de conscience que toutes les traditions spirituelles nomment « l'illumination » ou « l'amour inconditionnel ». Au travers de son œuvre, le message fondamental de Nietzsche est d'alerter l'humanité du danger qu'elle encourt dans un monde où la rationalité et la science sont devenues dogmatiques. Selon lui, le XXe siècle risquait de dégénérer par excès de rationalisme[13]. C'est ce que nous symbolisons dans ce livre par un excès de « cerveau gauche » qui nie toute transcendance et qui conduit au recul du sacré et au désenchantement du monde.

Deux siècles avant Nietzsche, Spinoza avait conceptualisé les prémisses de cette « autre voie » face à Descartes… Que proposait-il à l'humanité ?

---

13. Voit notre chapitre sur Nietzsche dans la partie 1, Nietzsche ou la destruction des idoles du Cerveau gauche.

Chapitre 3

La revanche de Spinoza face à Descartes

Résumé

Au moment de la Renaissance, le dualisme de Descartes a coupé l'Homme de la Nature et de ses émotions. Spinoza, bien qu'admirateur de Descartes, a proposé une autre voie : celle de la réhabilitation de l'Homme dans la Nature et de l'union du corps et de l'esprit. Ce chapitre aborde la divergence entre ces deux grands penseurs du XVIIe siècle sur la nature humaine et la place de l'Homme dans l'univers. Le Conatus de Spinoza (la persévérance dans son être) et le Cogito de Descartes (je pense donc je suis) symbolisent les deux paradigmes qui s'opposent aujourd'hui. Comme nous l'explique en conclusion Bruno Giuliani, docteur en philosophie spécialiste de Spinoza et préfacier de notre livre, passer du dualisme cartésien à l'unité de Spinoza est une étape nécessaire pour une nouvelle civilisation.

Témoignage de Bruno Giuliani, professeur agrégé et docteur en philosophie, maître en biochimie et créateur de la biosophie et de la Joÿa.

Il est intéressant de se replonger en plein cœur du XVIIe siècle car nous sommes encore bel et bien imprégnés de la scission qui s'est opérée lors de ce siècle, entre le corps et l'esprit. Comment cette guerre froide peut-elle encore autant cliver et nous déséquilibrer ? Car nous sommes, depuis quatre siècles, héritiers de cette schizophrénie. Ce dualisme fait le bonheur des *coachs* en développement personnel, ils ne cessent de prôner la reconnexion au temps présent. Or se reconnecter au présent, n'est-ce pas, indirectement, une façon d'écouter son corps ?

Le tournant majeur de la Renaissance

La révolution copernicienne marque une rupture avec le système aristotélicien qui a largement dominé au Moyen Âge aussi bien dans le monde scientifique, philosophique que religieux. Aristote défendait un monde fini, immuable, géocentré, hiérarchisé et sa physique est invalidée par des découvertes scientifiques fracassantes. La théorie de l'héliocentrisme de Copernic, selon laquelle la Terre tourne autour du Soleil, est soutenue par Galilée, père fondateur de la physique moderne. Ces avancées scientifiques sont très mal accueillies par l'Église catholique qui s'accommodait parfaitement du système d'Aristote. Ce qui est aisément compréhensible puisque la séparation entre le monde céleste et le monde terrestre ne contredit pas le dogme religieux qui repose sur un dualisme entre l'esprit et la matière ainsi qu'un monde hiérarchique et inégalitaire. Imaginons le choc parmi les savants de l'époque !

Il est fascinant de constater qu'au fil de l'évolution de l'humanité – lorsque des découvertes scientifiques engendrent un changement de paradigme – il y a toujours deux voies qui se dessinent. Et lorsqu'on prend un peu de recul, il s'agit de la même différence de vision, l'une est dualiste (elle cloisonne, sépare et engendre domination et servitude) et l'autre est moniste (elle relie, réconcilie, et conduit à une sorte de libération de l'être et de paix intérieure). C'est ce qui s'est passé à cette époque lorsque deux savants ont proposé ces deux voies distinctes pour la modernité : Descartes et Spinoza.

Le dualisme de Descartes ou la voie du « cerveau gauche »

De nos jours, il est bien établi dans l'imaginaire collectif qu'un « esprit cartésien » est rationnel, pragmatique, plutôt agnostique, voire athée[14]. Il a besoin de « preuves » pour croire. Il est logique et parfois rigide. Mais c'est une croyance populaire qui caricature ce que Descartes a bien voulu nous transmettre. Avant d'être philosophe, il fut un grand mathématicien et physicien. Cependant, en déniant l'atome, sa physique est devenue caduque par les avancées de Newton et Leibniz mais Descartes a assurément contribué à une étape importante de la mécanique classique.

Sur le plan philosophique, il a fait du doute une méthode. Il a sonné le glas de l'alchimie en remettant en cause les sciences occultes de la Renaissance. La pierre angulaire de sa doctrine est le *cogito* : « Je doute, je pense, donc je suis ». Par son « discours de la méthode », Descartes exile l'homme de la Nature. Il l'en extrait en instaurant un dualisme entre les choses matérielles et spirituelles. Comme l'écrit Blandine Kriegel dans son ouvrage *Spinoza, l'autre voie*[15] : « Avec Descartes, la Nature est dédivinisée. L'Homme n'est plus au monde, le monde n'est plus son chez-soi, l'Homme n'est plus nature, mais culture, artifice. C'est pourquoi la seule relation qui perdure entre lui et la Nature dont il ne fait plus partie et d'en devenir comme « maître et possesseur »[16]. Avec la « philosophie du sujet », l'Homme, porté hors de la Nature devient un être libre de volonté et de culture. Descartes défend le libre arbitre : la volonté l'emporte sur l'entendement qui est la faculté de savoir[17].

Le génie français marque la grande coupure entre l'âme et le corps. Selon lui, c'est l'esprit qui commande le corps. Par audace, allons jusqu'à souligner que Descartes a fractionné la psyché entre les émotions qui viennent du corps et l'intellect qui vient de l'esprit. La raison est coupée du ressenti émotionnel et c'est en cela que cette voie cartésienne peut être symbolisée par un « cerveau

---

14. Descartes n'était pourtant pas athée, puisqu'il a tenté de prouver l'existence de Dieu dans *Méditations métaphysiques.*

15. KRIEGEL Blandine, *Spinoza l'autre voie*, Les éditions du Cerf, 2018.

16. Cette citation signifie que Descartes a exclu l'Homme de la Nature et c'est la raison pour laquelle l'Homme a fini par se considérer comme maître et possesseur de la Nature.

17. *Ibid.*

gauche » dominant. Le néant commence ici avec une grande coupure entre la science et la spiritualité. Cette voie philosophique moderne l'emporte au siècle des Lumières et conduit au « désenchantement du monde » si bien illustré dans l'œuvre de Sartre et de Houellebecq. Les aventures prométhéennes de l'homme commencent donc avec Descartes. Même si ce n'était pas son projet initial, sa philosophie a dérivé vers un rationalisme matérialiste.

Cette voie moderne reste très ancrée dans l'inconscient collectif de l'Occident. Par ce sentiment de « toute-puissance », l'homme est dans une fuite en avant. Il envisage une immortalité terrestre et non spirituelle. Il exacerbe son rationalisme et ancre son élan matérialiste radical : le toujours plus, le manque de sens et toujours la terrible issue que l'Homme n'arrive pas à maîtriser : la mort. Pour vaincre notre finitude, les adeptes du transhumanisme envisagent que les sciences et les techniques puissent (et doivent) améliorer la condition humaine notamment par l'augmentation artificielle des capacités physiques et mentales des êtres humains. Les plus radicaux rêvent de coloniser l'espace, d'hybrider l'Homme et les machines pensantes… L'humanité passerait ainsi de *sapiens* à *Homo deus* par l'avènement d'un monde cyborg. C'est ce que prophétise Yuval Noah Harari[18] par sa dystopie qui déprime. Les nouvelles technologies qui s'enchaînent de plus en plus vite pourraient, à défaut d'un sursaut de conscience, conduire l'homme à devenir esclave de la machine. Nous avons détaillé, dans le chapitre sur l'intelligence artificielle (première partie), les enjeux et les dérives de cette voie matérialiste.

Mais retournons donc au XVIIe siècle. Quelques années après Descartes, en partant du même point de départ – la rupture avec Aristote – un autre génie a aussi voulu reconstruire la philosophie afin qu'elle s'harmonise avec la science nouvelle. Il s'agit de Spinoza. Convaincus de l'héliocentrisme de Copernic et de la géométrisation de l'espace de Galilée, Descartes et Spinoza vont néanmoins diverger et Spinoza va proposer à l'humanité une « autre voie ». Nous vous proposons d'explorer les piliers de la philosophie de Spinoza qui ressurgissent de nos jours par un écho très favorable auprès de nos contemporains.

---

18. HARARI Yuval Noah, *Homo deus*, Albin Michel, 2017.

Pourquoi un tel engouement pour Spinoza au XXIe siècle ?

« Spinoza est en train de devenir un « héros » *people*. Du coup il fait l'objet d'images réductrices et se voit mis en vedette dans des revues littéraires voire philosophiques. Spinoza est devenu une sorte de hochet (ou de pense-bête) qu'on brandit en toute occasion, pour avoir l'air cultivé ou même « pénétré » par cette grande pensée. Est-ce un bien ou un mal ? Les deux ! Ni l'un ni l'autre, dirait-il, car la vaine gloire (et son double, l'opprobre méchant) ne l'intéressait en rien. ». C'est en ces termes ironiques que Michel Juffé, philosophe et spécialiste de Spinoza, déplore l'engouement populaire pour ce penseur hors norme. Mais pourquoi la vulgarisation de ce monument de la philosophie suscite tant de « passions » chez les connaisseurs ? En toute humilité, je (Ferial) fais partie de cette vague d'enthousiasme à propos d'un philosophe qui est sans doute le plus difficile à lire et à comprendre. Car lire Spinoza « pour lire Spinoza » est quasi-impossible. J'ai fait l'effort d'acheter l'une des plus belles traductions de l'Éthique, celle de Robert Misrahi[19]. J'ai avancé, non sans mal, dans les méandres de son introduction générale et lorsque je suis arrivée, enfin, à la première partie de l'Éthique intitulée « De Dieu » qui démarre par des définitions, des explications, des axiomes, des propositions, des démonstrations, des scolies… Là, j'avoue que le plat est difficile à avaler. Car la forme « mathématique », plus précisément « géométrique » de l'Éthique est dure, très dure à s'approprier. Les tournures de phrases aussi sont difficilement accessibles en raison d'un vocabulaire abscons : substance, attributs, modes, cause de soi… Heureusement et je dis merci à tous les pédagogues d'avoir persévéré pendant des années dans sa lecture pour nous permettre d'accéder plus facilement à ses fondamentaux.

Mon « illumination » s'est produite en octobre 2017 précisément. C'est à ce moment-là que j'ai vraiment découvert Spinoza et ce, à travers des exégètes ou plutôt des « vulgarisateurs ». J'avoue que c'est la reformulation de l'Éthique pour notre temps par Bruno Giuliani[20] qui m'a le plus marquée pour sa sensibilité et compréhension du grand maître.

---

19. SPINOZA, Éthique, traduction de Robert Misrahi, Le Livre de Poche, 2011.
20. GIULIANI Bruno, *Le bonheur avec Spinoza, l'Éthique reformulée pour notre temps*, Almora, 2017.

J'ai tout d'abord éprouvé de l'empathie pour Spinoza en raison des épreuves qu'il a traversées. D'ailleurs tous les connaisseurs disent « l'aimer » et parlent de lui en des termes affectueux. Car Spinoza m'émeut vraiment. Pourquoi ? Parce que je pense que c'est lui qui a touché au plus près « la Vérité » ! La vérité sur l'origine du monde, d'où nous venons, où nous allons... Et surtout comment se sentir bien dans son corps et dans son esprit. Depuis ma tendre enfance une question m'assomme : après la Terre, les étoiles, les planètes, la galaxie, l'univers, il y a quoi ? En effet la représentation de l'infini me donne le vertige ou alors m'étouffe. Ma compréhension de ce philosophe est très intuitive. D'ailleurs, c'est ce qu'il se préconise lui-même lorsqu'il entreprend l'écriture de l'œuvre de sa vie, *l'Éthique*, qui durera 15 ans. C'est ce qu'il appelle « la connaissance intuitive ». C'est ce qu'il nomme le troisième genre de connaissance. Ce sont les pensées qui viennent de l'intuition. Et que dit-il lorsqu'il se lance dans l'écriture de *l'Éthique* ? « J'ai donc trouvé la bonne méthode pour progresser vers la vérité et la sagesse : je dois abandonner toutes mes anciennes croyances fondées sur la perception vague du monde et reconstruire toutes mes pensées en ne raisonnant qu'à partir de mes intuitions. »[21]

Les épreuves qu'il a traversées ont été effroyablement rudes. Enfant surdoué, il est issu de parents d'origine espagnole marrane. Ses grands-parents ont fui le Portugal lors de l'inquisition et se sont exilés à Amsterdam pour se protéger de l'antisémitisme. Il s'intéresse très tôt à la religion dont il est issu, le judaïsme. Il entreprend même des études de rabbinisme. Il dévore tous les textes sacrés. Il les décortique. Il se révolte par leurs incohérences. Il ne comprend plus rien. Il se torture l'esprit. Il veut comprendre. Il recherche « la Vérité ». À 23 ans, il est excommunié. Il subit le « Herem ». C'est l'opprobre suprême dans la communauté juive. Il est coupé de tous ses liens affectifs. Il perd sa mère, un frère et une sœur. Ils meurent tous de la tuberculose. Un mal qui finira par le ronger lui-même. Son père fait faillite. Spinoza perd tout. Il se retrouve dans un « péril extrême » comme il le dit lui-même. Mais au fond de lui, une force intérieure, le pousse à rentrer en résilience. Et que se dit-il lorsqu'il est au fond du gouffre ? « N'existe-t-il pas une autre vie possible ? N'est-il pas possible de faire sans peine et sans délai ce qui peut nous donner le plus grand bonheur ? N'existe-t-il pas un bien véritablement supérieur, dont la possession et la transmission pourraient faire de chacun de nous des personnes totalement heureuses ? Si un tel bien existe, il est de la plus extrême importance de le trouver et d'en faire

21. *Ibid.*

profiter l'humanité, et c'est pourquoi rien ne me semble plus nécessaire, utile et urgent que de m'y consacrer à présent avec toute la force de mon esprit. Je sens naître en moi un grand enthousiasme pour me lancer dans la recherche des biens véritables. »[22] Tout au long de sa création, il sera « habité » par la recherche d'un bien impérissable, d'une joie permanente que rien ne pourra lui enlever.

Pour rentrer dans « le système Spinoza », il y a plusieurs voies d'accès : on peut être attiré par sa quête du bonheur et de la liberté, par sa compréhension des affects qui asservissent l'Homme mais aussi par sa métaphysique qui est fascinante. Et c'est d'ailleurs ce choix que fait Spinoza pour dérouler son fil d'Ariane et proposer un raisonnement ascensionnel qui le mènera vers les cimes de la compréhension du monde et de la nature humaine.

Pour ressentir l'immanence de la philosophie de Spinoza, il me semble qu'il faut y être préparé par un vécu personnel. Ce vécu personnel, je le nomme « Éveil ». Il s'agit, à mon sens, d'une quête spirituelle. C'est le constat que je fais aujourd'hui. C'est le moment de ma vie dans lequel je me situe. C'est la raison pour laquelle cette « vraie » rencontre avec Spinoza est si forte. Cet homme a vécu au XVIIe siècle ce que je ressens ici et maintenant. Il nous donne les clés pour atteindre la sagesse dans un monde devenu fou. Un monde devenu égotique et matérialiste. Un monde dont l'humanité est menacée. Un monde enchaîné par ses passions mauvaises. Comme beaucoup, je suis révoltée par l'obscurantisme qui sévit sur la surface du globe. J'ai moi-même vécu une épreuve pour avoir voulu dire la vérité à des hommes et des femmes englués dans leurs croyances et certitudes. Et j'en ai subi « l'opprobre méchant ». La philosophie de Spinoza m'a aidée à ce moment-là. Ils n'ont pas eu ma haine. La philosophie pratique de Spinoza est unique. Elle est grandiose. C'est pourquoi nous plaidons à travers cet ouvrage pour une vulgarisation large de sa pensée.

---

22. *Ibid.*

Comme Jung et Freud, Spinoza a rompu avec Descartes

Spinoza s'inspire de Descartes mais sa pensée intuitive le pousse à s'en éloigner. Il prend ses distances avec le cartésianisme dans deux domaines : le rapport de l'Homme à la Nature et le fonctionnement de la nature humaine.

Le monisme ou l'immanence

La métaphysique de Spinoza est très imprégnée de la philosophie cabalistique d'Hasdaï Crescas (« Dieu est le lieu du monde ») mais aussi de celle des alchimistes qui vont œuvrer du XIIIe au XVIe siècle.

Contrairement à Descartes qui relègue Dieu à la fin de ses « méditations métaphysiques », Spinoza dans l'Éthique part de la définition de Dieu comme substance à la fois transcendante au monde phénoménal et cause libre et immanente de toute chose. *Deus sive Natura.* Dieu et la Nature se présentent donc de deux manières pour Spinoza :

- la Nature naturante : création de Dieu en mouvement ;
- la Nature naturée : ensemble des créatures.

Le monde est relié par la régularité des lois et par la composition des forces. Le panthéisme voire le « panenthéisme » de Spinoza se traduit ainsi : Dieu est tout et Dieu est en tout. Il défend à la fois l'immanence de Dieu en toute chose et la transcendance de Dieu qui englobe toute l'existence. Selon lui, il n'existe **qu'une seule et unique causalité**, en raison même de l'unicité de Dieu. Le penseur d'Amsterdam séduit de nos jours les astrophysiciens puisque la théorie du Big bang lui donne raison.

Contrairement à Descartes qui a exilé l'Homme de la Nature, Spinoza affirme que l'Homme fait partie intégrante de la Nature et qu'il n'est pas « un empire dans un empire » : ses affects suivent les « lois et les règles universelles de la nature »[23]. De plus en s'opposant à Descartes qui dénie aux animaux une âme, Spinoza dote d'une conscience toutes les créatures (ou attributs) de la Nature.

---

23. Spinoza, Éthique, traduction de Robert Misrahi, Le Livre de Poche, 2011.

L'unité du corps et de l'esprit

Quelle est donc précisément cette scission radicale entre Spinoza et Descartes sur la nature humaine? Spinoza nous dit: « Ni le corps ne peut déterminer l'Esprit à penser, ni l'Esprit ne peut déterminer le corps au mouvement, au repos ou à quelque autre état que ce soit (s'il en existe) »[24]. Le corps et l'esprit sont simultanément une et même chose. Ce sont deux attributs de Dieu ou de la Substance infinie donc de la Nature. Pour Spinoza, « dans la Nature, il ne peut y avoir plusieurs substances, il n'y en a qu'une et cette substance est Dieu »[25]. Spinoza établit l'unicité de l'Être en considérant le corps sous le mode de l'étendue et l'esprit sous le mode de la pensée. Alors que Descartes installe une hiérarchie entre l'âme et le corps, Spinoza instaure une égalité entre « l'âme et l'idée du corps ». Il nous dit que « les affections du corps qui augmentent ou diminuent, aident ou contrarient la puissance d'agir du corps et en même temps les idées de ces affections »[26]. Il s'agit d'une réalité psychophysique puisqu'on a une modification corporelle qui est jointe à une idée de cette modification. L'affect implique toujours une corrélation entre ce qu'il se passe dans l'esprit et dans le corps et donc penser les affects, c'est penser l'Homme dans son unité[27].

Selon Spinoza, tout le problème vient de la part plus ou moins active que nous prenons à nos affects. Selon que nous sommes causes totales ou partielles de nos émotions, selon qu'elles reflètent l'impact des causes extérieures qui nous modifient. Le problème, pour Spinoza, est l'affect triste (la vengeance, la haine, la jalousie, la détestation de soi...). Par cet affect, il entend l'ensemble des affects qui nous font passer d'une grande à une moins grande perfection ou à une moindre réalité c'est-à-dire des affects qui réduisent notre capacité d'agir. Ce sont ces affects-là qui sont centraux dans la thérapeutique de Spinoza puisque ceux-ci nous empêchent de développer **« le conatus »,** c'est-à-dire notre effort pour persévérer dans notre être. Ils freinent notre élan vital, notre pouvoir d'agir se réduit comme une peau de chagrin. Spinoza nous dit que « nous sommes esclaves de nos images mentales – la connaissance du premier genre – et de faits nous restons dominés par « nos passions illusoires » (affects

24. *Ibid.*
25. *Ibid.*
26. *Ibid.*
27. Conférence de Chantal Jacquet lors du 7e Congrès Européen de l'AEPEA coorganisé avec la Ligue Bruxelloise Francophone pour la Santé Mentale à Bruxelles les 8 - 9 & 10 mai 2014.

passifs) et tout particulièrement la peur qui nous maintient dans la servitude et la soumission sur le plan politique autant que spirituel. » Spinoza balaie le concept de la morale au sens religieux, le bien et le mal, pour le remplacer par celui du bon et du mauvais pour soi. Il affirme que « le désir est l'essence de l'Homme ». L'Homme est par nature une puissance d'exister. Le spinozisme est un mouvement pour persévérer dans l'être, c'est-à-dire pour exister encore et encore plus. Et cette force vitale provient d'un seul affect, **la joie**. Mais une joie active et non passive, c'est-à-dire dont la cause provient de l'intérieur de l'être et non de l'extérieur.

L'illusion du libre arbitre

Il est communément admis que le grand sage du XVIIe siècle aurait été l'un des précurseurs de l'inconscient. Deux siècles avant Freud, Spinoza aurait donc été le pionnier de la psychologie des profondeurs. D'ailleurs Freud lui-même a reconnu un jour qu'il « admettait tout à fait sa dépendance à l'égard de la doctrine de Spinoza ». Spinoza nous dit en effet que « l'Homme n'a pas conscience de l'origine de ses désirs ou de ses pensées. Il a conscience qu'il peut décider mais il n'a pas conscience de l'historique des causes et de leurs effets qui l'amènent à faire un choix à tel moment, dans telle situation. Certes nous pouvons choisir mais nous n'avons pas conscience des raisons qui nous poussent à choisir. Notre choix n'est donc qu'un choix de surface. C'est le pur constat d'un désir, d'une affection, d'une émotion, d'une passion. Ces passions, ce ne sont pas nous qui les choisissons, nous les subissons. »[28] Alors que Descartes place le libre arbitre comme principe absolu qui rend l'homme responsable de ses actes, Spinoza dit qu'il n'en est rien. Pour lui, le monde physique est soumis à la loi de la causalité. Toute cause produit un effet qui devient la cause d'un effet suivant et ainsi de suite à l'infini… Mais cela ne veut pas dire que Spinoza récuse toute forme de liberté. Il considère – et cela se déploie magistralement dans la partie V de l'Éthique – que l'homme peut avoir accès à une libération intérieure dès lors qu'il prend conscience qu'il est soumis à ses passions. Cela s'apparente à un éveil de conscience. Cette conscience élargie qu'il appelle « la raison » s'enrichit d'une connaissance intuitive. Ainsi, c'est par ladite « raison » que l'homme accède à une certaine forme de liberté

---

28. Charles Robin, Le précepteur, *Spinoza – Le libre arbitre n'est-il qu'une illusion?* YouTube. URL: https://www.youtube.com/watch?v=kb_fhLt7kls

qui s'apparente à une joie active et non passive. C'est à ce moment-là de son existence que l'homme « éveillé » vibre d'amour inconditionnel.

Pourquoi Spinoza pourrait-il nous aider à prendre le bon virage ?

Par le *conatus* que l'on pourrait opposer au *cogito* de Descartes, la philosophie de Spinoza est un vitalisme : « Nous entendons par vie la force par laquelle les choses persévèrent dans leur être. »[29] Le *conatus* reconnecte l'Homme à son corps et à ses émotions pour une raison élargie. La phrase la plus forte de *l'Éthique* signe l'anti-prométhéisme de Spinoza : « L'Homme libre ne pense à rien moins qu'à la mort, et sa sagesse est une méditation, non de la mort, mais de la vie »[30]. Ce vitalisme sous-tend le nouveau paradigme de l'humanité qui émerge par vagues successives depuis les découvertes de la mécanique quantique dont l'intrication nous relie au grand tout. Ainsi, nous pourrions symboliser la voie incarnée par Spinoza par celle du « cerveau droit » dans la mesure où Spinoza préconise de « réapprendre à tout percevoir avec la simplicité de **l'intuition** (la fameuse « connaissance du troisième genre ») ». Cette voie est un chemin de sagesse qui nécessite une métamorphose. C'est l'acceptation de nos limites. La réconciliation avec nous-même. C'est la prise de conscience que les Hommes sont reliés et dépendants les uns des autres mais qu'ils sont aussi liés aux autres espèces vivantes et à la planète Terre. C'est la sensation extatique d'unité avec le tout. Les interdépendances sont une richesse et non une aliénation. C'est la voie de l'âme. Rappelons-nous des paroles prophétiques de Malraux : « **le XXIe siècle sera spirituel ou ne sera pas** ». Cette alchimie spirituelle nous conduit à un réenchantement du monde. Nous symbolisons ce saut quantique de la conscience individuelle et collective par une communication harmonieuse entre le cerveau droit et le cerveau gauche. Spinoza définit cet état de grâce ainsi : « La béatitude consiste dans l'Amour envers Dieu, Amour qui naît du troisième genre de connaissance. Cet Amour doit donc être rapporté à l'Esprit en tant qu'il agit ; et par conséquent il est la vertu même. Plus l'Esprit éprouve la joie de cet Amour divin plus il comprend, c'est-à-dire plus il a de pouvoir sur ses affects et qu'il subit moins ces affects qui sont des maux. »[31]

---

29. SPINOZA, Éthique, traduction de Robert Misrahi, Le Livre de Poche, 2011.
30. GIULIANI Bruno, *Le bonheur avec Spinoza, l'Éthique reformulée pour notre temps,* Almora, 2017.
31. SPINOZA, Éthique, traduction de Robert Misrahi, Le Livre de Poche, 2011.

Ainsi Spinoza s'enracine dans une actualité brûlante et s'il suscite de l'engouement aujourd'hui, si nous désirons qu'il nous éclaire encore de ses lumières, ce n'est sûrement pas anodin ni un hasard. Partout dans le monde, des mouvements sociaux incarnent cette nouvelle manière d'être. C'est le cas du *care* : le prendre soin de la Nature et de soi, le prendre soin du renouvellement et de la ressource. Œuvrer pour un avenir « humainement durable » implique « une innovation responsable » qui suppose de la part de l'innovateur un comportement éthique et bienveillant, qu'il devienne conscient de ses actes et de leurs conséquences sur l'Homme et la Nature. Pour cela il est impératif d'encourager l'intelligence collective, le sens collaboratif, la transdisciplinarité, la révolution des méthodes d'apprentissage afin d'aider les jeunes générations à relever les défis de demain.

Le nouveau paradigme de l'humanité rend nécessaire l'introspection et une meilleure gestion des émotions car développer l'intelligence émotionnelle et la créativité des citoyens pourrait être un atout face à une intelligence artificielle qui galope (nous l'avons évoqué dans notre première partie). D'ailleurs, cette intériorité s'apparente à un parcours initiatique qui nous fait mourir symboliquement à nous-même pour que nous renaissions à notre véritable nature. La recherche de ce Graal est la quête de notre essence. C'est un long chemin, tortueux, semé d'embûches qui doivent nous libérer de notre servitude à nos passions. Mais ce chemin sinueux n'est pas une quête d'un bonheur narcissique et matérialiste (nous aborderons ce thème dans la prochaine partie). C'est un idéal de perfection qui affirme que l'Homme est, par nature, une puissance d'exister. Plus nous vivons dans la réalité de nous-même, plus nous sommes joyeux, donc des êtres parfaits. Et aucune pierre dégrossie de ses aspérités n'est plus parfaite qu'une autre. Elle doit juste bien s'ajuster avec les autres pour construire un édifice parfait et donc un monde meilleur.

Pour approfondir notre propos, nous avons interviewé Bruno Giuliani. Notre rencontre avec ce philosophe d'une sensibilité rare fut essentielle pour notre créativité. Bruno nous a encouragées dans notre projet d'écriture en nous faisant l'honneur de parrainer ce livre et d'en rédiger la préface. Il est professeur agrégé et docteur en Philosophie de l'université de Nice Sophia Antipolis. Il est également maître en biochimie, professeur de Biodanza et créateur de la Biosophie, un système d'éducation au bonheur qu'il définit comme une pédagogie de la sagesse par la culture de la joie. Vous découvrirez sa pratique de la Joÿa dans la prochaine partie. Mais avant cela, nous vous livrons un extrait de son entretien sur Spinoza.

Interview de ***Bruno Giuliani****, professeur agrégé et docteur en philosophie, maître en biochimie et créateur de la biosophie et de la Joÿa*

Pourriez-vous nous éclairer sur la différence de sensibilité concernant « le libre arbitre » entre Descartes et Spinoza ?

Bruno Giuliani : c'est bien plus qu'une différence de sensibilité ! C'est une vision du monde totalement différente. Descartes est le grand penseur du dualisme moderne. C'est un penseur génial mais, comme Platon, il considère que l'esprit est séparé du corps et que l'Homme est indépendant de la Nature. Nous savons aujourd'hui que c'est faux, mais toute notre culture occidentale est basée sur cette croyance, d'ailleurs partagée par les religions monothéistes. En légitimant le libre arbitre, qui est la croyance que l'esprit peut commander le corps de manière arbitraire sans être lui-même déterminé par rien, il a fondé la pensée moderne dans laquelle l'Homme se voit comme le maître d'une nature hostile et stupide qu'il veut dominer jusqu'à produire la folie destructrice du monde industriel et technique actuel. Au contraire, Spinoza est le principal penseur du monisme, qu'on peut appeler aussi la non-dualité.

Comme Bouddha, Spinoza affirme que tout est un et que le corps et l'esprit sont une seule et même réalité. Il constate que l'humain obéit entièrement aux lois de la Nature qui est parfaitement organisée et il montre que la liberté n'est possible que pour celui qui connaît ces lois et les respecte. Pour Spinoza, la croyance que tous les Hommes possèdent un libre arbitre est une totale illusion qui vient de l'ignorance des causes qui nous font agir, et seule la connaissance de nos mécanismes naturels nous rend libre.

Spinoza propose donc une vision de la liberté comme harmonie avec la Nature ?

Bruno Giuliani : oui, et même comme une unité avec la Nature qu'il identifie à Dieu, puisque c'est l'unique puissance créatrice d'elle-même. Pour Descartes – et pour la quasi-totalité du monde contemporain, qu'il soit religieux ou athée –, l'humain est vu comme séparé de la Nature, qui est elle-même séparée de Dieu. L'Homme est conçu comme un être totalement indépendant des lois cosmiques et il s'attribue un pouvoir d'agir arbitraire avec une volonté infiniment libre séparée du cœur. Pour les cartésiens l'humain est un ego spirituel qui se considère comme supérieur à la Nature, qu'il voit comme un monde entièrement matériel et mécanique sans âme. Il se pose comme un sujet dominant dans un monde d'objets sans vie. C'est ainsi que se pense l'Homme contemporain qui n'a aucune conscience écologique, est déconnecté du sacré de la vie et méprise les êtres de la Nature comme les animaux et les végétaux, et même souvent les autres hommes. Il ne cherche que son plaisir égoïste et ne récolte que conflit, maladie et souffrance.

Spinoza invite plutôt à agir dans le sens de la joie ?

Bruno Giuliani : oui, il invite à suivre l'élan naturel du cœur vers la joie en toute liberté par rapport à la morale qui vient de l'extérieur. Ce qui est terrible avec le libre arbitre, c'est qu'il légitime aussi le sentiment de culpabilité et toute la morale répressive de la vie. Tous les dualistes après Descartes, qu'ils soient religieux, comme Kant, ou athées, comme Sartre, conservent une morale de l'obligation qui impose le respect d'un bien et d'un mal absolus, avec des devoirs à respecter et des buts à atteindre dans le futur. Pour Spinoza, comme plus tard pour Nietzsche et Bergson, ces idées sont des totales illusions qui empêchent la sagesse et le bonheur. Pour Spinoza tout est vivant, tout est animé par une intelligence cosmique qu'il est nécessaire de connaître avec la science et de respecter par une éthique basée sur la sensibilité affective. Spinoza invite à vivre à partir de la raison, mais la raison spinozienne est l'intuition qui vient du cœur. L'homme appartient totalement à la Nature qui est animée par la puissance créatrice de l'Esprit Universel.

On retrouve là les intuitions des peuples premiers ?

Bruno Giuliani : oui, Spinoza ne fait que reprendre la vision originelle du monde des animistes qui se voyaient appartenir à la Nature. Dans la vision spinozienne, l'humanité est fille de la terre et du ciel, exactement comme dans les traditions chamaniques. Elle est totalement naturelle et l'humain peut connaître cette intelligence cosmique de l'intérieur en développant son intuition par la pratique spirituelle. Il suffit d'ailleurs d'entrer en méditation profonde pour voir que l'esprit et le corps sont un et que le libre arbitre de la volonté n'existe pas puisque nous ne décidons d'aucune de nos pensées ! Notre vie intérieure obéit toujours aux lois universelles de la Nature, dont la principale est la tendance de l'âme à aller vers plus de joie. Vers plus d'amour, de conscience, de connaissance, de liberté... Chaque fois que nous prenons une décision, notre volonté est en fait toujours déterminée par le désir d'aller vers plus de joie. Que nous soyons dans la vérité ou l'illusion, nous faisons toujours nécessairement ce que nous pensons qui va nous apporter plus de bonheur. C'est une loi universelle. Mais Spinoza va plus loin encore : pour lui la Nature et Dieu sont aussi une seule et même réalité ! C'est donc toujours Dieu qui agit quand nous agissons.

Qu'est-ce que cela signifie ? Comment Dieu peut-il agir à travers nous ?

Bruno Giuliani : c'est que nous sommes tous des manifestations du divin, et d'autant plus que nous sommes conscients. Pour Spinoza, Dieu n'est pas transcendant au monde, mais immanent. C'est l'Être, ce qu'il appelle la « Substance », qui nous fait agir : une puissance infinie, totalement libre et créative, qui créé toute chose et que, pour ma part, je préfère appeler la Vie ou la Source. C'est pourquoi son éthique n'est pas une morale, et qu'elle nous déculpabilise totalement pour nous responsabiliser. Pour Spinoza la véritable liberté n'est donc pas l'usage arbitraire d'une volonté indépendante. C'est la capacité d'agir avec sagesse pour vivre dans la joie en respectant les lois de la Nature. L'Homme est libre quand il agit selon la lumière de la raison pour réaliser ses vrais désirs et savourer la vie en totale conscience. C'est ce que vivent tous les sages, tous les êtres qui se sont libérés de l'emprise des passions et vivent dans l'amour et la paix en pratiquant les vertus. À la place du libre arbitre, Spinoza parle d'une libre nécessité : je suis libre quand je vis dans l'harmonie en étant éclairé par la lumière de l'intuition. Mon corps et mon esprit ne font alors plus qu'un. L'être humain vit alors dans la béatitude, la joie permanente d'être libre créateur de sa vie.

La liberté se développe donc par un travail spirituel ?

Bruno Giuliani : oui. La vraie liberté est un sentiment d'harmonie intérieure qui se cultive par la connaissance de soi et qui devrait être le but de l'éducation, et même de toute la société. C'est une paix profonde de vivre en accord avec les forces de la vie et de l'amour. Être libre, c'est vivre dans l'unité joyeuse que procure la sagesse. Cela suppose bien sûr une sortie du dualisme, une libération de l'illusion égotique d'être un moi séparé et un éveil spirituel à notre véritable nature d'être relié. Pour Spinoza, l'univers entier est divin, en autocréation permanente. Et le but de la vie humaine est de progresser en conscience pour devenir de plus en plus puissants, libres et créateurs, jusqu'à vivre pleinement heureux comme des dieux et déesses. Il rejoint les intuitions des bouddhistes et des tantriques, mais aussi de beaucoup de physiciens quantiques : quand il s'éveille à sa vraie nature, l'Homme se perçoit comme un être divin qui participe au grand jeu cosmique de la création de l'univers en maîtrisant les forces de l'esprit et les formes de la matière. Passer de Descartes à Spinoza, du dualisme à l'unité, est une étape nécessaire de l'évolution spirituelle vers le nouveau paradigme d'où pourra émerger une nouvelle civilisation de sagesse.

En quoi l'Éthique de Spinoza pourrait représenter un antidote aux dérives du transhumanisme ?

Bruno Giuliani : toute l'Éthique est une invitation à vivre selon la sagesse en respectant les lois universelles de la Nature. Plutôt que de chercher à réaliser les idéaux illusoires d'une future « transhumanité » développant des artifices technologiques plus ou moins délirants et dangereux, l'Éthique invite à se libérer des passions qui nous font souffrir et à satisfaire tous nos besoins avec intelligence par une connaissance approfondie de l'âme. Nous avons déjà bien assez de sciences et de techniques pour tous vivre dans le plus grand des bonheurs ! Le vrai défi actuel n'est pas de devenir transhumain, c'est de devenir déjà pleinement humain.

L'intuition de Spinoza selon laquelle les affects obéissent aux lois de la Nature et que l'esprit et la matière ne font qu'un est aujourd'hui validée par des découvertes scientifiques qui assainissent notre rapport au vivant. Comme nous le rappelle Bruno Giuliani dans son interview : « **le vrai défi actuel n'est pas de devenir transhumain, c'est de devenir déjà pleinement humain** ». Ce nouveau paradigme réhabilite les médecines holistiques.

Chapitre 4

Se relier au vivant grâce aux thérapies holistiques

■ Résumé

L'union du corps et de l'esprit peut aussi avoir des vertus thérapeutiques. Utiliser les avancées de la physique quantique dans la médecine pourrait apporter de nouvelles pistes de guérison. Le pari de l'homéopathie et des médecines alternatives s'appuie sur une vision holistique de l'être humain. La révolution épigénétique a même démontré que l'on pouvait modifier son ADN par la conscience et une bonne hygiène de vie! Il est essentiel de soigner autant le corps physique que le corps émotionnel. Le Dr Olivier Chambon, médecin psychiatre, pense que la révolution de la médecine passera par la création d'un pont entre la science et la spiritualité ainsi que la reconnaissance de la vibration. C'est ce que nous enseigne la médecine traditionnelle chinoise depuis des millénaires. Ses fondamentaux vous seront expliqués par l'acupuncteur Christophe Enderlin. La science - elle aussi - est à la croisée des chemins et pourrait prendre la voie postmatérialiste...

Témoignages d'Olivier Chambon, médecin psychiatre et psychothérapeute depuis 30 ans, spécialiste de l'utilisation thérapeutique des états élargis de la conscience (chamanisme, psychédéliques, EMI, etc.) et
Christophe Enderlin, praticien en Médecine Traditionnelle Chinoise.

Mon histoire avec l'homéopathie remonte à ma petite enfance. Je (Ferial) suis à peine âgée de 10 ans et je reviens d'un après-midi champêtre encerclée de chevaux. Arrivée chez moi, une rhinite allergique intense tuméfie mon visage, brouille ma vue et me fait éternuer toutes les trente secondes. Ma mère me remet alors de petits granules d'un blanc immaculé. Ils sont délicieusement sucrés. C'est de l'influenzinum 9 CH. Je me souviens encore du petit flacon cylindrique jaune. Miracle! En un temps record, tout rentre dans l'ordre. Les larmes de mes yeux s'assèchent et mes narines se libèrent. Je peux enfin respirer normalement.

Effet placebo? Beaucoup de nos contemporains le pensent aujourd'hui dans un monde de « cerveaux gauches » où le scientisme s'enlise dans le dogmatisme. Il y a quelque temps, nous vivions encore une levée de boucliers contre l'homéopathie qui a pourtant fait ses preuves empiriques depuis deux siècles. Notre propos n'est pas de dénigrer l'allopathie. Les deux médecines sont complémentaires. Mais il est intéressant de prendre conscience des ressorts d'une telle animosité contre ce qu'on appelle communément une « pseudoscience ».

La nature quantique de l'homéopathie, une vision « cerveau droit »

La modernité a fini par nous faire oublier que la médecine relevait davantage d'un art que d'une science. Le monde de la santé devient de plus en plus technologique et considère le corps humain comme un mécanisme totalement matériel (merci Descartes!). On s'écarte de plus en plus du vivant. Or l'homéopathie repose sur un concept d'énergie vitale et de globalité. Ce qui nous rappelle étrangement le *conatus* de Spinoza. Le patient est considéré comme un tout animé par une force immatérielle.

Au XIXe siècle, deux voies se sont ouvertes pour la médecine : la guérison par les contraires (allopathie) et la guérison par les semblables (homéopathie). En homéopathie, le mal est soigné par le mal, comme on dit en langage populaire. En 1810, le très intuitif chimiste allemand Samuel Hanneman découvre que des substances qui provoquent un symptôme peuvent enrailler ledit symptôme lorsqu'elles sont administrées par des dilutions qui annulent leur toxicité. Il s'aperçoit qu'en secouant ces dilutions (dynamisation), elles sont plus efficaces.

Mais cette efficacité est balayée d'un revers de main aujourd'hui malgré la découverte très controversée de « la mémoire de l'eau » en 1988 par le médecin et immunologiste Jacques Benveniste. D'énormes polémiques ont agité les médias de l'époque et ont incité la communauté scientifique à le considérer comme un charlatan. En effet, ce « Galilée des temps modernes » comme diraient certains, a ébranlé la bien-pensance des scientifiques dont il a subi un véritable harcèlement moral. Il en est mort d'épuisement.

Les expériences de ce chercheur *out of the box* démontrent la nature quantique des dilutions homéopathiques. Comme nous l'a rappelé Luc Bigé dans son interview[32], à partir de 9 CH de dilution, il n'y a pratiquement plus de principe actif. Donc comment ces petits granules de rien du tout pourraient-ils agir sur le corps humain ?

Tentons de lever ce mystère. Pour cela, référons-nous au Pr Marc Henry qui s'exprime dans un excellent reportage intitulé *Homéopathie, une autre voie*[33]. Ce professeur de chimie et de physique quantique qui axe ses recherches sur les granules homéopathiques nous explique que les molécules d'eau H_2O se rassemblent en une couronne à l'intérieur de laquelle se crée du vide. Ces couronnes d'H_2O qu'on appelle « les domaines de cohérence » sont aptes à piéger des ondes électromagnétiques. Et nous touchons là le cœur du mystère : « Dès que l'on prend en compte la dualité incontournable matière/vibration, on peut mettre l'information de guérison sur la vibration (le champ quantique) dès qu'il n'y a plus de matière active. L'eau joue ici un rôle crucial pour véhiculer des informations codées sur ce que l'on appelle des *domaines de cohérences* ».

Il s'agit de comprendre que l'homéopathie utilise la partie immatérielle, invisible, inobservable de la molécule c'est-à-dire ses ondes électromagnétiques. Il y a des champs électromagnétiques qui sont couplés à la matière comme les deux faces d'une même pièce. On ne peut pas imaginer l'un sans l'autre. Comme le souligne le Pr Marc Henry dans le reportage : « l'homéopathie ne heurte pas la rationalité, elle heurte la matérialité ».

Les disciplines scientifiques sont tellement cloisonnées de nos jours que cela empêche certains partisans de la médecine conventionnelle de comprendre ce

32. Chapitre 1, partie 3.
33. SUERINCK William, *L'homéopathie, une autre voie*, 2019.

phénomène qui relève de la physique quantique. Ils persistent à croire que les remèdes homéopathiques sont élaborés en contradiction flagrante avec les lois de la physique et de la chimie.

Ces recherches sur la mémoire de l'eau sont reprises aujourd'hui par le prix Nobel de médecine, Luc Montagnier, qui ne fait pas non plus l'unanimité parmi ses pairs. Mais il est tenace. Pourquoi doit-on s'empêcher d'explorer une voie de recherche qui pourrait ouvrir des champs thérapeutiques peu onéreux ? Soigner avec des fréquences et non avec des médicaments dérangerait-il le lobby pharmaceutique ? Ne sait-on jamais.

Pour poursuivre notre enquête sur les découvertes scientifiques qui ébranlent le paradigme matérialiste, découvrons cette science nouvelle qu'on appelle « épigénétique ».

L'épigénétique réhabiliterait-elle l'alchimie ?

Après l'ère du génome s'ouvre l'ère de l'épigénome. Les découvertes récentes en épigénétique transforment notre vision du monde et le rapport de l'Homme à la Nature. Cette science nouvelle fait voler en éclat le tout génétique et la fatalité du déterminisme que nous impose notre patrimoine génétique. Elle bouleverse l'idée selon laquelle le corps humain est une machine. Pour celles et ceux qui considèrent le terme « épigénétique » tout à fait obscur, voici une brève explication : le suffixe « épi » vient du grec ancien et il veut dire « au-dessus ». Ainsi étymologiquement, l'épigénétique signifie « qui se situe au-dessus de la génétique » ou qui « influence les gènes ». Nous pourrions vieillir longtemps en bonne santé en nous harmonisant avec notre environnement. Quelle espérance contre l'utopie des transhumanistes dont le rêve le plus fou est d'atteindre artificiellement l'immortalité.

Depuis longtemps nous savions que 85 % de notre ADN ne s'exprimait pas. Cet ADN « éteint » était appelé « l'ADN poubelle » car nous ignorions à quoi servaient ces gènes apparemment sans fonction. Des chercheurs ont démontré que cet ADN silencieux jouait en réalité un rôle clé dans les modulations de notre génome. Le biologiste Joël de Rosnay nous dit dans le livre *La révolution épigénétique* : « le plus neuf – et comble du scandaleux pour la théorie orthodoxe – a été de découvrir que les modulations en question pouvaient non seulement persister dans la vie d'un individu, mais carrément se transmettre à sa descendance, ce qui constitue en soi un vrai changement de paradigme »[34].

Au regard de la théorie de l'évolution humaine, l'épigénétique confirme l'intuition de Lamarck qui s'opposait à celle de Darwin sur la transmission des caractères acquis. Rappelons leur divergence : Charles Darwin est le défenseur de l'inné. Il soutient l'idée que l'homme évolue par une sélection naturelle de mutation génétique due au hasard donc indépendante de son environnement. Tandis que Jean-Baptiste Lamarck, en prenant l'exemple de la girafe, affirme que le cou de l'animal s'est allongé au fil du temps pour atteindre les branches hautes des arbres et que ce caractère physique s'est transmis à sa descendance. Il croit donc à l'adaptabilité de l'homme à son environnement. Ainsi, selon lui, un organe peut se modifier pour répondre à un besoin. De plus, cette transformation est transmissible à la descendance. Loin de les opposer totalement, l'épigénétique réconcilie ces deux génies visionnaires en nous transmettant la formidable nouvelle qu'il s'agit pour chacun d'entre nous d'apprendre à influencer l'expression de notre propre ADN.

Nous ne sommes pas prisonniers des caractères innés de notre naissance. Nous pouvons nous transformer, et dans le bon sens du terme, selon notre environnement, qui n'est pas seulement la nourriture ou les perturbateurs endocriniens, mais aussi notre état d'esprit, notre psychisme, nos émotions, nos croyances… Ainsi l'adage « un esprit sain dans un corps sain » prend tout son sens. Et Joël de Rosnay nous précise dans le livre L*a révolution épigénétique*[35] que nous pouvons nous transformer positivement par cinq facteurs : une alimentation saine, la pratique du sport, le management du stress, l'harmonie de notre réseau social et familial et enfin le plaisir. Nul besoin donc de s'acheminer vers des artifices qui ne seront accessibles qu'à une élite financière et ne feront que creuser les inégalités. Quel formidable message de libération de l'être !

Mais ce qui est le plus intrigant dans cette possibilité d'une métamorphose vertueuse de notre capital santé – dorénavant confirmée scientifiquement – c'est qu'elle nous rappelle les bienfaits de l'alchimie… qui n'est autre que l'art de la transmutation intérieure pour atteindre une plus grande perfectibilité.

---

34. DE ROSNAY Joël, ORNISH Dean, JUNIEN Claudine, KHAYAT David, GOUYON Pierre-Henri, *La révolution épigénétique, votre mode de vie compte plus que votre hérédité*, Albin Michel, 2018.
35. *Ibid.*

Les découvertes récentes en épigénétique réhabiliteraient ainsi l'une des plus anciennes pratiques hermétiques (que nous avons abordée sous le prisme jungien dans la deuxième partie). Rappelons que les alchimistes considéraient que l'homme – le microcosme – est fait à l'image du macrocosme. La Nature est en évolution et ils défendaient l'idée que la transformation de l'environnement est concomitante à celle de l'être intérieur. Il s'agit d'une parfaite unité entre l'Homme et la Nature.

Ces découvertes scientifiques pourraient expliquer l'adhésion croissante des sociétés occidentales à un phénomène qui existe depuis des millénaires et que l'on pourrait nommer aujourd'hui « néochamanisme ».

Le néochamanisme et l'ouverture au monde subtil

En Occident, malgré certaines résistances, le regard porté sur le chamanisme évolue et certains pays l'intègrent, même dans le monde de la médecine, comme pratique alternative. C'est le cas notamment des USA, de la Suisse, de l'Allemagne… En revanche, la France – plus conservatrice sur les questions spirituelles – est réfractaire à ce phénomène de société qui se propage dans le monde moderne et rechigne à l'impliquer dans des essais thérapeutiques. Pays de Descartes oblige! Même si nous savons que Descartes était beaucoup plus spirituel qu'on ne le croit et qu'il avait puisé dans un rêve son inspiration pour l'écriture du *Discours de la méthode*. C'était une sorte de rêve dans un rêve qui n'est autre qu'un état modifié de conscience… Toutefois, les sciences cartésienne et newtonienne qui nourrissent notre « cerveau gauche » dès le plus jeune âge, nous poussent encore à considérer « les états modifiés de conscience » comme relevant de l'irrationalité.

Pour comprendre les fondements de « la médecine par la conscience », nous retrouvons un spécialiste des états modifiés de conscience que nous avons déjà interviewé précédemment, le Dr Olivier Chambon. Il a cosigné un ouvrage passionnant avec Liliane Van Der Velde *L'approche chamanique de la thérapie – Médecine supra quantique du vivant*[36]. Olivier Chambon nous offre des clés d'interprétation rationnelle de ce qui est considéré pour beaucoup comme totalement irrationnel voir complètement ésotérique (cerveau gauche oblige!).

36. VAN DER VELDE Liliane, CHAMBON Olivier, *L'approche chamanique de la thérapie, Médecine Supra Quantique du Vivant*, Vega, 2016.

Interview du **Dr Olivier Chambon**, *médecin psychiatre et psychothérapeute depuis 30 ans, spécialiste de l'utilisation thérapeutique des états élargis de la conscience (chamanisme, psychédéliques, EMI, etc.)*

Pouvez-vous nous éclairer sur les « cinq corps » (physique, éthérique, émotionnel, mental, spirituel) sur lesquels se basent la médecine holistique ?

Olivier Chambon : la plupart des anciennes traditions spirituelles parlent de ces cinq corps. La science montre que le corps physique à lui tout seul n'est pas capable de produire la genèse et le développement des émotions et des pensées. Je l'explique en détail dans le livre *L'approche chamanique de la thérapie – la médecine supra quantique du vivant* que j'ai coécrit avec Liliane Van Der Velde. D'autant plus qu'il se métamorphose au cours du temps.
Si le cerveau était le réceptacle de la mémoire et de l'identité, comment les cellules cérébrales pourraient garder trace de la structure émotionnelle, de la structure mentale, de l'identité de la personne alors qu'elles se renouvellent entièrement tous les dix ans ? Tout cela ne serait pas possible. Pour la genèse des émotions, du sens et des capacités de résolutions de problèmes etc. ce n'est pas un assemblage de cellules neuronales qui les produit mais une conscience dont la mémoire se situe dans des corps subtils (corps émotionnels pour les émotions, corps mental pour ce qui est de la cognition). D'ailleurs la psyché, c'est la combinaison des corps émotionnel et mental. Dès qu'on passe en thérapie transpersonnelle, on touche au corps spirituel qui se rajoute au corps émotionnel et au corps mental. Pour tout ce qui est thérapie physique et énergétique, c'est le corps physique et éthérique qui sont utilisés. Cependant, tous ces corps sont en lien les uns avec les autres. Ces corps sont la seule explication de l'effet placebo. Lorsqu'on fait croire à un patient qu'on lui donne un antidouleur alors que c'est un placebo, c'est le corps émotionnel qui est informé et cela agit sur le

corps physique. Ce sont des champs de conscience, personnel ou non personnel (d'autres esprits par exemple) qui informent le cerveau. Cet organe n'est pas le chef d'orchestre mais un exécutant de la conscience.

Pour vous, le « monde de l'Esprit » dans les thérapies chamaniques, fait-il appel à son Soi et/ou à d'autres esprits ?

Olivier Chambon : dans le chamanisme, il y a ce qu'on appelle le « recouvrement d'âme » qui est de recouvrir tout son Soi (tout son champ personnel), celui qui nous a fait venir sur terre, celui qui contient l'intention (le GPS) de notre existence, celui qui contient l'essence de ce que nous sommes venus faire et qui s'est habillé des corps physiques et subtils (émotionnel, mental et spirituel) pour accomplir sa mission. Et puis, il y a d'autres champs qui sont indépendants de nous, ontologiquement différents, qui existent par eux-mêmes dans leur propre monde. Dans le chamanisme, on les appelle « les esprits ». En physique quantique, cela correspond aux champs d'information. Nikola Tesla, l'inventeur du courant alternatif, disait que si on comprenait cela, on comprenait tout. Par l'intention, par l'évocation, par la résonance, on peut faire venir ces champs lorsqu'on est chamane mais aussi quand on est patient. Ainsi dans l'*Approche Chamanique de la Thérapie* de Liliane Van der Velde, le soignant et le patient participent ensemble à la réception des esprits (ou des champs) qui viennent aider à la guérison. Ce sont des champs bienveillants issus de la conscience-amour de l'univers. Toute cette « mobilisation » des champs provient de la qualité de l'intention bienveillante de soigner avec l'intention d'augmenter plus l'amour en soi et dans l'univers en instaurant l'harmonie, l'ordre. C'est ce qu'on appelle « la néguentropie ». Par l'intention de soigner avec amour, par résonance, on ne risque pas d'attirer des esprits malveillants ou farceurs comme cela peut être le cas dans certaines pratiques de spiritisme. Dans le chamanisme, il y a le monde des esprits compassionnés. Le monde d'en haut est celui des guides pour des questions plutôt spirituelles et le monde d'en bas est celui des esprits animaux.

Selon vous, « nos corps et notre ADN reçoivent de la lumière, des biophotons et dans l'univers, la lumière semble synonyme de conscience, amour, vie ». Est-ce sur ces fondamentaux que la thérapie par la conscience s'appuie ?

Olivier Chambon : la conscience est une substance immatérielle. Mais elle a des facettes telles que la lumière, l'amour, la joie et la connaissance. Les gens qui font des expériences de mort imminente (EMI), quand ils sortent de leur corps, ils sont accueillis par une lumière pleine d'amour. On ne sait pas si c'est un amour lumineux ou une lumière aimante. Et quand on est à l'intérieur de cette lumière, on accède à toute la connaissance du monde. C'est le contact avec la grande Conscience. Pour ce qui est des biophotons, c'est la représentation lumineuse de la conscience. Un biophysicien allemand (Fritz Popp) a montré que pendant un soin thérapeutique, le champ biophotonique du guérisseur augmente et se transmet au patient qui, lui-même, augmente son flux biophotonique. De plus, certaines personnes qui reviennent d'une EMI disent que la lumière les a guéris et parfois développent des capacités parapsychologiques et deviennent eux-mêmes des guérisseurs. La lumière est vraiment associée à l'élargissement de la conscience. D'ailleurs, lorsqu'on est dans un état rétréci de conscience, on est dans une sorte de tunnel un peu sombre. On peut rester toute la vie dans le tunnel ou bien de temps en temps apercevoir de la lumière au bout de ce tunnel et même en sortir. C'est le contact avec la néguentropie de la conscience qui soigne l'entropie[37] à l'origine de la souffrance. Rappelons que la néguentropie[38] remet de l'information, de l'ordre et de l'harmonie, là où on est en train d'en perdre dans ce qui est en train de mourir, de perdre sa forme, de se décomposer, de perdre son organisation systémique. Ainsi la conscience est un grand facteur de néguentropie dans la mesure où elle remet en vie ce qui est en train de décliner, de s'atrophier ou de se scléroser.

37. Voir lexique.
38. Voir lexique.

Comment expliquez-vous les freins, en France, à cette médecine alternative qui est souvent considérée comme du charlatanisme ?

Olivier Chambon : il y a encore un gros problème avec les universitaires français qui sont beaucoup dans l'idéologie matérialiste. En tout cas, ils sont obligés d'y rester parce que les programmes de recherche ne sont financés que s'ils respectent ce dogme matérialiste. En France, on dit souvent qu'on est le pays de Descartes, le pays des Lumières, le pays de ceux qui raisonnent beaucoup. C'est peut-être aussi parce que la France a été le premier pays à vraiment séparer la religion de la science, à juste titre d'ailleurs, car c'était une époque où la religion sclérosait la science et la maintenait dans des limites qu'il lui était interdit de franchir. Mais on a jeté le bébé avec l'eau du bain car on a alors condamné en même temps la spiritualité qui, elle, n'est pas dogmatique, qui ne demande pas de passer par des institutions et des prêtres. Au contraire, la spiritualité ne mène pas à des croyances mais à une connaissance, un savoir qui vient de l'expérience directe. La science postmatérialiste par le biais de la conscience fait un pont entre la science et la spiritualité. Ainsi on peut expliquer des phénomènes qu'on ne peut pas comprendre avec le paradigme matérialiste. Et cela est possible grâce à la physique quantique, à l'astrophysique et aux différentes sciences de la conscience (comme la parapsychologie et l'étude des EMI par exemple). Ces médecines présupposent que la raison ne contrôle pas tout, mais que la conscience et l'intuition sont au centre des vraies découvertes. Et elles s'appuient sur l'invisible. Mais en France, on a une phobie des états de conscience élargie et de tout ce que cela implique de remise en cause de la domination de la seule « raison rationalisante ». Il y a deux mondes qui restent pour l'instant hermétiques, parallèles, qui séparent les scientifiques matérialistes des scientifiques postmatérialistes. Mais c'est en train de se décloisonner et votre livre y participe, donc bravo à vous deux !

Nous remercions Olivier Chambon de considérer que notre livre participe au décloisonnement de la science. Pour reprendre ses termes « **la science post-matérialiste par le biais de la conscience fait un pont entre la science et la spiritualité** ». Ce nouveau paradigme nous permet de mieux comprendre les fondamentaux de la médecine traditionnelle chinoise. Cette médecine holistique repose sur des principes beaucoup plus complexes que le simple bien-être qu'elle est supposée apporter.

La Médecine Traditionnelle Chinoise, un art millénaire « cerveau droit »

Christophe Enderlin est praticien en médecine traditionnelle chinoise depuis 1996, Vice-Président de la Fédération Nationale de Médecine Traditionnelle Chinoise (FNMTC) et formateur au sein du Collège SFERE – Énergétique Traditionnelle Chinoise. Il a créé le site Internet *Chenmen* qui transmet des informations sur la Chine traditionnelle, sur la médecine traditionnelle chinoise, l'astrologie, l'astronomie, le Feng Shui, le Yi Jing, la littérature, la calligraphie, la peinture chinoise, la réflexologie, etc. Nous l'avons interviewé pour qu'il nous éclaire sur l'une des plus anciennes traditions de l'humanité, un art médical qui repose sur une totale adéquation entre le macrocosme et le microcosme et qui incarne une vision « cerveau droit » de la place de l'homme dans l'univers. Contrairement à la vision matérialiste de la médecine occidentale qui considère le corps comme un mécanisme biologique, la médecine traditionnelle chinoise rejoint la physique quantique qui stipule que notre organisme est composé presque intégralement de vide (ou énergie).

Interview de **Christophe Enderlin***, praticien en Médecine Traditionnelle Chinoise, vice-president de la Féderation Nationale de Médecine Traditionnelle Chinoise (FNMTC)*

Pourriez-vous nous éclairer sur les fondamentaux de la médecine traditionnelle chinoise ?

Christophe Enderlin : les principes fondamentaux de la médecine traditionnelle chinoise ont été élaborés il y a plus de 4 000 ans. L'application du Yin et du Yang, la cartographie des méridiens et de l'énergie vitale, le maniement de l'aiguille ont été décrits dans le *Huang Di Nei Jing* (le *Classique interne de l'empereur Jaune*) qui est le plus ancien et le plus important traité de médecine traditionnelle chinoise (MTC)[39]. Cette médecine s'enracine dans la pensée ancestrale chinoise, en particulier le taoïsme. Cette philosophie tente de comprendre l'être humain et sa place dans l'univers (l'interaction entre l'univers, la Terre et ses saisons et l'Homme). Le taoïsme nous dit que l'être humain est le microcosme du macrocosme. Bien avant Copernic, les Chinois ont compris que la Terre était ronde et qu'elle tournait autour du soleil. Dans leur quête de l'origine de la création, ils ont employé différentes méthodes, pour certaines encore mystérieuses aujourd'hui, pour comprendre le monde qui nous entoure. Cette philosophie de vie n'est pas une religion dogmatique. Elle génère une pensée libre pour une vie en harmonie avec son environnement. Selon le taoïsme, le TAI YI (l'innommable ou l'insondable) est au commencement de tout. En parallèle, les Chinois ont aussi développé une pharmacopée, une diététique (considérant que 50 % des pathologies sont liées à l'alimentation), une médecine de l'habitat (le

39. Il se compose de deux parties : le *Suwen* (Questions élémentaires) et le *Lingshu* (Le Pivot de l'esprit). Chacune des parties comprend 9 volumes, avec au total plus de 800 000 sinogrammes. Ce patrimoine documentaire est considéré comme le texte médical fondamental et le plus représentatif à partir duquel la MTC a été systématiquement enregistrée, normalisée, développée, reconnue et est aujourd'hui pratiquée.

Feng Shui) puisque le lieu de vie fait partie intégrante de l'équilibre, les massages et une gymnastique chinoise. Le tai-chi-chuan ou tai chi (ou taiji quan) est un art martial chinois dit « interne » souvent réduit à une gymnastique de santé. Il peut aussi comporter une dimension spirituelle. Il a pour objet le travail de l'énergie (appelé Qi) permettant la reconnexion avec soi-même afin de ne plus être dans un système centrifuge (qui nous disperse) mais centripète (qui nous ramène vers notre centre). Les Chinois ont ainsi développé cinq piliers principaux : l'acupuncture-moxibustion, la pharmacopée, la diététique et les techniques corporelles (massage Tuina) et exercices Qigong, Taijiquan.

L'acupuncture s'attaquerait à la cause et non pas aux symptômes de la maladie... Comment cela se passe concrètement ?

Christophe Enderlin : l'acupuncture ne « s'attaque pas à ». « S'attaquer à... » est une notion très occidentale, nullement orientale. Au contraire, la pratique de l'acupuncture va plutôt permettre de comprendre pour dénouer la cause, la libérer, l'évacuer, l'accompagner vers la sortie. L'acupuncture réveille et stimule l'énergie défensive de l'organisme. L'acupuncture recentre, reconnecte, renforce le bien afin qu'il puisse, et lui seul, s'attaquer et lutter contre le mal (le mal, c'est le pas encore bien). Cette pratique élabore son raisonnement diagnostique et thérapeutique sur une théorie holistique. Les maladies sont liées à une perturbation de l'équilibre énergétique. La thérapie repose sur la stimulation de points spécifiques de l'organisme afin de rétablir la bonne circulation de cette énergie (le Qi) à travers le corps. Cette stimulation est principalement effectuée via l'implantation et la manipulation de fines aiguilles. L'acupuncture traditionnelle est basée sur des concepts vitalistes, son corpus diagnostic et thérapeutique est fondé sur une vision énergétique de l'homme. Un praticien ne pose pas un diagnostic médical traditionnel mais il élabore un bilan énergétique. Cette énergie, le Qi, se caractérise en yin et yang. L'un ne peut pas exister sans l'autre. Ils sont indissociables, comme le jour et la nuit, le chaud et le froid, etc. C'est le même Qi, qui circulant dans l'univers, fait l'alternance du jour et de la nuit ou l'alternance des saisons, qui va circuler dans le corps humain, normalement de façon harmonieuse, sans blocage, sans contresens. Le point d'acupuncture est un lieu privilégié sur la peau qui permet d'accéder à cette énergie, puisqu'à cet endroit l'énergie est plus concentrée et plus superficielle qu'en d'autres endroits du corps.

Les thérapies holistiques reposent sur la dualité incontournable matière/vibration. Dans le chaos de la transition, la majorité des humains résiste à ce nouveau paradigme qui stipule que la matière et l'esprit ne font qu'un, certains se questionnent et d'autres ont déjà basculé dans ce nouveau système de valeurs. Ces derniers assainissent leur rapport au vivant et sèment les graines d'un nouveau monde.

Chapitre 5

Réenchanter le monde avec les alchimistes des temps modernes

■ Résumé

Comment se relier au vivant, à son cerveau droit, après l'enlisement de quatre siècles de rationalisme ? Nous avons récolté le témoignage de cinq personnes qui se sont connectées à leur cerveau intuitif et émotionnel, d'anciens cadres dynamiques qui ont choisi la voie du réenchantement : celle de l'individuation jungienne ou de l'unité spinoziste, et que nous avons appelés les nouveaux « alchimistes ». Oui, une autre voie est possible !

Témoignages de Christine Bach, fondatrice du cercle littéraire « Le Rendez-vous Rive Gauche », du fondateur de la chaîne YouTube Esprit 2.0, de Stéphanie Agis, coach holistique et fondatrice de la chaîne YouTube Neferu-Neith, d'Amandine Jacquet, coach holistique et énergétique et d'Audrey Chapot, anthropologue hybride et spécialiste des transitions de vie et des évolutions sociétales.

Dans *Surgissement d'un nouveau monde*[40], Marc Luyck Ghisi considère que « la société de la connaissance[41] va établir les lettres de noblesse du cerveau droit ». **Notre livre trouve un écho considérable dans sa citation : « La société industrielle nous demande des prestations du cerveau gauche depuis des siècles. Si bien que pour finir, le système éducatif a fini par s'y résoudre et en abandonnant ses visées humanistes, il a commencé à pousser de plus en plus les prestations du cerveau gauche et à réprimer systématiquement les velléités du cerveau droit.** Puis tout à coup, les gurus de la société de la connaissance viennent nous demander de la créativité pour créer de la connaissance en réseaux. C'est la panique car la créativité a été complètement étouffée. Le but est d'arriver à un rééquilibrage entre les deux cerveaux. »[42]

Fort heureusement, en ce moment charnière de l'histoire de l'humanité, un nombre croissant de contemporains établissent une communication harmonieuse entre leurs hémisphères droit et gauche. Ils enrichissent leur pensée rationnelle et logique dite « cartésienne » par leur intuition. Ils se reconnectent à la Nature et à leur nature profonde, à leurs émotions et à leur corps mais restent en même temps attachés à la rigueur d'un monde qui a évolué par la science. Ils incarneraient un phénomène de société, celui des *créatifs culturels* définis dans une étude de Paul H. Ray[43].

40. LUYCKX GHISI Marc, *Surgissement d'un nouveau monde, Valeurs, vision, économie, politique, tout change*, L'harmattan, 2010, seconde édition 2021.
41. Peter Drucker dans *PostCapitalist Society* p. 42, explique sa vision de la société de la connaissance : « En effet, la connaissance est l'unique ressource qui ait du sens aujourd'hui. Les facteurs de production traditionnels – la terre (c'est-à-dire les ressources naturelles), le travail et le capital n'ont pas disparu, mais ils sont devenus secondaires. Ils peuvent d'ailleurs être obtenus facilement, à condition qu'il y ait de la connaissance. Et la connaissance, dans cette nouvelle acceptation, signifie la connaissance comme une matière première (*utility*), la connaissance devenant un moyen d'acquérir des résultats sociaux et économiques ».
42. *ibid.*
43. H. RAY Paul, *L'émergence des créatifs culturels : enquête sur les acteurs d'un changement de société*, Yves Michel, 2001.

Mus par une nouvelle conscience, ces pionniers sèment en silence les graines d'un « nouveau monde ». En cultivant la terre par la permaculture, ils redécouvrent le caractère sacré de la Nature. Très engagés pour le climat, ils privilégient un habitat qui ne pollue pas et visent une autonomie énergétique et alimentaire pour mieux préserver les écosystèmes.

Partout dans le monde et en France en particulier, émergent des éco-lieux qui reposent sur des valeurs d'entraide, de solidarité et de résilience (oasis, colibris, les pas-sages, les phares…). Des informaticiens, des enseignants, des maîtres d'œuvre, des ouvriers polyvalents, des artistes, des éducateurs, des chefs d'entreprises, tous œuvrent localement main dans la main pour un projet partagé.

Des innovations pédagogiques émergent comme la fondation SEVE ou les écoles démocratiques.

Des podcasts et des chaînes You Tube consacrés à l'éveil de la conscience fleurissent sur Internet (métamorphose, la télé de Lilou,…) mais aussi des festivals de spiritualité (méditation France, les nouveaux mondes, du chamanisme, du yoga, du tantra, du masculin et féminin sacré), des revues innovantes (Happinez, Inexploré...), des méthodes de communication (méthode ESPERE, communication non violente, communication transformative...), des pratiques d'épanouissement (danse des 5 rythmes, biodanza, danse de la vie, Joÿa...).

En quête de sens, ces hommes et ces femmes se reconstruisent par un travail intérieur. Ils prônent une réconciliation entre les spiritualités des grandes traditions d'Orient et d'Occident. Ils s'ouvrent à l'invisible, à l'énergétique, à la médecine holistique et à la naturopathie. Ils changent de métiers pour un meilleur alignement avec eux-mêmes. Ils ouvrent leur esprit et éveillent leur conscience à des réalités plus subtiles. Ils se métamorphosent par la transformation du plomb de l'ego en or de l'âme. Ils suivent un cheminement long et tortueux mais qui les mènent vers les cimes d'un bonheur authentique. Ils inspirent un nouvel élan de liberté.

Ces *alchimistes des temps modernes*[44] sont les créateurs d'une nouvelle Terre.

Dans les lignes qui suivent, la parole est donnée à cinq personnalités qui incarnent cette nouvelle manière d'être au monde. Par la magie de la vie, nos chemins se sont croisés lors de notre aventure livresque. Nous écrivons cet ouvrage à la manière taoïste « en sachant attraper le Qi qui passe ». Cela relèverait-il de la loi de l'attraction ou d'un simple phénomène vibratoire ? Laissons le mystère opérer. Nous avons voulu vous présenter leur parcours initiatique pour atteindre ce Graal tapi en chacun de nous.

Cheminer vers soi

C'est avec Christine Bach que nous inaugurons cette série d'interviews consacrée à la démarche spirituelle des *alchimistes.* Elle est la fondatrice du cercle littéraire « Le Rendez-vous Rive Gauche » et du prix littéraire « Marco Polo Venise ».[45] En quête de soi depuis la perte tragique de son compagnon, elle s'est plongée dans un travail introspectif qui l'a mise sur un chemin d'étude de la psychologie jungienne, de la philosophie et de toutes les religions. Forte des rencontres qui ont jalonné son parcours initiatique, elle a eu le désir de transmettre les fruits de ses pérégrinations comme une sorte de résilience.

---

44. C'est le néologisme que nous avons choisi pour illustrer le travail introspectif des créatifs culturels. Leur démarche spirituelle est développée au travers des cinq interviews de ce chapitre.
45. Ce prix littéraire franco-italien est soutenu par l'Ambassade d'Italie à Paris et celle de France à Rome. Il est attribué à un roman italien publié en langue française. Sa singularité réside dans la récompense de l'écrivain et du traducteur. Comme le rappelait Umberto Eco, « la traduction est la langue de l'Europe ». Placé sous le signe de la connaissance et de la richesse de la culture italienne, ce prix répond à l'esprit de Marco Polo par des échanges intellectuels et artistiques entre la France et l'Italie. Depuis 2021, cet événement culturel qui se déroule chaque année à Venise, est désormais partenaire d'Atlas (Collège international des traducteurs littéraires) et il est soutenu bilatéralement par les maires de Venise et d'Arles.

Interview de ***Christine Bach****,* *fondatrice du cercle littéraire* *« Le Rendez-vous Rive Gauche »* *et du prix littéraire « Marco Polo Venise »*

Que vous inspire l'émergence d'une spiritualité « dite laïque » au sein de l'Occident au XXIe ***siècle ?***

Christine Bach : je voudrais porter un regard critique sur le concept de « spiritualité laïque » qui est à la mode aujourd'hui. Je le considère comme un oxymore[46]. Aujourd'hui ce concept est employé pour distinguer spiritualité et religion mais c'est impropre. La spiritualité ne peut pas être de fait « laïque » dans la mesure où nous sommes dans un chemin spirituel soit par l'étude de textes sacrés, voire de la religion soit par l'étude de la philosophie. Nous pouvons être spirituels sans croire en un Dieu qu'il soit catholique, orthodoxe, protestant, juif ou musulman. Je peux croire en la nature. Je peux croire au cosmos, en l'univers. Pour bien comprendre cette nouvelle spiritualité qui émerge, je souhaiterais d'abord évoquer la sagesse car la sagesse et la spiritualité sont très proches dans la démarche personnelle de l'individu. Dans la Grèce antique, c'est une philosophie de vie qui concerne deux domaines : le premier est la recherche d'une rationalité de la vérité (comment comprendre le monde avec l'astronomie et la physique ?). Le second repose sur une quête personnelle (comment s'harmoniser avec le monde ? Comment réussir sa vie ?). C'est ce que l'on appelait à l'époque : « une vie bonne ». La sagesse - comme la spiritualité - est la pratique d'une éthique personnelle de vie qui demande une progression et qui ne s'appuie sur aucun système de croyance collective. Alors que la religion s'appuie sur un dogme, la spiritualité s'appuie sur un idéal : celui de quitter la loi de l'ego du mental par une introspection. Comment ? Il a y plusieurs chemins : celui de la lecture des concepts

46. Voir lexique.

philosophiques : philosophie de la joie, du doute, des critiques, des sceptiques mais aussi celui de l'introspection psychologique et là on se rapproche de la psychanalyse. En philosophie, c'est Spinoza au travers de l'œuvre de sa vie *Éthique* qui a été précurseur de cette psychologie des profondeurs comme elle a été définie par Jung. Au XVIIe siècle déjà Spinoza a donné le ton et Jung au XXe siècle, par un cheminement personnel, a mis en avant cette nouvelle façon d'aller vers Soi avec un grand S et de bien se connaître. Toutes ces démarches ont une finalité : celle de m'accorder au monde, ma présence au monde, car je suis incarnée. Mais le risque parfois, quand on se met sur un chemin spirituel - et je mets un bémol sur tout ce qui est « New Age » - c'est de perdre pied et de perdre son incarnation qui est la nécessité de s'adapter à la dualité. C'est ce que Jung a bien mis en avant entre l'ombre et la lumière comme les deux faces d'une même pièce. Pour nous, il est nécessaire de trouver cette voie médiane, paradoxale qui permet de révéler qui je suis en mon âme, quelle est la raison pour laquelle je me suis incarnée pour vivre en harmonie tant avec moi qu'avec le monde.

Pensez-vous que la crise sanitaire que nous traversons accélère une élévation de conscience collective ?

Christine Bach : je le souhaite. Le premier confinement est arrivé à un moment où nous étions au bout d'un système qui faisait souffrir beaucoup de personnes en raison de cette mondialisation et de cette hyperconsommation. Et c'est toujours difficile de changer un système lorsqu'il est en route. Donc cette crise va permettre une réflexion utile car cela devient urgent de changer de monde. La Terre a parlé. Mais cela suppose d'y croire. Nous sommes dans les prémisses d'un changement car je ne pense pas que ce tournant s'opère en claquant des doigts. Il était nécessaire d'appuyer sur « pause ». S'il n'y avait pas eu tous ces supports médiatiques via les réseaux sociaux, nous n'aurions pas su ce qui se passait. D'un seul coup, comme nous sommes tous connectés, le monde entier a appuyé sur « pause » en même temps. D'où le message qui est encore plus fort. Je pense que l'Univers, la Terre nous ont envoyé un message : « Attention, vigilance ». D'ailleurs on a eu des résultats : la glycine n'a jamais été aussi odorante, l'eau était claire à Venise. D'un seul coup, notre regard a changé sur le monde, sur notre nature. Ce qui veut dire que nous sommes à un moment de notre humanité où nous nous posons la question suivante : comment faire pour qu'un groupe plus éclairé qui porte l'amour au cœur soit majoritaire ? C'est le défi que nous devons relever dans les prochaines années.

Le sens caché des religions, une vision « cerveau droit » de la spiritualité

Pour poursuivre notre réflexion sur cette nouvelle spiritualité au-delà des dogmes, nous avons rencontré le fondateur de la chaîne YouTube Esprit 2.0[47]. Ses vidéos de très grande qualité nous offrent une interprétation symbolique des textes religieux, des mythes et des concepts philosophiques. Son approche analogique caractéristique d'un « cerveau droit » apporte un éclairage inédit sur la nature de l'évolution humaine. Nous l'avons interviewé pour qu'il nous parle de son parcours et de ce que recèle ce mystérieux *sens caché des religions.*

Interview du ***fondateur de la chaîne YouTube Esprit 2.0***

Comment votre trajectoire de vie vous a-t-elle mené à créer la chaîne YouTube Esprit 2.0 ?

Esprit 2.0 : mon histoire est celle d'un ingénieur qui se révolte parce que son métier et sa vie ne font plus sens. C'est ce manque de sens qui provoque un mal-être existentiel. Il se dit : « Je vais écrire un livre ». Tout a commencé ainsi. J'étais entrepreneur et je voulais faire autre chose. Je me suis dit qu'un livre pouvait ouvrir une porte, apporter de l'air frais, donner l'occasion de faire des conférences, se lancer dans une nouvelle voie professionnelle enthousiasmante... Ma vie ressemble à

47. Il a souhaité garder l'anonymat.

un parcours initiatique. Je suis arrivé en France à 16 ans pour fuir la guerre Iran-Irak. J'étais seul. J'ai dû repenser les choses très tôt dans ma vie. Quand vous vous expatriez jeune, toute la table des valeurs est renversée. Vous vous sentez perdu dans une nouvelle culture. Ça force à réfléchir. Je venais d'un milieu spirituel de par ma culture Iranienne baignée par le mysticisme, mais aussi influencé par mon père. J'ai donc été très tôt baigné dans un questionnement existentiel. J'ai cherché une quinzaine d'années les clés de la spiritualité dans les livres et dans les mouvements initiatiques, tous stériles, dévoyés et inauthentiques à mon goût. Un jour, je suis tombé sur les vidéos d'un pasteur suisse, Charles Rittmeyer, et là ce fut une révélation. C'est un théologien atypique qui a été excommunié, ce qui est bon signe. Son interprétation de l'ésotérisme de l'Évangile est d'une logique initiatique implacable. J'ai acheté tous ses DVD et me suis nourri avec avidité de ses travaux. Pour cela, j'ai arrêté de travailler pendant un mois. C'est à ce moment-là que tout s'est éclairé comme une sorte d'éveil. Ce fut ma porte d'entrée vers une véritable spiritualité. Paradoxalement, alors que je m'étais abreuvé de lecture occidentale, la découverte de Charles Rittemeyer m'a ouvert la voie vers l'Iran avec des penseurs mystiques comme Rûmi que j'ai eu la chance de lire dans ma langue maternelle. Plus j'avançais dans ce monde spirituel iranien, plus le décodage du symbolisme des textes sacrés devenait simple et limpide. Cela m'a permis de verbaliser de manière simple des choses très complexes. Puis est venu le moment où j'ai eu le désir de transmettre toutes les connaissances que j'avais acquises. Je considérais qu'il était dommage que les Occidentaux n'aient pas accès à cette pensée-là. Et c'est alors que l'idée de la chaîne YouTube s'est imposée à moi.

Bravo pour votre chaîne. Vos vidéos sont formidables. Elles révèlent le sens caché des religions. Pouvez-vous nous éclairer sur la quintessence de ce message ?

Esprit 2.0 : d'une manière métaphorique, on pourrait considérer le monde comme une espèce de poupée russe. La réalité n'est pas juste ce que l'on perçoit. Elle porte en elle-même quelque chose d'autre. Il y a ceux qui ne voient que la première enveloppe, et d'autres qui découvrent ce qui est caché en dessous. C'est ce que la chaîne tente de faire. Dans la cathédrale de Chartres, on voit une statue de Jésus-Christ tenant un livre ouvert, et ayant un livre fermé sur ses genoux. Tant qu'on n'a pas ouvert ce livre fermé, on ne peut pas comprendre le message spirituel des religions. Cette chaîne a pour vocation d'ouvrir tous les livres religieux et mythologiques fermés. Elle tente de révéler la signification des messages cachés de ces textes par le biais du symbolisme qui permet de craquer l'enveloppe. À l'intérieur du monde visible, il y a un monde caché. Et tant que nous ne l'avons pas découvert, nous marchons sur une jambe. Aujourd'hui ce qui manque à notre époque contemporaine qui s'est éloignée du sacré, c'est sa deuxième jambe. D'où cette notion d'éveil de la conscience que vous abordez dans votre livre.

Le problème est que « l'éveil de la conscience », c'est-à-dire la chose spirituelle, reste contaminé par son exploitation commerciale en fonction du public qui la reçoit. Par exemple, pour un public conservateur, l'esprit est déguisé sous forme de rituels, d'amulettes, de statuettes, de pèlerinage et autres carnavals moralisants. Pour un public progressiste, l'esprit est déguisé sous forme de contrefaçons méditatives, de relaxations soporifiques et de businessmen habillés en moine bouddhiste ou en intello New Age. Et pour un public éduqué, rationnel et circonspect, l'esprit a été dévoyé par la masturbation philosophique et un amas de concepts asséchés. Bref, depuis des milliers d'années, l'esprit est toujours phagocyté par toutes sortes de « docteurs de la loi ». Il y a un passage du nouveau testament qui illustre magistralement cette situation : « Malheur à vous, docteurs de la loi ! parce que vous avez enlevé la clef de la science ; vous n'êtes pas entrés vous-mêmes, et vous avez empêché d'entrer ceux qui le voulaient. » Cette chaîne est faite pour redonner cette « clef de la science » à un public rationnel, à la recherche d'explications concrètes et robustes. Et paradoxalement, la clef de la science utilisée sur cette chaîne n'est pas la raison, mais le symbolisme. Bien évidemment, on peut mettre n'importe quoi derrière les symboles. Mais lorsque les interprétations s'emboîtent et forment un tissu cohérent, lorsque l'on retrouve la même trame dans les textes chrétiens, juifs, musulmans et Indous, alors on peut soupçonner une petite vérité. Et c'est ce genre de démonstration qui peut ouvrir la porte de la spiritualité à un public rationnellement exigeant.

De la divergence entre le développement personnel et l'alchimie de l'âme

Ces *alchimistes* à dominance « cerveau droit » renouent avec des traditions spirituelles ancestrales. C'est le cas de Stéphanie Agis, la fondatrice de la chaîne YouTube Néféru-Neith[48] qui étudie depuis plus de 20 ans l'Alchimie ou Kémi égyptienne ainsi que l'astrologie humaniste. Sa métamorphose intérieure centrée sur les émotions, la connaissance de soi et le développement de la conscience l'a ouverte à un voyage spirituel dans les profondeurs de l'Égypte ancienne sans même avoir ouvert un livre. Il lui semble même avoir toujours connu ce passé antique qui est en lien avec la mémoire cellulaire, aujourd'hui aussi importante que les conditionnements que subit notre cerveau. Prendre conscience de nos mécanismes internes de transformation et de guérison, à partir de nos ressources intérieures, peut nous aider à libérer notre plein potentiel. Dans son témoignage, Stéphanie nous explique que ce travail de réparation holistique sur le corps, l'esprit et l'âme est une mise en lumière de nos schémas mentaux du Féminin-Masculin. Depuis notre petite enfance, nous n'exploitons pas ces énergies. Cette *alchimiste* propose des programmes d'accompagnement sur mesure et spécifiquement sur la mission d'âme, pour exercer un métier que l'on aime, se trouver ou se retrouver en toute authenticité.

48. La chaîne YouTube Néféru-Neith est d'inspiration alchimiste de l'Egypte ancienne et néo-platonicienne.

Interview de ***Stéphanie Agis****, coach holistique et fondatrice de la chaîne YouTube Neferu-Neith*

Pourriez-vous nous éclairer sur votre parcours initiatique ?

Stéphanie Agis : j'ai été formée sur les stratégies de gouvernance d'entreprises et les changements organisationnels pour devenir maître de conférences en MSO (Management des Sciences des Organisations). À cette époque-là, j'ai tenu des discours sur la psychologie positive. Quelle horreur ! C'était quelqu'un d'autre qui parlait. Puis j'ai occupé un poste de directrice de communication dans l'industrie pharmaceutique. Et à un moment donné pour éviter l'épuisement, j'ai questionné les RH sur la façon de former des personnalités qui avaient du potentiel et une vraie intelligence au cœur des projets. L'estime et la confiance en soi ne sont pas innées. Prendre des initiatives touche l'individuation au cœur de l'organisme ou au cœur de l'œuvre, notre propre œuvre. Intérieurement, je me rendais compte que les personnes n'étaient pas complètes, qu'elles ne se connaissaient pas tant que cela. Et je me confrontais à des formateurs qui me disaient : ce n'est pas un problème d'estime, c'est un problème de stress. C'est alors que toutes ces formations sur le leadership me sont vite devenues rédhibitoires. Ma sensibilité me conduisait plutôt à dire : allez chercher votre cœur. Ce qui m'animait était d'insuffler de la philosophie dans le management.

Comme nous faisions face à des réalités auxquelles nous n'étions pas préparés, j'ai été confronté lors de mes enseignements à des questionnements de jeunes adultes sur des métiers auxquels ils n'étaient pas entièrement formés. On leur apprenait qu'ils ne pourraient pas agir comme ils le souhaitaient et qu'ils n'étaient pas libres : regardez au loin la lumière mais n'y touchez pas. Ces conditionnements génèrent plus tard de la frustration qui provoque des clashs en entreprise et des burn-out. Ainsi, les anciennes pratiques de management m'ont poussée à claquer la porte du monde de l'entreprise car je n'étais plus en phase. Je ressentais un travail alchimique qui s'opérait en moi. J'étais dans une réconciliation et une fusion à la fois. Il fallait que je parte et surtout que j'étudie. Et je suis descendue dans ma caverne pour me réconcilier avec la foi et la raison. Quelque temps après, j'ai monté une agence de communication avec une amie sur la parité en entreprise en raison des obstacles qu'engendre la conception des femmes et des hommes dans le milieu professionnel. Et curieusement, seules les femmes nous rappelaient. Arrivée à ce stade de mon cheminement intérieur, je me suis dit comme les Égyptiens de l'Antiquité que « je n'allais pas avaler mon cœur », que je n'allais pas devenir quelqu'un d'autre. J'ai alors entrepris une analyse jungienne car ce monde ne me convenait plus.

Votre cheminement intérieur vous a conduite à créer une chaîne YouTube d'accompagnement et d'inspiration alchimiste de l'Égypte ancienne. Quels sont les ressorts de votre motivation ?

Stéphanie Agis : comme je m'intéresse beaucoup à la mystique et à l'alchimie entre le féminin et le masculin en nous, j'ai eu cette idée de chaîne YouTube pour proposer à mes auditeurs un accompagnement dans leur cheminement intérieur. Les jeunes générations ont bien intégré le fait qu'il y ait une énergie féminine et masculine en chacun de nous. La notion de genre est dépassée. Aujourd'hui, le terme « fluidité » est en vogue. Il faut s'adapter à cette mutation. À une époque où les hommes sont terrifiés par la performance des femmes, il ne faut pas sombrer dans la guerre des sexes, il faut travailler le juste milieu. Étant formée à des méthodes de communication, notamment à l'écoute de Carl Rogers sur la libération émotionnelle, j'ai commencé à écouter les gens tout simplement et je me suis rendu compte que les êtres ne s'aimaient plus. C'est une grande question aujourd'hui : aimer soi, aimer l'autre. Cela nous renvoie au discours de Socrate : aimer quelqu'un, c'est le rendre à lui-même dans son rayonnement. Finalement, on s'aperçoit qu'au niveau de l'individuation de l'être, on nous inculque tellement la performance que même en amour, conquérir sur des sites de rencontres, nous conduit à perdre de vue la conscience de ce que nous sommes. En réalité, quel est le but que nous cherchons ? Certes on ne peut pas s'éloigner de la collectivité. Les Égyptiens parlaient d'alchimie pour le mot « kémi ». C'était une façon de dire qu'ils étaient rattachés au groupe, au peuple. Malheureusement ce qui devrait nous rapprocher humainement nous éloigne encore plus. C'est important de suivre son cœur et de prendre conscience que chaque être est unique et fait partie d'un tout. J'incite les gens à s'interroger sur les idées reçues. Je me souviens être intervenue dans le milieu des médias. Il y a encore des métiers soumis à des conceptions archaïques des femmes et des hommes. C'est le débat de fond que j'essaie de mener. La relation à la dépendance est au cœur de mon accompagnement. On n'a pas besoin d'être dépendant du système. Le but du jeu, c'est de comprendre comment il fonctionne afin de tirer son épingle du jeu.

Face à l'engouement pour le développement personnel, pourriez-vous nous éclairer sur la divergence entre ce phénomène de société et l'alchimie de l'âme ?

Stéphanie Agis : je ne suis pas dans le jugement mais force est de constater qu'il peut y avoir des dérives dans le « développement personnel ». C'est la raison pour laquelle je conseille à mes auditeurs de faire d'abord un travail personnel. Cela peut se faire auprès d'une philosophie. J'encourage à étudier cette troisième voie à travers le tao, le bouddhisme ou l'hindouisme. Il faut commencer par tailler sa pierre pour avancer. Le gros souci du développement personnel, c'est qu'on vend de l'illusoire. On déguise encore l'estime de soi. La performance professionnelle exigée par la société ne fait pas que du bien, elle peut rendre dépendant. Pourquoi serait-on toujours obligé de se remettre en question au sein d'une institution alors que toutes les philosophies nous exhortent à sortir de la matrice pour avoir un regard extérieur ? J'ai été témoin tout au long de ma carrière du harcèlement moral des managers aux dents longues. Les sages de l'Égypte ancienne n'avaient pas cette connaissance du cerveau et du raisonnement. Ils préconisaient de suivre la vérité du cœur. De nos jours, nous avons perdu la notion de ce qui est bien pour nous. Je trouve que le développement personnel ne fait que travailler sur l'impuissance en réalité. Toutes les personnes qui me contactent en me disant qu'elles ont fait un travail en développement personnel, se sont senties in fine impuissantes. Le développement de soi est un cheminement de longue haleine qui se fait dans la vérité.

Peut-on comprendre que les limites du développement personnel résident dans le fait qu'il n'y ait pas de mort à soi-même ?

Oui, c'est tout à fait cela. Lorsque j'exerçais en entreprise, j'ai rencontré des femmes qui me demandaient de les faire travailler sur « la confiance» par une recette prête à l 'emploi. En réponse, je leur transmettais des bouquins de philosophie. Ce qui me touche encore beaucoup, c'est de pousser les gens à penser par eux-mêmes. Quand on fait un accompagnement de l'âme, il est intéressant de voir ce qui va se passer dans « le cabinet noir » : ce sont toutes les projections qu'on se fait de soi-même qui sont limitantes ou pas. Nous devons toutes et tous nous réconcilier avec notre part instinctive et le non manifesté en nous. Et surtout ne pas croire qu'il y ait un mode d'emploi ! Il y a plusieurs vérités, c'est une question de conscience. Je conseille de nous connecter à notre féminin. Loin des concepts féministes dont j'ai horreur, par féminin, j'entends notre rayonnement et notre capacité à nous relier au tout. Les Égyptiens de l'Antiquité travaillaient « l'œil gauche » et « l'œil droit » sans nommer le cerveau. Pour eux, l'œil droit correspondait aux rêves et l'œil gauche au pouvoir agissant. Par ce travail intérieur, ils considéraient qu'une personne était un oracle vivant.

Rallumer sa flamme

Amandine Jacquet est une amie de longue date. Son parcours initiatique incarne toute cette vague d'Occidentaux qui se relie à leurs émotions, à leur corps et à leur intuition. Ancienne directrice marketing, Amandine a vécu un éveil de conscience par le yoga Kundalini qui l'a conduite à se libérer de ses croyances et conditionnements. Un moment fort de son existence s'est produit pendant le premier confinement de 2020. Amandine nous a raconté son étonnante expérience au moment même où nous écrivions sur le chamanisme. Avec cette synchronicité étonnante, la transmission de son témoignage dans le présent ouvrage nous tenait à cœur. Amandine se consacre désormais à l'accompagnement des personnes et des organisations. Elle a créé NAMKA pour « rallumer sa flamme ». Confiance, énergie et enthousiasme sont ses maîtres mots.

*Interview d'**Amandine Jacquet**, coach holistique et énergétique*

Pourriez-vous nous faire part du chemin qui vous a mené à une voie d'éveil ?

Amandine Jacquet : c'est une vaste question car ce fut un gros réveil ! J'ai exercé pendant 15 ans dans le marketing et je suis devenue directrice marketing dans le secteur financier. J'étais plutôt de nature très rationnelle et j'aimais les sports extrêmes. L'action était au cœur de ma vie jusqu'au jour où j'ai commencé à éprouver de l'ennui dans ce que je faisais. J'ai alors changé d'entreprise. Et dans la période de transition, j'ai eu une envie irrésistible de voyager. Sur un coup de tête, je suis partie à Bali, seule, pendant un mois et demi. Cette destination de rêve s'était imposée à moi intuitivement. J'avais envisagé une première semaine de « *farniente* » dans un hôtel confortable pour me prélasser dans un spa. Quelle fut ma surprise lorsque je suis arrivée sur les lieux ! Je ne m'attendais pas du tout à vivre cette expérience. Je me suis retrouvée dans un centre de yoga thérapie. On devait se lever tous les matins à 6 heures pour faire du yoga jusqu'à 21 heures ! À l'époque, j'étais bien loin d'envisager ce genre de pratique. Et là je n'avais pas le choix. Je devais m'y mettre d'une manière assidue sans possibilité de faire autre chose. Les nombreuses séances de méditation ont commencé à m'éveiller à la voix du corps. À la première consultation, on m'avait expliqué que j'étais complètement déconnectée de mon corps. Mais j'ai commencé à ressentir de fortes émotions dès le milieu de la semaine. Tout au long de ce séjour, je n'ai fait que pleurer. Je suis revenue en France avec 4 kg en moins d'émotions. J'ai continué avec un job qui était dans la même veine et au bout d'un an et demi, j'ai reproduit le même schéma. Je me suis réveillée un lundi matin en me disant qu'il fallait absolument que je change. Mais je ne savais pas quoi faire. Ma passion naissante pour le yoga Jivamukti (classique) m'a donné l'envie d'en pratiquer lors d'un voyage. Et il m'est arrivé la même chose qu'à Bali : je suis tombée dans un stage de yoga Kundalini alors que ce n'était pas mon choix de départ. À l'époque ce type de yoga me faisait peur en raison du folklore qui l'entourait. Et là, ce fut une révélation énergétique ! Pendant 48 heures, j'ai ressenti mon énergie qui circulait de la tête aux pieds. Et je suis devenue une grande adepte de yoga Kundalini. J'en faisais 3 à 4 fois par semaine jusqu'à ce que cela devienne quotidien et que j'analyse le sens de chaque exercice. J'ai alors quitté mon entreprise avec pour objectif d'exercer un métier qui fasse sens. Le coaching s'est imposé à moi. J'ai suivi une formation qui m'a permis un travail en profondeur. Et je me suis sentie d'emblée à ma juste place dans l'accompagnement des personnes. Je me suis rendu compte qu'il y avait un lien entre les questionnements du coaching, les centres énergétiques et tout ce que j'avais appris depuis mon expérience à Bali. J'ai trouvé formidable de relier le coaching au vibratoire.

Doit-on comprendre que vous avez basculé en mode « cerveau droit » : les éléments du puzzle de votre cheminement se sont reconstitués et vous établissez dorénavant des liens entre différentes disciplines ?

Amandine Jacquet : c'est exactement cela. Mais sur le moment je ne comprenais pas trop ce qui se passait. J'étais dans mon « labyrinthe » comme on dit dans les courants initiatiques. C'était une question de vie ou de mort, ma trajectoire devait bifurquer, je ne pouvais plus continuer comme avant. Mais je ne savais pas par quoi commencer. Et j'ai suivi les signes ! Il n'y avait rien de logique dans mes expériences depuis Bali. D'ailleurs, cela faisait rire mon entourage tant j'étais éloignée de ce monde-là. Le Kundalini, qui était considéré comme la version la plus « perchée » du yoga, ne correspondait pas du tout à l'image que mes proches avaient de moi. Et le coaching, n'en parlons pas ! Mais tout cela est venu sur mon chemin. Lorsque j'ai commencé à coacher pendant ma formation, il me manquait quelque chose. Mais très vite, j'ai compris que toutes mes expériences énergétiques me permettaient de me mettre en résonance avec la personne. Ce qui pouvait paraître incohérent au départ se mettait en place naturellement. Je pense qu'avec le Kundalini yoga, j'ai réactivé une conscience. Quand je suis allée vers cette pratique, j'avais peur et pour moi, lorsque j'éprouve de la peur, c'est qu'il faut que j'y aille. Et dès la première séance, j'ai senti que cela bougeait en moi. C'était extrêmement puissant. J'ai alors été prise d'une soif de connaissance pour comprendre ce qui se passait. Je me suis lancée dans une croisade à la recherche du Graal. Et après m'être abreuvée de lectures, j'ai pris conscience que le yoga Kundalini était tout à fait naturel pour moi. Proposer des exercices ciblés à des personnes en fonction de ce qu'elles vivent coule de source...

Pourriez-vous nous préciser votre pratique d'accompagnement ?

Amandine Jacquet : je crois beaucoup à notre reconnexion « au féminin sacré ». C'est aujourd'hui devenu un mot-valise. Tout le monde y met sa propre définition. Je voudrais transmettre la mienne, celle qui vient de mon cœur, celle avec laquelle je vibre. Pour m'approprier ce terme, il m'a fallu deux ans de transformation. Pour moi, c'est la polarité féminine que nous avons en chacun de nous et qui nous connecte à notre cœur, à notre intuition, à être en capacité de recevoir. Le féminin sacré, c'est « l'être » avant « l'agir ». Une fois qu'on EST, on est libéré de tous ces dogmes et conditionnements, on a cette faculté à se reconnecter au sacré, à l'invisible, à nos émotions et à celles des autres. Tout le monde a cette capacité, ce n'est pas l'apanage des grands mystiques. C'est important de développer notre féminin sacré aujourd'hui car notre époque moderne a complètement annihilé cette part de nous-même qui nous relie au vivant. C'est se reconnecter à son corps et remettre son mental inférieur (siège des croyances limitantes) à sa juste place pour qu'il arrête de nous régenter. C'est ce qui me tient vraiment à cœur. Et c'est mon histoire. C'est ainsi que j'accompagne des personnes qui veulent changer de cap et retrouver un élan dans leur vie. Avec les outils à 360 degrés que j'ai acquis lors de mes expériences de management, de coaching, de thérapeute vibratoire transpersonnel et de pratique de yoga Kundalini, ma palette est adaptable en fonction de la personne qui se présente à moi. J'ai beaucoup d'amour et de respect pour tout le monde. Il y a des étapes que chacun de nous doit passer et il faut s'y adapter. Dans un monde très incertain avec la peur de mourir qui s'est réveillée et le chaos qui s'ouvre devant nous, je souhaite aider les personnes à se reconnecter à la meilleure version d'elle-même par une réactivation de leur créativité. C'est par ce chemin d'éveil que le monde changera plus vite pour se stabiliser avec un nouveau système de valeurs. Pour aller vers le mieux collectivement, il faut aller vers le mieux individuellement.

Déployer son plein potentiel

Notre série sur *les alchimistes des temps modernes* s'achève avec l'entretien d'Audrey Chapot que vous retrouverez dans la cinquième partie. Notre rencontre avec Audrey fut une véritable cure de jouvence. Ce sont ces jolis moments de l'existence qui se produisent à un carrefour de vie et qui vous aident à avancer. Audrey est anthropologue de formation, chercheuse indépendante et praticienne éclectique. Elle a créé son activité d'aide à la réflexion et de consultations en 2012. Par son aptitude à établir des passerelles entre différentes disciplines, elle fait partie de ces « touche-à-tout » qui se réinventent continuellement par leur grande créativité et ouverture d'esprit. Cette anthropologue qui se qualifie « d'hybride », décrypte notamment les transitions de vie et les évolutions sociétales, et plus largement ce qui influence nos comportements et nos décisions, en jonglant entre différentes approches.

*Interview d'**Audrey Chapot**, anthropologue hybride et spécialiste des transitions de vie et des évolutions sociétales*

Qu'est-ce qui se cache derrière « l'anthropologie hybride » telle que vous la pratiquez ?

Audrey Chapot : je m'appuie sur un socle d'expertise en anthropologie mais je me sens parfois éloignée des anthropologues académiques. D'abord parce que mon terrain principal est la société contemporaine (même si je crée sans cesse des ponts avec d'autres cultures). Ensuite parce que je ne partage pas la même vision qu'eux sur certaines théories, compréhension de rites, pratiques de soin et rapport au monde. Je constate que l' anthropologie universitaire s'inscrit encore trop dans une vision parfois dogmatique et dépassée de la discipline. Je suis complètement d'accord avec la méthodologie de l'observation participante mais pas toujours en phase avec le sens donné aux pratiques étudiées dans la mesure où l'orthodoxie de cette discipline maintient trop souvent une vision occidentale et assez hautaine d'observation plutôt que l'expérience à nu, sans a priori. Or les peuples premiers, par exemple, ont des conceptions (du soin, de la santé, des relations au vivant...) différentes, leurs pratiques s'inscrivent et sollicitent naturellement un « monde plus grand ». Nous avons beaucoup à apprendre d'eux, ce que je m'applique à distiller autant que possible. Malheureusement, notre civilisation occidentalisée reste encore sur le postulat que la réalité ultime est la matière.

Même si l'Occident est encore prisonnier d'une conception étriquée de la matière, ne pensez-vous pas que les mentalités changent ?

Audrey Chapot : en effet certains pays occidentaux ont même officialisé des recherches et des enseignements autour de pratiques « subtiles » plus tôt qu'en France. Par exemple, en Angleterre et aux

États-Unis ou même en Europe de l'Est, des écoles et universités proposent des cycles de formation sur ces sujets depuis un certain temps. L'université Paris 8 propose un nouveau DU sur les transes et états modifiés de conscience depuis la rentrée 2021. C'est assez paradoxal car ces pratiques font partie de notre patrimoine à tous. C'est un des points sur lequel je bataille régulièrement. Nos ancêtres n'ont pas attendu l'époque gréco-romaine pour exister. Les traditions celtes, par exemple, ont été oubliées. Les pratiques de soin et de guérison ancestrales, païennes, sont nombreuses mais pratiquées dans l'ombre dans nos régions depuis des siècles. On n'a pas forcément besoin d'aller chez les Papous ou au Pérou pour renouer avec les mondes subtils. Ce n'est pas une réalité spécifique aux pays qui nous sont exotiques. Cette réalité est universelle.

Quelle est votre pratique de l'invisible ?

Audrey Chapot : avant d'être une pratique, je dirai que c'est déjà un état d'être. Ma pratique professionnelle hybride intègre complètement aujourd'hui ce territoire du sacré et du subtil, que je gardais privé auparavant. Depuis toute petite, j'ai toujours eu des perceptions d'autres réalités, elles faisaient partie de mon quotidien et de mon intimité. Je voyais une vieille femme assise au pied de mon lit toutes les nuits. J'ai reconnu plus tard, en regardant des photos de famille, qu'elle était une ancêtre que je n'avais jamais connue. Vers 7 ans, en visitant la maison de Georges Sand, j'ai indiqué à ma mère l'emplacement que je savais exact de son bureau et lui ai dit que la pièce suivante serait un théâtre et ce fut un théâtre.

Vers 10-12 ans, je me suis plongée dans des lectures très éclectiques sur la mort, les spiritualités et une femme m'a initiée au yoga. J'ai pu expérimenter des sorties de corps et autres phénomènes déjà spontanément vécus dans ma chambre, sans en comprendre les mécanismes au moment. Grâce au yoga, j'arrivais à décoder le processus pour ces voyages et états modifiés de conscience et pouvais les provoquer comme je voulais. Puis vers 20 ans, je me suis coupée de ces sensations pendant une dizaine d'années. Je me sentais pourtant comme amputée de quelque chose. Et c'est venu me rechercher ! J'ai recommencé à percevoir régulièrement des présences et des messages. Sans le vouloir, je me suis rendu compte que je permettais des passages d'âmes aux défunts restés dans un entre-deux, quelque chose se passait tout simplement. Ces présences sont comme des mémoires trop denses et qui ont besoin d'être allégées. Dans ce qui se présente à moi, il s'agit d'un message à transmettre, ou d' émotions à libérer. Et puis, j'ai expérimenté des « voyages karmiques » qui m'ont donné d'autres clés. C'est comme s'il s'agissait d'univers temporels superposés permettant aux informations (ou aux mémoires) de circuler entre les étages temporels. Que ce soit pour moi ou pour quelqu'un d'autre, je me mets en disponibilité d'écho et capte des mémoires et des informations qui résonnent. De rares formations triées sur le volet, m'ont donnée des clés complémentaires. Mais l'événement décisif et le plus révélateur, est arrivé lorsque je me suis installée avec ma famille en Guadeloupe. Nous avons emménagé dans une maison où, dès le premier pas, je ne me suis pas sentie bien. Impossible de dormir la première nuit, je n'ai fait que pleurer. J'ai tout fait pour nettoyer et purifier les lieux que je sentais imprégnés. Sans résultat. Après 15 jours, j'avais les bras et les jambes en sang à cause de démangeaisons et de sensations de brûlures. J'avais l'impression de me consumer de l'intérieur. Ma peau restait constamment brûlante même après des douches glacées. Et j'ai commencé à avoir des visions de champs de canne à sucre, d'esclaves fouettés et brûlés vif par un incendie provoqué par le propriétaire dans le passé.

Doit-on comprendre que vous ressentiez ce que ces esclaves avaient vécu ?

Audrey Chapot : C'est ce que j'en ai déduit, avec cette sensation de brûler et c'était inquiétant. Et cet événement avait bien eu lieu, comme me l'a expliqué le descendant de cette famille, toujours propriétaire des lieux. Les détails qu'il me racontait correspondaient à ce que je voyais et ressentais depuis des semaines. Cet événement faisait écho à ma propre histoire et à nombre d'expériences de « voyages passés » : mon besoin systématique et incontrôlable d'être du côté des opprimés par exemple. À partir du moment où j'ai délibérément accepté l'idée que je captais ces histoires pour une raison réelle, mais que j'ignorais encore, j'ai alors commencé à comprendre « ce que j'avais à faire ». Très solennellement, j'ai demandé pardon au nom des blancs aux esclaves descendants africains qui avaient péri sur ce territoire, sans pouvoir revenir sur leurs terres natales. Nous avons déménagé au même moment et en 8 jours, toutes les plaies physiques s'étaient résorbées sans aucune cicatrice. Tout est spontanément rentré dans l'ordre, sans aucune gêne, ni aucune manifestation.

Votre témoignage est bouleversant...

Audrey Chapot: ce fut une sorte de révélation pour moi, combinée à la compréhension d'autres événements de mes lignées familiales. Des échanges précieux avec quelques rares personnes m'ont aidé à accélérer ma compréhension des faits. Les morceaux du puzzle éparpillés s'ajustaient enfin clairement. J'ai alors compris et accepté que les événements qui se présentaient à moi l'étaient pour aider à rétablir « un certain ordre naturel des choses ». Et c'est exactement ce dont il est question avec les personnes qui viennent à moi, qu'elles en soient conscientes ou non lorsqu'elles me contactent. Même lorsqu'elles me consultent pour des difficultés ou interrogations d'ordre purement professionnelles, la clé réside ailleurs : naissances et décès non conformes, identités perturbées, peuples opprimés, exils familiaux, ... J'interviens pour rétablir les situations et se réconcilier avec les mémoires du passé. Et cela a un effet transformateur et apaisant sur la personne, les événements auparavant récurrents, disparaissant.

Comment définir votre « métier hybride » pour faire un clin d'œil à votre dernier ouvrage[49] ?

Audrey Chapot: ce que je comprends aujourd'hui de mon parcours et de ma pratique, c'est que les approches rationnelles et subtiles se complètent à merveille, et qu'elles se dosent au mieux pour chaque personne et situation. Mon bagage anthropologique et mon vécu personnel de l'invisible créent une sorte de terreau fertile. Quelque chose s'impose à moi et passe par moi. Même si ma pratique est en perpétuelle évolution, mon rôle est double :

- A la fois en porte-parole pour contribuer à renouveler les mentalités, les comportements et les organisations nécessaires au changement de civilisation que nous sommes en train de vivre. Décrypter

49. CHAPOT Audrey, *Eloges des métiers hybrides*, Audrey Chapot, 2021.

nos conditionnements est une étape qui permet notamment de comprendre pourquoi tous nos repères et conceptions du réel transmutent et comment créer autre chose, où nous reprenons notre juste place en renouant avec la dimension sacrée que j'évoquais ;

- Et en réhabilitatrice d'une fluidité dans les parcours de vie (être bien avec soi et prendre soin de ses héritages pour être en mesure de faire ce que l'on a à faire !). Je me mets à l'écoute et retransmets ce qui me traverse afin de dénouer les situations, de mettre fin aux événements récurrents. Dans certains cas, l'étape suivante consiste à initier la personne à ses propres capacités subtiles, enfouies et qui n'ont qu'à être réveillées. Par des demandes et des voies très différentes, les situations courantes qui viennent à moi se révèlent toujours être en lien avec la réparation d'injustices individuelles ou collectives : les naissances et morts «non conformes», les identités déchues ou masquées, les situations d'exil et de peuples opprimés.

Dans un monde en pleine mutation, ces *alchimistes* s'inscrivent dans une quête d'un bonheur authentique. Mais comment pourrions-nous concevoir ce concept existentiel à l'aune de l'asymétrie cérébrale ? Notre cerveau droit pourrait-il incarner un autre rapport au bonheur ?

Partie 4

L'intelligence intuitive, un autre rapport au bonheur

Chapitre 1

Un bonheur occidental trop formaté ?

■ Résumé

Le bonheur est une recherche d'équilibre entre les injonctions de performance capitaliste liées à des siècles de rationalisme et les besoins de notre cerveau droit encore sensible à la nature et à la beauté du monde. Tout comme la théorie des intelligences multiples, il faut résister aux sirènes d'un bonheur uniforme qui nous aliène. Les bonheurs « mode d'emploi » procèdent d'une pensée « cerveau gauche » qui vise à tout maîtriser. Si on reprend la théorie des quatre bonheurs du psychiatre Christophe André, on distingue :

- *Les* ***bonheurs d'action et de sérénité*** *plutôt incarnés par le «* ***cerveau droit*** *» plus global dans la mesure où l'ego s'efface pour aller vers les autres et contempler ce qui nous entoure et,*
- *Les* ***bonheurs de maîtrise et de satisfaction*** *plus proches du «* ***cerveau gauche*** *» pour lesquels la satisfaction obtenue provient de la réalisation d'un objectif fixé.*

Notre livre fait le pari qu'une harmonisation entre nos cerveaux gauche et droit peut donner un nouvel élan à notre inclinaison au bonheur, *en s'initiant par exemple à l'approche spirituelle de la Joÿa, alliance de méditation, danse, créativité, rituels et parole intuitive, proposée par le philosophe* ***Bruno Giuliani.***

Témoignages de Maurice Corcos, chef du département de psychiatrie de l'adolescent et de l'adulte jeune, professeur de psychiatrie infanto-juvénile et psychanalyste et Bruno Giuliani, professeur agrégé et docteur en philosophie, maître en biochimie et créateur de la biosophie et de la Joÿa.

Le bonheur est aujourd'hui dans les mains de nouveaux gurus qui nous font miroiter des modes d'emploi miraculeux, des recettes faciles à digérer. Les livres sur le bonheur se multiplient comme des petits pains ou plutôt comme des boules à facettes à collectionner aux côtés de nos étagères Billy d'Ikéa. Le best-seller de Mo Gawdat intitulé *La formule du bonheur*[1] en est un symptôme. Cet ancien ingénieur de Google nous propose en toute humilité « l'équation » du bonheur… un peu comme la formule de la relativité d'Einstein. Est-il possible d'enfermer la notion du bonheur dans une équation ? Est-il raisonnable de vouloir imposer un bonheur algorithmique et uniforme à tous ?

Ce type d'ouvrage semble témoigner d'un excès de rationalisation du bonheur. Le bonheur ne répond pas toujours à une logique et peut être tout à fait inattendu. Ce phénomène reflète les dérives d'un excès de cerveau gauche qui cherche à tout maîtriser, y compris nos émotions. Comme s'il n'existait qu'une façon d'être heureux. Étant curieuse de nature (vilain défaut des cerveaux droits…), j'ai tout de même souhaité lire ce livre pour ne pas prendre le risque de rater l'équation du siècle… La lecture était fluide, mais aucune idée novatrice n'en est ressortie. L'auteur nous suggère simplement d'apprendre à nous « contenter » et d'avoir du recul par rapport aux évènements fâcheux… Ces conseils de bon sens s'apparentent aux préceptes des philosophes grecs et rappellent la notion de « juste milieu » d'Aristote. On y trouve des poncifs du style « Ce ne sont pas les évènements qui nous rendent malheureux, mais la perception que nous en avons ». Les stoïciens l'avaient déjà écrit avant Jésus-Christ.

Point nécessaire pour autant de sombrer dans le cynisme et de critiquer ces livres de développement personnel, il faut toujours saluer la bienveillance des auteurs qui nous veulent du bien. Mais il serait préférable qu'ils ne singent pas les préceptes qui nous ont déjà été légués par les Anciens.

En 2000, Pascal Bruckner publiait *L'euphorie perpétuelle*, un réquisitoire contre l'injonction au bonheur. La démocratisation du bonheur hérité du siècle des lumières est raillée : il y a trop de pragmatisme utilitariste dans cette quête d'euphorie. C'est comme le dévoiement à la sauce capitaliste du « deviens ce que tu es » de Pindare et de Nietzsche. Même au travail, on crée des métiers exotiques de *chief happiness officer* pour valoriser le bien-être en entreprise. On ose également mesurer le bonheur intérieur brut des pays… Comme le sou-

1. GAWDAT Mo, *La formule du bonheur*, Larousse, 2016.

ligne Francis Métier dans son livre *Liberté inconditionnelle*[2]. « Le bonheur est devenu une grande surface commerciale où poussent les rayons "joie", "bien-être", "connaissance de soi" ou "beauté". Nous sommes dans l'ère du "bonheur contenu" ». Ce bonheur consumériste est plus proche du « cauchemar climatisé» d'Henry Miller que de la joie prônée par Spinoza. Non, vous l'avez compris, le bonheur ne se réduit pas à de la consommation. Si nous réduisons notre bonheur à ce tonneau des Danaïdes, nous nous enfermons dans l'incessant mythe de Sisyphe: aussitôt un désir satisfait, qu'il faut repaître le prochain désir… Et ce cercle infernal est épuisant.

On ne peut pas en vouloir à la tendance de développement personnel qui est une réaction aux injonctions de performance que la société nous infuse en permanence: avoir un métier passionnant, de l'argent, des enfants parfaits tout en restant mince, au fait des dernières actualités, savoir cuisiner avec des aliments sans gluten, etc. Nous avons un stress de perfection qui vient nous titiller en permanence. Nous sommes dopés à la dopamine de la réussite et de la consommation. Nous y reviendrons dans le chapitre suivant qui porte sur les neurosciences.

Le bonheur est une recherche d'équilibre entre ces injonctions de performance liées à quatre siècles de rationalisme et les besoins de notre cerveau droit encore sensible à la nature, la beauté du monde, les émotions simples et positives. Le monde est complexe et le bonheur, un subtil équilibre.

Cette course à la perfection me rappelle (Marjorie) une histoire qui a marqué mon adolescence, celle d'une jeune fille « rangée » de mon lycée, qui avait songé à se défenestrer à cause d'une « seule » maudite note reçue en français en dessous de la « moyenne ». Cela m'avait vraiment interpellée. Même si ce n'était qu'une pensée suicidaire, je m'étais demandé: comment peut-on suspendre le fil de son bonheur à une note, à quelque chose d'aussi anodin? Qui plus est, par rapport à une moyenne? Le bonheur n'a rien à voir avec une moyenne et des statistiques. Mais l'esprit de performance irrigue nos veines dès les bancs de l'école. Si atteindre un objectif peut faire jaillir un bonheur fugace, nous savons que se comparer en permanence conduit à un malheur certain. D'où la triste destinée des Narcisses en quête d'une image inaccessible… D'ailleurs, tout comme le sont certaines formes d'intelligence, le « vrai » bonheur n'est pas mesurable. Vouloir le mesurer est une hérésie. Avant cela, encore faudrait-il le définir…

2. METIVIER Francis, *Liberté inconditionnelle,* Pygmalion, 2016.

Les échecs qui nous provoquent un dégoût si fort de l'existence sont le signe que la destination n'était pas pertinente. Il faut élargir sa perception du bonheur et avoir conscience qu'il existe différents types de bonheur. Oui, la bonne nouvelle est qu'il existe différentes façons d'être heureux. Un peu comme une télécommande, nous pouvons « zapper » et jongler avec les différentes formes de bonheur. Pour cette raison, les personnalités souples sont souvent plus heureuses, elles ne s'accrochent pas à ce qui fâche.

Comme la théorie des intelligences multiples, il faut résister aux sirènes d'un bonheur uniforme qui n'est pas le vôtre et qui vous aliène, et se méfier des interprétations très « premier degré ». Les contes de fées peuvent par exemple donner l'impression que l'on formate les petites filles à un bonheur de princesse, en les biberonnant aux « happy ends » des princes charmants. Mais en réalité, ces contes de fées regorgent de symboles captivants, hérités de la mémoire de l'humanité, qui permettent aux enfants de mieux se réaliser en dépassant les épreuves. Les contes ont une valeur éducative certaine et valorisent la vertu de l'échec. Les « happy ends » représentent la joie du dépassement et la réalisation de son « vrai » soi, ce qui est la voie de l'individuation jungienne. « Si l'on prend l'image de la princesse comme figure intérieure, cela signifie que la meilleure façon pour un homme de consteller son anima[3] ou de prendre contact avec elle est de produire des images (...). Par le moyen des images et des phantasmes, nous entrons en relation avec la psyché inconsciente »[4]. Comme l'explique la jungienne Marie-Louise Von Franz, les princesses et les princes sont avant tout des archétypes pour entrer en relation avec notre inconscient. Les animaux révèlent également une symbolique forte dans les contes, tout comme les sorcières et autres fantaisies fantasmagoriques. Simone de Beauvoir a peut-être trop sévèrement condamné l'image de la princesse dans *Le Deuxième sexe*, en y voyant qu'une consolation de sentiments narcissistes et des rêvasseries passives. La princesse est essentiellement un archétype, avant d'être un cliché poétique. Ainsi comme pour les contes de fées, le talent d'interprétation et la subtilité sont clé pour atteindre le bonheur.

Afin de prendre du recul sur ces injonctions d'un bonheur trop lisse et factice, nous avons souhaité vous livrer l'éclairage du docteur en psychiatrie

---

3. Selon Jung, l'anima est la représentation féminine dans l'imaginaire de l'homme. Il s'agit d'un archétype.
4. Marie Louise Von Franz, *La voie de l'individuation dans les contes de fées*, Edition La fontaine de Pierre, 1978.

Maurice Corcos qui est ennuyé de voir fleurir des milliers de *guidelines* et *reader digest* pour être heureux. Il y voit un risque : le conformisme (que l'on pourrait écrire : confort-misme) d'un pseudo-bonheur sans saveur où toutes les familles bienheureuses se ressembleraient. On dit que le bonheur n'a pas d'histoire, seul le malheur sait faire des différences. **Les bonheurs « mode d'emploi » procèdent d'une pensée « cerveau gauche » qui vise avant tout à maîtriser**. Ils uniformisent et « mécanicisent » notre potentiel individuel de bonheur.

Interview du Docteur ***Maurice Corcos****, chef du département de psychiatrie de l'adolescent et de l'adulte jeune, professeur de psychiatrie infanto-juvénile et psychanalyste*

Vous regardez d'un œil critique les psychiatres qui écrivent des recettes sur le bonheur. Comment expliquez-vous leur succès ? Nous défendons une vision plus protéiforme du bonheur, plus proche de celle de Spinoza ou de Jung. Vous qui êtes plutôt freudien, quelle serait votre conception du bonheur ?

Maurice Corcos : Freud, à qui on reproche son pessimisme quant à la condition humaine, est avant tout sceptique et lucide. Le bonheur, ce n'est pas le bien-être et c'est évidemment difficile à conquérir et à s'approprier. Tout le monde ne peut s'offrir le luxe d'avoir de « grandes douleurs », mais c'est parfois agréable de vivre un peu plus fort en étant triste... par exemple de vibrer à l'écoute d'une musique... L'important, c'est la texture... le timbre, l'authenticité du son et du sens plus que la qualité gaie ou triste de l'émotion. Même si on pleure, on peut pleurer de joie. Et inversement il est des joies douloureuses à force d'être intenses. Il faut savoir pouvoir passer au fil et au filtre de plusieurs émotions... de Schubert à Vivaldi. **Le concept du cerveau gauche/cerveau droit est une réalité, il existe des aires cérébrales pour la minutie, la maîtrise, l'intégration et le penser-classer et d'autres aires pour imaginer, associer librement, rêver, aller et contre aller avec la liberté**

fondamentale de se contredire. Et l'on se doit à soi-même d'avoir à disposition les deux : la maîtrise aussi rigoureuse soit-elle et la divagation aussi péremptoire soit-elle ; l'illumination de l'imaginaire et l'abat-jour de la raison. Personnellement, je suis intéressé par la culture, plutôt que par la performance, mais rien d'exhaustif ou de définitif dans ces choix, il faut accepter l'amitié des différences.

Le bonheur est-il une injonction liée à une société trop narcissique ?

Maurice Corcos : les années 50 étaient (rapporte-on) moroses d'être par trop encadrées quant à la transaction des mœurs. Les années 60 explosives (pétard mouillé ?). Dans les années 70 et 80 la liberté libre sans entraves et sans orientation a ouvert la voie de la destructivité via l'hubris et l'addiction. Plus de liberté s'est avérée déstructurant, pour ceux qui n'avaient pas les moyens psychiques d'en faire quelque chose de créatif et de mutatif, on s'est aperçu que le bonheur était une liberté qui avait besoin de calme. Les publicistes américains sont alors arrivés avec des méthodes de coaching pour encadrer les gens, leur donner une discipline pour accéder au bonheur. Un bonheur aseptisé parfumé d'un retour insidieux à un ordre moral (il faut mériter par l'effort). Et c'est là où, avec Freud et la nécessaire confrontation à ses conflits intérieurs pour se développer, je pose que le bonheur est une affaire strictement personnelle et infantile.

Vous dénoncez l'hypersanté et l'autoconsommation de notre société actuelle, pouvez-vous nous expliquer ces deux concepts ?

Maurice Corcos : l'hypersanté vient des États-Unis. La société américaine puritaine et performante à tout prix qui s'ennuie a donc inventé ce concept marketing... *amazing* ! Avaler des vingtaines de pilules pour être en pleine santé et vivre vieux. Les promoteurs postmodernes ont trouvé un créneau à l'image de nombreux autres qui fleurissent dans tous les marronniers de la presse. Pourquoi ça marche ? Cela fonctionne si vous y croyez. Nous sommes dans un système de croyance. Les croyances fausses mais psychologiquement vraies, peuvent être des médicaments. On vend des effets placebo, l'autoconsommation revient à consommer le vide des pluri-vitamines du bonheur... une consommation addictive qui ne se rassasie que de son manque. Les gens préfèrent souvent vivre leur illusion plutôt qu'accepter une vérité implacable. Les vendeurs de bonheur sont les concurrents directs des psys. Pour ces derniers pas très vendeurs, la vérité et le pessimisme existent et ce sont des moteurs de développement à ne pas négliger.

La « normalité » est-elle modèlisable ?

Maurice Corcos : le DSM-5 (le manuel diagnostic statistique (voilà le mot-clé) des troubles mentaux) a édicté et imposé des normes quantitatives universelles indépendantes de l'histoire et de la culture, et a créé de nouvelles pathologies remédiables cognitivement ou « justiciables » de traitements psychotropes. Son esprit (si esprit il y a) est organisé comme un code qui trouve instantanément des argumentations pseudoscientifiques pour donner un vernis de légalisation à toute décision. Mais dans les services de psychiatrie nous n'avons jamais vu que très peu de fous à lier. Nous avons rencontré des gens souffrants. À l'extérieur, nous avons en revanche quelques « fous » qui se veulent maîtres du monde et qui risquent de le détruire. Tout est relatif. **Les normopathes ne sont pas en hypersanté psychique, ils maîtrisent et cela convient mieux à la société de performance que l'Occident promeut.** L'évolution dîte favorable et tolérante des mentalités sur les maladies psychiatriques n'est qu'apparente... le désordre de la folie effraie toujours la population et fait le miel des politiciens de l'ordre à tout prix. Et si comme je le crois au tréfonds des notions de normes et d'équilibre qu'abrite le DSM, il n'y a que des algorithmes sans conscience ni émotion, alors l'ordre ainsi promu est totalitaire et ne rime à rien.

Vous avez écrit un livre sur Arthur Rimbaud : « l'adolescence violée »[5]. La poésie peut-elle nous sauver ?

Nous sauver? Non... ça, c'est toujours de surcroît... ce que peut faire une psychothérapie analytique, qui se refuse à être un conditionnement opérant, c'est nous permettre de nous réinventer à partir de notre passé immémorial, celui de notre prime enfance, celui où nous avons été plus ou moins reconnus en tant qu'être humain (hominisé et humanisé) où nous a été octroyée une valeur de sens dont notre vie

5. CORCOS Maurice, *Rimbaud et une adolescence violée*, L'esprit du temps, 2016.

future va dépendre, et des souvenirs que nous en gardons. Le travail consiste à faire une relecture des révisions sans révisionnisme d'un passé dont on s'aperçoit (comme pour un texte littéraire) qu'il peut être lu de plusieurs manières à différents moments émotionnels. Nous cocréons avec les patients à partir des fouilles du passé une fiction qui a du sens... et surtout ouvre à la pluralité du sens.

Même si nous pensons que le bonheur n'est réductible ni à une équation, ni à des modes d'emploi, il est possible d'en avoir une approche rationnelle pour mieux le cerner. Les philosophes ont tenté de le décrire malgré son caractère insaisissable. Les psychologues ont aussi réfléchi au rôle de nos émotions dans ce bonheur. Spinoza l'appelait « joie », Nietzsche « gai savoir » et Jung, « numineux ».

Notre livre fait le pari que la reconnexion entre nos cerveaux gauche et droit peut aussi donner un nouvel élan à notre inclinaison au bonheur. Comme il a été démontré dans la première partie de ce livre, plus on développe nos différentes formes d'intelligences, plus on accroît son intelligence, et sa capacité à être heureux. Et notamment avec les intelligences de type « cerveau droit » grâce à l'intelligence émotionnelle.

L'arc-en-ciel du bonheur

Souvent l'idée du bonheur est gâchée par le fait qu'on l'idéalise à l'excès en le réduisant à une image d'Épinal. Il faut détruire à coups de marteau cet *a priori* pour comprendre que le bonheur est composé de multiples facettes et qu'il doit être avant tout créatif. Sur ce point, le cerveau gauche séquentiel peut être utile dans cette déconstruction d'un bonheur trop formaté. Le vocabulaire du bonheur est protéiforme : joie, enthousiasme, rire, gaieté, contentement, épanouissement, ravissement, félicité, plénitude, béatitude, ataraxie… Tous ces mots sont inspirants et traduisent des formes de bonheur différentes. Même la créativité peut être une forme de bonheur car elle nous extirpe de notre moi trop monotone pour éclore vers l'extérieur. La plénitude exprime la complétude, soit la fin de la dualité, l'extinction de toute idée de séparation. On ne se sent ni seul, ni vide. C'est le contraire du néant et des systèmes binaires. La connaissance est aussi une voie qui conduit au bonheur : « la joie de la vérité », disait Saint Augustin.

Si l'approche du psychiatre Christophe André avec ses quatre types de bonheur est quelque peu schématique, cela permet de mieux comprendre les bonheurs symbolisés par le cerveau gauche *versus* ceux qu'incarnerait le cerveau droit. Et oser le pari de l'harmonie entre les deux !

Retour sur les quatre types de bonheur de Christophe André

Christophe André, dans son livre *Vivre heureux*[6], distingue quatre types de bonheur : le bonheur d'action, le bonheur de maîtrise, le bonheur de sérénité et le bonheur de satisfaction. « Savoir les identifier, les pratiquer et les savourer permet de renforcer notre capacité à nous sentir heureux ».

Les quatre formes de bonheur définies par Christophe André

	Causes externes (extraversion)	Causes internes (introversion)
Mouvement	Bonheur d'action	Bonheur de maîtrise
Contemplation	Bonheur de satisfaction	Bonheur de sérénité

Le bonheur peut se conceptualiser selon d'autres axes comme le bonheur d'être, d'avoir, de faire et d'appartenir, mais les quatre formes de bonheur de Christophe André sont intéressantes pour notre présent ouvrage car elles reflètent indirectement notre asymétrie cérébrale :

- les **bonheurs d'action et de sérénité** seraient plutôt « **cerveau droit** » dans la mesure où l'ego s'efface pour aller vers les autres et contempler ce qui nous entoure, ce bonheur est global et dans le partage. Par ailleurs, ces bonheurs s'expérimentent à l'instant présent et ne visent aucun objectif ;
- les **bonheurs de maîtrise et de satisfaction** seraient plus proches du « **cerveau gauche** » dans la mesure où la satisfaction obtenue provient de

6. ANDRE Christophe, *Vivre heureux*, Odile Jacob, 2004.

la réalisation d'un objectif fixé qui fonctionne comme un raisonnement séquentiel. « Je souhaite obtenir cette promotion, j'ai travaillé d'arrache-pied pour y arriver et j'ai atteint mon objectif, ce qui me réjouit ». La logique est implacable.

Christophe André ne crée pas de hiérarchie entre ces formes de bonheur : le plaisir n'est pas à proscrire, tout comme la spiritualité ou l'envie de réussir. Cela va dépendre de notre personnali té. C'est surtout l'équilibre entre ces quatre formes de bonheur qu'il faut avoir en tête, pour ne pas tomber dans le piège des excès de chaque forme de bonheur. À l'excès, un peu comme la chimie de notre cerveau, les différentes formes de bonheur peuvent nous faire perdre pied si elles ne sont pas en harmonie.

Être dans le bonheur d'action peut, par exemple, nous exposer à un excès de superficialité et de dépendance à autrui. On perd alors de vue le sens de notre existence et on se sent moins libre. Un excès de bonheur de satisfaction peut nous ancrer dans le matérialisme ou provoquer une aversion au risque. Et nous inciter à nous comparer en permanence avec les autres pour jauger nos résultats. Quand on est libre, on ne se compare à rien, puisque l'on s'affranchit des injonctions du surmoi « sois comme-ci, sois comme ça, sois parfait ». L'image du bonheur formaté qui vient des autres se heurte à deux maux : la comparaison et la jalousie. En témoigne la course aux likes des réseaux sociaux dénoncée par Elsa Godart dans son livre *Je selfie donc je suis*[7]. Le sentiment de compétition sociale tue à la fois la liberté et le bonheur.

Vous devez alors vous demander : avec le bonheur de sérénité, quel pourrait être le risque ? Puisque tous les sages de ce monde prônent ce bonheur de recul, de l'instant, de la gratitude ? Oui mais, tout de même, le monde ne serait pas devenu ce qu'il est si l'on se contentait de ce bonheur de sérénité. On ne peut pas passer son existence dans la passivité et le désengagement ! Ce bonheur ouaté, de repli, dont certains esprits rebelles se moquent, risque de nous scléroser si l'on en abuse.

7. GODART Elsa, ***Je selfie donc je suis,*** Albin Michel, 2016.

Selon Spinoza, la joie serait notre boussole pour nous indiquer la voie de notre accomplissement. Nous vous invitons maintenant à vous arrêter quelques instants sur cette joie spinoziste en retrouvant le philosophe Bruno Giuliani.

L'éveil à la joie selon Bruno Giuliani

Bruno Giuliani, dans son livre *L'éveil de la joie* propose une autre classification du bonheur, plus orientée « cerveau droit ». Il distingue huit sentiments de bonheur : la volupté (joie du plaisir corporel), la foi (joie de l'adhésion), la gaieté (joie globale de vivre), l'enchantement (joie de la contemplation de la beauté), la félicité, l'amour, la sérénité et l'enthousiasme.

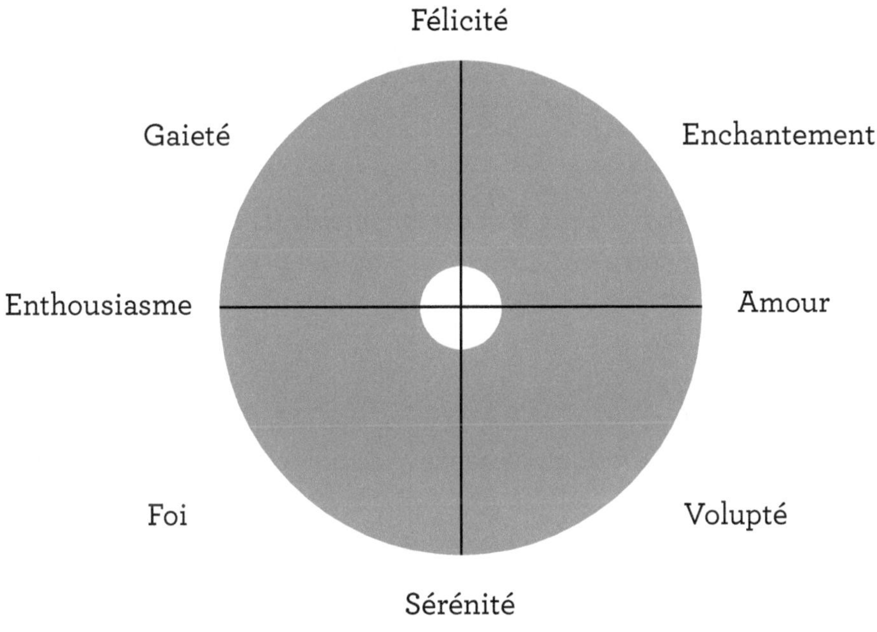

Dans cette classification des sentiments du bonheur, nous retrouvons le bonheur de sérénité de Christophe André, qui est un bonheur de contemplation et de contentement, la force de l'instant présent. En revanche, il y est moins question de bonheur de satisfaction : ce bonheur atteint par l'accomplissement d'un objectif est plus égotique et matérialiste. Le bonheur d'action peut être associé à l'enthousiasme, l'amour, la volupté et la gaieté, tous ces sentiments qui nous stimulent et nous poussent à l'action. En revanche, nous ne trouvons pas de trace dans les quatre bonheurs de Christophe André des bonheurs plus mystiques comme la foi, voire l'enchantement (sauf si on l'attribue à la sérénité qui peut aussi être un bonheur devant l'observation de la beauté). Ces bonheurs spirituels gommés par notre société matérialiste sont pourtant des vecteurs essentiels d'émotions positives.

Dans son interview, Bruno Giuliani nous présente la méthode qu'il a créée et qui met en pratique les préceptes de la philosophie de Spinoza.

Interview de ***Bruno Giuliani****, professeur agrégé et docteur en philosophie, maître en biochimie et créateur de la biosophie et de la Joÿa*

Vous avez mis en pratique les enseignements de Spinoza au travers d'une discipline « la Joÿa ». Pourriez-vous en préciser les fondamentaux ?

Bruno Giuliani : la Joÿa est une approche spirituelle que j'ai créée en 2010 pour faciliter l'éveil de l'esprit aux joies actives de la sagesse. J'ai réuni en une seule pratique l'essence des approches qui avaient le plus favorisé mon propre éveil : la philosophie de Spinoza, bien sûr, mais aussi la Biodanza qui m'a beaucoup apporté, ainsi que la méditation, la communication bienveillante, la danse, la musique, la poésie, la thérapie, le tantra, le chamanisme, etc. J'ai vu que toutes ces pratiques me rendaient heureux à chaque fois qu'elles activaient ma joie de vivre selon mon essence d'être libre et créateur. À chaque fois elles éveillaient mon esprit à la joie de vivre selon les vertus de la sagesse. J'ai conçu une pratique très simple pour activer la joie des vertus et favoriser l'expression d'un sentiment de bonheur de plus en plus stable et puissant. Et comme le principe de la pratique était d'éveiller la joie active qui est la source même de la sagesse, je l'ai appelé la Joÿa, l'art de la joie.

Comment se pratique-t-elle ?

Bruno Giuliani : la Joÿa est un art total qui nous implique corps et âme à partir du cœur. La pratique peut se vivre seul, à deux ou en groupe. Elle est très simple : après un centrage en méditation pour évaluer notre niveau de bonheur et exprimer nos besoins, on active la joie par la danse vivancielle puis on intègre les intuitions par la créativité et la parole intuitive. Chacun est simplement invité à faire ce qui lui donne le plus de bonheur. La pratique favorise la réalisation de nos désirs essentiels et la création d'une vie heureuse en utilisant tous les archétypes humains et toutes les vertus spirituelles. Peu à peu les affects négatifs comme la tristesse, la peur et la colère sont accueillis et transmutés en joie, confiance, motivation… La joie s'amplifie pour devenir amour, sérénité, enthousiasme… Les croyances et les idées fausses sont transformées en intuitions et en idées vraies. Les pratiquants s'accompagnent dans la cocréation de leur bonheur et les effets sont impressionnants ! En quelques séances, la plupart des pratiquants augmentent leur niveau de bonheur et certains atteignent le 10/10 de satisfaction, la joie complète… En approfondissant la pratique en séances individuelles, ils peuvent même transcender le 10, dissoudre l'illusion de l'ego et entrer en expansion de conscience vers des joies supérieures comme l'enchantement ou l'extase. Enfin lorsque leur ego se dissout totalement, ils commencent à percevoir qu'ils sont infinis et à éprouver la joie infinie et éternelle de la béatitude dont parlent Bouddha, Jésus et Spinoza.

Quelle est l'originalité de la Joÿa par rapport aux autres pratiques spirituelles ?

Bruno Giuliani : c'est qu'elle unit l'art, la spiritualité et la philosophie en une seule pratique de sagesse qui invite directement à réaliser ses désirs pour être heureux tout de suite, là, ici et maintenant. Et comme elle est simple comme un jeu, elle est facile et accessible à tous, à tous les âges. Comme la Biodanza dont elle s'inspire, la Joÿa est une invitation à savourer la vie de tout son être dans le moment présent. C'est une célébration de la vie qui invite à ouvrir son cœur et à réaliser immédiatement ses désirs essentiels pour vivre dans un bonheur de plus en plus stable et profond. Comme l'a montré Spinoza l'accès à la béatitude suppose une libération intérieure qui passe par une guérison de nos névroses et un éveil spirituel à la puissance de la raison intuitive.

Combien de temps faut-il pour atteindre cette liberté ?

Bruno Giuliani : cela dépend bien sûr de chacun. Pour certains ça peut être très rapide, pour d'autres, c'est plus long. Mais tout le monde peut y arriver s'il s'y engage de tout son cœur. Pour favoriser ce processus, j'ai élaboré un parcours en plusieurs étapes qui permet de se libérer des émotions négatives et d'activer progressivement toutes les vertus de la sagesse. Je propose des initiations pour apprendre la pratique et j'accompagne de plus en plus de personnes sur ce chemin. C'est merveilleux de voir toutes ces âmes se libérer peu à peu de leurs frustrations et partager de plus en plus de bonheur. J'ai commencé à former des animateurs et je sais que la Joÿa va maintenant se répandre partout car la joie de la sagesse est ce dont nous avons aujourd'hui le plus besoin pour sortir de la crise actuelle. Et ce n'est pas une utopie pour le futur : la Nouvelle Terre est là dès que l'humanité s'éveille à sa vraie nature qui est la sagesse. Et la vie devient un véritable paradis quand le cœur s'ouvre à la sagesse de l'amour.

« Une âme est d'autant plus heureuse qu'elle est sage, intègre, libre, forte et éveillée à la stupéfiante beauté de l'univers. Un sage est avant tout un alchimiste de la joie »[8].

Il n'y a pas de bonheur supérieur à l'autre : tous les bonheurs doivent être célébrés. Pour autant, il pourrait y avoir un trait d'union, un socle indispensable à toutes ces formes de bonheur : un corps souriant, le bien-être. Le bien-être peut se rapprocher du bonheur de maîtrise : on fait bloc avec son corps et on applique à la lettre « un esprit sain dans un corps sain ». Alors, pouvons-nous être heureux sans « bien-être » ? De nombreux coachs conseillent avant tout travail de développement personnel de respecter en premier lieu son corps. Maurice Corcos, professeur de psychiatrie que nous avons interviewé dans ce chapitre se moque de cette notion de bien-être car elle correspond, selon lui, à une vision trop conformiste et linéaire du bonheur. Mais qu'en disent les neurosciences et notre asymétrie cérébrale ?

---

8. GIULIANI Bruno, *L'éveil de la joie*, Almora, 2020.

Chapitre 2

Le « bonheur » à la lumière des neurosciences

Résumé

Notre corps et notre cerveau sont essentiels pour l'entretien de notre bien-être : le corps et l'esprit ne font qu'un. Comme l'explique Bruno Giuliani dans son livre L'Éveil à la joie, la base du bonheur est d'abord physique et physiologique. Les neurosciences nous apprennent que notre meilleure addiction est notre cerveau. Ainsi que l'harmonisation des ondes électromagnétiques émises par notre cerveau : les ondes alpha, bêta, thêta, delta, qui correspondent aux différents états de la conscience. L'activation de notre cerveau droit peut d'ailleurs nous aider à une meilleure harmonie. Grâce à l'interview du ***neurologue Paolo Bartolomeo****, spécialiste du cerveau droit, la bonne nouvelle est que la* ***latéralisation de notre cerveau n'est pas qu'un neuromythe.*** *Le cerveau droit serait le siège de la maîtrise des émotions et serait en effet plus global dans l'observation, car c'est lui qui gère le système d'alarme en cas de danger.*

Témoignage de Paolo Bartolomeo, neurologue et spécialiste du cerveau droit.

« Rien de grand ne se fait sans enthousiasme. »
(Emerson, *Société et solitude*)

Le bien-être semble être pris de haut par les philosophes et intellectuels en tout genre. Le bien-être est jugé comme une ambition trop « petit bourgeois » frôlant la médiocrité. C'est une quête pour les vies « moyennes ». Les médecins quant à eux ripostent en dénonçant le caractère complètement « hors sol » de la notion philosophique du bonheur, comme une préoccupation de personnes oisives qui ne connaissent aucune souffrance.

Le bien-être est un concept scientifique, à la différence du bonheur qui est le grand sujet des philosophes. Il n'y a aucune connotation morale dans le bien-être, il s'agit juste d'un état émotionnel serein. Ce n'est pas pour autant que le bien-être nous éloigne du bonheur. Au contraire, c'est un *flow*, un état de grâce permis par un bon équilibre chimique de notre cerveau et de notre corps. Nous pensons aussi avec notre corps. Nous sommes encore trop influencés par le dualisme rigide cartésien corps/esprit. Non, le corps n'est pas une caverne, le corps n'est pas une enclume ! Le bien-être est une façon d'entrer en harmonie avec son corps et de faire bloc. C'est très spinoziste comme concept : nos émotions sont notre boussole. Il existe bel et bien un point de convergence entre les théories philosophiques notamment de l'Antiquité grecque avec nos connaissances en neurosciences. Pierre-Marie Lledo[9], directeur Neurosciences de l'Institut Pasteur, constate que les deux préceptes d'Epicure, « donner plutôt que recevoir » et « vivre dans l'instant présent », nous aident à fabriquer de la sérotonine, La sérotonine joue un rôle dans le sentiment de contentement et de plénitude. Les antidépresseurs comme le Prozac augmentent le taux de sérotonine. Ainsi si la philosophie d'Epicure permet de booster son taux de sérotonine et de nous éviter d'être sous Prozac, pourquoi s'en priver ?

La bonne humeur reste une notion clé dans la vie modérée prônée dans la philosophie grecque. Ce *mood*, que tant d'applis cherchent aujourd'hui à mesurer pour proposer aux entreprises un baromètre du bien-être de leurs salariés, est le nouvel or noir. Cette humeur est comparable à la météo : si le soleil est au firmament, on se sent pousser des ailes et prêt à défoncer les murs, alors que le temps gris nous rabougrit et nous replie sur nous-même en totale léthargie et

9. LLEDO Pierre-Marie, «Neurosciences, Sérotonine vs Dopamine, la chimie du bien-être », Dossier L'Express, Stéphanie Benz, 2018.

avachi devant des séries Netflix. L'humeur peut paraître futile, pourtant elle est une vraie prédisposition déterminante pour atteindre la joie. Il suffit d'observer les enfants pour comprendre ce qu'apporte la bonne humeur, la gaieté de l'insouciance. Les enfants vivent en sautillant, au présent. Rire, sourire, jouer, sont les verbes d'action qui les habitent. L'adolescence est un âge plus difficile où l'estime de soi est mise à rudes épreuves et où l'ego commence à flétrir la bonne humeur.

À l'instant même où j'écris (Marjorie) ces quelques lignes, j'entends l'aide-ménagère de mon beau-père chanter en repassant. Sa bonne humeur détonne, rayonne. Elle aurait pu repasser en maugréant, en soupirant, elle préfère au contraire affirmer sa joie de vivre. Nous avons toujours plusieurs manières de vivre les contraintes. C'est une question de coloration. La bonne humeur, la joie de vivre octroient du charisme : *chara* en grec signifie « joie ». La joie de vivre est comme une onde, une aura qui se répand autour de vous. La bonne humeur permet d'alléger nos routines du quotidien et traduit le degré d'harmonie avec lequel nous vivons avec notre corps.

Le taux d'ocytocine est aussi essentiel pour notre bien-être, c'est l'hormone de l'amour et de la confiance. C'est l'hormone qui nous connecte aux autres. Il est clair que l'amour, l'amitié, la sexualité ont une place considérable dans notre bien-être. Mais l'amour sous toutes ces formes est un sujet tellement important que nous avons préféré ne pas y consacrer de chapitre pour ne pas le « bâcler ».

Mode du Hygge et ocytocine

D'après certains baromètres, les Danois seraient les plus heureux au monde. Ils ont développé un concept pour favoriser le bien-être depuis le XIXe siècle qui s'appelle le hygge. Plaid, douceur de vivre, discussion entre amis autour d'un feu de cheminée, chocolat fumant, bougies, le hygge favorise incontestablement l'ocytocine. Il faut savoir que le rabat-joie au Danemark est celui qui éteint la bougie... Décoration cocooning, bougies blanches, grosses chaussettes en laine et jeux entre amis, et vous voilà armés pour abattre le cortisol à coups de sécrétion d'ocytocine !

Il existerait également une chimie du mal-être, la dopamine, que notre société occidentale tend à favoriser. La dopamine est le neurotransmetteur de la récompense. Cette récompense provoque du plaisir, comme la gourmandise, la sexualité, mais c'est le lit de toutes les addictions. L'addiction est en opposition avec le bonheur de sérénité. Si l'on reprend les quatre formes de bonheur de Christophe André décrites dans le chapitre précédent, le bonheur d'action peut être rapproché de l'effet de la dopamine et le bonheur de sérénité, de celui de la sérotonine. Le bonheur d'action et d'extraversion peut devenir une drogue. Le bonheur serein peut faire peur aux hyperactifs, car ils craignent l'ennui et le manque de stimulation. La dopamine est la recherche du plaisir immédiat. Notre société numérique a tendance à favoriser cette recherche de dopamine : les *likes* des réseaux sociaux produisent de la dopamine, d'où une certaine dépendance à ces réseaux. Les applications, nos smartphones, les messages stimulent la dopamine. Gilles Babinet et Anne Bonlarron que nous avons interviewés dans notre dernière partie nous mettent en garde contre le caractère addictif des nouvelles technologies.

La hausse de la dopamine entraîne directement ou indirectement une baisse de la sérotonine, d'après Robert Lustig, endocrinologue pédiatrique américain. Cela peut conduire à des dépendances, des stress chroniques et augmente le taux de cortisol. Mais la méditation, le yoga, les massages permettent de lutter efficacement contre le stress et de favoriser la sécrétion de sérotonine et d'ocytocine. Pour cela, ces disciplines ont le vent en poupe, elles sont magiques pour notre cerveau !

Il est essentiel de savoir jongler avec la chimie de notre cerveau.

Dopamine	Sérotonine	Ocytocine
Neurotransmetteur libéré par le cerveau qui procure un sentiment de plaisir et de satisfaction	*Neuromodulateur, molécule produite par les neurones pour moduler la communication entre d'autres neurones*	*Neuropeptide qui joue un rôle majeur dans les rapports humains mais aussi durant la grossesse et l'accouchement.*
Récompense	*Less is more*	*Bonheur de partage*
Capitalisme	Écologie	Société de confiance
« Toujours plus »	« Se contenter et lâcher prise »	« Créer du lien »

Les neurosciences nous apprennent que notre meilleure addiction est notre cerveau : ce dernier est le « premier producteur de drogue au monde » ! Chacun de nous fabrique des endorphines, une trentaine de substances euphorisantes et anesthésiantes. Contrairement à nos croyances, notre cerveau est capable de produire des effets plus rapides et efficaces que les drogues. L'intestin contient d'ailleurs 200 millions de neurones, pour ceux qui n'auraient pas lu *Les secrets de l'intestin*[10] Dans *La force de l'espoir*[11] de Jérome Groopman, on peut lire que « notre cerveau produit naturellement des substances chimiques, endorphines et enképhalines, qui sont des neurotransmetteurs proches de la morphine ». Mais, alors pourquoi, avec tout ce potentiel du corps humain, des addictions artificielles se créent malgré tout ?

Toutes les phases critiques de la vie, comme l'adolescence, sont vulnérables aux addictions, dans la mesure où l'on ne réussit plus à trouver des ressources en soi. Paradoxalement, les comportements d'autodestruction redonnent un sentiment de puissance. **« L'hypersensibilité, combinée à un appétit de vivre et un manque de confiance en soi sont des terreaux pour les addictions[12]** ».

Mais heureusement, nous pouvons construire des boucliers contre ces addictions. La gratitude permet de lutter contre les dépendances : si on fait le compte de ce que nous avons, plutôt que de ce qui nous manque, nous sommes moins vulnérables. La pratique de la psychologie positive apporte des bouffées de bien-être. La créativité et l'humour sont aussi de parfaits alliés pour briser la rigidité des addictions. Ils aident à se « décentrer de soi » et à ne pas perdre de vue l'aspect ludique de la vie. Jouer avec des enfants, observer la course des nuages, sentir un bouquet de fleurs, les joies simples sont des petits pas qui nous éloignent progressivement de la voracité de la dépendance. La pratique du Haïku et de la poésie permet de s'émerveiller au quotidien à moindres frais. « Dans la vie, peu importe ce qu'on fait, ce qui compte c'est la manière dont on le fait ». Selon une récente étude de l'université de Bologne[13], les œuvres d'art ont le pouvoir de réduire le stress, ce qui confirmerait les bienfaits de l'art-thé-

10. BERTHOLOT Louis et WARNER Jacqueline, Les secrets de l'intestin, Le Livre de Poche, 2015.
11. GROOPMAN Jérôme, La force de l'espoir, Lattès, 2004.
12. SENK Pascale et de GRAVELAINE Frédérique, Guérir de nos dépendances, Leduc Pratique, 2018.
13. https://arttherapieactu.com, Une nouvelle étude montre l'impact de la contemplation sur le taux de cortisol, 2016.

rapie. Il a été demandé à une centaine de volontaires de visiter pendant deux heures un sanctuaire religieux où se trouvaient des peintures de la Renaissance, dont une fresque de 6 032 m². Leur salive a été prélevée avant et après la visite afin de mesurer l'évolution du taux de cortisol. Une baisse de 60 % du taux de cortisol a été observée.

Cette chimie du cerveau nous fait prendre conscience que notre corps est notre ami et que nos hormones sont comme des notes de musique qui, bien accordées, créent des symphonies merveilleuses. Ainsi, comme l'écrit Bruno Giuliani dans son livre *L'Éveil à la joie*, si le bonheur est fondamentalement d'ordre psychique et spirituel, sa base est d'abord physique et plus encore physiologique. Le bonheur est sensoriel, cénesthésique – c'est la sensation de jouissance physique. Le bonheur, c'est aussi l'harmonisation des ondes électromagnétiques émises par le cerveau : les ondes alpha, bêta, thêta, delta, qui correspondent aux différents états de la conscience (ces ondes invisibles sont utilisées dans l'hypnose, sujet que nous évoquerons plus loin).

Cinq stratégies à connaître pour équilibrer la chimie de notre cerveau

1 La méditation pour réduire le stress et produire de la sérotonine

2 Le yoga pour stabiliser l'humeur avec le gaba

3 Le rire pour produire des endorphines !

4 L'écoute de la musique pour stimuler la dopamine et le plaisir

5 Des massages et des câlins pour s'apaiser avec l'ocytocine

Ainsi, « on ne peut pas être heureux sans vivre la joie corporelle. »[14]. Il faut savoir que le yoga qui aide à restaurer son taux de sérotonine trouve sa racine étymologique dans « Unité ». Le yoga est l'expérience de l'unité entre le corps et l'esprit. Le corps n'est pas coupé de l'esprit, au contraire, c'est son moteur.

14. GIULIANI Bruno, *L'éveil de la joie*, Almora, 2020.

Dans le *Petit dictionnaire de la joie*, Blanche de Richemont[15] explique que selon le neuroscientifique Richard Davidson, il existe quatre circuits neuronaux qui influencent notre bien-être. Le premier est « notre capacité à garder un état positif » (pour cette raison, la psychologie positive et l'optimisme sont nécessaires), le deuxième « notre aptitude à nous remettre d'un traumatisme », le troisième « notre capacité à nous concentrer et à ne pas nous disperser » et le quatrième « notre propension à la générosité ».

Savoir se concentrer sur le présent est source d'épanouissement pour notre cerveau. Et pour en revenir à notre cher cerveau droit, il faut savoir que ce dernier peut nous aider à mieux nous canaliser sur le présent. En effet, lors d'une étude de 2007 à Toronto, des chercheurs ont analysé les fonctions cérébrales de deux groupes de participants : un groupe de novices et un groupe qui avait suivi une formation de 8 semaines pour se concentrer sur le présent. L'étude a démontré que les pensées incessantes du premier stimulaient les régions médianes du cerveau alors que les participants du second groupe activaient l'hémisphère droit[16]. Ainsi, **l'activation de notre cerveau droit peut nous aider à être plus concentré sur le présent**. Nous avons alors cherché à en savoir plus sur le rôle de notre cerveau droit sur le plan neurologique en interviewant Paolo Bartolomeo, chercheur à l'INSERM, neurologue et spécialiste du cerveau droit, qui a souhaité démontrer dans son ouvrage *Penser droit*[17], que même si les clichés « New Age » sur le cerveau droit ont été dépassés par l'avancée des neurosciences, il n'en reste pas moins que le cerveau droit a des talents insoupçonnés et que la latéralisation de notre cerveau n'est pas qu'un neuromythe. Grâce aux progrès de l'imagerie, on sait désormais que le cerveau droit nous sert à reconnaître un visage et l'émotion qu'il exprime, à apprécier la musique, à nous repérer dans l'espace, ou encore à avoir conscience de nous-même et de notre corps. Autant de fonctions qui sont au « cœur » même de notre humanité. Paolo Bartolomeo fait partie de ces scientifiques qui savent encore converser avec les artistes. Ce pont entre la science et les arts est majestueusement illustré par Galilée, fils de musicien, dont la fascination pour le rythme des pendules l'a mené vers les mathématiques, qui l'ont ensuite conduit à bousculer la science et porter le coup de grâce au géocentrisme.

15. DE RICHEMONT Blanche, *Petit dictionnaire de la joie*, Philippe Rey, 2017.
16. GAWDAT Mo, *La formule du bonheur*, Larrousse, 2018.
17. BARTOLOMEO Paolo, *Penser droit*, Flammarion, 2020.

Interview de **Paolo Bartolomeo**, *neurologue et spécialiste du cerveau droit*

Le côté binaire cerveau droit/cerveau gauche a été influencé par le New Age, en valorisant le pouvoir créatif du cerveau droit. Cette capacité créative du cerveau droit a été popularisée en 1979 par Betty Edwards par la parution de Dessiner avec son cerveau droit, *probablement inspiré par le prix Nobel, Roger Sperry, sur la division du cerveau. Or aujourd'hui, les neurosciences ont démontré un certain nombre d'idées fausses sur cette latéralisation. Au vu de la connaissance actuelle des neurosciences, peut-on encore affirmer que le cerveau droit a des particularités ?*

Paolo Bartolomeo : des études récentes peuvent en effet aller encore dans ce sens-là. Dans les situations pathologiques, on observe que les hémisphères agissent de façon séparée et c'est problématique. Dans un cerveau normal, les hémisphères doivent fonctionner simultanément. Même si parfois on peut enregistrer un décalage de quelques millisecondes. Il faut nuancer ces spécialisations hémisphériques. Certaines capacités cognitives sont latéralisées. La latéralisation gauche du langage a été mise en évidence en 1861 par Paul Broca grâce à l'observation d'une lésion du cerveau gauche. La phonologie, notre capacité à identifier et articuler les phonèmes et la syntaxe, c'est-à-dire coordonner les mots, sont des habilités extrêmement complexes et qui ont besoin de structures dans l'hémisphère gauche. Le fait d'avoir un seul centre de décision unique faciliterait ces actions complexes.

D'autres fonctions sont plutôt latéralisées à droite mais à des degrés moins extrêmes que pour le langage. Il s'agit de l'attention visuelle, la capacité d'agir rapidement dans l'espace en situation d'urgence ou la reconnaissance des visages. Selon certaines hypothèses, il pourrait y avoir une espèce de système d'alarme dans l'hémisphère droit qui permet de réagir face à l'inattendu et aux situations d'urgence. Les lésions au cerveau droit, au cortex pariétal, peuvent aussi donner l'impression aux patients atteints que la partie gauche de leur corps ne leur appartient plus.

Le cerveau droit pourrait également jouer un rôle important dans le contrôle des émotions. Je me suis beaucoup occupé de négligence spatiale de patients ayant des lésions dans l'hémisphère droit. Souvent, leurs émotions ne sont pas appropriées à leur état. Certains de ces patients, bien qu'atteints d'une hémiplégie gauche, ne montrent pas de réaction émotionnelle. Ils sont insouciants et ont un manque d'intérêt pour les situations. De façon générale, quand on a des lésions cérébrales, on peut avoir moins d'introspection et on éprouve des expériences bizarres.

Au contraire, les lésions du cerveau gauche peuvent provoquer des réactions dépressives avec des pleurs. Mais on peut aussi imaginer que ces patients privés de langage (latéralisé dans le cerveau gauche) ont du mal à s'exprimer ce qui provoque chez eux des réactions d'impuissance. C'est comme un handicap. On dit aussi que l'hémisphère droit gère surtout les émotions négatives. Mais il existe aussi une autre hypothèse qui suggère que tout le contrôle des émotions serait dans l'hémisphère droit. Le débat est encore d'actualité. Il est possible que le cerveau droit contrôle à la fois les émotions négatives et les émotions positives.

Le cerveau droit jouerait-il un rôle dans le contrôle des émotions ?

Paolo Bartolomeo : le contrôle des émotions ne signifie pas que le cerveau droit gère les émotions. Ce serait plutôt le siège de la maîtrise des émotions. Ce serait la structure du cortex antérieur et inférieur de l'hémisphère droit qui permettrait une meilleure maîtrise, en inhibant certaines actions. Phineas Gage, dont le lobe frontal du cerveau gauche a été transpercé par une barre de fer en 1848, a pu continuer de travailler malgré un état émotionnel déséquilibré. On suppose que ce sont les structures de l'hémisphère droit qui lui ont permis de récupérer mais c'est difficile de tirer une conclusion à partir d'un cas unique.

Est-ce que l'on peut en déduire que le cerveau droit intervient davantage dans l'intelligence relationnelle ?

Paolo Bartolomeo : le cerveau droit contient des réseaux importants pour les relations interpersonnelles, mais cela ne signifie pas qu'il permet de meilleures relations.

Vous expliquez dans votre livre Penser droit *que le* nucleus accumbens *droit, une structure profonde du cerveau, s'active quand on écoute de la musique. Est-ce que le cerveau droit joue un rôle plus important chez les mélomanes ?*

Paolo Bartolomeo : le *nucleus accumbens* est un noyau qui s'active quand on éprouve du plaisir. C'est pour cette raison que ce noyau joue un rôle dans les addictions. C'est un circuit que l'on détecte dans les dépendances. Quand on écoute de la musique, il semblerait en effet que ce soit surtout l'hémisphère droit qui va déclencher du plaisir.

Est-ce que l'un des hémisphères du cerveau joue un rôle plus important dans les émotions positives, le bien-être ?

Paolo Bartolomeo : les lésions de l'hémisphère droit peuvent, dans un certain sens, rendre plus heureux, en inhibant le stress, l'anxiété. Mais cela est au prix de moins de réactivités. Sans le cortex frontal, nous serions peut-être plus heureux, mais aussi moins dans l'anticipation. Par ailleurs, même si des circuits de plaisirs ont été identifiés, on ne peut pas stimuler tout le temps ces circuits car ce ne serait pas le bonheur mais une addiction.

Est-ce vrai que le cerveau droit permet une pensée plus globale ?

Paolo Bartolomeo : c'est difficile de préciser le rôle du cerveau dans la « pensée ». Mais pour l'attention, le cerveau droit pourrait être en effet plus global dans l'observation, car c'est lui qui gère le système d'alarme en cas de danger. Les réseaux attentionnels du cerveau gauche semblent plutôt gérer une attention focalisée sur les détails.

Pourquoi vous êtes-vous spécialisé dans le cerveau droit ?

Paolo Bartolomeo : à l'origine, j'étais passionné par le langage qui dépend surtout du cerveau gauche. Mais pendant mes études de médecine j'ai vu pas mal de patients négligents, qui ne prêtent pas attention à ce qui se passe à leur gauche. Ces comportements mystérieux m'ont interrogé. C'est ainsi que je me suis intéressé au cerveau droit.

Est-ce qu'il a été constaté des différences entre les gauchers et les droitiers ?

Paolo Bartolomeo : chez la plupart des gauchers, le langage est soit localisé dans le cerveau gauche comme chez les droitiers, soit relativement symétrique entre les hémisphères droit et gauche. On en sait beaucoup moins sur la localisation des réseaux de l'attention chez les gauchers.

Les neurosciences sont à la mode. Mais quelle est la différence entre la neurologie et les neurosciences ?

Paolo Bartolomeo : le neurologue est un clinicien qui peut aussi faire de la recherche, ou se consacrer uniquement à la clinique. Les neurosciences regroupent plutôt des chercheurs. C'est vrai que c'est un peu à la mode les « neuro » quelque chose : neuroéthique, neuroesthétique, neuroéconomie... Cette mode vient de l'essor récent de la neuroimagerie et cache souvent des gros problèmes théoriques. La plupart de mes étudiants sont en effet des psychologues, plutôt spécialisés dans les sciences cognitives et dans la neuroimagerie.

Maintenant que vous avez goûté à la symphonie des neurotransmetteurs et les joies que peut provoquer le cerveau droit à la vision d'un visage souriant, nous vous proposons de mettre le cap sur le rôle de l'intuition dans le bonheur.

Chapitre 3

L'intelligence intuitive peut-elle révolutionner le bonheur ?

Résumé

Étymologiquement, le bonheur serait l'art de provoquer sa chance. D'après Marie-Pierre Dillenseger que nous avons interviewée dans le cadre de ce chapitre, le bonheur revient à être soi, à la « bonne place et au bon moment » pour s'incarner pleinement. L'intuition peut nous aider à se rapprocher de notre moi profond et à mieux saisir les opportunités qui se présentent à nous. Ce que Jung a nommé les « synchronicités ». Feng Shui, Yi Jing, Art-thérapie sont aussi autant de façons de laisser émerger son inconscient. Tous les arts, la musique, la danse (qui rappelle la « joÿa » de Bruno Giuliani), le théâtre, l'écriture, peuvent nous aider à nous épanouir. L'art, connecté aux sens et à l'intuition, est un puissant guérisseur.

Témoignages de Marie-Pierre Dillenseger, praticienne des arts chinois et spécialiste du Feng Shui, de Philippe Genest, hypnologue, psychothérapeute d'influence jungienne, Jean-Pierre Klein, psychiatre et pionnier de l'art-thérapie, et de Marie-Sophie Madre, artiste et art-thérapeute.

> « *C'est parce que l'intuition est surhumaine qu'il faut la croire ; c'est parce qu'elle est mystérieuse qu'il faut l'écouter ; c'est parce qu'elle semble obscure qu'elle est lumineuse.* »
> (Victor Hugo, *Proses philosophiques*)

Le bonheur, étymologiquement, provient de la « bonne fortune », « la chance ». Ainsi, le bonheur serait l'art de provoquer sa chance. Le mot français « heur » dérive du latin *augurium* qui signifie « augure » ou « présage ». Une personne heureuse serait celle qui bénéficie d'un destin favorable, qui a le talent d'aller dans le sens du vent.

Ce concept d'heureux hasard ou encore de sérendipité peut déplaire à la philosophie des cerveaux gauches qui aiment tout maîtriser sans laisser de place au hasard. Or « le premier dragon qui barre la porte au processus créatif est le perfectionnisme »[18]. En lâchant le désir de toute puissance et de contrôle, « on devient prêt à recevoir l'inattendu, l'imprévisible, qui permet de traverser les manques avec joie et de faire de l'existence une aventure passionnante. »[19]. Suivre son intuition pourrait permettre de se réaliser plus facilement et provoquer son bonheur. D'après Marie-Pierre Dillenseger que nous avons interviewée dans le cadre de ce chapitre**, le bonheur revient à être soi, à la « bonne place et au bon moment » pour s'incarner pleinement.**

Se connaître est déjà la première étape indispensable. Il est essentiel de travailler sur nos ombres. Car chaque ombre est une lumière refoulée. Il convient de se détacher de son « moi idéal » pour renouer avec son « moi profond », ce que Jung appelle le processus d'individuation.

L'intuition peut nous aider à se rapprocher de notre moi profond et à mieux saisir les opportunités qui se présentent à nous. Ce que Jung a nommé les « synchronicités », qui sont des heureux hasards qui nous montrent le bon chemin. D'ailleurs, au moment où j'étais en train de chercher une citation de Jung sur les synchronicités, je (Marjorie) reçois un appel de Philippe Genest, psychothérapeute jungien (dont vous trouverez un entretien dans ce chapitre), pour me prévenir qu'il venait de m'envoyer un article sur les intuitions de Jung.

---

18. SENK Pascale et DE GRAVELAINE Frédérique, *Guérir de nos dépendances*, Leduc Pratique, 2018.
19. *Ibid.*

Les synchronicités consistent à s'extraire du *logos* (la pensée logique et rationnelle) pour entrer en communication avec le *mytos* (l'intelligence narrative des légendes, fables et contes) de l'inconscient collectif. Les synchronicités sont des « simultanéités d'évènements à signification identique dans la psyché et dans les phénomènes extérieurs sans aucun lien de causalité apparente » qui renvoient au principe unitaire de l'être[20]. Il peut y avoir des coïncidences qui ne racontent rien et d'autres qui sont particulièrement signifiantes et qui nous aident à nous accomplir. Selon Philippe Genest, poser une intention ne suffit pas à provoquer des synchronicités : « Comment fonctionnent les coïncidences ? Ce qui est important est d'avoir un projet, d'être dans l'action, et de ne rien attendre du premier et du deuxième élément... Le fameux agir dans le non-agir ». Comme le concept existentialiste de Sartre « l'action précède l'essence », on pourrait suggérer que l'action précède les synchronicités. Contrairement à ce qu'essaient de nous faire croire les YouTubeurs de la loi de l'attraction, il ne suffit pas de poser une intention pour que ce qui nous tient à cœur se réalise, il faut surtout agir. Deepak Chopra en a tiré une définition plus « ésotérique » : « Quand vous vivez votre vie en appréciant les coïncidences et leur signification, vous vous reliez avec le champ, sous-jacent, de l'infini des possibles. C'est là que la magie commence. C'est un état que j'appelle synchrodestinée, dans lequel il devient possible d'atteindre la réalisation spontanée de tous nos désirs. »[21]. La théorie des synchronicités y est présentée de façon plus attractive car l'auteur évoque la réalisation de tous nos désirs. Or le principe de la synchronicité est plutôt de nous aider à faire le tri dans nos désirs et de choisir ceux qui vont dans le sens de l'accomplissement de notre être. Cependant, il est vrai que rayonne un côté magique dans les synchronicités : cette communion inattendue entre notre pensée et l'univers qui arrive brusquement a de quoi nous troubler et nous extasier.

D'après le même Deepak Chopra, chaque individu est relié à un, deux ou trois archétypes. Ces archétypes sont dans notre inconscient et reflètent nos désirs et intentions. Découvrir ses propres archétypes est généralement joyeux. Les synchronicités seraient donc une manière de nous mettre en contact avec ces archétypes pour nous aider à nous réaliser. Comme nous l'avons déjà écrit dans le chapitre sur l'intuition, l'intelligence intuitive est « capable de traiter simultanément plusieurs lignes d'informations et de créer des ponts entre elles,

20. LEBLANC Elisabeth, *La psychanalyse jungienne,* Morisset, 1997.
21. CHOPRA Deepak, *Le livre des coïncidences*, J'ai lu, 2009.

par le biais d'associations ». Ainsi, cette capacité à créer des connexions avec plusieurs informations ou évènements peut nous rendre plus heureux. Ce n'est pas très rationnel, certes, mais c'est une aventure qui se tente et qui rend la vie plus imprévisible et gaie !

Pour commencer notre aventure du bonheur intuitif, nous avons eu le plaisir d'interviewer Marie-Pierre Dillenseger[22], praticienne des arts chinois consacrés à l'écoute de l'espace et du temps (Feng Shui, Yi Jing, Taoïsme, Énergétique, Art de la guerre, Astrologie…). Cette personnalité fascinante décode le temps et décrypte l'espace comme un acupuncteur lit un pouls. La levée des secrets, le décodage des loyautés invisibles et le timing dans le traitement de l'infertilité font partie de ses spécialités. Son objectif est l'autonomie individuelle et la pertinence décisionnelle. De formation scientifique, cette grande intuitive a suivi, à ses débuts, la « voie royale », celle de Descartes, malgré son attirance pour la culture, la littérature et l'énergie des lieux. Son parcours occidental était bien balisé. Mais, une épreuve va lui permettre de se diriger vers son vrai « soi » : un médecin lui diagnostique une maladie grave avec une espérance de vie de 3 mois. C'est le choc. Elle se promet alors, si elle guérit, de se consacrer à sa passion, ces disciplines qui la fascinent depuis son adolescence : le Yi Jing, le taoïsme, l'énergétique et la stratégie chinoise. Elle échappe à la prédiction médicale, définitivement convaincue que la logique n'est pas la clé de tout.

22. Elle est l'auteur de *La Voie du Feng Shui, Oser s'accomplir* et *Debout: la force de s'incarner* (Mama Editions 2021). Site internet : www.powerspaces.com

Interview de ***Marie-Pierre Dillenseger****,* *auteur, praticienne des arts chinois et spécialiste du Feng Shui*

Pourquoi la pensée non logique est trop souvent rangée dans la catégorie « superstition » ?

Marie-Pierre Dillenseger : tout d'abord parce que la superstition existe, en Occident comme en Chine, et que c'est souvent ce que l'on voit en premier. Beaucoup de choses ont été dites au nom d'un Feng Shui simplifié ou occidentalisé, qui me mettent mal à l'aise ou me font honte. Aucun gris-gris, aucune fontaine, considérée comme un activateur d'énergie par l'eau qu'elle remue, ne peut se substituer à la compétence et miraculeusement sauver d'une faillite par exemple.
Ensuite, parce que la pensée symbolique et la lecture des signes se sont perdues au fil des siècles au profit du tout scientifique et du primat du rationnel, nous avons perdu les clés. Je l'explique dans mon premier livre, *La Voie du Feng Shui*. Il y a eu acculturation. Qui sait encore prévoir le temps en regardant le Ciel et reconnaître les traces des animaux ? Savoir observer et s'orienter au soleil, sans carte est devenu un savoir rare. Heureusement, cela revient.

On réduit le Feng Shui à la maison, à la décoration. Pourtant, c'est un art de vivre, une harmonie entre le corps et la maison. Est-ce que nos maisons reflètent nos énergies ou inversement ?

Marie-Pierre Dillenseger : le Feng Shui est arrivé en Occident par la porte de la décoration et du bien-être alors qu'il s'agit d'un art stratégique au service du positionnement dans l'espace. Bouger ou placer un meuble revient à positionner une personne.
La maison a son énergie propre qui ne dépend pas de la personne qui y vit. Sa personnalité énergétique préexiste, définie par deux critères essentiels : sa date de construction et son orientation. L'approche

ancestrale chinoise, analogique, pose le succès comme le résultat d'une conjonction optimale entre une personne, sa maison et un moment particulier. Il y a influence réciproque entre la maison et l'occupant. La maison n'est pas responsable de ce qui nous arrive, elle coparticipe au déploiement de nos forces. Le lien entre une maison et une personne est semblable à celui entre deux personnes. La maison est aussi bien un incubateur, un miroir ou un activateur de ce que nous sommes.
La maison peut être vue comme une deuxième peau, qui se rajoute (comme un manteau) à qui nous sommes déjà. En clair, elle n'est pas une extension de nous-mêmes.

Quelle est la définition du bonheur selon la pensée chinoise ?

Marie-Pierre Dillenseger : c'est d'être à sa vraie place, celle qui nous revient quand nous avons réussi à défaire les pelures sociales, familiales, culturelles, ancestrales. Le bonheur revient à s'incarner pleinement et être en phase avec qui on est vraiment. Pour certains, c'est vivre près de la mer. **Le bonheur, c'est d'être soi, à la « bonne place et au bon moment ». Ce n'est pas simple et cela prend souvent du temps... et des efforts.**
Il faut savoir tolérer l'inconfort des difficultés et des contradictions jusqu'à ce que surgisse la résolution au sens jungien. Le bonheur est de réussir son alignement. C'est ce que j'appelle *Oser s'accomplir*, titre de mon second livre.
Pour ceux qui sont déconnectés de leur instinct, les peurs sont parfois les seules « conseillères » pour retrouver sa trace. Dans un monde idéal, nous devrions toujours utiliser notre capacité linéaire de raisonnement et notre instinct. La surchauffe du cerveau gauche et le manque de fonctionnement du cerveau droit participent selon moi à l'augmentation actuelle des *burn out*.

L'énergétique s'appuie autant sur le visible que l'invisible, sur la santé physique, émotionnelle que spirituelle. Quel est cet « invisible » ? Est-il facile d'établir un diagnostic ?

Marie-Pierre Dillenseger : pour moi, l'invisible est d'abord ce que nous n'avons pas encore vu. Pour accéder à l'invisible subtil, il faut clarifier ce que nous sommes. Nous sommes un esprit dans un corps, et plus un corps est « clean », plus il est notre allié. Il faut savoir être réceptif aux signes du corps car il facilite – ou pas, selon ce que nous lui faisons subir – les connexions subtiles. Une maison peut nous mettre sur le chemin, en mettant en relief une problématique que nous portons. Elle réveille alors une part d'invisible.

Pourquoi en Occident, même avant le rationalisme de Descartes, nous avons peu développé des approches énergétiques ?

Marie-Pierre Dillenseger : nous avons tout de même les traditions celtes et druidiques, l'art roman et la symbolique chrétienne. Nous avons une puissante tradition d'architecture sacrée. L'abbaye de Maubuisson est, à ce titre, fascinante. L'alchimie a été confondue avec sa partie visible alors qu'elle est d'abord un chemin d'initiation. Nos anciennes traditions n'ont rien à envier aux traditions chinoises. Je travaille avec des guérisseurs et des magnétiseurs issus de nos traditions ancestrales. Pensez aussi aux sourciers et aux géobiologues.

Vous expliquez que dans la philosophie chinoise, trois facteurs contribuent au succès : le facteur individuel (20 %), l'espace (30 %) et le temps (50 %). Cela veut dire quoi ? Avons-nous vraiment la liberté d'être heureux, accompli ? Que pensez-vous de la pensée positive ?

Marie-Pierre Dillenseger : c'est mon cerveau gauche d'ancienne matheuse qui a accouché de ce pourcentage pour faire comprendre la pondération de ces trois forces à mes étudiants. Mais aussi mon expérience. Quelle est la part relative au temporel et à l'espace ? En Occident, la réponse est souvent « minimale ». Ce faisant nous nous octroyons une force et une responsabilité que nous n'avons pas. Être au bon endroit compte. Agir au bon moment aussi. J'ai souhaité symboliser cela par des chiffres... Le lieu compte à 30 %, la personne à 20 %. C'est énorme d'être soi, à la bonne place (50 %) ! Cela permet d'équilibrer une destinée.
Il n'y a pas de bonnes ou mauvaises vies. Par contre, moins nous nous efforçons d'être qui nous sommes, plus les obstacles vont se présenter. Plus nous nous rapprochons de nous-même, plus nous allons vibrer. Et naturellement, les opportunités vont se présenter. Plus le lieu que nous allons rencontrer va être le bon. Une résonance va se déclencher. Nous

sommes là dans la quintessence des arts énergétiques chinois. Il faut savoir créer du vide pour « résonner ».

Si on devait faire un lien entre la théorie des synchronicités de Jung et la pensée analogique chinoise, quel serait-il ?

Marie-Pierre Dillenseger : Jung est aussi important dans mon travail que la pensée chinoise. Il a beaucoup travaillé les textes chinois, la pensée taoïste. Les synchronicités, le fait de décoder ce qui est acausal, ce qui échappe au linéaire, sont essentielles dans mon travail. Le fait d'avoir vu trois animaux sauvages en 24 heures avant notre interview est une coïncidence signifiante. Cela donne une indication sur la qualité vibratoire de notre échange. Mon travail est de décoder et de créer des coïncidences.

Comment utilisez-vous cette pratique en entreprise ? Aux États-Unis, les entreprises sont-elles plus ouvertes qu'en France ?

Marie-Pierre Dillenseger : non, les entreprises n'y sont pas plus ouvertes. Le Feng Shui a longtemps intéressé les entreprises dans une version « simplifiée ». J'ai vu des étages entiers peints en bleu clair, car l'élément chinois de l'eau (couleur bleue) est associé au flux et à la communication. Ce raccourci est un peu court…

La couleur n'est que la partie visible. Il faut penser « Art de la guerre » et postures. Où sont les flux, les ouvertures et les fermetures ? La position précise des personnes dans le lieu est importante. Il y a des salles de réunion où tout le monde se déchire, parce qu'elles ont une énergie conflictuelle. Il faut tenir compte des cartes énergétiques du bâtiment et des personnes clés.

Il existe des cycles de 180 ans, 60 ans, 20, 12 et 10 ans. Les dates de construction des bâtiments et les dates de naissance permettent de déterminer les capacités en place. Les matières ont aussi leurs propres énergies, le métal est plus associé à la prise de décision que le bois, par exemple, lequel est plus associé avec une énergie de création. Mais dit comme cela, c'est presque simpliste.

Comment est perçue votre pratique en Occident ?

Marie-Pierre Dillenseger : mes livres sont lus. J'y ai mis une multitude d'histoires, d'exercices et d'exemples pour parler justement au cerveau gauche. En vingt-cinq ans, les esprits se sont ouverts. Je dirais que nous avons bien avancé. Et même les formes simplifiées du Feng Shui ont finalement contribué à l'ouverture du champ de conscience. La suite dépend maintenant de notre capacité à relier les scientifiques, les acupuncteurs, les urbanistes et des praticiens en énergétique.

« Être soi, à la bonne place et au bon moment », c'est loin d'être simple. Cela demande un travail sur soi conséquent. Accéder à son inconscient est peu aisé. Il est souvent nécessaire de se faire accompagner en cas de blocages. On peut aller consulter des psychothérapeutes, des psychanalystes de toute obédience, des kinésiologues et aussi des psychanalystes hypnologues. L'hypnose est une autre technique pour s'approcher de son inconscient. Elle est indolore et rapide. Elle peut faire des miracles, comme réussir à réveiller certains comateux végétatifs (expérience réelle de Philippe Genest interviewé ci-après). L'hypnose popularisée par Charcot et Freud a encore de beaux jours devant elle. D'influence jungienne, Philippe Genest nous a fait part de son expérience de l'hypnose et du rôle important de son intuition pour détecter plus subtilement les croyances limitantes de ses patients. Alors, êtes-vous prêts pour vous laisser hypnotiser et apprivoiser ?

Interview de ***Philippe Genest****,* *hypnologue, psychothérapeute d'influence jungienne*

Freud avait une vision du bonheur assez pessimiste. Quelle serait la vôtre ?

Philippe Genest : Les théories de Freud sont les reflets de ses névroses, qu›il croit universelles, son aversion du comportement incestueux de son père Jacob est à l›origine du complexe d›Œdipe. Il en a souffert toute sa vie. Jung, fils de Pasteur, a été le fondateur de la psychologie analytique et tout au long de sa vie a mis en évidence l'importance du ressenti. La perception est essentielle. Freud était dans le protocole. Paul Diel, psychiatre influencé par Jung, a travaillé sur l'élucidation du sens caché des symboles. Paulette Letartre, psychiatre canadienne qui a travaillé à Sainte Anne, disait « on n'est pas psy par son savoir mais par ce que l'on est. »
Personnellement, je me suis coupé à un moment donné de toute relation avec la psychanalyse, mes confrères, les livres, pour prendre conscience de mon intuition, donner du sens à ma vie pour être au plus près du ressenti de mes patients, afin d'être détaché de toutes projections. Les psys Jungiens sont en face-à-face avec leur patient, contrairement aux psychanalystes Freudiens.
Pour moi, être heureux, c'est vivre quelques minutes ou heures sans conflit. C'est le meilleur compromis : être en harmonie avec soi.

Savoir interpréter ses rêves et prêter attention aux synchronicités est-ce que cela aide à mieux se réaliser ?

Philippe Genest : c'est à la fois complexe et simple. Comment fonctionnent les coïncidences ? Ce qui est important c'est d'avoir un projet, d'être dans l'action, et de ne rien attendre du premier et du deuxième élément... Le fameux agir dans le non-agir. « La solution ne dépend pas de moi ». Cette vie vous aime et va vous apporter la solution. Certains

sont trop dans l'attente d'un retour sur investissement. Par exemple, j'avais un projet de livre. Lors d'un dîner, je rencontre Monsieur Michalon, éditeur aux éditions Providence, qui me propose alors de m'éditer. C'est cela une coïncidence «tomber en même temps». Ceux qui veulent tout maîtriser sont dans la frustration. Pour les mystiques, cela s'appelle la Grâce. Un autre exemple, un jour je retourne dans le magasin qui m'avait imprimé mes cartes de visite pour demander une nouvelle impression. Or, le magasin avait fermé. Je reviens dans mon immeuble et là, je croise mon voisin et lui explique de façon anodine mon problème de cartes de visite. Il se trouve que ce magasin appartenait à une de ses amies qui m'a alors proposé de les réimprimer.
Nous sommes tous reliés dans la psyché collective. Wallace a découvert en Australie la même chose que Darwin, alors que des milliers de kilomètres les séparaient. Le feu a été découvert quasi-simultanément aussi. Tout le monde a vécu cette sensation de penser à un ami et en même temps le téléphone sonne et c'est l'ami en question...
Comme l'écrivait Platon, après son retour d'Égypte, « connais-toi toi-même et tu connaîtras Dieu et l'univers », mais en fait il fallait lire et traduire : « Sois sans intention et tu connaîtras Dieu et l'univers ». Pas besoin d'émettre une intention, il faut être dans l'action. L'inhibition de l'action crée l'angoisse. Les synchronicités, ce n'est pas la loi de l'attraction ! Il n'est pas question de poser des souhaits en mettant un cierge... Seule l'action nous porte.

L'hypnose peut-elle remplacer une longue thérapie avec un psychanalyste ?

Philippe Genest : je m'inscris plutôt dans des psychothérapies courtes, des thérapies brèves de 3 à 9 mois. Même si je peux voir certains patients pendant longtemps. Tous les patients sont différents, cela est difficilement mesurable en fonction de leur pathologie et de leur résistance au changement.
On peut avoir de l'intuition selon le patient. Il faut savoir rebondir sur les mots, la vibration des mots. C'est cette vibration qui va nous interpeller. Il y a des gens qui se mentent, qui sont dans le déni, qui ont des résistances au changement. Le problème des individus, c'est la projection. Les représentations sont solides. J'ai une patiente qui vient me voir pour un problème d'infertilité alors que tous les tests étaient

normaux. Pour elle, tout allait bien. Elle travaillait dans la police. Je lui demande alors ses rapports avec sa mère. Elle m'avoue alors que sa mère est décédée au moment de sa naissance et me dit « c'est nul votre truc ». Après lui avoir conseillé d'écrire à sa mère, elle revient et elle me dit avoir eu beaucoup d'émotions après l'écriture alors que sa mère était décédée depuis 30 ans ! Un mois après, elle était enceinte.
Je sens les résonances chez mes patients. Un exemple : un jour, je vois un patient, très grand, qui vient me voir avec des béquilles. Sa jambe se surinfecte, les médecins sont sur le point d'envisager une amputation et n'arrivent pas à circonscrire le phénomène. J'ai l'intuition que cela vient d'un secret de famille lié à la guerre. Il en parle alors à sa mère qui est effondrée et qui lui explique que sa grand-mère avait eu une liaison avec un lieutenant allemand et qu'elle était l'enfant de cette aventure. Par la suite, ce lieutenant avait pris un obus sur la jambe. Ce secret de famille l'a libéré et soigné.
Le plus important est d'être centré sur la personne et être à l'écoute de son intuition.

Synchronicités, hypnose, Feng Shui… Nous vous proposons maintenant de stimuler votre intelligence intuitive par la création artistique. Oui, l'art peut révéler votre inconscient de façon très spectaculaire et surtout dénouer des blocages enfouis depuis l'enfance. Certains psychiatres utilisent l'art-thérapie car le verbal a ses limites et le *logos* ne permet pas de tout appréhender. On parle d'art-thérapie, de musicothérapie, de poésie-thérapie, l'art est véritablement un guérisseur.

La vie tout entière peut être conçue comme une œuvre d'art. Réinventer son destin jour après jour est notre liberté. La dépendance est allergique à toute forme de créativité. La neuro-esthétique nous apprend à apprécier le beau et l'excellence.

Un peu comme Monsieur Jourdin avec la prose, nous pratiquons tous l'art-thérapie à notre insu, notamment lorsque l'on écoute une radio musicale, nos playlists préférées ou encore à l'extérieur où le *nudge* [23]musical peut encore nous influencer. En Inde, le *râga* est une musique qui correspond à un état physique et psychique donné, chaque *râga* est lié à un sentiment (*rasa*) et est fondé sur les théories védiques (ensemble de textes sacrés révélés aux sages indiens). Dans ce pays, la musique a toujours été considérée comme une « forme subtile de yoga » et une « mise en relation avec le divin »[24], ce qui en fait une puissante musicothérapie. En Occident, la musicothérapie est une discipline plus récente.

L'art-thérapie permet aux personnes de se recréer. Cette discipline s'approche de la pensée créative, intuitive et non verbale du cerveau droit. Afin de vous éclairer sur la puissance de cette pratique, nous avons rencontré Jean-Pierre Klein psychiatre et pionnier de l'art-thérapie ainsi que Marie-Sophie Madre, artiste peintre et art-thérapeute.

Interview de ***Jean-Pierre Klein****,* *psychiatre et pionnier de l'art-thérapie*

Quel est le lien entre la psychiatrie et l'art au vu du nombre d'artistes ayant souffert de maladies psychiatriques ?

Jean-Pierre Klein : c'est une longue histoire. L'art questionne la psychanalyse. Et la psychanalyse s'imprègne de l'art : l'imagination active de Jung, les mandalas, les rêves comme délivreurs de message. Mais la psychanalyse s'est aussi voulue scientifique et a voulu appliquer les données psychanalytiques à l'art. Que Léonard de Vinci ait des tendances homosexuelles, cela ne m'intéresse guère et ne retire rien ni n'ajoute à son génie.
Écoutons les artistes : André Breton a dénoncé « l'incroyable manie qui consiste à ramener l'inconnu au connu, au classable, berce les cerveaux ».

---

23. *Nudge* : coup de pouce. Pratique marketing visant à inciter un individu à agir d'une certaine manière, sans jamais chercher à le contraindre.
24. LECOURT Edith, *La musicothérapie*, Eyrolles Pratique, 2019.

Après tout, quelle merveille de faire quelque chose de ses maux plutôt que de s'apitoyer sur son sort. C'est mieux de transformer son mal-être en une création.

L'art-thérapie permet-elle de sortir de la psychanalyse freudienne parfois trop réductrice ?

Jean-Pierre Klein : Freud dit « chaque rêve a au moins un endroit où il est insondable, pareil à l'ombilic, par lequel il est rattaché à [...] l'inconnu, le non connu. » Tout est analysable mais il y a toujours un « reste ». Peut-être que l'art, l'intuition, peuvent se saisir de ça. Il faut se résigner à ce que le langage verbal ne puisse pas tout. Les artistes peuvent aller au-delà, qui connaissent l'inspiration et le ressenti émotionnel comme source d'œuvres. Il y a une intuition des sens à rechercher.
Faire quelque chose de sa folie, de sa violence, dépasse l'étiquetage habituel. Dans mon école (l'Inecat), quand on pratique des supervisions de la pratique, il faut accepter d'abord de ne rien comprendre (ne pas poser de diagnostic par exemple). « Où l'on commence à ne pas comprendre » comme l'intitule Gaston Leroux dans le premier chapitre du *mystère de la chambre jaune*.
L'intuition, c'est travailler avec la singularité de la personne à nulle autre pareille, appréhendée intuitivement en deçà de toute tentative de classification et de généralités. L'objectif n'est pas seulement d'expulser, d'expurger, mais de dépasser les épreuves de sa vie. C'est une approche douce. Ce qui est extraordinaire est que si la personne va mieux, il ne faut pas lui dire d'abord car cela pourrait paradoxalement l'apeurer tant elle est persuadée d'être condamnée à la souffrance.

Actuellement, il y a une augmentation des cas de dépression. Quelles en sont les causes d'après vous ?

Jean-Pierre Klein : le philosophe Günther Anders dit que la condition humaine de notre siècle est dans le manque d'imagination. Il ajoute : « Aujourd'hui, notre premier postulat doit être : élargis les limites de ton imagination pour savoir ce que tu fais. » Le monde va à la catastrophe si l'on ne rétablit pas les capacités de l'imagination.

Nous sommes dans un temps où il n'y a plus de symbolisation individuelle. Nous sommes accablés par du symbolisme en images et en mots de la publicité et des discours pour nous endormir ou nous faire consommer selon de fausses envies induites.
La créativité selon Winnicott est la capacité de vivre de façon créative une vie pleine de sens. Nous ne sommes plus vraiment créatifs de nos propres vies. Jung était ouvert à toutes les capacités d'imagination. Le contact, l'imagination par la matière, jouer avec les sentiments, sortir des sons de son corps… Il faut revenir au sensible et sortir de l'utilitarisme.
On peut même détourner le distanciel dans le sens de l'inventivité numérique, visuelle, sonore[25]. Le rap, les mangas, la photo numérique, constituent d'autres façons d'investir des nouvelles formes d'art. Il y a actuellement des manifestations et des protestations assez inventives. Est-ce que ça va suffire à lutter dans un temps de barbarie qui justifie les exclusions et l'autoritarisme ?

L'art peut-il sauver la psychanalyse (pour reprendre le titre d'un de vos chapitres[26]) ?

Jean-Pierre Klein : ce n'est pas par la psychanalyse que va venir le renouveau. L'art est un renouveau. J'ai beaucoup cru dans la psychiatrie, la psychanalyse, maintenant je n'y crois plus. Cela viendra d'ailleurs, je m'adresse aux artistes. Pour devenir art-thérapeute, il faut être artiste. Les autres voies proposées par le cerveau droit ont plus d'avenir que les anciens modes de pensée qui ont la science pour modèle soit de la mise à raison de l'irrationalité de l'inconscient soit de l'approche utilitariste de déconditionnement/conditionnement.
L'art-thérapie ne va pas sauver le monde mais elle permet de reconvoquer les forces de vie et de création à partir de soi, bref de rester vivant. Susciter la vie.
Comment les poètes peuvent transformer le monde… Il faut déconstruire ces approches militaires qui nous anéantissent par des médicaments comme seul traitement.

Transformer le monde avec des yeux de poète, déconstruire nos réflexes

25.« Le rapproché du distanciel », Art et Thérapie, N° 128/129, Septembre 2021.
26. KLEIN Jean-Pierre, *Penser l'art-thérapie*, PUF, 2012.

militaires, voici un programme de « déprogrammation » de tous nos automatismes de consommateur insatisfait. L'imagination est généreuse, alors que notre monde technocrate nous appauvrit en richesse de sensations et de beauté. Avant de nous plonger dans « la mélancolie des poètes », nous vous proposons le témoignage d'une artiste peintre-thérapeute, Marie-Sophie Madre, diplômée de la *Parsons School of Design* de New York. Elle a été formée en art-thérapie à l'INECAT (Institut National d'Expression, de Création, d'Art et Thérapie) et est titulaire d'un master d'Art-thérapie de Paris V.

Interview de ***Marie-Sophie Madre****,*
artiste peintre, art-thérapeute et formatrice en art-thérapie

L'art-thérapie est-ce proche de ce qu'appelait Jung, l'imagination active ?

Marie-Sophie Madre : l'art-thérapie permet d'actionner l'imagination créative et de l'optimiser. *Le Prince Foudroyé, la vie de Nicolas de Staël* est un livre qui m'a profondément marquée et à partir duquel je me suis interrogée. Les effets de répétitions de techniques que j'observe dans le travail de cet immense artiste Nicolas de Staël correspondaient-ils à la mise en évidence d'un achoppement émotionnel non maîtrisé ? Le fait qu'aucun travail ne sorte de son atelier sans avoir été validé par un ami proche ne traduisait-il pas un manque de confiance en lui-même ? Est-ce qu'un art-thérapeute aurait pu déjouer son destin ?
Dans le cadre de mon mémoire de recherche pour le master d'art-thérapie à Paris V, j'ai suivi une artiste peintre pendant un an. « Elle était dans un trop qui donnait le vertige. » À ses dires ma présence l'a aidée ; cela a été aussi pour moi un accompagnement des plus gratifiants.

La créativité permet-elle des guérisons plus rapides ?

Marie-Sophie Madre : l'art-thérapeute propose une approche de soin originale, indiquée en complément à d'autres approches fondées sur le travail par la parole, le traitement médicamenteux et le travail sur la psychomotricité. Grâce à une technique maîtrisée et mise à disposition de façon continue, Le but de l'art-thérapeute est d'amener son patient à laisser agir en lui un double, acteur plutôt inconscient qui, par répétitions successives de créations, lui permettra de rencontrer ses autres, se transformer, développer son autonomie, prendre du temps pour soi[27]. Certains patients sont plus ou moins à l'aise avec leur corps, leurs gestes en sont plus ou moins habiles, ils tissent ou non des liens avec les autres. Il faut créer une énergie en mouvement, accueillir le silence et favoriser l'harmonie. Leurs œuvres révèlent des traits de la personnalité des patients ou leur état d'âme du moment, par exemple un travail trop minutieux peut alerter.
L'objectif de l'art-thérapie n'est pas d'interpréter les œuvres, c'est avant tout une mise en commun, du partage dans un espace très privilégié : l'atelier, très encadré où chacun s'exprime, patients mais aussi soignants infirmiers, médecin « externe » ou « interne » de passage. Il est important qu'il ne soit pas perturbé par des allées et venues intempestives de l'extérieur, troublant la concentration. Créées individuellement ou à plusieurs, on peut voir apparaître des œuvres splendides. Les jeunes patients sont en général très fiers de les voir exposées et leurs parents le sont également. Pour la petite histoire, des médecins de l'institut souhaitent en voir accrochées dans leurs bureaux ; **l'art-thérapie est une façon de sortir d'un quotidien trop lourd, de créer du lien, d'éveiller la bienveillance.**

L'art-thérapie est une autre façon de laisser émerger son inconscient, ce sont les ondes électromagnétiques des couleurs qui vont alors apprivoiser nos ondes alpha et nous hypnotiser pour laisser émerger nos désirs et frustrations enfouis sous l'iceberg de notre mental. Tous les arts, la musique, la danse, le théâtre, l'écriture, peuvent nous aider à nous épanouir. L'art est un puissant guérisseur.

27. KLEIN Jean-Pierre, L'art-thérapie, PUF, 2014.

Mais aussi les parfums : une odeur familière nous effleure et nous voilà tout à coup rassurés. Un médecin suisse, Jean-Philippe Assal, a développé un « passeport sensoriel » pour aider ses patients à utiliser la puissance de leurs sens.

Le passeport sensoriel pour se reconnecter à son moi profond

L'exemple littéraire devenu célèbre, « la madeleine de Proust », peut être aussi un remède médical puissant, notamment pour les personnes atteintes de maladies neurodégénératives comme Alzheimer. Il faut savoir que la mémoire sensorielle est moins atteinte par la maladie d'Alzheimer. Ainsi certaines odeurs peuvent aider les patients atteints de cette maladie à faire ressurgir un évènement passé et d'ainsi stimuler la mémoire. Des ateliers d'olfactothérapies sont aujourd'hui proposés par certains services hospitaliers. Jean-Philippe Assal, médecin suisse diabétologue, s'est aperçu de la puissance des sens dans les guérisons et le bien-être des patients. « Notre cerveau garde le souvenir de nos expériences sensorielles avec nos ressentis et cette mémoire, qui semble parfois ensevelie et oubliée, est toujours prête à émerger si elle est stimulée de l'extérieur. Les émotions, les énergies du présent réveillent les ressentis du passé : des images, des musiques, des parfums, des saveurs refont surface et nous font voyager dans le temps » (Jean-Pierre Assal). Dans la pensée occidentale, la vue constitue l'axe fondamental de la relation de l'homme au monde, mais cette conception a été souvent remise en cause notamment par les poètes et les artistes à la recherche de l'essence des choses derrière les formes du visible. Nos mémoires sensorielles constituent en fait nos petits « trésors de guerre » du bonheur.

Utiliser tous ces sens pour apprécier la vie, telle est l'appréhension intuitive du monde qu'il faut cultiver. Nous sommes finalement des êtres très gâtés dans un monde coloré, odorant, doux et musical. Pourquoi l'appauvrir avec un excès de *logos* ? Tout n'est pas rationnel. Laissons nos sens nous enchanter !

Quant à nos désirs, faut-il céder aux sirènes des pouvoirs de l'intention ? L'intention ne rime pas toujours avec intuition…

Chapitre 4
La pensée positive : accélérateur de bonheur ou dérive New Age ?

■ Résumé

L'optimisme est nécessaire mais l'excès de pensée positive ne frôle-t-il pas la frontière de la pensée magique ? Le film documentaire Le secret visualisé par des millions de personnes promeut un message simpliste et infantilisant de la loi de l'attraction. Notre cerveau droit nous invite à réaliser une introspection de nos désirs pour être au plus près de notre « moi authentique ». Il faut toujours interroger ses désirs et leurs fondements… D'après les thérapeutes interviewées, Audrey Chevalier et Anne-Laure Buffet, confondre pensée positive et pensée magique est un vrai piège. Il est important d'être sur ses gardes face aux gurus toxiques et narcissiques. L'important dans le désir est de suivre ses « propres » désirs et non ceux que l'on nous a inculqués.

Témoignages d'Audrey Chevalier praticienne en thérapie psycho-énergétique et Anne-Laure Buffet, thérapeute spécialisée dans les violences psychologiques.

« *L'attachement au fatalisme est le vrai mal en ce monde.* »
(Alain, *Propos*)

Que penser du livre de Napoléon Hill, *Think and grow rich* (comment devenir riche) publié en 1937 ? Ce livre s'est vendu à plusieurs millions d'exemplaires et continue à nourrir des espoirs fous de gagner au loto. La pensée positive ne frôle-t-elle pas la frontière de la pensée magique ?

Les Français, plutôt reconnus pour leur pessimisme et leur capacité à bougonner et manifester, ont parfois tendance à se moquer de la pensée positive, de l'optimisme. Pourtant la psychologie positive n'est pas si éloignée de la philosophie cartésienne : toute réalité est une interprétation et nous pouvons influencer cette interprétation. Si la gratitude permet de voir la vie plus positivement, pourquoi ne pas pratiquer cette gratitude, ce contentement ?

« Donner et recevoir », est-ce une fausse croyance ? Dans le livre *La formule du bonheur*[28] que nous avons cité dans le 1er chapitre, l'auteur ingénieur a noté que lorsqu'il donnait, il recevait des cadeaux inattendus encore plus importants… De façon plus pragmatique, une étude réalisée à Harvard a démontré que ceux qui pratiquaient le don étaient plus heureux : en donnant quelques sous à dépenser à des inconnus, ceux qui le dépensèrent pour en faire un don étaient plus heureux que ceux qui l'avaient dépensé pour eux.

Pourquoi les personnes généreuses et optimistes se voient parfois l'objet de raillerie ? Comme écrivait Nietzsche « que les malades ne rendent pas malades les bien portants ».

Même Descartes était un défenseur de la pensée positive « les âmes vulgaires se laissent aller à leurs passions, et ne sont heureuses ou malheureuses que selon que les choses qui leur surviennent sont agréables ou déplaisantes, au lieu que les autres ont des raisonnements forts et si puissants que (…) leur raison demeure néanmoins toujours la maîtresse. »[29]

28. GAWDAT Mo, *La formule du bonheur,* Larousse, 2016.
29. Descartes, *Lettre à Elisabeth.*

L'optimisme est une forme d'intelligence, car il permet de reconsidérer la réalité qui nous est présentée de prime abord et de stimuler les émotions positives. Mais l'optimisme peut se révéler contre-productif quand on se contente d'espérer, de poser des intentions et d'attendre que le destin tourne enfin en notre faveur. Comme nous l'avons déjà évoqué au chapitre précédent, la chance se provoque à condition que l'on soit dans l'action et que l'on soit aligné avec son « moi profond ». Mais le film documentaire *Le secret* (2006) visualisé par des millions de personnes promeut un message simpliste et infantilisant de la loi de l'attraction. Ce film explique, en résumé, que l'on peut demander ce que l'on veut à l'univers ; une maison, une belle voiture, le job de ses rêves et nos souhaits se réaliseront. Nous sommes, là, dans une totale dérive marketing. Cette caricature nous dispense de toute introspection. Or il faut toujours interroger ses désirs et leurs fondements...

Faut-il suivre tous ses désirs aveuglément ?

De nombreuses situations peuvent provoquer en nous des frustrations. La tentation est alors grande de recourir au côté quasi-magique de la loi de l'attraction : si je pense positif, il ne m'arrivera que des choses positives. C'est une vision un peu simpliste de l'existence car les échecs font aussi progresser. Les coachs en « réussite » nous mettent régulièrement en garde : « no pain, no gain ». Pour réussir, il faut savoir essuyer plusieurs échecs. Ne pas avoir d'échec signifie en général n'avoir rien tenté... Ainsi, les échecs sont inévitables. Le désir reste une énergie. Mais lorsqu'il est mal orienté, c'est-à-dire qu'il est dans le dogme de l'acquisition, il se tarit. Apprendre à sublimer ses désirs est une clé pour cultiver sa bonne humeur.

Notre société de l'avoir est un leurre. Notre quête devrait plutôt chercher le sentiment de plénitude : l'unité de notre être. Platon avec son mythe de l'âme sœur a parfaitement imagé cette quête de la totalité perdue. Les dieux auraient séparé les Hommes en deux, et depuis chacun cherche sa moitié... De façon moins poétique, Jung suggère aussi que le bonheur est accessible lorsque notre conscience et notre inconscient ont enfin appris à vivre en paix : c'est ce que l'on appelle le processus d'individuation déjà expliqué dans la deuxième partie.

À la différence de Descartes qui nous coupe en deux, d'un côté les passions et de l'autre l'esprit, Spinoza affirme l'union entre le corps et l'esprit. Spinoza a une vision optimiste du désir, celui-ci devient puissant quand nous avons enfin compris son essence. Le désir est une bonne chose si l'on comprend les causes de ses affections.

Voulons-nous alors donner raison au pessimisme de Schopenhauer et à Freud qui nous condamnent à demeurer des êtres de désir, englués dans le manque et la frustration, dans le déterminisme d'une souffrance certaine ? Ou au contraire, avoir raison avec Spinoza en réinterprétant et réinventant notre désir pour nous laisser porter par la spirale de la joie et la bonne humeur ?

Dans *l'Anti-Œdipe*[30], Deleuze le philosophe, et Guattari le psychanalyste, expliquent que le désir n'est pas fait pour avoir, mais pour produire et aller de l'avant. « Il n'est pas dans l'acquisition. Le désir est producteur de réalité. Le désir ne manque de rien quand il crée. Le désir étreint la vie. »

L'interprétation de nos désirs est essentielle pour nous réaliser. Si nous optons pour une définition simpliste du désir : je veux, donc j'aurai... Il y a de fortes chances que nous nous heurtions tôt ou tard à un mur, un peu comme les enfants convulsionnés de colère lorsqu'ils doivent apprendre la frustration. Dans le best-seller *99 francs*, Frédéric Beigbeder écrit « votre souffrance dope le commerce ». La consommation est un désir d'acquisition. Mais d'acquisition de quoi ? Du vide ? C'est un puits sans fond. Il est essentiel de hiérarchiser ses besoins pour ne pas se laisser happer par l'envie d'une consommation frénétique, qui est une sorte d'addiction.

Hiérarchisation du désir selon Epicure (341 – 270 avant J.C.) *Lettre à Ménécée*	Hiérarchisation des besoins selon Abraham Maslow « la pyramide de Maslow » (1940)
Désirs naturels et nécessaires (satisfaction des besoins vitaux, l'amitié, la philosophie, la suppression de la douleur)	Besoins physiologiques Besoins de sécurité
Désirs naturels et non nécessaires (le plaisir, la sexualité, l'esthétisme)	Besoin d'appartenance et d'amour
Désirs vains (soif de pouvoir, de posséder, des honneurs)	Besoin d'estime Besoin d'accomplissement de soi

30. Gilles Deleuze et Félix Guattari, *L'anti-Œdipe*, Minuit, 1974.

La pyramide des besoins de Maslow a peu de points communs avec la classification d'Epicure. Mais nous les avons volontairement juxtaposées pour que vous vous rendiez compte de la différence culturelle entre un philosophe antique qui prône la frugalité et l'humilité et un psychologue américain du XXe siècle baigné dans le paradigme capitaliste. Qu'importe l'aspect scientifique de cette hiérarchie des désirs, il est surtout primordial de comprendre l'origine de ses désirs. Les désirs nous montrent un chemin, à nous de les comprendre.

Vous comprenez alors que le *Think and grow rich* de Napoléon Hill est dans la continuité d'un désir conformiste créé par nos sociétés matérialistes et qu'il nous empêche de réfléchir à nos « vrais » désirs. La loi de l'attraction peut être un boulevard pour le désir irréfléchi et aveugle, que les sages de l'Antiquité appelaient *Epithumia.*

Ces marchands de type « lampe d'Aladin » ne sont pas dangereux par leur optimisme, mais néfastes car ils nous infantilisent et nous intoxiquent de faux besoins.

L'optimisme reste une qualité. Il est une force. Nous avons tenu à interviewer deux thérapeutes sur ce nouveau phénomène de la pensée positive Audrey Chevalier, psychopraticienne, praticienne en thérapie psycho-énergétique et astrologue ainsi qu'Anne-Laure Buffet, thérapeute spécialisée sur les violences intrafamiliales.

Audrey Chevalier fait partie de ces nouveaux thérapeutes qui allient à la fois une solide formation en psychologie avec des disciplines classées jusqu'à présent comme « ésotériques » telle que l'astrologie. Elle est spécialisée dans l'EFT (*Emotional Freedom Technic)* et le *Matrix reimprinting*, pour travailler sur nos attachements.

*Interview d'**Audrey Chevalier**, praticienne en thérapie psycho-énergetique et astrologue*

Que pensez-vous du marché du développement personnel et du nombre exponentiel de livres publiés sur la loi de l'attraction ?

Audrey Chevalier : je risque de me montrer très critique sur ce sujet car effectivement il existe beaucoup de dérives New Age actuellement. Le marché de l'édition est envahi par les ventes d'ouvrages autour de l'ésotérisme ou du développement personnel parfois fort intéressants certes, mais il est évident que nous trouvons de tout. Aujourd'hui, la vente de ces livres repose sur un tsunami marketing : c'est-à-dire qu'une génération d'influenceurs portés sur l'ésotérisme ou sur le développement personnel s'est emparée des réseaux sociaux. Le nombre de suivis est incommensurable, car les influenceurs savent parler à leur audience : tutoiement facile, interactions avec le public, choix de mots simplistes voire infantilisants dans certains cas, optimisme de façade, utilisation détournée des arts divinatoires et de l'astrologie, etc.

Tout cela semble répondre à des questions d'un public à priori en souffrance, les bas instincts sont flattés. En général, ce public est dans une quête identitaire, il cherche des réponses extérieures à son mal être qui vont le soulager un temps, mais un temps seulement. Alors ils se disent HPE ou hypersensible par exemple, et ce, sans avoir eu recours à un professionnel de la santé qui pourrait leur être d'une grande utilité, tout cela parce que cela entretient une certaine pensée magique. C'est ce que l'on nomme une régression et dans certains cas, c'est ce qui permet de justifier tous ses maux, c'est aussi un processus de victimisation finement entretenu.
Mais ça marche car la consommation est immédiate et accessible à tout moment. C'est pourquoi, les livres autour du développement personnel ou de l'ésotérisme ne résultent pas toujours d'un savoir-faire (l'ésoté-

risme exige beaucoup de discrétion) mais d'une opportunité éditoriale et la promesse de ventes à venir.

Pour ce qui est de la vente de livres autour de la loi d'attraction, ce sont des promesses de facilité immédiate mais rien de fiable derrière cela car la loi d'attraction est un sujet très complexe qui nécessite une réelle expérience quotidienne. En effet, la loi d'attraction ne fait que refléter tout ce qui agit en nous, à commencer par nos émotions et nos croyances, et non ce que l'on veut sauf si l'on détient un réel alignement et que l'on entretient un dialogue avec la vie dans la confiance et la fluidité et ce, en dépit des épreuves.

Ainsi, et tant que les points émotionnels et cognitifs ne sont pas abordés avec profondeur et dans la durée, les souhaits que l'on formule ne sont que rarement exaucés car une loi intérieure – celle de l'inconscient – prend le pas en toutes circonstances. Par conséquent, les livres sur la loi d'attraction peuvent apporter un éclairage mais le lecteur doit garder à l'esprit que les résultats de cette même loi reposent d'abord et avant tout, sur une véritable connaissance de soi. Elle exige de la sagesse et de la foi en soi et en la vie.

Avons-nous tendance à confondre développement personnel et pensée magique ?

Audrey Chevalier : tout dépend de ce que l'on entend par « pensée magique ». En effet, dans certains milieux ésotériques et sérieux, la pensée magique détient un sens bien différent de celui que Freud énonçait. En effet, la pensée magique au cœur de la psychologie clinique dénonce une forme-pensée que certains individus entretiennent pour maintenir un certain déni d'eux-mêmes. Aujourd'hui cela est d'autant plus vrai, et l'on constate chez celles et ceux qui sont en quête de signes – qu'ils confondent volontiers avec le véritable sens du terme « synchronicité » – une survie émotionnelle et affective, si ce n'est pas matérielle, assez profonde. La pensée magique en ce sens est un moyen de se raccrocher à quelque chose pour ne pas sombrer même si l'individu n'en a pas toujours conscience. Si cela permet d'éviter une décompensation ou une dépression aggravée, il me semble préférable de ne pas les brusquer. Ensuite, la pensée magique, c'est aussi toutes ces promesses d'un mieux aller sans réelle transcendance ou transformation profonde. C'est souvent là que l'on constate un public qui déverse dans le New Age : la pensée magique est la garantie de s'anesthésier temporairement face à la douleur profonde mais une fois de plus, si cela évite une décompensation, pourquoi pas. Mais lorsqu'elle entretient du refoulement et par extension une névrose déjà omniprésente, cela finit par devenir un réel problème. Par ailleurs, la pensée magique, c'est aussi la promesse d'un nettoyage psychique profond qui permettra de se défaire de ses blessures. Ce qu'il faut bien comprendre, c'est que beaucoup de thérapeutes et de patients/clients en sont convaincus. Aussi, et quand bien même nous aidons un patient/client à réajuster ses émotions et à transformer ses croyances, il ne faut pas oublier que la thérapie est d'abord une étape pour une meilleure connaissance de soi, un chemin vers soi, c'est apprendre à s'aimer non pas en dépit de ses blessures mais avec ses blessures. C'est cela que l'on nomme le retournement intérieur. La vie elle-même participe de ce grand retournement.

En réalité, ce qu'un individu doit attendre d'une transformation ne se définit pas seulement dans les livres de développement personnel ou dans les cabinets de thérapeute seuls, mais dans une crise salutaire qui se manifeste par un profond ras-le-bol. C'est quand, parfois, le client/patient dit stop à toutes ces courses au développement personnel qu'il guérit réellement. Nul donc besoin de pensée-magique parfois mais d'une pleine acceptation et d'un amour de soi... Cela, c'est que nous apprenons tous et la vie est le terrain de jeu propice pour atteindre ce but.

Anne-Laure Buffet, de son côté, met en garde contre les gurus, qui peuvent être pour certains des pervers narcissiques. Et pourtant elle n'est pas pessimiste puisqu'elle fait partie de la ligue des optimistes ! Juriste, avec une spécialisation en droit de la famille, Anne-Laure Buffet a souhaité reprendre des études de psychologie. En explorant certains courants de développement personnel, et en s'intéressant aux conflits intrafamiliaux et aux violences qui en résultent, elle est venue à se spécialiser sur les violences intrafamiliales. En parallèle, elle s'est considérablement documentée sur les personnalités atypiques, les HPI, les HPE et les TDA/H, ainsi qu'aux caractéristiques attribuées aux cerveaux gauche et droit.

Elle met en garde contre une pensée exclusivement rationaliste qui enfonce les patients dans une position de victime.

*Interview d'**Anne-Laure Buffet**, thérapeute spécialisée dans l'accompagnement des victimes de violences psychologiques, conférencière et essayiste*

Vous vivez avec des neuroatypiques. Pour vous, l'asymétrie cerveaux gauche et droit évoque quelles métaphores ?

Anne-Laure Buffet : je suis très cartésienne, ce qui n'empêche pas l'accueil de la joie et du désir. En cela je me rapproche de Spinoza. On a longtemps opposé Descartes et Spinoza entre autres sur la notion de libre arbitre. Je ne les oppose pas, je pense qu'ils se complètent, selon ce que nous avons à vivre, penser, ressentir et agir.
Le cerveau gauche serait le cadre, l'étai, la colonne vertébrale, la structure. Le cerveau droit y apporte la dorure, la souplesse, la possibilité de le faire évoluer, de le déplacer, de le partager. La réunion des deux cerveaux, c'est réunir à la fois l'artisan et l'artiste.
J'aime la joie, qui n'est absolument pas incompatible avec la rationalité. L'alliance du cerveau gauche avec le cerveau droit est essentielle. Lorsque je sors de consultations où j'ai reçu des enfants et des adultes abusés, cela me fait du bien d'entendre parler de papillons, de poésies, de choses plus légères, plus joyeuses qui amènent vers une autre réalité, plus humaine, plus gaie. La nature, c'est le réveil de quelque chose, c'est faire entrer la lumière dans une pièce sombre.

Pourquoi observez-vous d'un œil critique la loi de l'attraction et ces marchands de bonheur ?

Anne-Laure Buffet : je refuse le dogme en général. Tout dogme entrave l'esprit critique. Dans mon prochain livre *Tous toxiques, tous victimes*[31], j'aborde la question des gurus, des dérives ésotériques. Je me méfie du livre très accrocheur *Le secret* de Rondha Byrne (NDLR ce livre a

31. BUFFET Anne-Laure, *Tous toxiques, tous victimes, De l'Observatoire, 2021.*

popularisé la loi de l'attraction). Leur façon de prôner le bonheur est à la fois très stimulante, semblant nous donner tout pouvoir, et très culpabilisatrice « si tu es malheureux, c'est de ta faute. Tu crées ton propre malheur ». Certaines personnes y laissent leur fortune, leur santé. Et ils continuent de culpabiliser parce que cela ne fonctionne pas. C'est un business. Quand un grand guru américain vend des places de sa conférence à 320 dollars pour expliquer comment il a réussi à acheter des villas sur la côte ouest, cela interroge... C'est complètement superficiel. Cette dérive New Age est liée au fait que l'on a tellement mal mis en valeur la rationalité, un « mauvais esprit critique », une « mauvaise conscience de soi », que cela a laissé des traces... Les gens vont alors chercher des réponses ailleurs que dans la rationalité. La spiritualité va les rassurer en leur proposant un bien-être facile, accessible rapidement, pour « pas trop cher ». La contemplation, la poésie, l'émerveillement, permettent d'échapper à cet ancrage trop rigide de la rationalité. Mais il ne faut pas céder à la « gurutisation » qui s'appuie sur les cerveaux les plus fragilisés, fait de belles promesses jamais tenues, et qui les enferme dans une pensée qui leur échappe.

L'excès de rationalité favorise-t-il le développement des « gurus » ?

Anne-Laure Buffet : en effet, on ne peut pas être dans la critique permanente, les courants de la rationalité vont parfois trop loin, ce qui peut faire peur ou sembler sclérosant. Nous avons besoin de rêve, nous avons besoin de nous projeter dans quelque chose qui nous dépasse. Ce n'est pas grave d'être dans un biais cognitif tant que nous en sommes conscients. Respirons un peu. Le sens critique dénué de discernement peut pousser au fatalisme, au déterminisme, cela peut démoraliser, on bascule alors de l'autre côté. Il faut entretenir un équilibre entre rationnel et émotionnel.

Selon vous, ce phénomène de « gurus » est-il lié à la prolifération des pervers narcissiques ?

Anne-Laure Buffet : le narcissisme est pathologisé actuellement. Si l'on reprend la thèse développée par Eva Illouz dans *Les marchandises émotionnelles* selon laquelle la modernité « nous demande d'être à la fois parfaitement rationnels et, dans le même mouvement, de chercher sans relâche à intensifier nos émotions », les Trente Glorieuses ont nourri notre société de rationalisation, de la consommation, l'automobile et la publicité... On a eu accès à « beaucoup trop » sans en comprendre le mode d'emploi. Nous sommes des enfants gâtés. « Jouez à tout », puis tout à coup, tout s'arrête à cause d'un virus. Rien n'a été développé en conscience de l'autre. Nous sommes dans des sociétés narcissisées. Le monde a terriblement changé. Poster une photo par jour, vérifier son nombre de followers, passer son temps à calculer son image, c'est uniquement du narcissisme.

Nos cerveaux droits, ou ce que cela représente de créativité et d'émotionnel, ne sont pas reconnus pour ce qu'ils sont. On va être dans une société de plus en plus toxique, narcissique, consumériste. La créativité, la spiritualité sont menacées. Il va falloir plusieurs générations pour apaiser les choses et faire face aux bouleversements climatiques et technologiques.

Un pervers narcissique est une personne dont le narcissisme a été mal nourri au moment de l'attachement de sa prime enfance, soit trop, soit trop peu. Des mécanismes d'évitement solidement ancrés se mettent en place avec des risques de compensation. Il va nourrir son narcissisme en cherchant sa « nourriture » chez l'autre, l'utilisant comme un objet, un moyen, et non comme une fin. Le pervers narcissique est le contradicteur le plus parfait de Kant qui disait : « Agis de telle sorte que tu traites l'humanité comme une fin, et jamais simplement comme un moyen. »

Il va pervertir le narcissisme sain de son interlocuteur pour se l'approprier. L'altérité n'existe pas, la remise en cause est impossible. S'il s'adresse à une personne dont le fonctionnement est plus « cerveau droit », il va agir et transformer toutes ses émotions, les déconnectant de toute rationalité, imposant ainsi son emprise. Les pervers narcissiques ayant des modes de fonctionnement proches des fonctionnements sectaires, ils peuvent rapidement modeler des comportements, utilisant la part émotionnelle et créative à leur profit.

Si les coachs de la loi de l'attraction permettent d'insuffler un peu d'optimisme, il n'en reste pas moins qu'il vaut mieux respirer profondément avant de céder à l'impulsion de vouloir gagner des millions au loto et une belle maison avec piscine et jacuzzi en s'allégeant de quelques centaines d'euros auprès de gurus mal intentionnés. Pourquoi ne pas tenter plutôt en préambule la méditation, pour faire une pause dans notre frénésie de consommation ?

Chapitre 5

La méditation, un rempart à l'ultraconnexion technologique ?

Résumé

En neurosciences, il est aujourd'hui démontré scientifiquement que la méditation modifie favorablement la chimie de notre cerveau. Ce sont les mêmes ondes alpha (13 Hz) que nous utilisons pour l'hypnose et la méditation pour se débrancher, comme nous l'a expliqué l'hypnologue Philippe Genest. Pratiquer la méditation permet de mieux connecter les deux hémisphères de notre cerveau et d'atteindre une meilleure harmonie.

Il est démontré scientifiquement que la méditation modifie favorablement la chimie de notre cerveau. Elle permet de sécréter plus de sérotonine (hormone de la bonne humeur), d'endorphines[32], le DHEA[33] (hormone de longévité), le GABA[34] (neurotransmetteur dit « inhibiteur), l'hormone de croissance et de diminuer le cortisol (hormone du stress). La méditation a désormais, aujourd'hui, obtenu son tampon « scientifique » d'efficacité. Cette caution scientifique a été favorisée par la collaboration de Matthieu Ricard, moine bouddhiste tibétain et docteur en génétique cellulaire, avec le Mind and Life Institute, une organisation fondée en 1990 par le neurobiologiste Francisco Varela et Adam Engle, sous l'impulsion du Dalaï-Lama pour déve-

32. Voir lexique.
33. Voir lexique.
34. Voir lexique.

lopper les échanges entre la science et le bouddhisme. Grâce aux techniques d'imagerie cérébrale, Antoine Lutz, qui a réalisé une thèse sur la conscience, a comparé l'activité cérébrale des méditants experts et novices et a constaté que la méditation modifiait l'activité neuronale.

Ce qui est certain est que la méditation permet de lutter contre l'addiction aux écrans et aux nouvelles technologies qui, chimiquement, favorisent la dopamine. Son pouvoir de sérénité est aujourd'hui plus que recommandé et accroît grandement notre bien-être.

La méditation a été popularisée par des dirigeants comme Steve Jobs, Richard Branson et par le réalisateur David Lynch. Elle permet de mieux gérer ses émotions et de décupler sa créativité et son intuition. En France, cette discipline est promue notamment par Matthieu Ricard, le psychiatre Christophe André et Fabrice Midal (écrivain et fondateur de l'école européenne de la méditation).

Méditation et créativité

La méditation est aussi un excellent moyen de développer sa créativité, car elle permet d'améliorer à la fois la pensée divergente (cerveau droit) et la pensée convergente (cerveau gauche). L'artiste David Lynch explique le potentiel créatif de la méditation dans son livre *Catching the Big Fish : Meditation, Consciousness, and Creativity*[35].

Personnellement, je ne suis pas forcément une pratiquante de la méditation pleine conscience, mais je (Marjorie) réalise des méditations dans le cadre de mes séances de Yoga Kundalini dont le premier qui en a défendu les bienfaits en Occident est Jung à travers ses conférences Psychologie du yoga de la Kundalini[36]. Lors des méditations du Kundalini, j'ai souvent des visions qui fusent dans ma tête, des mots qui me viennent spontanément, puis une sensation de flottement et de légèreté qui rend la créativité possible.

Antoine Lutz a également fait des recherches pour comparer les effets de l'hypnose avec la méditation.

35. TarcherPerigee, 2007.
36. JUNG Carl Gustav, *Psychologie du yoga de la Kundalini*, Albin Michel, 2005.

Hypnose et méditation seraient-elles sur la même longueur d'onde ?

Comme nous l'avons vu avec l'hypnologue Philippe Genest, l'hypnose est un puissant vecteur de guérison pouvant même aller jusqu'à réveiller certains comateux.

La méditation cherche à provoquer un décentrage cognitif pour prendre conscience et se mettre à distance de ses pensées et de ses émotions pour se concentrer sur le présent. L'hypnose est un état modifié de conscience et utilise les ondes alpha. Les neurones communiquent par l'électricité. Cinq types d'ondes cérébrales à différentes fréquences peuvent être mesurés par l'électroencéphalogramme : les ondes delta, thêta, alpha, bêta et gamma. Tout comme l'hypnose, la méditation peut manipuler la fréquence des ondes cérébrales. Les ondes gamma et bêta sont plus rapides, elles permettent une réflexion active avec une activité mentale importante. Les ondes alpha, utilisées en hypnose, sont repérées quand nous sommes calmes. Ces ondes augmentent aussi lorsque nous méditons. Lorsque nous dormons, rêvons en sommeil paradoxal, nous émettons des ondes thêta. Les ondes delta quant à elle interviennent durant le sommeil profond. La méditation, permettant d'augmenter les ondes alpha, peut être assimilée, dans certains cas, à une autohypnose.

En utilisant l'hypnose pour permettre à ses patients d'accéder à un état modifié de conscience, Philippe Genest nous explique qu'il est un spécialiste de la vibration, du mode alpha. « Tout est une question de vibration. Nous sommes en temps normal en onde bêta, l'onde de l'éveil et du mental. **On utilise les ondes alpha (13 Hz) pour l'hypnose et la méditation**, c'est l'onde du débranchement. J'utilise en quelque sorte la perception en « mode alpha ». Sous hypnose, les patients sont, au début, en transe légère (ils continuent à entendre). Il existe aussi des transes moyennes (alternances) ou des transes profondes (le patient participe comme dans un rêve, la suggestion). Dans l'hypnose, il n'y a pas de dialogue, ce n'est pas assimilable au rêve éveillé ».

Philippe Genest est également président du centre de Recherche sur l'Hypnose qui expérimente et étudie les bienfaits de l'hypnose pour une exégèse des dents ou encore sur la coagulation. Par exemple, après plusieurs hypnoses, si on pose sur un patient une pièce froide sur sa main, il a l'impression qu'elle est chaude. C'est le pouvoir de la suggestion. Raspoutine faisait de l'hypnose pour stopper les hémorragies. Philippe Genest nous a révélé aussi qu'il a, pendant quelques années, réveillé certains comateux grâce à l'hypnose : « Pour les comateux, en comas végétatifs, ils se trouvent dans une onde intermédiaire. J'ai réussi à faire remonter des comateux en onde alpha sous hypnose… cela m'a valu des articles dans la presse du style « L'homme qui réveille les morts », dans les années 96-98. Mais j'ai arrêté car cela me demandait trop d'investissement sur le plan vibratoire et je ne pouvais plus répondre à toutes les demandes ».

Les différents types de méditation

Nous avons tendance à réduire la méditation à la *méditation de pleine conscience* qui est à la mode actuellement. De plus en plus d'applis proposent des méditations en ligne. On peut se demander dans quelle mesure les applis peuvent vraiment nous aider à méditer car elles ne favorisent pas la déconnexion…

Lorsque Matthieu Ricard a collaboré avec les chercheurs, ils ont étudié six méditations spécifiques : la concentration sur un seul point, l'amour altruiste combiné à la compassion, la présence ouverte, la visualisation d'images mentales, l'imperturbabilité et la pleine conscience.

Les méditations permettent d'améliorer la bienveillance, l'empathie, les émotions positives qui permettent de lutter contre l'anxiété et la dépression.

La méditation est aujourd'hui plus connue. Mais nous nous posons encore beaucoup de questions sur comment cela se pratique. C'est un entraînement de l'esprit et du corps, comme le sport. Il existe différents types de méditation, la méditation zen, la méditation tibétaine, la méditation de pleine conscience… C'est cette dernière qui est la plus répandue dans le monde. Elle a la particularité d'être une méditation laïque et validée par la science. D'après Christophe André, c'est un enseignement assez long et on peut la pratiquer selon les dimensions qu'on souhaite travailler. Elle a de multiples bienfaits, elle apporte un meilleur sommeil, moins de maux d'estomacs, une meilleure maîtrise de son impulsivité etc. Christophe André la conseille pour mieux gérer ses états d'âme. « Selon les heures, les jours, les saisons », les patients « sont soumis à des ruminations, à des coups de cafard, à des bouffées de nostalgie… Ce n'est pas de la franche dépression, ni de l'anxiété massive, ça reste léger. On est agacé, énervé, dégoûté, désabusé, on se laisse envahir par le ressentiment. (...) D'où l'intérêt de trouver comment éviter ça, en apprenant à gérer nos états d'âme. Et c'est ainsi que la méditation a fait son entrée dans un hôpital comme Sainte-Anne. »[37] Les hôpitaux psychiatriques l'ont aujourd'hui intégrée dans leurs pratiques. Ce qui est réjouissant.

La méditation de pleine conscience permet de s'ouvrir à soi-même, aux autres et au monde, afin de ne pas ressembler à des « zombies » si nous nous contentons d'être des travailleurs-consommateurs.

On peut avoir l'impression que la méditation est l'inverse du « cerveau droit » qui va dans tous les sens, puisqu'elle nous oblige à une certaine concentration. Ce n'est pas centripète. Fabrice Midal propose des méditations adaptées aux hypersensibles qui ont tendance à avoir une pensée en arborescence et qui ont du mal à faire le vide dans leur tête. Pour les personnes hypersensibles, la méditation peut réguler l'intensité de leurs ressentis. La méditation permet de les mettre en ordre et de trouver une stabilité. En revanche, d'après Fabrice Midal, demander à un hypersensible de se calmer en maîtrisant sa respiration et de contrôler sa sensibilité est un non-sens. D'après lui, la méditation de pleine conscience n'est pas adaptée aux hypersensibles. Ils vont s'ennuyer. Les hypersensibles doivent accueillir toutes leurs émotions, qu'elles soient négatives ou positives. Toutes les émotions ont des choses à nous dire. On peut les relativiser grâce à la méditation.

Ainsi, il existe différentes façons de méditer. Le tout est de savoir se réserver cette déconnexion du monde moderne pour mieux se reconnecter à soi et à la nature, et surtout à la poésie du monde.

---

37. ANDRE Christophe, *Sérénité: 25 histoires d'équilibre intérieur*, Odile Jacob, 2012.

Chapitre 6

Le sens du mystère ou la mélancolie des poètes

■ Résumé

Des expériences ont prouvé que la lecture d'une poésie activait plutôt l'hémisphère droit du cerveau, les zones qui sont généralement associées à la musique. Comme le rappelle CharlElie Couture interviewé dans ce chapitre, poésie signifie création en grec. Les artistes et les poètes nous aident à inventer notre vie. La poésie romantique ainsi que le mouvement surréaliste nous invitent à dépasser nos croyances limitantes verrouillées par le monde rationnel. Les poésies de Victor Hugo vont jusqu'à nous proposer une ouverture sur le monde invisible et à cultiver notre plus beau trésor : le sens du mystère.

Témoignages de CharlElie Couture, artiste « multiste », de Valérie Fauchet, écrivain et auteur de chansons et d'Eric Poindron, poète et éditeur.

« *Si ma vie était à refaire, j'aurais pour règle de lire de la poésie et d'écouter de la musique au moins une fois par semaine.* »
Charles Darwin

Contrairement à ce que veulent nous faire croire certains esprits chagrins et matérialistes, la beauté du monde n'est pas futile. Les plaisirs de l'esthète sont tout à fait à prendre au sérieux. « La beauté du monde est la promesse du bonheur » écrivait Stendhal. Et cette beauté dépend de nous.

Savoir humer le monde, jouir de ses sens, se laisser bercer par le rythme des phrases, rêver sur une valse de Chopin, sont autant de façons d'habiter le monde avec poésie. **Poésie signifie création en grec**. Les artistes et les poètes nous aident à inventer notre vie.

« Et si c'était plutôt les sages, les poètes et les mystiques qui avaient raison ? »[38]

À la fin de sa vie, Darwin a regretté de ne plus savoir regarder la nature et sa beauté autrement que par le prisme analytique. Décortiquer froidement tout ce que l'on observe finit par rendre la nature sans saveur. Gilles Deleuze a exprimé ce bonheur des sens autrement que Darwin : « L'odeur d'une fleur, quand elle fait signe, dépasse à la fois les lois de la matière et les catégories de l'esprit. Nous ne sommes pas physiciens ni métaphysiciens : nous devons être égyptologues. Car il n'y a pas de lois mécaniques entre les choses, ni de communication volontaire entre les esprits. Tout est impliqué, tout est compliqué, tout est signe, sens, essence. »[39]. Alors, pourquoi ne pas devenir « égyptologue » de votre vie ? Victor Segalen, médecin de la marine, aventurier était un poète archéologue n'ayant jamais eu le temps d'achever son *Essai sur le mystère.*

Au-delà du sens du mystère, la poésie est aussi une façon de développer la délicatesse du goût. S'initier aux *pouchi Zeitaku*, ces « petits luxes » en japonais, peut aider à réinventer sa réalité. Le « vrai » luxe consiste à vivre avec attention. La créativité est dans les yeux, elle ne s'achète pas. Dans *L'art de la délicatesse* de Dominique Loreau[40], l'auteure nous explique l'art d'affiner notre goût pour comprendre que la simplicité est un luxe. L'accumulation est à l'opposé du

38. GIULIANI Bruno, *L'éveil de la joie*, Almora, 2020.
39. DELEUZE Gilles, *Proust et les signes,* PUF, 1964.
40. LOREAU Dominique, *L'art de la délicatesse*, Flammarion, 2016.

luxe. Vivre avec soin avec de petits plaisirs, voilà le vrai bonheur des sens. « L'éducation de nos sens et de nos émotions est plus importante que celle de nos idées » (Lin Yutang). Savoir apprécier les choses et « peu désirer » est un acte poétique. Selon Hume, la délicatesse du goût élargit la sphère du bonheur et l'élégance du sentiment. La poésie peut aussi nous apprendre à mieux développer notre cerveau droit.

Poésie et cerveau droit

Des expériences ont prouvé que la lecture d'une poésie activait plutôt l'hémisphère droit, les zones qui sont généralement associées à la musique. Ce qui expliquerait que la poésie puisse donner la chair de poule car elle active les mêmes zones que la musique. Alors que certaines lectures sont plutôt associées au cerveau gauche, l'hémisphère spécialisé dans le langage, la poésie activerait notre cerveau émotionnel et introspectif. La poésie a les moyens de faire frissonner notre corps par l'intermédiaire de notre cerveau droit !

Afin d'illustrer cette préférence hémisphérique de la poésie, nous vous proposons l'interview de CharlElie Couture, poète, artiste multiste, chanteur et compositeur, qui se définit comme un « cerveau droit ». Les cerveaux gauches étant un peu des « avions sans ailes » … Créateur prolifique, voire hyperproductif, CharlElie Couture peint, dessine, photographie. Il a enregistré plus d'une vingtaine d'albums dont le fameux album « Poèmes rock » enregistré à New York, classé en janvier 2010 dans le Top 25 des albums qui ont marqué l'histoire du Rock en France. Diplômé de l'École Nationale Supérieure des Beaux-Arts, CharlElie se revendique comme un artiste pluridisciplinaire « multiste », très « cerveau droit ». Il poursuit une recherche autour de « l'Art Total » cherchant des connexions entre les différentes formes d'expression que sont l'Écriture, l'Image et la Musique.

Interview de **CharlElie Couture***, créateur « multiste » prolifique, musicien, poète et artiste plasticien*

Vous êtes connu pour vos albums de musique, mais vous êtes aussi peintre, plasticien, sculpteur et photographe. Vous estimez qu'en France, on aime les spécialistes. Alors que vous, vous estimez faire partie des artistes « multistes ». Est-ce que tous les artistes sont multistes ? Quelle est votre définition du multisme ?

CharlElie Couture : tout d'abord, être multidisciplinaire ne doit pas être confondu avec « touche à tout » qui peut être considéré comme un terme péjoratif. Le multidisciplinaire est le « choix du non-choix ». Notre monde coloré de rationnel veut que les choses soient définies. Nous sommes dans le cartésianisme, chaque chose doit être démontrée. Pourtant ce qui fait le charme et la différence, c'est l'indéfinition entre deux journées. J'ai fait le choix du triathlète. Cela m'a valu parfois de susciter l'incompréhension. Je mène plusieurs vies parallèles. Il faut se méfier des expressions comme « bon à tout, propre à rien », « qui court deux lièvres à la fois n'en attrape aucun ». Nos deux yeux nous permettent de voir le relief, un seul œil et nous sommes borgnes. Concentrés sur une seule problématique, les « spécialistes », se créent des restrictions, des entraves. Souvent fermés, aux autres domaines que le leur, ils réduisent leur spectre d'analyse. Les artistes pluridisciplinaires choisissent différents médiums. Pour ma part ce sont : les images, la musique, les mots. Je me laisse porter par l'Intuition. C'est l'Inspiration qui m'incite à adopter tel ou tel mode d'expression. Je fais partie de ces gens qui souffrent de ne pas pouvoir laisser échapper l'énergie. La création se fait par des cycles, liés à une notion de pression : « Impression, compression, expression et... dépression ». Jusqu'à ce que ça recommence. D'autres personnes ne ressentent pas forcément la nécessité de formuler leurs émotions. Cela ne veut pas dire qu'elles/ils ne sont pas sensibles, mais pour autant elles/ils préfèrent garder le secret sur ce qu'ils ressentent. Quand j'ai rencontré ma femme, on est tombé par hasard sur un test « cerveau gauche-cerveau droit » auquel on a répondu chacun de son côté. En conclusion, nous n'avions que huit réponses communes sur la cinquantaine du test... Elle était très inquiète, notre couple allait-il tenir ? En fait, nous sommes complémentaires. Je suis en prospective, ma femme est pragmatique, c'est elle qui tend à rendre possibles/ faisables mes projets. Moi, j'ai la phobie de l'administratif, elle n'a pas le goût de formaliser l'intimité de son propre mystère, il doit rester le sien. Dans la société contemporaine, le monde de la raison a pris le dessus sur les sentiments. Les formulaires et autres paperasseries sont supposés nous protéger contre nous-même mais ils ont surtout pour conséquence de nous faire perdre un temps de malade... Les gens de la raison « arraisonnent » les émotions. Ils veulent nous imposer des solutions universelles valables pour tout le monde, mais cela mène surtout à un aplanissement de la pensée. Par exemple, tout le monde est d'accord sur le fait qu'il ne faut pas marcher pieds nus. Mais si on fabrique la même chaussure pour tout le monde, là déjà, ça marche moins bien... Donner raison à la moyenne plutôt qu'aux individus est absurde. **Nous subissons l'influence conformiste des « cerveaux gauches » au pouvoir dans un monde de la généralité inspiré par le commerce industriel et la grande distribution qui tend à satisfaire la moyenne.**

Peut-on créer avec son cerveau gauche ?

CharlElie Couture : la création artistique comme la Poésie ne naît pas d'une réflexion. Un créateur est un radar. Ce sont les expériences de vie qui font apparaître tel ou tel signal sur mon « écran d'incontrôle ». Les émotions génèrent de l'énergie. Je ne sais jamais combien de temps je vais passer sur un tableau, une poésie, un dessin ou une musique. Je ne sais pas non plus à qui je m'adresse... Mon père avait été professeur d'histoire de l'art, nous avons souvent tenté d'établir une définition qui précise la différence entre l'Artiste et l'Artisan. Tout le monde se veut « artiste », « créateur », en même temps on admire le savoir-faire des artisans. Mais l'intention n'est pas la même : l'artisan est un archer conscient de ce qu'il cherche à atteindre, il travaille sa maîtrise. L'artiste est un « éclaireur » mû par une intuition. Il suit le vol d'un oiseau, un parfum, une envie, il sent des choses que les gens ne sentent pas, et

il atteint rarement son but par l'itinéraire le plus direct. Mené par une attirance magnétique invisible, l'artiste est un être passionné, intuitif, ce qui correspond à ce que l'on dit des cerveaux droits.
Il m'arrive de considérer comme achevés des tableaux que j'ai peints en quelques jours, pour d'autres il me faut plusieurs années pour arriver à me satisfaire. Pour un artiste, il n'y a pas de corrélation, entre le succès commercial et le fait d'agir. Je me rassure quand le public l'apprécie, mais ce n'est pas cela qui me motive. Une fois que les choses sont faites, je découvre enfin ce que j'avais dans la tête.

La poésie vous aide-t-elle à mieux vivre dans cette société rationnelle ?

CharlElie Couture : poésie en grec signifie créer. Quand on ose exprimer ses émotions dans une société pragmatique on est tout de suite catalogué « poète ». Être poète, c'est oser donner son point de vue, c'est une proposition subjective, aussi aléatoire qu'organique. Assumer et raconter ce que l'on ressent dans ses entrailles. C'est cela être un poète. Mais cela n'est pas facile à défendre dans une société qui préfère les guerriers – footballeurs ! Le « milieu » des techniciens n'apprécie guère les supputations et élucubrations personnelles. Je dis cela à regret, et je crois qu'il s'agit souvent de méconnaissance, car je respecte les sportifs, qui, comme les artistes, ne se sentent exister qu'en repoussant leurs propres limites. Leur vie n'a pas de sens s'ils n'atteignent pas l'extrême d'eux-mêmes. Comme les artistes ils n'aspirent pas au confort comme une finalité, un idéal. Le confort vous laisse toujours le sentiment d'être passé à côté de votre vie.

Vous avez expliqué dans une interview que vous vivez « dans une sorte de dualité permanente, entre votre cerveau droit et votre cerveau gauche et que vous ne sacrifiez pas l'un au profit de l'autre ». Vous acceptez autant l'intuition de votre côté artistique que le côté plus réfléchi du cerveau gauche. Comment se traduit cette harmonisation entre le cerveau gauche et le cerveau droit dans votre œuvre ?

CharlElie Couture : quand je crée, je suis cerveau droit à fond. Je ne réfléchis pas, je suis un équilibriste sur le fil, il ne faut pas réfléchir sinon on risque de se faire prendre par le vertige. Mais une fois l'œuvre achevée, oui, j'essaie éventuellement d'analyser ce que j'ai fait. Un effet larsen. Quel que soit le médium choisi musique, peinture, photo ou littérature, certaines œuvres me dépassent, m'intriguent. En général celles que je préfère sont remplies d'intrigues. À l'inverse, je me lasse assez vite des choses que j'ai trop « bétonnées ». La Beauté naît d'un oxymore. En son essence, une œuvre doit contenir son contraire, comme le yin et le yang. Si elle n'a qu'un seul message, c'est une œuvre de communication. Pour en revenir à mon dada entre l'artiste et l'artisan, l'artiste est celui qui invente des questions tandis que l'artisan invente des réponses. Inventer des nouvelles questions est tout aussi difficile que de trouver de nouvelles réponses.

Entre Paris et New York où vous avez habité quinze ans, laquelle de ces deux villes représente le mieux le cerveau droit ?

CharlElie Couture : c'est une question difficile, New York vous pousse en dehors de vos limites, New York se régale des nouveautés et des choses extrêmes. Les gens accordent plus d'importance au futur qu'au passé, et le présent n'y a d'importance qu'en fonction de l'intérêt qu'on porte à un certain projet. La question est « qu'est-ce que tu vas faire ? » On va plutôt te reprocher de ne pas avoir essayé, plutôt que d'avoir échoué. En cela, New York serait plutôt cerveau droit. À Paris, le présent est considéré comme la conséquence du passé, le présent est l'aboutissement d'une expérience, en cela Paris serait plutôt cerveau gauche. Mais ce n'est pas si simple... Car contrairement à ce que l'on dit, les Américains ne sont pas « cool », ils agissent avec une intention, celle de la rentabilité. Ils aiment le travail en fonction de ce qu'il rapporte. Leur apparente froideur tient au fait qu'ils aiment le « premier degré », en cela ils sont très cerveau gauche. À l'inverse, les Français se régalent du non-dit, de la suggestion de ce qui est caché, du « sens des sensualités », le « non » du français n'est pas définitif. En cela les Français sont plutôt cerveaux droits...

Comme nous l'a confié CharlElie Couture, être poète revient à « **assumer et raconter ce que l'on ressent dans ses entrailles ».** Accepter tous ses sens, parce que tout est sens. Les poètes n'ont pas peur des oxymores, des bonheurs contradictoires. Tels des magiciens, ils savent transformer la tristesse en un éclat d'élégance.

La poésie ou « le bonheur d'être triste »

Dans le titre de ce chapitre, nous avons utilisé volontairement le mot nonchalant de mélancolie. Dans notre monde moderne, la mélancolie est plutôt vue comme un ovni de coquetterie du passé. Au XIXe siècle, le romantisme avait transformé la mélancolie en un art de l'esthétisme, il y régnait un certain chic du mal-être. La mélancolie était le contraire de la vulgarité. Pour Baudelaire, la joie était tout simplement vulgaire… « Le bonheur d'être triste », revendiquait Victor Hugo.

Il existe une différence notable entre le sens littéraire de la mélancolie et sa définition médicale. Pour les médecins, la mélancolie est une maladie maniaco-dépressive, sans aucune connotation poétique. En littérature, il s'agit plutôt d'une tristesse légère, une nostalgie inspirante comme une douce « saudade » (sens Brésilien). C'est le vague à l'âme qui pousse à la réflexion ou à la créativité. Les poètes maudits en sont les fers de lance. Il y a du mystère dans la mélancolie nonchalante et bleutée. C'est aussi un sens de l'esthétique, comme le soulignait Kant, la mélancolie peut aider à atteindre le sentiment du sublime. La mélancolie est un état de contemplation.

« Le bonheur d'être triste », les poètes n'ont pas peur des contradictions. Tel un peintre, Victor Hugo utilise les jeux d'ombre et lumière dans ses poèmes. Ce qui fait écho à la part d'ombre chère à Jung qu'il nous faut affronter. Ou encore à notre contradiction entre l'anima et l'animus, cette dialectique du moi. Nous sommes contradiction. Notre cheminement doit s'évertuer à la dépasser et à atteindre la réconciliation entre notre inconscient et notre conscience. Jung écrivait : « la triste vérité est que la vie réelle de l'homme est faite d'un inexorable de contraires, le jour et la nuit, la naissance et la mort, le bonheur et la souffrance, le bien et le mal ». La vie est un champ de bataille et le rôle des symboles aide à réunir les contraires dans la psyché.

Que reste-t-il de notre inquiétante étrangeté ?

Alors que la psychanalyse subit actuellement des critiques acerbes de la part de certains scientifiques, elle demeure cette formidable théorie qui accepte notre part d'ombre, ce mystère d'un inconscient qui constitue notre identité mais qui vit caché. La psychanalyse a toujours dérangé les rationalistes et défend indirectement les interprétations poétiques. C'est un affront à leur envie de tout maîtriser. Jung écrit dans son *Essai d'exploration de l'inconscient*[41] : « La psychologie est une science des plus jeunes et parce qu'elle s'efforce d'élucider ce qui se passe dans l'inconscient, elle se heurte à une forme extrême de misonéisme. » Le misonéisme est une peur profonde de la nouveauté. Ce misonéisme, encore aujourd'hui, est très prégnant.

Que reste-t-il de l'inquiétante étrangeté qui rendait l'autre mystérieux, quand il ne reste rien pour structurer nos désirs et limiter tous les fantasmes narcissiques ? Samuel Dock et Marie-France Castarède reconnaissent dans *Le nouveau Malaise dans la civilisation*[42] que « Quelque chose ne va pas ou ne va plus. Que se passe-t-il dans ce monde qui nous ressemble plus ? Quelle est cette absurdité qui semble s'être emparée de la pensée ? » Le refoulement et la transgression ont été remplacés par un hédonisme de survie.

Nous ne sommes pas des robots. L'expérience esthétique pourrait selon ces psychologues nous sauver de l'excès de superficialité. Comme le précise Marie-France Castarède, l'expérience esthétique est la fin d'un conflit intérieur. Pour Kant, le rapport à la beauté est le seul domaine où le sujet humain trouve son harmonie interne. Winnicot a contribué à éclairer le concept de sublimation : selon lui, l'illusion artistique est l'apanage de l'homme créatif par rapport à l'homme soumis. La superficialité n'a jamais fait bon ménage avec la beauté profonde. « L'œuvre possède une fonction humanisante d'élévation. »[43]

Dans un monde de plus en plus désenchanté et rationnel, l'art permet de toucher au mystère de l'existence. Le beau est toujours l'éclat mystérieux du vrai.

---

41. JUNG Carl Gustav, *Essai d'exploration de l'inconscient*, Folio, 1998.
42. CASTAREDE Marie-France et DOCK Samuel, *Le nouveau Malaise dans la civilisation*, Plon, 2017.
43. CASTAREDE Marie-France et DOCK Samuel, *Le nouveau Malaise dans la civilisation*, Plon, 2017.

Le sens du mystère nous vient plutôt du cerveau droit, de cette intuition que l'invisible est essentiel.

Le sens du mystère comme éveil au bonheur

Nous vivons dans un monde trop « objectif ». Il y manque, selon Jung, un « aspect coloré et fantastique ». La conquête de notre monde civilisé s'est construite au prix d'énormes pertes. Nous avons dépouillé toutes les choses de leur mystère et de leur « numinosité ». Coupé du monde psychique souterrain, le mot « matière » reste un concept « purement sec ». La numinosité selon Jung est notre feu sacré, ce sentiment de plénitude atteint qu'au travers d'une croissance en laquelle l'individu actualise toutes ses potentialités sexuelles, sociales, culturelles et religieuses.

Les « vrais » cartésiens ne sont pas forcément en antinomie avec la pensée jungienne. Rappelons que Descartes eut lui-même une expérience mystique, un rêve qui lui révéla l'arbre de la science. D'ailleurs, étymologiquement, inventer veut dire « trouver ».

Victor Hugo, comme Jung, étaient ouverts aux théories dites « ésotériques ». Les freudiens ont alors vite catalogué Jung de « mystique ». Victor Hugo a créé sa propre religion, un système cosmogonique à la confluence de plusieurs obédiences, théories occultes, une sorte de « syncrétisme orageux »[44]: Tarot, Kabbale, arithmosophie (science occulte des nombres) et astrologie. Ce goût pour les nombres rappelle l'aspect sacré des chiffres des pythagoriciens auxquels Jung s'intéressait. Dans *Odes et Ballades*, Hugo souhaite « voir dans les choses plus que les choses ». Il cherche le monde invisible. Car dans l'invisible, Victor Hugo y perçoit l'éternité.

Notre société occidentale a, certes, voulu détruire les dieux et les démons de la religion chrétienne... Mais les dieux et les démons de l'homme moderne n'ont pas du tout disparu, ils ont simplement changé de nom. Ce qui peut expliquer un déploiement important de névroses qui créent des addictions. Jung s'est toujours méfié de la puissance d'un État, du concept d'un homme

44. GOURDIN Henri, *Léopoldine. L'enfant-muse de Victor Hugo*, Presse de la Renaissance, 2007.

« moyen » ou « statistique ». La société moderne nie les profondeurs individuelles et collectives. Or il nous faut rester en contact avec les réalités archétypiques. Heureusement les rêves, la poésie et notre intuition nous reconduisent à eux.

Les pistes de décloisonnement que nous proposent à la fois Jung et Victor Hugo sont foisonnantes. La poésie nous propose une ouverture sur le monde invisible. La poésie romantique ainsi que le mouvement surréaliste nous invitent à dépasser nos croyances limitantes, verrouillées par le monde rationnel. Le surréalisme a glorifié le hasard, ce hasard qui n'en est peut-être pas un et qui nous renvoie au concept des synchronicités. Comme le suggère Éric Naulleau dans *Remède à la mélancolie* d'Eva Bester[45], le hasard des rencontres peut changer votre vie : la poésie peut affleurer partout. Être ouvert au hasard, repérer les synchronicités, nous aident à développer notre sixième sens du bonheur. Les synchronicités sont des constellations de l'inconscient. « L'énergie cosmique est une danse. Tout danse. La musique, la poésie et la danse éveillent la joie active de l'être : ce sont des arts de la résonance. »[46]

Valérie Fauchet, poète, auteur de chansons et écrivain, utilise souvent depuis l'âge de quatre ans l'écriture automatique chère aux surréalistes, *J'avais un Cheval*, *S'envoler dans le ciel*, *Les robes d'été* sont ses poèmes composés à quatre ans que des adultes autour d'elle l'aidaient à retranscrire. Elle a conservé tous ses poèmes et sa prose poétique de son enfance. Elle témoigne de ce don spécifique de médiumnité dans *Une voyante passe aux aveux*[47]. Nous l'avons interviewée pour qu'elle nous parle de son expérience d'écriture automatique poétique. Elle utilise des stylos fluides pour ne pas que cela accroche les feuilles blanches de papier lorsqu'elle écrit et que quelque chose la pousse à le faire bien souvent de façon mystérieuse depuis son plus jeune âge.

---

45. BESTER Eva, *Remède à la mélancolie*, Autrement, 2016.
46. GIULIANI Bruno, *L'éveil de la joie*, Almora, 2020.
47. FAUCHET Fauchet et DOMPE Marie-Noëlle, *Une voyante passe aux aveux*, Editions Ipanema, 2019.

Interview de ***Valérie Fauchet****,* *écrivain, poète et auteur de chansons*

« Les surréalistes ont utilisé le procédé d'écriture automatique. Est-ce que l'art poétique développe l'intuition ?

Valérie Fauchet : les mots ont un pouvoir, c'est certain. La poésie, les paroles proposent en permanence des énergies différentes autour de nous et dans l'univers. Ils ont chacun une vibration particulière, unique, et qui les uns à côté des autres, les uns avec les autres sont la source première d'un poème ou de prose poétique. Rien n'est anodin. Le pouvoir des mots est parfois une forme de prières. Ce sont des respirations et vibrations différentes. Les rimes, la rythmique, interagissent, telle cette musique. Oui, il me semble que cela développe implicitement l'intuition, tout au moins la sensibilité. Et puis, les mots nous protègent, me protègent et me fascinent depuis toujours. Les mots sont mes soleils et mes amours, ma couleur rouge préférée. Je crois depuis toujours à l'écriture automatique et la pratique depuis ma plus tendre enfance bien souvent.

Les artistes, les poètes sont-ils des « voyants », pour reprendre le terme de Rimbaud ?

Valérie Fauchet : les artistes sont chacun dans leur genre « des médiums », et pourtant personne ne les craint. Ce qui n'est pas le cas des voyantes que la plupart des gens se plaisent à qualifier de sorcières. Pourquoi ? Car leur don se manifeste dans une expression artistique. J'ai eu plaisir à une certaine époque d'échanger sur l'art en général, l'onirisme et la poésie avec le peintre brésilien Cicero Dias, ami de Paul Eluard, ouvert à la médiumnité. En fait les âmes nous parlent tout le temps. Leurs messages, d'ailleurs, nous guident bien souvent de façon lumineuse et positive.

Pensez-vous que les artistes sont-ils plus intuitifs que les non-artistes ?

Valérie Fauchet : d'une certaine manière oui. Bien souvent. Mais il y a toujours des exceptions et heureusement ! La sensibilité des artistes est plus marquée, marquante. Leur intuition naturelle mais surtout entraînée, ils la mettent à contribution spontanément et sans arrêt. Mais tout le monde a toujours une part d'intuition en lui – même qu'il utilise ou qu'il n'utilise pas, qu'il ose, accepte d'utiliser naturellement ou refuse catégoriquement par crainte, manque de confiance en lui – même, d'être en accord avec sa propre intuition, sans chercher à comprendre, ou à tenter de maîtriser, de croire maîtriser quoi que ce soit. La vie n'est que mystère. La poésie et l'intuition aussi...

Est-ce que la poésie est une façon d'exprimer son hypersensibilité et mieux la vivre ?

Valérie Fauchet : oui, je le pense très sincèrement. Enfant et adolescente, j'ai dévoré des milliers de poèmes. Ceux de Victor Hugo, de Baudelaire, de Georges Perros, sans oublier *Le petit prince* de Saint Exupéry, de Prévert, de Gérard de Nerval, de Verlaine, de Queneau... Lire de la poésie en silence ou à voix haute a toujours été pour moi une respiration, un moment de grande sérénité, d'accès à la vie et à l'harmonie, de douceur véritable. La poésie permet, j'en suis certaine, de nous ré-énergiser.

Depuis toujours, j'écris chaque jour. Le matin au réveil. C'est aussi essentiel que de boire de l'eau. La poésie est une source première d'ondes subtiles d'hydratation sensorielle, de méditation. Lire des poèmes, en écrire est comme un rêve éveillé en plein jour, au beau milieu de la nuit. Un éveil de tous les sens.

Tout est poésie en permanence. Le ciel, les arbres, le chaos, la laideur, la beauté, les sentiments, les émotions multiples.

Tout peut se transformer en poésie, en monde poétique rempli de grâce, mais tout dépend de ce que l'on fait des choses.

Ce que l'on capte à chaque instant, perçoit, ressent développe notre intuition et notre intuition artistique, humaine. »

Son hypersensibilité poétique exprimée d'ailleurs dans son recueil *Sur la Terre vers l'au-delà - poésie des sens*[48], met en lumière que « tout est sens en permanence dans le monde réel et dans tous les mondes subtils ». « C'est une ouverture, une possibilité merveilleuse d'un autre regard sur l'existence et le monde. »

La poésie est assurément l'art de savoir vivre en osmose avec la nature, les animaux et les êtres humains. Il y a deux façons de vivre sa vie selon Einstein « l'une est de faire comme si rien n'était miraculeux, l'autre est de faire comme si tout est miraculeux ». Aimer la poésie correspond assurément au deuxième choix : vivre comme si tout était miraculeux. « Il faut croire aux miracles, c'est le moindre des réalismes ! » [49]

La poésie reste aujourd'hui un luxe pour les initiés, alors qu'à l'époque romantique, la poésie était de tous les combats. Jean-Yves Masson explique dans la préface de *Pourquoi la poésie* de Fabrice Midal[50] que la poésie a tenu un rôle important pendant la Seconde Guerre mondiale car elle était la voix de la résistance. Mais à partir de 1960, le début des Trente Glorieuses, le déclin des poètes a commencé. Elle s'est enfermée dans un « savoir-faire rhétorique », dans l'ingénierie du langage, dans un laboratoire de « poésie éprouvettes ». Pourtant le retour de la poésie peut être un remède à la conception mécaniste du monde.

À terre les complexes, l'élitisme de la poésie académique, lâchons-nous et vivons en poète… Éric Poindron, poète voyageur passe murailles (dans sa tête) et éditeur nous livre une vision optimiste de la poésie grâce aux réseaux sociaux. En effet, les réseaux sociaux offrent de nouvelles possibilités pour exprimer l'art poétique, des photos pour illustrer les poèmes, des images insolites et des textes fantômes qui s'évaporent avec virtuosité à travers les murs virtuels… Éric Poindron nous explique son parcours atypique et chaotique de poète voyageur.

---

48. Recueil de poèmes et de textes de chansons choisis.
49. POINDRON Eric, *Comment vivre en poète*, Le Castor astral, 2019.
50. MIDAL Fabrice, *Pourquoi la poésie*, Pocket, 2010.

*Interview d'***Eric Poindron***,* *poète, éditeur, critique gastronomique et collectionneur de l'insolite*

Votre parcours scolaire a été un peu chaotique. Quels souvenirs en gardez-vous ?

Éric Poindron : je n'aime pas les professeurs, c'est encore le cas aujourd'hui. J'ai osé être insolent un jour lors d'un cours sur Julien Gracq avec ma professeure de français et j'ai eu mon 3e avertissement. Ma mère a été convoquée, elle a pleuré. J'ai changé d'orientation et j'ai été pris aux Beaux-Arts. Je suis passé un jour dans le quartier de cette ancienne école et je suis allé remercier le directeur. Il a été dans la proposition, et pas dans la sanction. Je n'ai pas eu mon bac mais j'ai enseigné à l'université, au sein de l'école de commerce de Reims, sur la création d'entreprise. J'étais tendre avec les élèves. Comme j'ai beaucoup souffert, j'ai essayé d'adapter ma pédagogie. J'avais repéré un élève vif que le directeur ne voulait pas convier pour un grand goûter. Je m'y suis opposé car j'aime les anticonformistes.
J'ai une pensée en arborescence, j'ai 25 fenêtres ouvertes en moi. C'est déstructuré. Pourtant, j'aime apprendre. Un professeur de français de 4e m'a donné l'amour de la littérature. En seconde, un professeur d'histoire géographie nous parlait régulièrement, une fois par semaine, de cinéma. C'était passionnant. Quand le lycée m'a donné la liste de 100 livres à découvrir, ma mère a acheté tous les livres. J'avais 30 ou 40 livres dans ma table de nuit… Quelques professeurs m'ont soutenu car j'étais différent. J'avais fait un exposé sur Sartre et j'ai eu tout de même 17. Sur Boris Vian, j'avais fait acheter tous les livres à la bibliothèque car j'y étais bénévole. Y compris les livres sulfureux de Vian. Un parent d'élève qui était pharmacien m'a défendu « Vous n'allez pas orienter Éric, il est brillant ». Puis après deux ans aux beaux-arts, l'art contemporain m'a ennuyé. J'ai entrepris ensuite une école de cinéma et l'école de la rue… J'ai appris des choses dans plein d'endroits diffé-

rents : dans les presbytères avec un curé docteur en droit canon, la forêt, les bibliothèques publiques, les églises et les bistrots.

La poésie, est-elle une façon de sortir du cadre ?

Éric Poindron : personnellement, cette définition me convient bien. Mais la définition de la poésie est disparate. Le slam m'ennuie. La poésie en voix aussi. L'art contemporain, on a l'impression que cela ne nous est pas adressé. L'incantation poétique peut être un joli média pour raconter des histoires. Mais les éditeurs ont peur du mot poésie. Ce sont des segments minuscules. Mais le champ poétique est un symbole de liberté.

Pourquoi faut-il à tout prix cultiver l'insolite ? Le mystère ?

Éric Poindron : cultiver pas vraiment... Je suis un provocateur qui ne veut pas ennuyer les autres. Je les respecte. C'est ma manière d'être. Je suis aussi obsédé par les jeux d'échecs, cela prend rapidement des proportions énormes. Je suis un obsessionnel. Je « vis » les échecs. Pour l'insolite, c'est pareil, je suis fait comme ça. Je connais que de gens extravagants. Je les aimante.
J'ai la capacité de traverser les murs. Ce ne sont pas des sorties de corps ésotériques mais mon imagination. Je m'ennuie rarement. Je suis dans la lune, la lune me va bien, je choisis mes lunes. Je joue avec mon cerveau. Mon cerveau ne s'arrête jamais. Il faut que je sois écroulé pour m'endormir, je lis jusqu'à épuisement. J'ai toujours mille choses à faire. Je sors mon stylo, les idées arrivent toutes seules. *L'étrange questionnaire,* je l'ai écrit de cette façon. CharlElie Couture, c'est pareil avec la musique et la poésie.
C'est important de revenir à l'enfant que l'on était, le système nous corrompt. « Tiens-toi droit », « tu n'as pas fait tes devoirs », « croise tes jambes », les gens finissent par perdre leur créativité à cause de ces corsets.

La poésie nous incite à un certain optimisme, puisque chaque détail peut faire l'objet d'une divagation, tout est prétexte au voyage. Même l'ordinaire peut être célébré. Devenez poète, devenez un « paranoïaque inversé » pour reprendre l'expression de Robin S. Sharma, imaginez que le monde conspire à faire de belles choses pour vous. Et aimer la vie « telle qu'elle est miraculeuse splendide et merveilleuse dans son insaisissable mystère comme le savent tous les poètes »[51].

Transformer sa vie en œuvre d'art, tel est le sel créatif d'une vie.

Et si nous transformions également notre métier, nos vies professionnelles en œuvre d'art ? Les entreprises plus intuitives sauront bientôt réenchanter le monde.

51. GIULIANI Bruno, *L'éveil de la joie*, Almora, 2020.

Partie 5

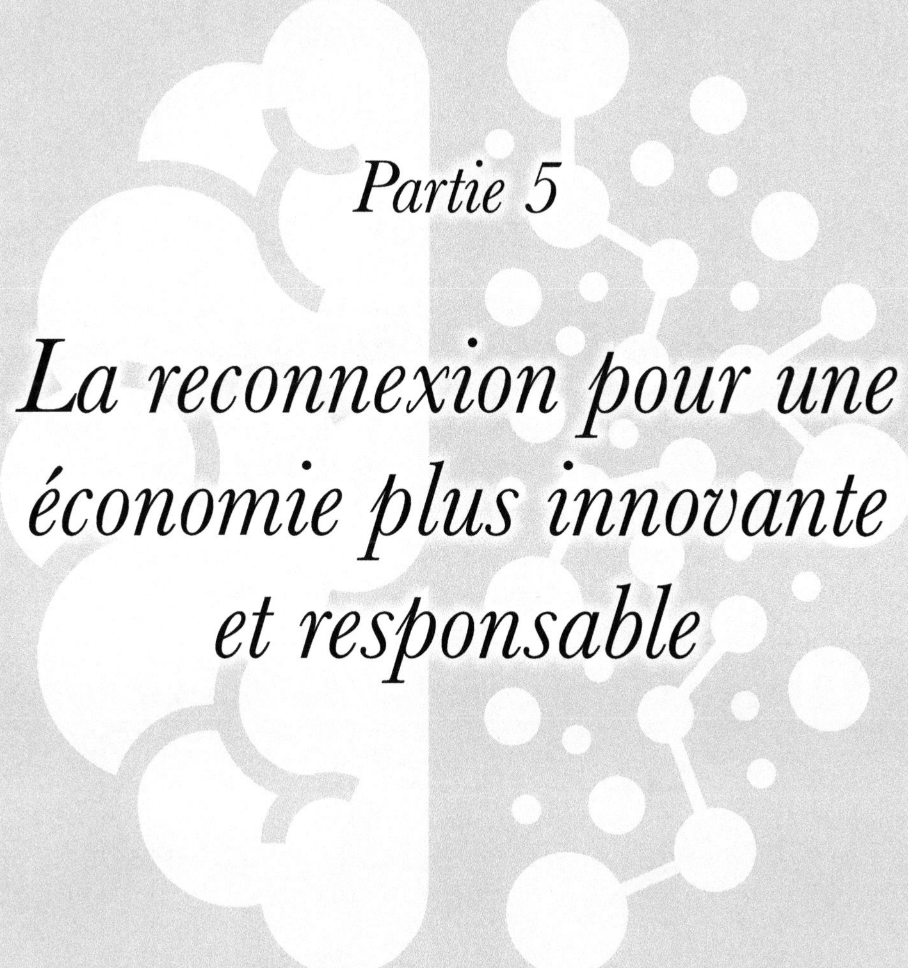

La reconnexion pour une économie plus innovante et responsable

Chapitre 1

Le narcissisme : un frein pour des dirigeants intuitifs et humanistes ?

■ Résumé

Il est essentiel d'avoir une bonne estime de soi, mais tout est question de proportion : le narcissisme est comme le cholestérol, il y a le bon et le mauvais. Même si ce type de personnalité toxique n'est pas lié à une prédominance hémisphérique, l'excès de cerveau gauche conduit à une société matérialiste et capitaliste qui favorise les comportements narcissiques. Notre paradigme économique actuel met en valeur les dirigeants narcissiques. Certains collaborateurs souffrent de ce management égocentré et de cet état « d'autosuffisance » lié à l'hypermodernité. Les entreprises aspirent aujourd'hui à des dirigeants plus intuitifs, créatifs et humains. Comme l'explique la philosophe Elsa Godart, on pardonnera toujours à quelqu'un qui a le courage de ses vulnérabilités et qui sait provoquer l'enthousiasme ! Vive la sincérité…

Témoignages d'Elsa Godart philosophe et psychanalyste et Anne Bonlarron, fondatrice de Scienceo.

« Narcisse divise la société en deux groupes : d'une part, les gens riches, puissants et renommés, d'autre part, les troupeaux »,
(Christopher Lash, *La culture du Narcissisme)*

Le narcissisme est un peu comme le cholestérol, il y a le bon et le mauvais. Avoir une bonne estime de soi, s'aimer, avoir confiance en soi n'est pas du narcissisme pathologique. Mais lorsqu'on est obnubilé par son image, que l'on ne montre aucune empathie envers les autres, que l'on est prêt à tout pour atteindre ses objectifs, là commence à se dessiner une faille narcissique qui peut être préjudiciable. Le concept de narcissisme a été introduit par Freud dans les années 1910. Dans la théorie psychanalytique freudienne, le narcissisme dérive d'une sexualité auto-adressée. Par la suite, le concept a été étendu, notamment par le sociologue américain Christopher Lasch en 1979 dans *La culture du narcissisme,* dans lequel il dénonce une culture occidentale en crise, vouée au culte de l'instant et aliénée par le consumérisme.

Aujourd'hui, le narcissisme pathologique est reconnu comme un trouble de la personnalité en psychiatrie avec des symptômes bien définis : image grandiose de soi-même avec des fantasmes de succès illimités, irritable dès que l'on ne satisfait pas ses désirs, ne souhaitant fréquenter que des personnes de « son niveau », besoin excessif d'être admiré, manque d'empathie, avec une tendance à exploiter les autres dans les relations interpersonnelles etc. Lorsque vous lisez tous ces vilains défauts, j'imagine que vous avez envie de fuir… Malheureusement, le narcissique est séduisant car il essaie toujours de donner la meilleure image de lui-même pour avoir des admirateurs. On peut malheureusement tomber dans les mailles de son filet. Le narcissique est souvent qualifié de « pervers narcissique ». Les narcissiques pathologiques peuvent en effet faire preuve de perversité car ils utilisent les autres comme un moyen. Marie-France Hirigoyen a été l'une des premières en France à dénoncer les effets des narcissiques pathologiques dans le harcèlement moral en entreprise. Elle déplore cette tendance au narcissisme aussi bien dans le management qu'en politique. Mais alors, quel est le rapport entre ce narcissisme pathologique et nos chers cerveaux gauche et droit ? Évidemment, le narcissisme n'est pas lié à une prédominance hémisphérique, mais l'excès de cerveau gauche conduit à une société matérialiste et capitaliste qui favorise les comportements narcissiques. Ainsi, indirectement notre société ultra-rationaliste est un terreau pour ces personnalités narcissiques perverses. Il semblerait que les traits narcissiques soient plus caractéristiques du monde occidental que de l'Asie. Pour mettre en évidence cette différence culturelle, des chercheurs américains ont comparé des campagnes publicitaires américaines et coréennes, les premières mettaient en avant la rareté, les deuxièmes l'aspect conformité[1]. Le slogan « parce que je le vaux bien » est plus que jamais le symbole de notre société hypermoderne occidentale.

Pourquoi notre société capitaliste favorise-t-elle les dirigeants narcissiques ?

Le dirigeant narcissique peut avoir des côtés séduisants pour les actionnaires : il est téméraire, ne doute de rien, ne se fixe pas de limites pour générer de la croissance (quitte à tricher). Son assurance lui confère un certain charisme, charisme qui peut être confondu avec celui du leader inspirant, mais qui est trompeur. Rappelons que « charisme » vient du grec *chara*, qui veut dire « joie ». Le narcissique arrive à singer l'enthousiasme pour « embarquer les foules », mais l'éthique et la sincérité lui font défaut en général. Les exemples de ces dirigeants narcissiques sont nombreux, il suffit de constater par qui sont provoquées les crises économiques… « Selon les psychologues américains Joshua D. Fister et James C. Brennan, la majorité des acteurs de la crise financière de 2008, dont Jeffrey Skiling, ex-PDG d'Enron, était des narcissiques, obsédés par leur classement, le pouvoir et le sexe »[2]. Les narcissiques font des investissements risqués à cause de l'appât du gain auquel ils ne résistent pas. Skiling se définissait ainsi : « *I am fucking smart*! ». « Pour promouvoir leurs ambitions personnelles, ils se servent des autres sans se remettre en question. C'est ainsi qu'il leur arrive de commettre des erreurs de jugement dues à la surestimation de leurs compétences »[3].

Encore aujourd'hui, même lorsque les résultats financiers ne sont plus au rendez-vous, on observe dans certaines grandes entreprises des redistributions de dividendes importantes aux actionnaires avec des bonus indécents pour les dirigeants, quitte à mettre l'entreprise en péril et licencier des collaborateurs… Antony Jenkins de la banque Barclays justifiait ce type de comportement en expliquant que les bonus sont maintenus pour éviter la détérioration de la

---

1. HIRIGOYEN Marie-France, *Les Narcisse, ils ont pris le pouvoir*, La découverte, 2007.
2. *Ibid.*
3. *Ibid.*

marque de l'entreprise. Nous ne sommes alors que dans une société d'images. Pour les narcissiques, plus le mensonge est gros, plus ça passe… Ils n'ont peur de rien. C'est ce manque de scrupule qui plaît mais qui peut aussi mener toute une entreprise à sa perte.

Les dirigeants narcissiques sont rarement des humanistes car ils n'ont pas d'empathie et le bien-être des collaborateurs est rarement leur priorité. Seuls comptent le profit et leur image. Ils sont peu scrupuleux à l'égard de la planète ou des risques psychosociaux avec la prolifération des *burn out*. Ils sont capables de frauder sans que leur sommeil en soit perturbé. C'est la dopamine qui les anime. Pourtant notre monde moderne semble les tolérer. De temps en temps, nous sentons à travers les médias que l'opinion est quelque peu agacée mais elle reste résignée. Les pessimistes fatalistes nous répètent à souhait que cette dérive est à cause du « système », des courses effrénées au profit, de la croissance à tous crins. Mais personne n'est responsable. C'est le problème du « système », il est impersonnel. L'éthique est juste un sujet de communication pour les spécialistes de la RSE (Responsabilité Sociétale des Entreprises). Notre cerveau droit nous propose alors de faire le « pas de côté » pour sortir de ce système.

Heureusement, tous les dirigeants ne sont pas des narcissiques pathologiques. Mais les plus intuitifs, les plus créatifs, les plus empathiques ne sont pas toujours ceux qui sont mis en avant par notre société matérialiste. Pourtant, ces dirigeants plus ouverts aux intelligences du cerveau droit permettraient de créer une nouvelle économie plus innovante et durable. Il n'est plus soutenable d'accepter que les entreprises fabriquent des objets à obsolescence programmée, cela est irrespectueux des consommateurs et de la nature. Créer du jetable, du vide, de l'éphémère est toxique pour nos sociétés.

Certains collaborateurs souffrent aujourd'hui de ce management narcissique. Se méfier des personnes qui vous assaillent à longueur de journée que vous êtes « remplaçable ». Non, l'être humain est unique et n'est pas remplaçable. Son travail peut être certes remplaçable et reproductible par une autre personne, mais il reste un être unique. Ce genre de phrase est un manque de respect et tend à retirer notre humanité. Affirmer que l'on est remplaçable est comme une mort sociale, on refuse aux individus leur singularité.

À la différence de ce management écrasant et malveillant, le dirigeant humaniste sait reconnaître le visage de ses collaborateurs et ne les infantilise pas. À l'heure de l'intelligence artificielle, il paraît peu opportun de comparer un travailleur à une machine remplaçable. Cela est humainement laid et dévalorisant. Il est plus « honnête » d'expliquer à un collaborateur que son travail ne correspond pas à la qualité attendue, plutôt que d'insinuer qu'il n'est « rien ». Il est temps de changer de paradigme économique.

Dans les grandes entreprises du secteur privé, les politiques des Ressources Humaines créent parfois des discriminations maladroites en identifiant certains salariés comme « hauts potentiels » *vs* ceux qui sont interchangeables. Un peu comme si les grandes entreprises avaient besoin de créer une nouvelle aristocratie. Mais attention ce vocable « haut potentiel » en entreprise n'est pas du tout assimilable à ce que l'on dénomme « les multipotentiels » : il ne s'agit pas d'identifier les hauts potentiels intellectuels ou les profils atypiques, mais de détecter les jeunes collaborateurs qui font preuve de performance et qui pourraient être les cadres dirigeants de demain. Les entreprises conçoivent des programmes de formation professionnelle spécifiques pour aider ces jeunes potentiels à devenir les futurs cadres dirigeants. Sur quels critères sont choisis ces dits « hauts potentiels » ? La plupart du temps, ces collaborateurs prometteurs sont identifiés via les *people reviews* établis par les managers. D'autres entreprises comme Deloitte considèrent que le diplôme est aussi un indice de haut potentiel : « Nous partons du principe que les trois grandes écoles de commerce que sont HEC, l'ESSEC et l'ESCP ont en amont sélectionné les meilleurs profils » (Antoine de Riedmatten, associé responsable du recrutement de Deloitte)[4]. Dès lors, les Ressources Humaines n'utilisent pas encore suffisamment les tests de personnalités et d'intelligences pour identifier « tous » les potentiels de leur entreprise... Ils auraient tout à gagner à relire *Les intelligences multiples* d'Howard Gardner. Cette étiquette de « haut potentiel » tend malheureusement plutôt à favoriser l'émergence de profils narcissiques qui ont besoin de se nourrir de ce type de reconnaissance pour se sentir exister. Mais, il est encore possible de prendre un nouveau virage et de redéfinir ce qu'est un « haut potentiel » en entreprise.

---

4. *Les hauts potentiels, un enjeu stratégique*, L'AGEFI, 2010. *https://www.agefi.fr/emploi/actualites/hebdo/20160706/hauts-potentiels-enjeu-strategique-193283*

Nos sociétés hypermodernes favorisent cet état « d'autosuffisance ». Afin de comprendre le narcissisme pathogène de notre société, il est essentiel de comprendre le concept d'« hypermodernité ». Le premier à avoir utilisé ce terme d'hypermodernité est Gilles Lipovetsky, qui a mis en exergue le côté schizophrénique de notre société : « Les individus hypermodernes sont à la fois plus informés et plus déstructurés, plus adultes, et plus instables, moins idéologisés et plus tributaires des modes, plus ouverts et plus influençables, plus critiques et plus superficiels, plus sceptiques et moins profonds »[5]. Cette thématique est aujourd'hui également développée chez Claude Tapia, professeur de psychologie et Elsa Godart, philosophe et psychanalyste que nous avons tenu à interviewer dans ce chapitre, car elle défend une éthique de la sincérité.

Le narcissisme est porté à son paroxysme. « Qu'il s'agisse d'art, d'environnement, de science ou de spiritualité, tout est chosifié, fétichisé, comme si l'homme hypermoderne s'acharnait à chercher un objet de substitution à l'Autre dont la société a éliminé la place. »[6] Cet hypernarcissisme induit par l'hypermodernité encourage malheureusement les personnalités toxiques. D'après Samuel Dock, docteur en psychologie et coauteur du *Nouveau malaise dans la civilisation*, le pervers ou le dépressif sont les deux faces lugubres de notre société. Jouir de tout, tout le temps, cette promesse du capitalisme favorise les comportements *borderline* au détriment des anciennes névroses.

Dans *Je selfie donc je suis*[7], Elsa Godart a posé le décor d'une société marquée par l'immédiateté, souffrant d'un rapport à l'autre de plus en plus complexe. Ce phénomène s'inscrit dans le registre d'une modernité superlative, qui va toujours plus vite, qui en veut toujours plus, qui ne semble trouver aucune limite à son expansion. À cela s'ajoute l'importance du monde virtuel où l'*egotrip* devient de plus en plus inquiétant. S'exhiber sur les réseaux sociaux est devenu un besoin. Or quelques décennies auparavant, une telle attitude aurait été jugée indécente. Comment interpréter ces mises en scènes de soi ? Elsa Godart prône une éthique de la sincérité qui peut être source d'inspiration pour les nouveaux managers et pour nous aider à survivre à l'ère du mensonge.

---

5. LIPOVETSKY Gilles, *Les temps hypermodernes*, Grasset, 2004.
6. CASTAREDE Marie-France et DOCK Samuel, *Le nouveau malaise dans la civilisation,* Plon, 2017.
7. GODART Elsa, *Je selfie donc je suis*, Albin Michel, 2016.

*Interview d'***Elsa Godart**, *directrice de recherche à l'université, philosophe et psychanalyste*

Dans vos livres, vous expliquez que le narcissisme ambiant provient de notre société hypermoderne. Que signifie le concept d'hypermodernité ?

Elsa Godart : cette notion d'hypermodernité est évoquée la première fois dans les années 70 et de nombreux sociologues la développent dont Gilles Lipovetsky. Ce dernier montre dans *Les temps hypermodernes* en quoi la fin des années 80 marque un tournant : « Le label postmoderne a pris des rides. Cette époque est révolue. Hypercapitalisme, hyperclasse, hyperpuissance, hyperterrorisme, hyperindividualiste, hypermarché, hypertexte, qu'est-ce qui n'est plus hyper ? » Cette puissance superlative hyperbolique ou l'excès en tout genre sont les nouveaux maîtres mots. Le monde s'accélère, tout va trop vite. Nous entendons que « l'humain va disparaître », « on n'a jamais de temps pour rien », « la machine va remplacer l'homme », « il n'y a plus de femmes ni d'hommes », « l'Homme va détruire la planète » etc. Sans compter les injonctions permanentes et paradoxales : « il faut manger cinq fruits et légumes », « il faut faire du sport », « il faut lire des livres », « il faut avoir des amis », « il faut être HEUREUX », « il faut méditer » etc. Les gurus du développement personnel et autres coaches made in USA aux prêches sensationnels font recette et deviennent de nouveaux apologistes, sans parler de l'explosion des psychothérapies, dont on dénombre plus de 400 méthodes dans le monde. Ce n'est pas tant le monde qui va mal, que l'individu « hypermoderne ».

L'hypermodernité comme son nom l'indique, est une modernité de l'excès, de la démesure (à partir du grec *hubris*), du sans-limite. L'individu hypermoderne se cherche en permanence.

Sommes-nous plus narcissiques qu'avant ?

Elsa Godart : le narcissisme est une notion psychanalytique fondamentale, au cœur de la théorie freudienne (se référer au célèbre article de Freud *Pour introduire le narcissisme*, 1914). Différente est la conception sociologique, notamment développée par Christopher Lasch qui, en 1979, en donne une autre définition dans *La culture du narcissisme* « l'homme psychologique de notre temps », il pointe déjà les débordements narcissiques dus aux modifications de notre société. Il note que le narcissisme ne doit plus seulement s'entendre au sens clinique du terme tel que Freud l'avait défini mais plutôt comme une véritable métaphore de la condition humaine. Ainsi nous vivons dans une période de l'histoire caractérisée par un écart très net entre le développement intellectuel de l'homme et son développement affectif ou mental. Il est évident que le narcissisme a pris une ampleur considérable dans le monde contemporain. Mais nous avons affaire à un usage encore différent du narcissisme avec l'arrivée de la virtualité où nous exhibons nos vies, nos sentiments, nos photos en permanence. Cet autocentrage sur soi destiné à exister dans le monde virtuel et qui s'apparente plus encore à une forme d'égotisme, je l'appelle « narcissisme social ». Le narcissisme social c'est la capacité à exposer sa vie sur les réseaux sociaux et à finir par parler beaucoup de soi, dans le but d'exister dans le regard de l'autre.

Vous dénoncez, dans vos livres, une « psychopathologie de la vie quotidienne hypermoderne ». À titre d'exemple, vous décrivez des dérives qui sont déjà existantes dans la société japonaise, comme les syndromes d'hikikomori ou d'Otaku. Quels en sont les symptômes ?

Elsa Godart : le syndrome japonais hikikomori traduit l'absence d'envie, la vacuité, la panne du désir vital ; c'est un « retrait social ». L'hikikomori n'est pas une simple phobie sociale, c'est une fuite de l'implication relationnelle pour trouver un refuge dans le monde virtuel. Les connexions numériques et les robots sociaux donnent l'impression à ces individus d'être entourés sans les contraintes de l'amitié. Quant à la culture *otaku*, les Japonais victimes de ce syndrome s'adressent à une personne sans désir d'approfondissement de la relation. D'autres malaises, à la frontière entre le social et le pathologique, sont à

souligner tels que de nouvelles formes d'angoisse (« le nervosisme hypermoderne ») ; les pathologies du lien ou encore celles liées au « moi », notamment dans le cadre de la pulsion scopique (scopophilie) : quand le plaisir est de regarder... ou d'être vu.
Il est à noter que l'un des enjeux majeurs, commun à de nombreux malaises hyper- et cyber-, est à chercher dans ce que j'appelle un « retrait du désir » au profit d'une quête insatiable de jouissance. Céder à son désir, d'une certaine manière, revient à renoncer à soi.

Les émotions sont un gage d'authenticité et de sincérité. À travers elles, vous défendez une éthique de la sincérité. Pourquoi la sincérité est-elle le nouveau « garde-fou » ?

Elsa Godart : l'éthique de la sincérité apparaît comme un **« garde-fou » contre les dérives d'un monde où la matérialité voudrait nous faire croire que le monde et l'humanité sont privés de tout mystère**. Tout ne s'explique pas. Tout ne trouve pas une raison. Tout ne se mesure pas. Surtout quand il s'agit de penser ce qu'est un *être humain*. **Et peut-être que l'essentiel d'une vie réside-t-il précisément dans ce qui ne se voit pas, dans ce qui ne se touche pas, dans ce qui ne fait aucun bruit, mais s'éprouve. Pascal, au-delà de la puissante raison, n'a-t-il pas affirmé et imposé une autre vérité, qui est du cœur ?** Cette vérité-là, dont l'être-sincère est le chemin d'accès, pourrait porter ce nom : le sentiment d'humanité. En cela, pratiquer l'éthique de la sincérité devient aussi un acte de résistance car un acte d'humanité pour l'Humanité.

Cette éthique de la sincérité peut-elle révolutionner le management d'aujourd'hui ?

Elsa Godart : un manager sincère est quelqu'un d'inspirant, qui inspire ses collaborateurs. Sans ce principe de sincérité essentiel, il ne peut y avoir de management sincère... et même de management tout court. Il faut bien admettre que s'ériger en exemple de cohérence demande une discipline à tous crins, mais aussi une vertu essentielle qu'est l'humilité, car nul n'est infaillible. Et, au moment où une erreur est commise, là encore, il faut avoir l'humilité (et le courage) de la reconnaître, de l'assumer. **On pardonnera toujours à quelqu'un qui a le courage de**

ses vulnérabilités. La vulnérabilité est justement cette partie commune à tous les hommes qui fait écho à l'humanité en l'homme. Il y a une reconnaissance (de vulnérabilités communes) qui entraîne de fait une adhésion empathique dans l'aveu de sa vulnérabilité. Paradoxalement, admettre et affirmer ses vulnérabilités quand on est un dirigeant a de fortes chances d'inspirer et de susciter l'adhésion de ses collaborateurs : c'est au contraire la marque d'une grande force morale. Cette attitude qui consiste à préserver le plus possible cette cohérence – et donc cette sincérité – fait écho à la vertu grecque *ithos*. *Ithos* en grec, c'est « la tenue de l'âme », ce qu'on pourrait appeler aussi la droiture.

Les dirigeants gagneraient à montrer leurs vulnérabilités. Mais le culte de la performance interdit ces aveux de faiblesse. Pourtant, les échecs, les vulnérabilités sont tout simplement humains et ne doivent pas être jugés. Anne Bonlarron, économiste de formation, a créé son entreprise Scienceo pour accompagner les entreprises plus « humaines ». Elle croit à l'avenir de la sincérité et d'un changement de paradigme plus « cerveau droit ». Elle perçoit les nouvelles générations plus armées contre la manipulation. Voici son témoignage optimiste sur les nouveaux dirigeants inspirants et authentiques.

*Interview d'***Anne Bonlarron***,* *fondatrice et directrice de Scienceo*

À travers les missions que vous conduisez chez Scienceo, observez-vous dans les entreprises un mouvement vers plus d'authenticité ?

Anne Bonlarron : en effet, je remarque que les collaborateurs sont plus perceptifs et plus attentifs aux émotions profondes. Alain de Vulpian prônait justement cette écoute des émotions, l'affectivité. La sensibilité globale des personnes dans les organisations est en train de s'accroître tandis que l'atmosphère globale devient plus dure.. D'où l'intérêt croissant à l'égard des compétences émotionnelles. Et chez les enfants, c'est flagrant : ils naissent avec une sensibilité et des perceptions « augmentées ».
Cependant, il faut rester méfiant car il peut y avoir de la manipulation des émotions superficielles, de l'émotionnel, dans un but souvent démagogique. La mode du *storytelling* n'est pas anodine.

Cette augmentation de la sensibilité globale, comment se mesure-t-elle ?

Anne Bonlarron : on le sent chez les managers, quelle que soit leur génération. Je travaille avec des managers entre 30 et 60 ans et certains sont mieux armés contre la manipulation suite à de précieuses prises de conscience. Ce n'est pas que rationnel : ils ont appris à faire appel à leurs autres intelligences (relationnelle, sensorielle, corporelle, spirituelle...). Ils sont en quête d'authenticité et de sens. Ils sont de plus en plus sensibles à l'alignement de la tête, du corps et du cœur. Dès le premier confinement lié à la crise sanitaire, j'ai pu constater que ce phénomène s'est accru. De nombreuses personnes se sont posées pour réfléchir au sens de leur vie, ce qui en a amené beaucoup à « pivoter » de différentes manières.

J'ai vu de jeunes actifs comme des cadres expérimentés aller se ressourcer et se réinventer dans des lieux inspirants. Je pense par exemple à La Kambrousse, cofondé par Marc de la Menardière, le réalisateur du film *En quête de sens* auréolé d'une douzaine de prix. Marc avait étudié le commerce international et vendait de l'eau en bouteilles pour une multinationale aux États-Unis. Et puis l'un de ses amis, Nathanaël Coste, est venu lui rendre visite et lui a partagé des documentaires sur l'état de la planète qui ont favorisé chez Marc de multiples prises de conscience. Marc et Nathanaël sont alors partis en voyage initiatique autour du monde. Ainsi est né le road movie *En quête de sens*, qui retrace leurs échanges avec des experts éclairés. Quelque temps après, Marc et sa compagne, Malory Malmasson, ont créé La Kambrousse, un lieu d'inspiration autour de l'agriculture, de la connaissance de soi et de l'innovation sociétale.

Que signifie une entreprise inspirante ?

Anne Bonlarron : pour moi c'est une entreprise qui nous reconnecte à notre « feu sacré ». Dans le cadre de Scienceo, mon entreprise, je réalise un travail de veille permanente sur les entreprises pionnières et les projets précurseurs. Cela me fait vibrer. Je suis à l'affût des pratiques les plus innovantes, des dernières avancées de la recherche « utile », pour stimuler l'enthousiasme des cadres et dirigeants que j'accompagne, et leur donner envie d'inventer l'entreprise de demain et de se réinventer. Scienceo est ma première aventure entrepreneuriale. Je suis sortie de ma zone de confort pour accompagner le changement de paradigme. C'est l'humain qui me booste. La raison d'être de Scienceo est de remettre l'humain au cœur des organisations.

Avez-vous repéré des pratiques managériales qui favorisent l'enthousiasme ?

Anne Bonlarron : l'enthousiasme, étymologiquement, c'est la part de divin en nous. Je partage sur le blog de Scienceo de petites choses qui aident le monde à tourner un peu plus rond ou bien des projets d'envergure comme des modèles économiques innovants : par exemple l'entreprise 1083 créée par Thomas Huriez. Thomas a décidé de créer une marque de jean : c'est un des produits les plus mondialisés, les

plus concurrentiels, les plus polluants, et il trouvait donc intéressant d'essayer de le relocaliser, de le fabriquer proprement, à proximité des clients. Thomas a démissionné de son poste de responsable informatique pour entreprendre : « On travaille longtemps dans sa vie, trop pour ne pas chercher un travail en accord avec les convictions et les valeurs qu'on a acquises », estime-t-il. Il veut, à son niveau, « faire quelque chose pour la planète et contre le chômage ». Son entreprise, qui utilise des produits locaux, jongle avec tous les ingrédients de la nouvelle économie, collaborative, numérique, locale et circulaire.
Je pense aussi aux crapauds fous. Les crapauds vivent dans une zone et se reproduisent dans d'autres. Chaque année, de manière grégaire, tous migrent dans le même sens. Lorsque nous construisons de nouvelles routes en travers, ils se font massivement écraser. Sauf que... quelques-uns vont dans l'autre sens, ou trouvent les tunnels que des écologistes font creuser pour eux sous les routes. Parce qu'ils s'aventurent dans des directions non conventionnelles, ces crapauds fous inventent des voies d'avenir et sauvent l'espèce. C'est pourquoi je travaille avec des chercheurs qui étudient la déviance dans les organisations.
Un peu plus loin de nous, je pense à Yvon Chouinard, le fondateur de Patagonia, dont le business model est tourné vers le respect de la nature (il est également à l'origine du collectif 1 % for the Planet) et qui a un management et une organisation du travail plutôt atypiques, avec notamment la liberté d'aller surfer (ou chercher leurs enfants à la sortie de l'école) quand ils le souhaitent.

À travers Scienceo, vous avez développé une approche globale très « cerveau droit » ?

Anne Bonlarron : je réconcilie les deux : cerveau gauche et cerveau droit. Je relie ma sensibilité à la science. À l'origine, je suis économiste, et spécialiste des économies en transition. J'aime accompagner les transitions, construire des ponts entre la recherche et les entreprises, entre l'ancien monde et le nouveau monde, entre la rationalité et l'intuition. L'ingénierie de mes programmes (*learning expeditions,* groupes de travail, évènements sur-mesure) croise cerveaux gauche et droit, ou pour le dire différemment : fait appel aux intelligences multiples (rationnelle, émotionnelle, relationnelle, sensorielle...). J'assume de plus en plus mes perceptions (et je trouve les recherches en neurosciences passionnantes sur ce sujet) et m'inspire des peuples premiers (questionner la relation à soi, à l'autre, à l'environnement).

Je considère comme indispensable de travailler sur ses peurs : c'est le préalable à la construction de la confiance.

J'ai tendance à opposer l'humain au numérique : c'est un préjugé. Pour moi, le numérique nous déconnecte de nous-mêmes. Ce niveau de dispersion, que je constate fréquemment en réunion, est inquiétant. Le numérique créé une addiction problématique mise en lumière par les neurosciences.

Steve Jobs, Richard Branson sont des exemples de dirigeants intuitifs qui ont su se laisser porter par le potentiel créatif des projets. Ils ont montré la voie d'un autre type de leadership qui a fait rêver plusieurs générations. Alors pourquoi le leadership intuitif ne serait-il pas le meilleur atout du monde de demain ?

Chapitre 2

Pourquoi l'intelligence émotionnelle, l'intuition et la créativité peuvent améliorer la performance des entreprises

■ Résumé

La société industrielle tend à privilégier depuis des siècles les compétences du cerveau gauche, au détriment des envies créatives du cerveau droit. Daniel Pink, dans son livre L'homme aux deux cerveaux : Apprendre à penser différemment dans un monde nouveau, propose d'apprendre à penser avec les deux hémisphères du cerveau. Plutôt que de s'agiter dans tous les sens pour penser « out the box » et « réanimer » la créativité en entreprise, ne serait-il pas plus simple de recruter davantage de profils créatifs et de leaders intuitifs ? Les tests de personnalité comme MBTI lancé en 1962 par Isabel Briggs Myers et Katherine Cook Briggs ainsi que le test de Ned Hermann sur les préférences de modes de pensée créé en 1988 permettent d'identifier les profils créatifs et intuitifs et de mettre en exergue les autres types d'intelligences. Ce chapitre vous propose une synthèse des différents profils révélés par ces tests et constate la prédominance encore tangible des leaders organisateurs. La mode des soft skills, ne serait-elle pas finalement une volonté inavouée d'un retour des cerveaux droits ?

Témoignages de Francis Cholle, fondateur-dirigeant de The Human Company,
de Christophe Alvarez et Agnès Pierre, coachs et auteurs de l'ouvrage Libérez votre futur et de Karim B Stambouli, marketeur et hypnotiseur.

« Ayez le courage de suivre votre cœur et votre intuition.
L'un et l'autre savent ce que vous voulez réellement devenir. Le reste est secondaire »
Steve Jobs

« Engagez vos émotions au travail.
Vos instincts et vos émotions sont là pour vous aider »
Richard Branson

Depuis des siècles, les compétences de cerveau gauche sont privilégiées par notre société industrielle et répriment les velléités du cerveau droit. Selon Marc Luyckx Ghisi[8], certains dirigeants visionnaires dispensent des formations pour réactiver le cerveau droit. Daniel Pink, dans son livre *L'homme aux deux cerveaux : Apprendre à penser différemment dans un monde nouveau*[9], propose d'apprendre à penser avec les deux hémisphères du cerveau de manière à pouvoir relever les défis actuels de l'économie occidentale. Ce qui revient à la méthode du *Squircle* de Francis Cholle que vous découvrirez dans ce chapitre.

En fait, nous sommes tellement empêtrés dans le carcan du cerveau gauche que les entreprises ont besoin de réactiver des soubresauts de créativité à l'aide d'ateliers de brainstorming, de laboratoires d'idées, de jeux de lego ou de l'ego (rire)... Les entreprises essaient de réinfantiliser leurs salariés pour qu'ils reviennent à la créativité spontanée des enfants. Mais, plutôt que de s'agiter dans tous les sens pour agiter le « bocal » et penser *out the box* pour « réanimer » la créativité en entreprise, ne serait-il pas plus simple de recruter davantage de profils créatifs et de leaders intuitifs ? De même que certains profils sont performants sur le plan de la logique et des statistiques, d'autres profils sont plus compétents en créativité. Mais au lieu de l'admettre, les entreprises préfèrent imposer des méthodologies, des modes d'emploi pour encore tenter de maîtriser la créativité. Mais la créativité ne se maîtrise pas, elle se cultive !

Nous avons tout de même quelques dirigeants intuitifs qui ont marqué l'histoire de l'économie comme Steve Jobs et Richard Branson. Steve Jobs était ouvert au bouddhisme, ce qui lui aurait inspiré le design minimaliste d'Apple.

8. LUYCKX GHISI Marc, *Surgissement d'un nouveau monde*, L'Harmattan, 2012.
9. PINK Daniel, *L'homme aux deux cerveaux : Apprendre à penser différemment dans un monde nouveau, Robert Laffont, 2007.*

La simplicité se rapproche du zen. Il pratiquait la méditation pour avoir des fulgurances sur les besoins des consommateurs, il ne se fiait pas toujours aux études de marché.

Sa rivalité avec Bill Gates reflète quelque part la dualité cerveau droit/cerveau gauche. Bill Gates a toujours reconnu que Steve Jobs avait du goût mais qu'il n'était pas assez technique. Steve Jobs ripostait que Microsoft avait peu d'idées originales et n'apportait pas de culture dans leur produit. Bill Gates, en riposte, a alors collé l'étiquette de « bizarre » sur Steve Jobs : prendre du LSD, aller dans des ashrams, c'est un peu trop rock'n'roll pour Bill… D'ailleurs, on peut se demander dans quelle mesure les logiciels de Microsoft ne nous ont pas formatés « cerveau gauche » et nous brident dans notre créativité.

Pourquoi les tests de personnalité ne sont-ils pas davantage utilisés pour équilibrer les profils organisateurs et imaginatifs ?

Aujourd'hui, il existe différents tests pour connaître la préférence cérébrale des collaborateurs avec le test HBDI d'Hermann, la préférence de communication avec le *Process Communication* de Taibi Kahler et le type de personnalité avec le *Myers Briggs Type Indicator* (MBTI) d'Isabel Briggs Myers et Katherine Cook Briggs. Le MBTI est le plus connu.

Les cerveaux gauches aiment classer les gens, ils sont d'une immense créativité quand il s'agit de créer des catégories. Paradoxalement, j'aime ce côté cerveau gauche, mes amis s'amusent de mon goût de la catégorisation, mais c'est comme des parfums de glace, je (Marjorie) trouve que cela colore le monde et met en avant la diversité. Ces tests aident en effet les personnes à mieux se connaître et à démontrer la richesse des profils (c'est pour cette raison que j'aime aussi les signes astrologiques, d'ailleurs même si ce n'est pas déterminant, je confesse que je vérifie toujours le jour et le mois de naissance dans un CV et que des managers me demandent mon avis…). Si l'on revient au duel Steve Jobs et Bill Gates, on imagine plus facilement Steve Jobs extraverti et Bill Gates introverti. Or lorsqu'on cherche leur profil MBTI, Bill Gates serait « Extraverti, Intuitif, logique et jugement » (ENTJ) et Steve Jobs, « Introverti, Sensitif, logique et pratique » (ISTP). Sur un autre site, il est mentionné que

Bill Gates serait « Introverti, Intuitif, logique et pratique » (INTP) et Steve Jobs ENTJ… Le MBTI n'est pas une science exacte. On peut penser que le profil ENTJ correspond mieux à Steve Jobs, car on ne peut pas lui retirer son côté intuitif et il a parfois manqué de sens pratique dans sa carrière. Si l'on considère la classification de Ned Hermmann avec ses quatre profils : mode de pensée analytique, mode de pensée séquentielle, mode de pensée interpersonnel et mode de pensée imaginatif, Bill Gates serait un « bleu » (pensée analytique) et Steve jobs un « jaune » (pensée imaginative).

William Whyte, dans *L'Homme de l'organisation,* décrivait en 1956 l'entreprise américaine comme un monde de technocrates et de bureaucrates qui font la guerre au génie créatif et imposent le conformisme. Les armes de ces bureaucrates sont les tests en tout genre, une façon indirecte de neutraliser les rebelles et les créatifs.

Le test de personnalités MBTI lancé en 1962 par Isabel Briggs Myers et Katherine Cook Briggs et le test de Ned Hermann sur les préférences de modes de pensée créé en 1988 ont permis de mettre en exergue les autres intelligences. Plus récent, Taibi Kahler, psychologue américain expert en analyse transactionnelle, a lancé en 1990 *Process Communication*, pour améliorer la communication à partir de 6 personnalités définies. Notons que tous ces tests nous viennent des États-Unis, à croire que les Européens sont trop ancrés dans l'universalité.

Les concepteurs du MBTI se sont inspirés des théories Jungiennes et ont recensé 16 personnalités. Quatre grands critères sont utilisés pour classer ces 16 personnalités :

- La dimension Introversion (I) et Extraversion (E)
- La dimension Sensation (S) pour expérience et Intuition (N)
- La dimension Thinking (T), le fait de penser d'après des facteurs théoriques / Feeling (F), le fait de penser d'après des facteurs humains
- La dimension Jugement (J) / Perception (P) : le choix est-il jugé une fois pour toutes ou bien est-il susceptible d'être remis en cause en fonction de ce que l'on perçoit de la situation ?

Le test MBTI étant le plus utilisé dans le monde entier fournit des statistiques sur un large panel pour le plus grand bonheur des « technocrates ».

Nous avons d'après le site MBTI une majorité de profil gestionnaire, 11 à 14 % (ISTJ), de profil conservateur, 9 à 14 % (ISFJ), de profil directeur, 8 à 12 % (ESTJ) et de profil organisateur proche du gestionnaire, 9 à 13 % (ESFJ)[10]. Les autres types de personnalité sont minoritaires.

À un certain niveau de responsabilité, nous avons davantage de profils intuitifs, ce qui est finalement la preuve que l'intuition peut apporter du leadership ! On dénombrerait parmi les postes à responsabilité **44% de profils organisateurs** (21 % ISTJ[11] et 23 % ESTJ[12]), ainsi que **29 % de profils rationnels**, profils similaires à Bill Gates ou Steve Jobs (18 % ENTJ et 11 % INTJ)[13]. Les profils imaginatifs type ENTP[14] sont rares. Dans les recrutements, c'est un peu le même refrain : on retrouve 19 % d'organisateurs (ISTJ), soit nos cerveaux gauches, et concernant les cadres moyens, la proportion d'organisateurs (ISTJ) est encore plus importante : 30 % ! Et le pourcentage s'accentue dans les cadres dirigeants pour atteindre 35 %[15] ! Autant dire que les organisateurs (ISTJ) ont pris le pouvoir dans les entreprises depuis un moment et continuent à recruter des managers à leur image. Henry Ford est le symbole de ce type de dirigeant organisateur, mais qui par faute d'innovation a été dépassé par Alfred Sloan, un profil imaginatif (ENTP) comme Léonard de Vinci et Einstein (enfin d'après des hypothèses, car ni Einstein ni Léonard de Vinci n'ont passé le test du MBTI…).

---

10. http://www.16-types.fr/16types.html
11. Sigle en anglais *Introversion, Sensation, Thinking, Judgment* signifiant « Introversion, Sensation, Pensée, Jugement ».
12. Sigle en anglais *Extroversion, Sensation, Thinking, Judgment* signifiant « Extraversion, Sensation, Pensée, Jugement ».
13. Jean-Louis Swiners et Jean-Michel Brie, *L'intelligence créative au-delà du brainstorming*, Maxima, 2017.
14. Sigle en anglais *Extroversion, Intuition, Thinking, Perception* signifiant « Extraversion, Intuition, Pensée, Perception ».
15. *Ibid.*

Test Hermann ou la reconnaissance des compétences du cerveau droit

Ned Herrmann, ancien responsable formation à General Electric, s'est toujours senti hybride, écartelé entre ses côtés créatif et scientifique. Il s'est alors intéressé aux travaux de Sperry (déjà cité dans notre première partie) sur les hémisphères cérébraux et des travaux du neurobiologiste Paul MacLean (théorie du cerveau triunique). Comme le mentionnent les auteurs du livre *Le plaisir des idées*[16], bien avant les découvertes de Sperry, la pensée occidentale a toujours été marquée par cette dualité de l'esprit humain : Pascal opposait déjà « l'esprit de géométrie » à « l'esprit de finesse » et Lévi-Strauss distinguait la « pensée positive » et la « pensée mythique ». Le test qu'a mis au point Hermann dans les années 80 permet d'identifier sa personnalité cérébrale et de mieux connaître ses potentialités. Hermann décrit quatre modes de pensée :

- zone corticale gauche « **les bleus** » : logiques, analytiques, mathématiques, financiers et techniques ;
- zone corticale droite « **les jaunes** » : imaginatifs, synthétiques, artistiques, conceptuels, pensée globale ;
- zone limbique gauche « **les verts** » : zone de contrôle, conservateurs, planificateurs organisateurs et administratifs ;
- zone limbique droite « **les rouges** » : qualités interpersonnelles, émotifs, musiciens, spirituels et communicatifs.

Concernant le test de Process Communication, nous avons 6 profils différents qui peuvent être résumés ainsi :

- les **travaillomanes** (« travaillomane » en anglais se disant *thinker*, par conséquent, travaillomane n'est pas à prendre au sens de « bourreau de travail ») sont des penseurs logiques, organisés et responsables ;
- les **rebelles** (« rebelle » n'étant pas dans le sens de « révolutionnaire » mais plutôt d'anticonformiste) sont spontanés, créatifs et ludiques ;
- les **empathiques** sont sensibles, compatissants et chaleureux ;
- les **persévérants** sont engagés, observateurs et consciencieux ;
- les **rêveurs** sont imaginatifs, calmes et réfléchis ;
- les **promoteurs** sont charmeurs, adaptables et plein de ressources.

---

16. DE BRABANDERE Luc, MIKOLAJCZAK Anne, *Le plaisir des idées, Devenir créatif*, Dunod, 2e édition, 2002.

Il est possible de créer des correspondances entre les 4 profils d'Hermann, les 16 profils MBTI et les 6 profils de Process Communication. On peut avoir par exemple un profil dirigeant MBTI, ENTJ[17] en acquis et INFP[18] en inné avec un profil Process Communication « Travaillomane » en base et en phase, ce qui est cohérent. Les ENTJ représentent 18 % des responsables (comme on l'a vu plus haut). Ils correspondent au mode de pensée analytique d'Hermann et ont une communication claire et précise de « travaillomane ».

Voici le tableau de correspondances que nous vous avons concocté pour vous y retrouver :

Les rationnels : les bleus, thinkers (travaillomanes)	
ENTP	ENTJ
INTP	INTJ
Les idéalistes : les rouges relationnels (empathiques/persévérants)	
ENFP	ENFJ
INFP	INFJ
Les visionnaires : les jaunes créatifs (les rebelles ou rêveurs)	
ESFP	ESTP
ISFP	ISTP
Les organisateurs : les verts qui sécurisent	
ESFJ	ESTJ
ISFJ	ISTJ

E : Extraversion N : Intuition T : Penseur J : Jugement
I : Introversion S : Sensitif F : Sentiment P : Perception

Les correspondances avec Hermann sont de notre propre initiative et sont une proposition sans aucune prétention. Vous remarquerez que nous n'avons pas trouvé d'équivalent des verts organisateurs dans les profils de Process Communication. Ils pourraient être assimilés aux travaillomanes. Les catégories sont forcément poreuses.

---

17. Sigle en anglais : *Extroversion, Intuition, Thinking, Judgment* signifiant « Extraversion, Intuition, Pensée, Jugement ». Personnalité « Commandant ».
18. Sigle en anglais : *Introversion, Intuition, Feeling, Perception* signifiant « Introversion, Intuition, Sentiment, Perception ». Personnalité « Médiateur ».

En résumé, nous avons dans les dirigeants actuels de nombreux profils organisateurs et rationnels, qui gagneraient à être plus rééquilibrés avec des idéalistes et des visionnaires.

La mode des soft skills, une volonté inavouée d'un retour des cerveaux droits ?

Aujourd'hui, les managers et les Ressources Humaines évaluent les collaborateurs selon deux types de compétences : les *hard skills* et les *soft skills*. Ces termes ont l'air d'être directement inspirés du monde informatique entre le *hardware* et le *software*. Avez-vous envie d'être comparé à un ordinateur ?

Dans les ouvrages scientifiques, le terme *soft skills* est peu utilisé. On parle plutôt de créativité ou d'intelligence émotionnelle par exemple.

Savoir différencier la personnalité, d'un état émotionnel et d'une vraie compétence est essentiel. Par exemple, il ne sert à rien de former une personne pour qu'elle soit plus extravertie (personnalité) mais l'aider à mieux communiquer lui permettra de développer une compétence. Dans la même idée, la motivation n'est pas un trait de personnalité, mais un état émotionnel.

Il existe pourtant des méthodes d'évaluation qui sont validées scientifiquement. Il est donc possible d'évaluer objectivement ce type de compétences, sans que ce soit uniquement du *feeling*. Ces compétences, davantage incarnées par le « cerveau droit », ont trait à l'humain et conduiront à une meilleure performance des entreprises. Non, l'intelligence intuitive n'est pas qu'une douce et légère *skill*, elle peut aussi secouer. Nous avons pour cela rencontré (virtuellement) Francis Cholle qui vit sur la côte ouest des États-Unis, auteur de l'ouvrage *L'intelligence intuitive pour réussir autrement*[19]. Diplômé d'HEC et ancien directeur général des éditions Hazan (spécialisées en livres d'art), ce consultant a décidé de partir à New York pour suivre des cours de théâtre, de musique et d'opéra, et de psychologie clinique avant d'entamer une initiation de yogi en Inde, suite à dix années de pratique assidue de yoga à New York. avant d'entamer une initiation en Inde au Hatha Yoga. Ce parcours hybride et intuitif l'a conduit à s'installer aux États-Unis pour créer *The Human Company*,

19. CHOLLE Francis, *L'intelligence intuitive pour réussir autrement*, Eyrolles, 2007.

une entreprise internationale de conseil en management, innovation et accompagnement du changement. Il est aussi l'auteur d'un premier best-seller en France : *l'intelligence intuitive* suivi de deux livres *The Intuitive Compass* (USA Best Book Awards Winner) et *SQUIRCLE*, bestsellers du Wall Street Journal et de USA Today. Son modèle *SQUIRCLE* nous a particulièrement séduites car il épouse la pensée paradoxale, celle du carré en synergie avec le cercle, ce qui est tout à fait dans le positionnement de notre livre qui prône une alternance harmonieuse entre les deux modes de pensée, cerveaux gauche et droit.

Interview de ***Francis Cholle****, auteur franco-américain, fondateur-dirigeant de The Human Company, The SQUIRCLE Academy et The Know Better World Foundation, au service du leadership des femmes*

Comment votre parcours « holistique » vous a-t-il conduit à vous spécialiser sur le sujet de l'intelligence intuitive ?

Francis Cholle : je ne suis pas un chercheur universitaire, mais j'ai cumulé au fil des années des recherches et expériences variées et riches qui m'ont ouvert à de nouvelles perspectives sur le côté cartésien de l'esprit français. En parallèle du langage analytique des mots, il y a des langages imagés, le langage corporel, la communication par le silence (au Japon notamment), les synchronicités, ou encore les intuitions partagées sans pouvoir se les expliquer. Dans mes livres sur l'intelligence intuitive et la créativité et l'adaptation,, j'explique que l'on peut tenter de rationaliser le chaos de la vie par des stratégies, budgets et calendriers mais on ne peut pas le contrôler. Pour naviguer au mieux à travers le chaos créatif, il faut s'ouvrir à son instinct, cette partie innée en nous qui nous permet justement de nous adapter et trouver des solutions même face à des situations qui nous semblent insolubles. Quand on interroge les créatifs, on entend en général que le management, trop cadré et linéaire, ne leur convient pas. **Il faut préférer une approche**

managériale holistique des talents (regarder une équipe comme un tout et non la considérer comme une somme de talents distincts dans leurs fonctionnements et leurs contributions) pour permettre des synergies créatives inattendues. On ne peut pas contrôler à proprement parler le processus créatif (qu'on soit directeur artistique ou chercheur scientifique) mais on peut l'influencer positivement par l'attitude que l'on adopte (observer, donner du temps au temps, rester ouvert à l'improbable malgré l'inconfort que l'on peut ressentir face à l'inconnu) ou au contraire l'inhiber (presser le mouvement, ne pas se rendre disponible et sensible pour repérer les signaux faibles).

L'intuition, cette voix intérieure ou encore comme l'appelait Emerson cet « élan bienheureux », peut favoriser l'innovation et la créativité en entreprise. Vous citez Antonio Damasio qui explique que les émotions peuvent nous aider à prendre des décisions, à résoudre des problèmes avant même d'avoir utilisé le raisonnement déductif. Comment définissez-vous l'intelligence intuitive ?

Francis Cholle : l'intelligence intuitive est définie comme la synergie entre la pensée logique et nos aptitudes instinctives ; synergie qui est rendue possible par l'intuition. La pensée logique a donné naissance à cet instrument de connaissance formidablement puissant qu'est la science. Notre instinct est compris ici comme l'agent de survie individuelle et collective, grâce à notre capacité innée d'adaptation et de créativité.
L'intelligence intuitive, c'est réapprendre à être présent au moment pour pouvoir « saisir ce qui commence » comme l'a dit François Dalle le PDG de L'Oréal qui a succédé au fondateur du groupe.

Pourquoi l'intuition reste-t-elle un sujet tabou en entreprise alors que de nombreux dirigeants utilisent cet instrument de travail ?

Francis Cholle : de mes observations, les dirigeants préfèrent souvent ne pas faire cas de leur intuition dans la résolution de certains problèmes ou la prise de certaines décisions. Les dirigeants que je connais ou conseille sont, pour la plupart, intuitifs et y trouvent une réelle efficacité. Mais ça reste difficile d'en faire une pratique managériale partagée et encore moins systématisée avec ses collaborateurs car l'intuition s'apprivoise plus qu'elle ne s'enseigne. C'est pourquoi j'ai créé SQUIRCLE (SQUARE + CIRCLE), un modèle universel qui nous rend à l'évidence de la nécessité de cette synergie entre la logique objective (Carré) et la perception subjective (Circle) pour faire face à la complexité croissante de l'environnement dans lequel on opère.

Est-ce que l'on peut être créatif dans une grande entreprise ?

Francis Cholle : c'est vrai que les projets disruptifs sont davantage dans les petites entreprises, mais dans les grands groupes l'approche managériale est loin d'être toujours carrée. Si on prend l'exemple de L'Oréal, le groupe a une culture qui tolère bien le chaos de la création et les nécessités de l'adaptation face à l'inconnu. Ils sont capables d'embaucher des personnes au profil intéressant sans avoir un poste précis pour la nouvelle recrue ! Ils sont prêts à assumer ce risque et son coût éventuel. Il y a aussi des réunions sans ordre du jour. Même si cela n'a pas empêché la DRH du groupe de me faire remarquer que j'étais trop figuratif pour présenter mes cercles et mes carrés (rire) et qu'elle aimerait que j'aille plus droit au but. Le temps du cerveau n'est pas celui du corps et de ses perceptions subtiles.

Quel est votre concept de SQUIRCLE, cette quadrature du cercle ?

Francis Cholle : SQUIRCLE permet de façon simple et immédiate de réconcilier l'analyse critique apprise et pratiquée à l'école (représentée par le Carré) avec notre expérience directe du monde sensible (symbolisée par le Cercle). Cette synergie est nécessaire pour résoudre un problème complexe, qui par nature échappe à la logique rationnelle. Le monde de l'entreprise est clairement dominé par le Carré. Notre expérience sensible n'est crédible que tant qu'elle fait du sens sur le plan rationnel. C'est une réduction dangereuse et coûteuse pour une entreprise. Elle inhibe en nous cette partie même que les ingénieurs de Tesla cherchent à reproduire pour créer des voitures autonomes sans chauffeur. À force d'inhiber cette capacité naturelle d'agilité et de créativité, l'entreprise perd peu à peu sa capacité d'adaptation et d'innovation et de façon plus rapide et radicale sa capacité à faire face à la disruption ou à être disruptive.

Sur le site SQUIRCLE Academy.com, il est possible de répondre à un questionnaire pour comprendre si l'on tend vers un mode linéaire et structuré ou bien une approche plus improvisée et évolutive des situations que l'on doit gérer.
En entreprise, avec ce questionnaire, les managers peuvent établir un profil moyen de leur équipe et identifier des opportunités pour accélérer la performance. On leur propose un serious game où les conditions sont réunies pour permettre aux participants de comprendre scientifiquement comment ils parviennent à résoudre un challenge complexe mesurable, de façon répétable.

Après le SQUIRCLE de Francis Cholle qui permet de transformer sa pensée en « quadrature du cercle », découvrons une méthode de coaching qui repose sur la révolution conceptuelle du temps que nous avons détaillée dans la deuxième partie. Un coaching calqué sur le modèle de *Retour vers le futur*, cela décoiffe ! Cette méthode s'appuie sur une conception du temps non linéaire et nous invite à libérer notre futur. Il s'agit de la méthode Alpha And You créée par Christophe Alvarès et Agnès Pierre décrites dans leur ouvrage *Libérez votre futur*[20]. Ce sont les avancées de la science, et en particulier de la physique quantique, qui leur ont inspiré cette nouvelle approche globale.

Êtes-vous prêts à décoller avec Doc et Marty ?

20. ALVAREZ Christophe, PIERRE Agnès, *Libérez votre futur*, Alpha and You, 2020.

Interviews de ***Christophe Alvarez*** *et* ***Agnès Pierre****, coachs et auteurs de* Libérez votre futur

Vous avez développé une méthode de coaching innovante, Alpha and You, qui s'appuie sur la théorie de la rétro-causalité du temps développée par Philippe Guillemant[21]. Votre technique consiste à aider les personnes à attirer des «états futurs déjà existants». Comment avez-vous été convaincu par cette théorie ?

Christophe Alvarez : je n'ai pas eu un déclic de type « Eureka », c'est le fruit de longues réflexions sur le temps. Je ne suis pas un scientifique mais je suis un passionné de la relativité générale d'Einstein. Grâce à l'appropriation de cette théorie, je suis convaincu que le futur existe déjà, cela est prouvé scientifiquement. Le temps n'est qu'un vecteur spatial. Si la vitesse de la lumière est dépassée, on remonte le cours du temps. **La théorie de la relativité qui n'a jamais été réfutée est en passe de devenir un nouveau paradigme**. Les voyages dans le temps existent : un cosmonaute russe dans la station Mir était en avance de **1/48e de** seconde lors de son retour sur la Terre. En d'autres termes, Sergueï Krikaliov a avancé vers le futur de 1/48e de seconde. On voyage dans le futur des autres, mais pas dans le sien. Le temps de Newton n'existe pas. Seules les durées existent et elles sont relatives. Le temps est finalement une expérience propre à chacun. Si le cosmonaute russe avait voyagé plus rapidement dans l'espace, son avance lors de son retour sur Terre aurait été prodigieuse. Cela signifie qu'il serait revenu dans un état futur des habitants de la Terre alors que son propre temps se serait « écoulé » normalement. Par rapport à nos horloges au sol, sa propre horloge, c'est-à-dire son temps propre, aura moins avancé : il aura moins vieilli que nous sur la Terre.

21. Théorie expliquée dans le chapitre 3 de la partie 2.

Ce décalage du temps est illustré également dans le paradoxe des jumeaux de Langevin. **Non seulement le futur existe déjà, mais il est possible de modifier le passé : c'est ce que nous enseigne la physique quantique avec le passé des particules et l'expérience du choix retardé de Wheeler**[22] selon laquelle le passé dépendrait du futur. **Ces concepts de la physique quantique sont perturbants pour notre cerveau gauche et entaillent sérieusement nos modèles occidentaux**. Nous attachons de l'importance au passé et à son rôle fondateur. Ces théories bouleversent notre réalité, notre cohérence, la perception de la chronologie de notre corps. **Le temps est un leurre. À cause de l'entropie, on confond la temporalité de notre corps avec le temps**. L'ordre que permet le temps linéaire est un confort, mais aussi une illusion tenace qu'il convient de briser si on souhaite progresser.

Agnès Pierre : cette méthode Alpha and You est d'abord une histoire de famille avec Christophe. Au début, je me suis méfiée de ces théories innovantes. Mais avec le temps, je partage cette vue, et c'est une approche globale qui est intéressante en matière de coaching. Je suis de moins en moins convaincue par les méthodes très spécialisées. Tout interagit : les choses, les gens et il existe des communautés de pensée. Oui, le futur existe déjà ! L'image de l'agenda qui comporte dès le 1er janvier les pages pour toute l'année est une illustration parlante. Le cerveau ne fait pas la différence entre ce qu'il vit réellement et ce que nos constructions mentales lui donnent à voir. C'est ce que Lionel Naccache neurologue et chercheur en neurosciences cognitives appelle le « cinéma intérieur ». Le passé, le présent, le futur sont appréhendés de la même façon. Cela donne des potentiels exceptionnels et permet de lever les freins à l'action.

---

22. John Archibald WHEELER (1911- 2008), physicien théoricien américain. À partir de la « fameuse » expérience des doubles fentes, John Wheeler a imaginé une expérience selon laquelle un observateur déciderait aujourd'hui le chemin pris par une particule (un photon) il y a 1 milliard d'années alors même que ce chemin serait déjà parcouru ! Le passé n'est pas fixe et la physique quantique oblige à penser les choses différemment.

Votre méthode est interdisciplinaire, elle s'appuie à la fois sur les neurosciences, la physique, la psychanalyse et les thérapies cognitivo-comportementales. C'est très original ! Vous dites d'ailleurs qu'il faut penser contre le cerveau. Comment est-ce possible ?

Agnès Pierre : l'idée du coaching est de faire un pas de côté. Pour cela, il faut apporter une vision différente. C'est le travail du coach en co-construction avec son client. Penser le temps différemment autorise cela. Les entreprises recherchent toujours la performance, or l'objectif d'un coaching c'est de changer la façon de parcourir le chemin pour arriver à destination. Face à un obstacle infranchissable, la solution est de se déporter pour regarder les choses différemment. Le rôle du coach est de permettre ce décalage.

Christophe Alvarez : Bachelard disait qu'il faut penser contre son cerveau, son « cerveau gauche ». Par exemple, nous tournons autour du soleil à plus de 100 000 km/h et pourtant on ne perçoit aucun mouvement... Et comment penser contre son cerveau quand on se voit vieillir ? Or le temps n'est pas responsable de notre vieillissement. Ce dernier n'est que le résultat de phénomènes cellulaires physico-chimiques. L'écoulement du temps n'est qu'une illusion.

Quand vous affirmez que le futur existe déjà et que le passé bouge encore, en quoi cela modifie les méthodes d'accompagnement ?

Christophe Alvarez : cela change tout. C'est le train qui avance et non pas le paysage qui défile. Le futur ne vient pas du néant. Or notre société nous fait croire que le futur surgit du néant. Cela s'appelle le présentisme : on est au bout d'un tapis roulant, comme si on ne maîtrisait pas du tout l'avenir. On n'a pas de vision collective du futur, ce qui nous conduit à nous laisser submerger dans un tourbillon de peur. Un peu comme les Gaulois qui avaient peur que le ciel leur tombe sur la tête !
Le futur déjà écrit, cela peut décourager les gens. Mais le futur est en fait multiple, il n'est pas unique. Il existe différents futurs potentiels et on peut choisir sa destination.
Exemple concret : Un cadre technique d'une importante société m'a consulté car il se sentait en proie au doute quant à l'évolution de sa vie professionnelle. Il ne se voyait pas « vieillir » dans son job actuel

et continuer de subir les assauts répétés d'une très forte pression. Les séances de coaching lui ont permis, petit à petit, d'imaginer puis de rêver d'un autre Futur dans lequel il serait épanoui avec sa femme et ses enfants. Aujourd'hui il vit en Suède et a changé d'entreprise. Il travaille moins et se consacre à d'autres passions. Peu après la fin du processus de coaching, un ancien ami de son école d'ingénieur l'a contacté pour prendre des nouvelles. Cet ami travaillait en Suède et conjuguait harmonieusement sa vie professionnelle et personnelle. De fil en aiguille, des opportunités se sont offertes à mon client. Il ne s'agit pas là d'un hasard mais d'un effet de son futur potentiel sur sa vie présente. Il a alors utilisé son libre arbitre pour changer de voie en empruntant les nouveaux chemins que son futur lui proposait.

Agnès Pierre : pour moi, libérer son futur cela questionne la question de la résilience. Cette résilience est à **l'image du *kintsugi*, cet art ancestral japonais qui consiste à réparer quelque chose de cassé pour qu'il soit plus beau qu'avant.** Les morceaux récolés avec de l'or, avec une volonté délibérée de mettre en valeur cette réalité assumée. La richesse de la poterie est alors sa brisure. La résilience est l'or que l'on met dans les failles.

Comment faites-vous pour provoquer des synchronicités ? D'ailleurs, cela sert à quoi les synchronicités ?

Christophe Alvarez : on a vite fait de passer pour un « demeuré » quand on se passionne pour les synchronicités... Au départ, j'ai eu des doutes. J'ai alors tenté de créer une synchronicité selon les conseils de Romuald Leterrier (auteur du livre *Se souvenir du futur*). Pour cela, j'ai choisi un canari, avec une apparence improbable : un canari de couleur arc-en-ciel. Six mois après ce choix, une lectrice de notre livre me contacte. Je regarde alors son profil Facebook, et là, stupeur ! Un magnifique canari arc-en-ciel apparaît avec écrit « tout va bien aller ». C'était assez magique. Les synchronicités rassurent et donnent de l'espoir. C'est une coïncidence qui fait sens. C'est une méthode qui permet aussi de lâcher prise et de prendre du recul par rapport au raisonnement logique du cerveau gauche.

En quoi votre méthode diffère-t-elle de celle de la pensée positive ? De la loi de l'attraction ?

Agnès Pierre : notre méthode permet d'aller plus loin. La pensée positive est un outil un peu simpliste, mais qui peut fonctionner ponctuellement. La méthode Alpha and You permet de mobiliser les ressources qui viennent de l'intérieur. La pensée positive n'est pas du coaching à proprement parler et ne permet pas des résultats pérennes. L'idée du coaching est d'arriver à une transformation en profondeur.

Christophe Alvarez : la pensée positive a un côté réducteur, c'est un peu comme la martingale de casino. En définitive, **la loi de l'attraction permet d'attirer son meilleur futur**. Mais attention de ne pas sombrer dans le piège du perroquet et de l'autopersuasion. La motivation vient naturellement si on prend la bonne destination. **L'idée est de choisir son meilleur futur pour que la motivation soit naturelle**. C'est cela qui est merveilleux. Je ne crois pas au pouvoir des mots, c'est la conviction que portent les mots qui est essentielle.

Avoir une vision trop linéaire du temps avec un effet tunnel ne nous aide pas à nous accomplir. Nous avons tendance à nous laisser porter et à accepter d'être rangé sagement dans une catégorie jusqu'à notre retraite. Cette passivité nous enracine dans notre zone de confort. Or c'est parfois un « pas de côté » qui va nous permettre de nous réaliser. Il faut se méfier du terme « carrière », qui peut s'avérer être une croyance limitante et un carcan. Étymologiquement carrière vient de *quadrus* en latin qui signifie « pierre carrée/taillée ». Pratiquez le Squircle plutôt que le carré seul…

Le marketing est typiquement une activité bicéphale où l'on doit savoir jongler avec les contraintes des *business models* et de la créativité. Quand on pratique le marketing, on peut se laisser emporter par son cerveau droit. C'est ce qui est arrivé à Karim Stambouli, qui exerce aujourd'hui à la fois en tant que marketeur et hypnotiseur. Dans une démarche originale, ce grand communicant s'est tellement passionné pour les techniques de communication, notamment la PNL, qu'il en est devenu hypnothérapeute et praticien de thérapie brève. Il fait partie aujourd'hui de ces travailleurs hybrides : mi-marketeur mi-hypnothérapeute. Il n'a pas peur de jongler avec ses cerveaux gauche et droit.

Freud a probablement projeté sa névrose sur le monde entier. Ses théories tendent à être remises en cause par les sciences cognitives et les neurosciences. Mais il nous a laissé un héritage essentiel : l'hypnose.

Interview de ***Karim B. Stambouli****, marketeur et hypnotiseur*

Comment du marketing, avez-vous glissé vers l'hypnose ?

Karim Stambouli : au début, j'ai commencé par le métier de conseil en communication et j'ai lancé les premières marques de *start up* en 2000. Quand j'ai commencé à écrire *Buzz marketing*[23], je me suis intéressé aux sciences sociales, aux techniques de Programmation Neurolinguistique (PNL). La PNL est utilisée en marketing, mais on ne nous l'explique pas quand on est étudiant. J'ai alors réalisé des recherches sur les processus cognitifs, les émotions, puis sur les comportements. Je me suis aussi inspiré des arts martiaux et de la plongée sous-marine. Même si ces disciplines n'ont rien de commun, elles m'ont permis de comprendre qu'il est nécessaire d'équilibrer nos cerveaux droit et gauche. Et de ne pas avoir peur de créer des connexions entre les sciences sociales et le monde de l'entreprise. Notre cerveau droit est actuellement réprimé. Quand on travaille dans des grosses structures, nous sommes nécessairement formatés. Dans les métiers du marketing et de la communication, nous avons plus de latéralités, les créatifs, dans une certaine mesure sont mieux acceptés.
J'ai réalisé qu'il était possible de gagner en performance si l'on s'astreint à décrypter nos limites. À aller au-delà de « notre propre illusion ». Nous projetons notre monde, il faut sortir de cette projection. **La PNL permet de se synchroniser avec une personne** et saisir d'autres informations à son sujet. Pour progresser, travailler en profondeur permet de nettoyer son chemin. C'est comme un chemin parsemé de

---

23. STAMBOULI Karim B. et BRIONE Eric, *Buzz Marketing, la stratégie de bouche-à-oreille*, Editions d'Organisation, 2002.

feuilles mortes, on peut continuer à y circuler mais on est pollué. Il est important de ne pas se laisser emprisonner par ce que l'on croit être le rationnel, l'interprétation.

Notre « cerveau gauche » entretient-il nos croyances limitantes ?

Karim Stambouli : le cerveau droit, je le traduis par l'intelligence intuitive, c'est-à-dire que notre cerveau perçoit des millions d'informations, mais notre conscience en conserve moins. Les autres informations sont stockées. Parfois, on les laisse émerger. La distinction entre cerveau gauche et droit n'est pas aussi scindée. Le traitement du bonheur est, aujourd'hui, en mode cerveau gauche. *Faites vous-même votre malheur* est un livre qui se moque de ce phénomène, le bonheur mode d'emploi. Faire croire aux personnes que tout va se régler avec de la cohérence cardiaque, de la musique, du bonheur sur commande c'est un peu illusoire. Notre stress vient de l'intérieur. On s'autolimite avec notre cerveau gauche, ce qui accroît notre stress. Je ris quand je vois se multiplier le slogan « être zen ». On ne va tout de même pas devenir tous des Sadhus indiens. Nous sommes trop dans les injonctions, il faut sortir de ce cadre. **Les gens sont perdus dans notre société dont l'excès de structuration nous fait perdre le sens de nos vies**.

L'hypnose permet-elle de travailler sur nos croyances limitantes ?

Karim Stambouli : par exemple, je peux avoir la perception de ne pas être doué en musique, mais en réalité, il s'agit d'une croyance limitante. On ne réalise pas à quel point nos milieux familiaux, nos environnements nous conditionnent. On peut être mauvais en mathématiques parce qu'on nous a fait croire que nous étions incompétents dans cette discipline. **Les croyances limitantes nous formatent incontestablement**.

Depuis la fin du XVIIe siècle, nous marchons à 70 % avec notre cerveau gauche. C'est nuisible pour l'individu. Personnellement, je l'ai vécu dans ma progression personnelle, après avoir réalisé des formations notamment en thérapies brèves. Ces séances nous retournent le cerveau. On travaille à la fois sur les dimensions personnelle et sociétale.

Comment imaginez-vous l'avenir ?

Karim Stambouli : j'adore lire, je crois à l'intuition des prémonitions des auteurs. La science-fiction est prédictive. Elon Musk est à l'image d'Iron man. Il existe un risque non négligeable que, **sous prétexte de bien-être ou autre, on soit de plus en plus contrôlé**. Aura-t-on tous bientôt une puce sur nous ? « Tu n'as pas couru aujourd'hui, on va augmenter ta cotisation en assurance prévoyance. » Les réseaux sociaux viennent percuter les sphères relationnelles, je l'avais déjà évoqué dans *Buzz marketing*. Nous sommes plus dans le temps long. Le temps court est maîtrisé par la technologie. Normes, SEO, SEA, le référencement, tout cela est devenu très technique et nous ne le voyons pas. Les gens pensent avoir la réponse à leur demande, une réponse qui serait objective ou la meilleure mais ce n'est pas le cas. Personnellement, je suis pessimiste, il va falloir suivre si ce n'est survivre. **Le monde devient de plus en plus binaire, il n'y a plus de nuances. Les individus se contentent de « junk information », ils ne vont pas chercher plus loin...**

Il est temps de faire bouger les lignes… Notre créativité ne doit plus être écrasée par la technocratie. **La mode de l'intelligence collective et des *soft skills* est une façon indirecte de réintroduire dans les entreprises plus de profils cerveau droit**. Ne craignons plus de l'affirmer : les entreprises ont besoin d'intuitifs et de créatifs. Et surtout chez les leaders !

Déjà en 1950, Michel Crozier écrivait : « Si l'on veut faire bouger cette société bloquée qu'est devenue la société française, il faut absolument secouer le carcan que fait peser sur elle la passion de commandement, de contrôle et de logique simpliste qui anime les grands commis, les patrons, les techniciens et mandarins divers qui nous gouvernent, trop brillants, trop compétents et trop également dépassés par les exigences de développement économique et social… »[24]

Oui, faire sauter le carcan et métamorphoser le management est possible. Encore faut-il le vouloir…

---

24. CROZIER Michel, *La société bloquée*, Seuil, 1950.

Chapitre 3

La métamorphose du management est-elle possible ?

Résumé

Patricia Pitcher, économiste canadienne, distingue trois types de leaders : les artistes, les artisans et les technocrates. Les technocrates sont un peu le cauchemar de l'économie industrielle, ils ont pris le pouvoir et brisent tous les rêves d'innovation et d'un monde meilleur. Même s'ils ont un sens aigu de l'organisation, ils sont le symptôme d'une société en burn out et en perte de sens. Avec l'arrivée de l'intelligence artificielle, les compétences des managers technocrates vont être moins valorisées. Et les managers de demain seront davantage appréciés pour leur qualité humaine, leur intelligence émotionnelle et leur agilité à promouvoir le safe to fail (le droit d'échouer). Les nouvelles technologies, perçues comme un vecteur de déshumanisation, sont paradoxalement une chance pour accélérer cette métamorphose des managers et de tous les collaborateurs. Philippe Rosinski, promoteur d'un coaching global, va jusqu'à proposer un axe spirituel en entreprise. Quant à Audrey Chapot, anthropologue spécialiste des transitions, que nous retrouvons dans ce chapitre, elle nous explique que nous sommes à l'antichambre d'un changement de civilisation qui consacrera l'avènement des métiers hybrides.

Témoignages de Philippe Rosinski, expert en coaching global et Audrey Chapot, anthropologue.

« Si l'objectif de l'avocat c'est la justice, si l'objectif du médecin, c'est la santé,
si l'objectif de l'architecte c'est la beauté,
et bien, je suis certaine que le management peut avoir un aussi noble but. »
Mary Parker Follet (1868 – 1933),
précurseur en théorie des organisations

Commençons ce chapitre par un petit indice étymologique… Le verbe anglais *manage* nous vient de l'italien *maneggiare* (« contrôler », « manier », « avoir en main » du latin *manus*, la « main ») influencé par le mot français « manège » (le manège dans lequel on fait tourner un cheval). Dès lors, « manager » a pris ses racines dans la fonction de la « main » qui dirige. En 1788, le « manager » est un « organisateur », « administrateur ». Le directeur (mot de la fin du XVe siècle du latin *director*), est celui qui montre la direction. C'est un guide. Dans les années 80, certains experts ont commencé à nuancer l'art d'être un « chef » ainsi qu'à opposer « leader » à « manager » : le leader étant naturellement plus inspirant et visionnaire, alors que le manager est un coordinateur qui ne sort pas des cases.

Dans les années 80, une lassitude commence à poindre vis-à-vis des managers organisateurs et froids englués dans leurs process (les fameux profils de MBTI : ISTJ et ESTJ déjà évoqués précédemment). On leur préfère des leaders plus charismatiques, plus cerveau droit, plus visionnaires. Les managers ne font plus rêver. Les entreprises préfèrent aujourd'hui utiliser les mots « coordinateurs », « coachs », ou « leaders ». Le leader est « celui qui est capable de déceler le cap dans un ciel sans visibilité et de communiquer sa confiance à tout son équipage, capable d'en obtenir l'adhésion active et intelligente, capable de faire comprendre à tous combien il est dorénavant nécessaire de relever le défi de l'excellence et de réagir vite, capable d'établir des solidarités actives avec les autres de l'escadrille pour réussir à faire plus à plusieurs : plus d'informations, plus de progrès, plus d'espace. »[25]. Le leader est finalement un héros qui peut être comparé aux archétypes définis par Jung dans notre inconscient collectif. Nous y reviendrons dans l'interview de Philippe Rosinski qui utilise ces archétypes dans son coaching global.

25. Définition en 1986 de « leader » par Georges Archier et Hervé Serieyx, *Pilotes du troisième type*.

Patricia Pitcher, économiste canadienne et ancienne professeur aux HEC, hélas décédée, distingue trois types de leaders dans son livre *Artistes, artisans et technocrates dans nos organisations : Rêves, réalités et illusions du leadership*[26]. Ce livre est issu d'un projet de recherche international important. P. Pitcher entrevoit les dirigeants de trois façons : « **ceux qui rêvent grand, ceux dont les rêves sont davantage à l'échelle humaine et ceux qui tendent à mépriser le rêve** »[27].

Les artistes, les artisans et les technocrates sont des archétypes de dirigeants. Souvent un dirigeant va avoir un profil mixte. Les artistes peuvent être comparés à un cerveau droit dominant, les artisans à un équilibre cerveau droit et gauche et les technocrates, à vous de deviner … des cerveaux gauches dominants bien sûr.

Les artistes sont perçus comme visionnaires et géniaux, mais plus difficiles à gérer et en proie à des comportements maniaco-dépressifs. Bizarrement, plus on monte en hiérarchie, plus la proportion de maniaco-dépressifs est importante. Les artistes sont plutôt dénommés « leaders » que dirigeants. Winston Churchill et Steve Jobs sont des exemples de ce type de profil. Ils peuvent être de formidables leaders, mais à condition d'être entourés d'artisans. Les artistes sont audacieux, changeants, intuitifs, entrepreneurs, imaginatifs, visionnaires, imprévisibles, émotifs. Ils correspondent pleinement au profil « jaune » d'Hermann, avec une vision globale, intuitive, intégrative et synthétique du cortical droit. Ils ne sont pas conventionnels. Ils sont davantage dans la pensée stratégique que dans la planification stratégique. P. Pitcher avait une image artistique de la stratégie : « En réalité, qu'est-ce qu'une stratégie ? Un plan détaillé ? Non, la stratégie vient de l'astrologie, des rêves, des aventures amoureuses, de la fiction scientifique, de la perception de la société, de la capacité de deviner, de l'excentricité, d'un brin de folie probablement… La création, c'est une tempête. »[28]

Les artisans sont sympathiques et pragmatiques. Ce sont les ébénistes sages qui connaissent leur métier et qui procèdent par étapes, la stratégie des « petits pas ». Ils sont, certes, moins mégalomanes et extravagants, mais permettent aux

26. PITCHER Patricia, *Artistes, artisans et technocrates dans nos organisations: Rêves, réalités et illusions du leadership,* Editeur Québec, 2e édition, 2006.
27. PITCHER Patricia, *L'artiste, l'artisan et le technocrate*, URL: https://www.yvanc.com/016%20patricia%20pitcher.htm
28. *Ibid.*

projets de se concrétiser. Ils sont prudents, s'appuient sur l'esprit d'équipe et sont ouverts à l'exploration.

Puis s'imposent les technocrates, les plus nombreux, brillants mais insupportables. Les « technocrates flattent les grands et écrasent les petits »[29]. Les technocrates ont une vision de la hiérarchie très verticale. Ils travaillent rapidement et sont précis. Ils sont respectés, mais pas aimés. Ils contrôlent excessivement leurs émotions et leur conservatisme peut paraître terne. À quoi reconnait-on un technocrate ? Il propose toujours des plans à trois volets, demande de la « rationalisation » et ne croit qu'à la rentabilité à court terme. Il maîtrise complètement les codes de la mondialisation et de l'actionnariat.

Les technocrates sont un peu le cauchemar de l'économie industrielle, ils ont pris le pouvoir et brisent tous les rêves d'innovation et d'un monde meilleur. Même s'ils ont un sens certain de l'organisation, ils sont le symptôme d'une société en *burn out* et en perte de sens.

Dans le cadre de mon activité professionnelle, j'ai eu (Marjorie) l'opportunité d'être référente innovation et de travailler en exploratoire sur la question « à quoi pourrait ressembler le manager commercial de demain ». Les réflexions et ateliers menés ont conduit à la conclusion prospective que le manager de demain serait holistique, agile et surtout bicéphale (et pourtant nous n'avions pas encore démarré notre projet de livre avec Ferial puisque c'était en 2018). Le commercial de demain sera communicant et maîtrisera les réseaux (physiques et sociaux). Il saura gérer l'ensemble des informations, favorisera le partage des bonnes pratiques.

Les frontières s'estompent de plus en plus entre le marketing, le commercial et le digital. La tendance est à la co-construction et au travail collaboratif. Même les différences entre le marketing BtoB (business to business, le marketing qui s'adresse aux entreprises) et le BtoC (business to consumer, le marketing qui s'adresse à des particuliers), se diluent : toutes les approches sont de plus en plus verticalisées et ciblent l'utilisateur final. Certains experts du marketing clament que le BtoB n'existe plus. C'est en réalité du « CtoC » (cœur à cœur) : il faut arrêter les approches trop *corporate*, technocrates et « froides ». Les décisions se prennent à base d'ocytocine et de cortisol… Comme le rappelle la chimie de notre cerveau déjà évoquée précédemment.

29. *Ibid.*

Pour en revenir aux fonctions commerciales, nous en avons une vision dégradée en France, on les appelle les « vendeurs », pour ne pas dire « vendeurs de tapis » ... C'est notre complexe de supériorité « cartésienne » qui a tendance à dévaloriser les compétences relationnelles et émotionnelles. Aujourd'hui obnubilé par la pression du chiffre, le manager commercial sera demain un ingénieur de l'humain avec ses commerciaux et ses clients. Il faudra qu'il jongle entre ses cerveaux droit et gauche pour transformer l'intelligence émotionnelle et stratégique de son équipe en performance.

Le manager de demain saura mieux gérer les émotions pour oser, innover et prendre des risques

« En France, il n'est pas toujours facile d'être vrai et en accord avec soi-même au travail, contrairement aux États-Unis. Parler des émotions, et en particulier du bonheur, c'est suspect, même si les mentalités sont lentement en train de changer. »[30].

Il est difficile d'imaginer le manager de demain dépourvu d'intelligence émotionnelle. L'aspect organisationnel pourra être délégué à des intelligences artificielles et les managers seront davantage appréciés pour leur qualité humaine, et leur agilité à promouvoir le safe to fail. « La froide logique est incapable d'apporter des solutions humainement satisfaisantes, et c'est dans nos sentiments que notre humanité est le plus manifeste. »[31] Il paraît de plus en plus anachronique de traiter les êtres humains comme des robots, d'autant plus que la vague de l'intelligence artificielle est déjà en train de se répandre.

Nous retrouvons l'anthropologue Audrey Chapot (qui a également contribué dans la troisième partie), pour qu'elle nous livre sa vision des futurs managers. Audrey a décrit avec pertinence le concept des métiers hybrides dans un livre[32] sur l'avenir du monde de travail.

---

30. COLLERY Arnaud, *Mister Happiness*, Larousse, 2018.
31. GOLEMAN Daniel, *L'intelligence émotionnelle*, version intégrale, J'ai lu, 2014.
32. CHAPOT Audrey, Eloge de métiers hybrides, éditions Audrey Chapot, 2020.

*Interview d'**Audrey Chapot**, anthropologue, praticienne éclectique et auteur*

Sommes-nous en train de vivre un bouleversement du monde du travail ?

Audrey Chapot : nous vivons un changement de civilisation et sommes actuellement dans l'antichambre, donc une période inconfortable entre un avant et un après, sans visibilité suffisante sur demain. Nous baignons dans l'incertitude même si deux voies extrêmes se dessinent, avec tout un éventail de possibles intermédiaires. Concernant le monde du travail, et les entreprises en particulier, la réalité future sera certainement composite avec quelques restes de nos modèles implantés, mais surtout de nouvelles tendances radicalement différentes des « normes actuelles ». Les changements porteront obligatoirement sur tous les registres, à savoir la gouvernance, les modèles de production, l'organisation et les modes de management, les temps et lieux de travail... Mais plus que tout, c'est notre rapport au travail qui est en train de basculer, et la place qu'il prend dans notre quotidien.
Les conditions de travail et relations managériales sont actuellement trop souvent toxiques, d'où les arrêts maladie, les burn out, les décisions de reconversion en masse. Ce sont les signes précurseurs de changements profonds. Les modalités de travail ne sont plus en adéquation avec nos besoins et aspirations. Même si des évolutions sont déjà visibles, le chemin est long car les mentalités et les comportements n'évoluent pas au même rythme. Le temps est nécessaire pour installer des changements d'habitudes pérennes.

Comment voyez-vous évoluer le modèle managérial ?

Audrey Chapot : ce qu'on nomme modèle managérial est très récent dans l'histoire humaine, il est imprégné de termes d'origine militaire (comme je l'explique dans *L'Esprit des mots*). Il s'est construit ainsi pour répondre à des besoins spécifiques d'exécution de tâches pour de grandes équipes. Il est également envahi par une bureaucratie excessive qui dévitalise les collaborateurs à tous les niveaux hiérarchiques. Ce modèle est aujourd'hui devenu obsolète et bancal. Il repose sur des idées reçues qui vont à l'encontre des besoins humains fondamentaux. Par exemple, le management s'enseigne dans des écoles par des théories, au lieu de s'expérimenter d'abord sur le terrain en tenant compte des personnalités initiales des managers. Les conditionnements professionnels sont trop excessifs et délétères, ils ont tendance à anesthésier les individus. Trop de normes, trop de bureaucratie servent une certaine idée de l'entreprise ; mais cela dessert les êtres humains, leur besoin de sens et de contribution par leurs activités. Il faut donc désapprendre ce qui nous a été inculqué comme « normal » pour renouer avec le « bon sens » de ce qui nous est essentiel.

La bonne nouvelle : ce qui a été construit peut être déconstruit ! Il s'agira donc de manager autrement, (à moins que ce terme ne disparaisse par manque de pertinence). Parmi les tendances déjà émergentes, citons :

- Les collaborations de type projet et prestations de services. Je parie notamment sur la fin du CDI comme modèle majoritaire de contrat de travail. Les contrats courts, choisis, flexibles, à géométrie variable (lieu et temps de travail modulables) vont s'imposer. Cela va inévitablement jouer sur les mobilités de postes et les durées de collaboration multiples, ce qui redéfinit la posture du manager et ses repères de travail.

- Les personnes « couteaux suisses » ou hybrides ou slasheurs, ceux que j'appelle touche-à-tout qui combinent des compétences diversifiées issues de plusieurs domaines, parfois disparates. Elles ont été mises à l'écart et dévalorisées car insuffisamment normées, alors qu'elles sont indispensables au bon fonctionnement d'entreprises gorgées de spécialistes. Elles permettent notamment de créer des passerelles entre disciplines, du liant humain, de favoriser une certaine créativité, d'injecter du « neuf » dans les manières de travailler. Les managers devront personnaliser encore plus leurs collaborations dans un environnement moins lissé, plus complexe, plus hétérogène et moins « domptable ».

- Les personnes aux attentes nouvelles non négociables qui « imposent » leur comportement et refusent les situations toxiques : jeunes générations par effet mathématique de masse, ex-burn out avertis, tous en cheminement personnel et engagement sociétal… qui font bouger les lignes, chacun à leur manière. Pour elles, le besoin de sens, d'autonomie, de reconnaissance et d'enjeux l'emporte sur l'acceptation de sacrifice et de compétitivité pour une réussite exclusivement sociale. Cela impacte directement les modes de communication des managers.

Les priorités personnelles et les «modèles de réussite» sont déjà en train de changer en profondeur. Ces éléments amèneront inévitablement un management plus ouvert, moins directif, plus mature (c'est-à-dire avec moins de rapports de force et plus de bienveillance), avec plus de place pour des relations qualitatives (où la vulnérabilité de chacun aurait sa place).

Les managers sont en fait déjà hybrides : il leur faut à la fois des capacités organisationnelles et une intelligence relationnelle pour stimuler au mieux la performance de leurs équipes. Le problème est que ces fameuses compétences « couteau Suisse » sont difficiles à acquérir car si on en revient à l'asymétrie cérébrale, cela demande aux managers de savoir jongler avec les deux hémisphères de leur cerveau et d'avoir une approche résolument bicéphale de leurs collaborateurs entre le savoir-faire et le savoir-être. Ainsi, les dirigeants devront dans le futur, être de plus en plus souples et holistiques. Philippe Rosinski a développé depuis plusieurs années une méthode de coaching global qui s'appuie sur six dimensions et qui a l'ambition d'accompagner les nouveaux leaders de demain. De formation scientifique (Stanford) à l'origine, cet expert mondialement reconnu dans le coaching des dirigeants est pionnier dans le coaching global et interculturel. Il a œuvré en particulier à transformer l'interculturel en une force de progrès pour bâtir l'unité dans la diversité. Son coaching s'inspire notamment des deux penseurs phares de notre livre, Spinoza et Jung.

Interview de **Philippe Rosinski**, *pionnier du coaching global en management*

Vous prônez le « coaching global » pour accepter le paradigme de la complexité. Les modèles traditionnels newtoniens cartésiens ne sont plus suffisants selon vous pour relever les défis de notre société. Pourquoi ce modèle holographique que vous présentez dans votre ouvrage Leadership et Coaching global vous semble-t-il aujourd'hui plus pertinent ?

Philippe Rosinski : les grands défis actuels sont de nature complexe, c'est-à-dire à facettes multiples et inséparablement associées. Complexus en latin signifie d'ailleurs « ce qui est tissé ensemble ». Pour appréhender cette complexité, il est nécessaire de multiplier les angles de vues, de combiner des perspectives multiples, d'adopter une approche pluridisciplinaire. Concevoir le réel comme multidimensionnel et interconnecté plutôt que de manière fragmentée est au cœur de ce paradigme de la complexité/holographique.

Vous avez une vision très jungienne et spinoziste du coaching, ce qui est en totale harmonie avec notre ouvrage, car ce sont les deux penseurs phares de notre livre. Sommes-nous plus charismatiques quand on s'unit à son « ombre » ?

Philippe Rosinski : je ne sais pas si nous sommes plus charismatiques. Nous le serons sans doute dans le sens où nous serons plus authentiques, plus vrais. En nous unissant à notre « ombre », nous devenons davantage nous-mêmes, une version plus complète de nous-mêmes. Jung décrit le cheminement de la vie comme un processus d'individuation : notre « ego » rencontre notre « ombre » et notre « soi » émerge. J'ai proposé d'étendre ce concept psychologique au domaine interculturel. Nous ne sommes pas limités par les orientations culturelles acquises jusqu'à présent (au travers des différents groupes que nous avons côtoyés et qui nous ont façonnés). Nous avons la possibilité de nous ouvrir à d'autres cultures, d'aller au-delà de nos normes, valeurs et croyances actuelles quand celles-ci s'avèrent limitantes. Toutes ces autres cultures existent en nous de manière latente, prêtes à être déployées.

Vous évoquez également la nécessité d'avoir des archétypes pour progresser. Les archétypes sont essentiels pour se transformer ?

Philippe Rosinski : les archétypes sont ces héros intérieurs que nous possédons tous même s'ils peuvent prendre différentes formes selon les cultures. Ils peuplent l'« inconscient collectif » qui nous relie, selon Jung. J'évoque 12 archétypes dans mon livre Leadership & Coaching Global : le guerrier, le créateur, l'amant, le magicien etc. Ce sont des guides dans nos cheminements, chacun portant une partie de notre potentiel. Par exemple, si j'ai tendance à éviter les conflits, que je garde une frustration, j'aurai avantage à éveiller le guerrier qui est en moi pour faire valoir mes droits (de façon constructive). Si je commence à m'ennuyer, je peux me connecter au créateur en moi pour insuffler de la nouveauté et réaliser mes rêves. La vie va nous inviter à utiliser des archétypes. Il nous appartient toutefois de répondre à ces appels. Si nous empêchons un archétype particulier de se manifester dans notre vie, il risque de nous faire trébucher sous sa forme de dragon. Déployer un archétype dépasse le seul registre cérébral : cela passe par l'énergie du corps et par les émotions.

Vous énoncez six perspectives à explorer : la physique (au sens corps physique), la managériale, la psychologique, la politique, la culturelle et la spirituelle. Selon vous, la capacité à interconnecter ces 6 perspectives est une qualité indispensable. L'interconnexion n'est-elle par une forme d'intuition ?

Philippe Rosinski : avant de lier ces perspectives, il est intéressant de s'ouvrir à chacune d'entre elles. C'est une bonne nouvelle pour toutes les personnes curieuses, ayant soif d'apprendre. Je ne dirais pas que l'interconnexion est une forme d'intuition, en revanche, il est indéniable que l'intuition permet de faire des liens. Cela dit, l'intuition n'est pas toujours bonne conseillère.

Comme le suggère son étymologie (*intueri* en latin veut en effet dire « observer attentivement »), je constate qu'au plus l'intuition s'appuie sur une observation attentive nourrie d'expériences variées et de points de vue divers, au plus elle s'avérera féconde.

Pourquoi la prise en compte des six perspectives du coaching global peut aider à réduire le stress ?

Philippe Rosinski : La seule perspective psychologique peut déjà aider considérablement. Et parmi les nombreuses écoles en psychologie, rien que l'analyse transactionnelle va contribuer efficacement à réduire le stress négatif. Par exemple, le stress peut provenir du fait qu'une personne vise toujours la perfection. Comme il est difficile d'être toujours parfait, la quête inlassable mais inatteignable de perfection génère un stress. Le coach peut aider le coaché à se donner la permission d'être efficace plutôt que parfait, de se donner le droit à l'erreur... ce qui rendra le coaché plus serein.
Le coaching global donne des possibilités complémentaires pour réduire ce stress néfaste. La perspective physique conduit à mettre en place un régime d'exercice physique (entraînement cardiovasculaire, force et puissance, souplesse, équilibre) qui va également réduire le stress. Une attention à l'alimentation et au sommeil va aussi être bénéfique.
La perspective managériale nous permet de déléguer efficacement certaines tâches. En pouvant réellement nous appuyer sur les autres, nous évacuerons une bonne dose de stress.
La perspective culturelle nous conduit à identifier des croyances limitantes et à dépasser celles-ci. Par exemple, apprendre le lâcher prise (humilité versus contrôle), éviter d'être prisonnier du temps rare (se dépêcher, être productif) en l'enrichissant avec le temps abondant (ralentir, prendre le temps, discerner ce qui est vraiment important). Cela amène à remplacer davantage de stress par de la sérénité.
La perspective politique aide à se sentir moins impuissant (source de stress) et à acquérir plus de pouvoir, c'est-à-dire plus de capacité à atteindre ses objectifs au lieu de devoir subir les événements. Elle permet notamment de bâtir des alliances pour avoir plus d'impact.
Enfin la perspective spirituelle nous aide à vivre une vie davantage porteuse de sens, en accord avec nos valeurs profondes, à l'inverse d'une

vie en mode de pilotage automatique où le désaccord entre ce que nous faisons et ce que nous voulons vraiment est générateur de stress. In fine, par cette combinaison de perspectives multiples, le coaching global est une forme plus puissante de coaching et davantage susceptible d'apporter une aide efficace, en particulier face aux défis complexes.

Qu'apportent les traditionnels tests de MBTI et de Process Communication dans cette nouvelle approche ? Ces tests ne sont-ils pas trop réducteurs ?

Philippe Rosinski : ces tests sont utiles. Ils nous donnent des clefs même si nous devons rester conscients qu'ils sont réducteurs. MBTI et Process Communication nous rappellent que nous ne fonctionnons pas tous de la même façon. Extraverti, introverti, etc. : tenir compte de ces différences aide à ne pas juger trop vite. Il s'agit à la fois d'honorer nos besoins et préférences, et d'être prêts à nous adapter aux autres. J'évoque ces modèles et d'autres dans Leadership & Coaching Global tout en invitant à les transcender afin de bâtir un lien véritable avec nos coachés.

Pourquoi est-ce intéressant d'introduire de la spiritualité dans le coaching en entreprise ?

Philippe Rosinski : la définition que je propose de la spiritualité est une conscience aiguisée de la connexion avec soi, les autres, la nature, avec le « divin » immanent et transcendant. C'est également la capacité à dégager du sens, trouver un but et apprécier la vie. Cette spiritualité peut s'inspirer tant de différents courants religieux et mystiques que de philosophie séculière.

Incorporer la perspective spirituelle dans le coaching permet d'aborder des thèmes essentiels : la pleine conscience, la quête de sens y compris face à l'adversité, le positionnement par rapport aux enjeux sociétaux et dilemmes d'ordre éthique, etc.

La perspective spirituelle est comparable à celle du tournesol, résolument tourné vers la lumière. Elle consiste à prendre du recul par rapport à la vie quotidienne pour mieux discerner la lumière environnante et par conséquent restaurer le sacré dans la vie. Cette lumière, ce sont tous les cadeaux de la vie que nous tenons parfois pour acquis. La psychologie positive a d'ailleurs montré que cultiver un sentiment de gratitude nous conduit au bonheur.

C'est aussi une invitation à réussir en faisant le bien. Le but de l'entreprise est, ici, d'apporter une contribution bénéfique à la société. Le profit n'est qu'un moyen, pas une fin en soi. Une telle vision est plus inspirante, davantage susceptible de susciter l'engagement du personnel et de promouvoir un succès durable.

La dimension spirituelle peut paraître surprenante dans le monde professionnel, mais elle peut apporter l'enthousiasme du sens et l'éthique nécessaire, qui fait encore tant défaut dans nos sociétés capitalistes non respectueuses de l'environnement et de l'humain. La pratique de la méditation en entreprise peut être un premier pas vers une dimension plus spirituelle, ou dans tous les cas plus spinozistes en reconnaissant la puissance de l'union du corps et de l'esprit. Les entreprises devront s'exercer à embrasser dans les années à venir la complexité et la nécessité d'une vision holistique.

Les neurosciences peuvent-elles révolutionner le management ?

Myriam Ogier, spécialiste dans le coaching des profils atypiques que nous avons sollicitée dans notre première partie, déplore le manque d'adaptabilité de certains managers : face à des collaborateurs atypiques, les managers ne cherchent pas toujours à en tirer le meilleur parti. Ces derniers gagneraient en performance et cohérence s'ils s'intéressaient aux neurosciences et aux préférences hémisphériques de leurs équipes (dont le test d'Hermann déjà évoqué dans le chapitre précédent en donne les prémices). D'ailleurs, on pourrait imaginer dans un futur proche le métier de « neuro-manager »[33]. Les neurosciences peuvent aider les entreprises à mieux apprivoiser la complexité de notre société. Connaître le fonctionnement du cerveau permet de mieux développer l'ensemble des intelligences d'une équipe : l'intelligence cognitive, mais aussi émotionnelle, relationnelle et situationnelle. Lorsque l'on évoque le concept d'intelligence collective, cela recouvre deux sens possibles : celui de rassembler l'intelligence de plusieurs collaborateurs mais aussi de développer les différentes formes d'intelligence d'une équipe en jouant sur les complémentarités. Allier deux profils MBTI opposés est par exemple une richesse incroyable pour un manager. Mieux connaître son cerveau permet de développer un management davantage dans la « plasticité ».

Le monde du travail a essayé de soumettre le cerveau humain à ses propres contraintes et aujourd'hui nous en constatons les dérives : surcharge mentale, burn-out, démotivation, perte de sens etc. À la suite d'une lésion cérébrale, Erwan Devèze[34] s'est passionné pour les neurosciences et est devenu coach en neuroperformance. Selon ce coach en neuromanagement, il est temps de changer de paradigme. C'est au monde du travail de s'adapter aux ressources et limites du cerveau ainsi qu'aux spécificités cérébrales de chacun. Les neurosciences peuvent aider les leaders à devenir des managers « neuro-amicaux », pour reprendre les termes de Pierre-Marie Lledo, directeur de recherche à l'institut Pasteur et au CNRS, afin de réduire le stress et stimuler la créativité de leur équipe[35]. Pour en revenir à notre cher cerveau droit, les managers ont tout intérêt à repérer les collaborateurs qui sont dotés d'une vision globale pour mieux anticiper l'avenir et gagner en performance.

Et si les nouvelles technologies, perçues comme un vecteur de déshumanisation, étaient une chance pour accélérer cette métamorphose des managers et de tous les collaborateurs ?

---

33. Métier cité dans l'ouvrage » *Les métiers du futur*, Isabelle Rouhan et Clara-Doïna Schmelck, First Editions, 2019.
34. DEVEZE Erwan, *Le pouvoir rend-il fou ? Enquête au cœur des cerveaux de nos dirigeants*, Larousse, 2020.
35. https://www.lemonde.fr/emploi/article/2018/01/08/les-manageurs-decouvrent-les-neurosciences_5238831_1698637.html

Chapitre 4

Le numérique et les robots, une opportunité pour développer une économie plus intuitive ?

■ Résumé

L'intelligence artificielle, plus rapide que la logique humaine, aura plus de difficultés à concurrencer les intelligences intuitives, créatives et interpersonnelles. Si les nouvelles technologies peuvent être, sur certains aspects, des amies de notre intelligence globale, Gilles Babinet, digital champion, nous met en garde contre la surstimulation de notre mental qu'elles peuvent provoquer. L'intelligence artificielle et le numérique peuvent dès lors avoir des effets pervers comme progressistes. L'entretien avec Emeric Lebreton, docteur en psychologie sociale, pointe la même ambivalence : la robotisation peut être un progrès pour l'humanité si elle tend à réduire les risques des métiers dangereux et la pénibilité du travail, mais elle est aussi dangereuse si elle détruit des emplois intéressants. L'intelligence artificielle se révèle angoissante quand elle cherche à imiter les humains dans leur humanité : quel serait l'intérêt de créer des humanoïdes plutôt que des machines qui ressemblent à des robots ? C'est là où l'on peut questionner le côté vertueux de certaines innovations.

Témoignages de Gilles Babinet, ancien digital champion pour la France et Emeric Lebreton, docteur en psychologie sociale.

Les nouvelles technologies et l'intelligence artificielle peuvent inquiéter car certains médias les présentent comme cannibalisant le travail humain. Or, à travers nos recherches pour ce livre, nous avons noté au contraire des signaux faibles très positifs et optimistes pour les intelligences de type cerveau droit (même si un autre scénario plus « catastrophique » est bien sûr possible!) :

- Le **numérique et Internet favorisent la pensée en arborescence**, ce qui peut perturber ceux qui raisonnent en séquentiel (soit les « verts » organisateurs de Nerd Hermman) ;
- Le **Big data** (la capacité d'analyser un grand volume de données variées et de toute nature avec vélocité) met en valeur la **pensée globale** qui sait associer des informations de toute nature, ce qui finalement se rapproche sur certains aspects de la pensée créative. Vous en saurez plus sur le côté non orthodoxe de ce type d'analyse dans l'interview de Gilles Babinet (ancien digital champion de la France à la Commission européenne) ;
- Les métiers ne sont pas tous menacés par l'intelligence artificielle, même les moins qualifiés. Les métiers manuels ne seront pas faciles à robotiser, car même l'acte de marcher demande une coordination exceptionnelle pour un robot (nous traiterons des métiers « automatisables » avec l'interview d'Emeric Lebreton qui a développé un moteur de recherche avec 800 métiers référencés). Ceci augure un avenir dégagé pour les intelligences kinesthésiques et manuelles ;
- L'intelligence artificielle étant plus rapide que la logique humaine, seront mis en avant les intelligences intuitives, créatives et interpersonnelles. Cela devrait amoindrir la supériorité des profils mathématiques au profit de profils plus créatifs.

Les start-up de la tech ont apporté des nouvelles pratiques de travail. Google est toujours très innovant dans sa façon de concevoir les espaces de travail. Même si certains trouvent ces méthodes parfois infantilisantes, elles ont valorisé les méthodes agiles et bousculent les méthodes de projet séquentielles. Maintenant, dans la gestion de projet, il est question de MVP (*most valuable product*)[36] et d'agilité. Personnellement (Marjorie), je trouve ces nouvelles méthodes plus pragmatiques, davantage dans la lignée de l'entrepreneuriat,

36. Le principe du « MVP » est de converger vers les caractéristiques d'un produit qui a le plus de valeur avec le moins de moyens possibles. C'est une optimisation agile.

mais elles perturbent la « carrétude » des cerveaux gauches car cela les oblige à un certain esprit de synthèse qui, parfois, leur fait défaut.

Le principe du big data rejoint une idée phare de notre livre : le raisonnement logique n'est pas le seul mode de pensée. « La notion de causalité en big data n'existe tout simplement pas, car la machine n'a aucune capacité à tracer des liens de cause à effet ». « Elle ne fait que mesurer des corrélations, qui se reproduisent »[37]. Cette technique de corrélations fait écho au raisonnement analogique reconnu par Jung à travers sa théorie des synchronicités. Nous avons souhaité nous entretenir avec Gilles Babinet converti au Big data qui a eu un parcours scolaire atypique et qui a réussi dans l'entreprenariat jusqu'à devenir Digital Champion pour l'Union Européenne. Il incarne ce type de profil « cerveau droit » et nous démontre que la pensée globale et systémique peut être une force dans la nouvelle économie. Il met en garde néanmoins contre les addictions liées aux smartphones et aux applications en vantant les vertus de la méditation. Le prochain *mégatrend* sera, selon lui, une forme de fusion entre technologie, résilience et environnement.

Interview de ***Gilles Babinet****,* *ancien digital champion de la France pour la Commission européenne et coprésident du Conseil National du Numérique*

Gilles Babinet, votre parcours atypique est fascinant. Vous avez passé votre bac en candidat libre et êtes devenu un digital champion. Comment avez-vous réussi cette prouesse au pays de Descartes ?

Gilles Babinet : il faut rester humble dans cette part de réussite, je viens d'une famille qui a une position sociale très forte et donc cela m'a simplifié les choses. Mon environnement m'a permis de développer une confiance en moi et de maîtriser les codes sociaux. Le fait de maîtriser

37. BABINET Gilles, *Big data, penser l'Homme et le monde autrement*, Le Passeur, 2015.

les codes est un déterminant social très fort. J'ai fait plusieurs tests de QI, et cela surprend toujours les gens mais je ne suis pas très « smart ». **Certes, il y a le QI, mais la confiance en soi, la curiosité, la capacité à cultiver l'émerveillement sont importants aussi pour réussir dans l'économie.** Laurent Alexandre (*NDLR* auteur de *La guerre des intelligences*) est persuadé que je suis superintelligent. Or je ne sais pas mettre un cube dans un carré mais je suis bon pour identifier les personnes qui peuvent travailler ensemble, réaliser des recrutements pertinents, trouver de nouvelles idées. J'ai toujours créé des boîtes dans des univers très différents, dans une logique de rupture. Les gens qui sont plus dans l'attention, la curiosité, sont capables d'apporter des idées de rupture.

Le big data semble avoir des points communs avec le concept de cerveau droit: vision globale, traitement holistique de données multidisciplinaires (et non pas séquentiel). On pourrait ; de façon métaphorique ; associer l'INSEE avec ses méthodes classiques de statistiques au « cerveau gauche » et le big data récolté par les GAFAM à la puissance de l'arborescence du « cerveau droit ». On sait que le big data est freiné par la CNIL et la protection des données personnelles. Mais n'y a-t-il pas également un retard en France du fait de notre esprit trop « cartésien » et administratif?

Gilles Babinet: **il y a en effet, dans le big data, une culture non orthodoxe**. Je suis en train de monter à Sciences Po un master en politique publique de data science. La façon dont sont construites les politiques publiques repose sur des modèles très structurés de gestion de données. Du coup, on rate tout un champ du possible de l'ordre du behaviorisme: par exemple plutôt que d'analyser l'économie sur le taux de shampoings dans les supermarchés, on se pose la question de l'impact à long terme d'achat de shampoing sur les enfants des personnes qui vont le plus chez le psychiatre. Ce sont des éléments très behavioristes. Curieusement, on a une bonne école en France de behaviorisme avec des effets de seuil.

Est-ce que vous pouvez nous expliquer la nuance entre le big data (machine learning) et l'intelligence artificielle ? Ainsi que la différence entre la méthode de topologie et la méthode statistique ?

Gilles Babinet : le big data est un outil d'analyse que l'on construit soi-même, c'est ce qui nous permet, par exemple, de créer une corrélation entre la dépression et la consommation de shampoings. L'intelligence artificielle est plutôt un outil de pilotage que l'on peut construire avec un réseau de neurones et très peu de données. Quant à la topologie, c'est la science des dimensions. Vous prenez des dimensions qui sont très variées et vous créez des corrélations entre ces dimensions. C'est la science des relations entre les dimensions. C'est une forme de statistiques qui rend les modèles extrêmement puissants.

Le big data permet d'embrasser une réalité multifactorielle et de créer des scénarios prédictifs plus précis. Vous citez l'exemple des agriculteurs qui gagnent en productivité grâce aux données et aux machines. Mais quelle valeur économique reste aux agriculteurs ?

Gilles Babinet : c'est un sujet épineux. Les meilleurs économistes n'arrivent pas à résoudre l'équation… Imaginons qu'il y ait un jour un algorithme magique qui absorbe 80 % de la valeur. Le problème est que pour qu'une économie fonctionne, il faut des consommateurs. Comme l'écrivait Marx, le capitalisme dévore alors ses enfants. Le fordisme l'avait compris en stimulant la capacité de consommation. Il faudra prévoir de la redistribution, comme cela a été le cas lors de la révolution industrielle. En 1870 après la bataille de Sedan, on a eu un contrat social avec des syndicats, on a au fur et à mesure réduit le nombre d'heures travaillées, créé l'école obligatoire, introduit les prémices de la sécurité sociale. C'est le meilleur service que l'on ait rendu au capitalisme car on a créé le début d'une classe moyenne capable de consommer. Si demain nous avons encore des gains de productivité importants, l'idée d'un revenu universel est à étudier. Je ne serais pas étonné que le premier pays qui le mettra en place sera les États-Unis. Malgré sa réputation, après la crise de 1929, ce pays a fait des choses incroyables en matière de contrat social.

À l'ère de la connaissance dans laquelle nous avons basculé depuis l'avènement d'Internet, vous encouragez résolument le progrès technologique tout en étant conscient d'un mauvais scénario qui pourrait nous mener vers un monde orwellien ou déshumanisé, comment envisager de l'éthique et des garde-fous pour nous éviter le pire ?

Gilles Babinet : je n'ai pas tellement peur de ce mauvais scénario, mais j'ai peut-être tort. Comme je suis très spiritualiste, je crois à une force transcendante. Je pense que cette force est plus puissante que toutes les autres. Le corollaire de cette croyance est une grande liberté. Nous avons des sociétés très orwelliennes en Chine. On va en avoir d'autres, par la vente de leur technologie sur la route de la soie. Tous les pays de république d'Asie centrale (Kazakhstan, Géorgie, Ouzbékistan...), s'adaptent sur le modèle de technologie *big time*. Au risque de choquer, je pense que les dictatures sont moins violentes que les psychés collectives. Certes, c'est une forme de diffusion d'une pensée identique mais quand on constate la morosité d'une société libre comme la France, on peut se poser des questions. Il y a des psychés collectives qui sont très fortes d'une société à l'autre. Les archétypes jungiens sont assez étonnants.

Ce qui m'inquiète le plus est comment la technologie nous pousse dans le mental, dans des phénomènes d'addiction, la sollicitation incessante du cerveau gauche, avec une attrition de la créativité. **Pour développer le cerveau droit, il faut en quelque sorte « affamer le cerveau gauche » afin de rééquilibrer notre psychisme**. Les exercices de méditations permettent d'arrêter de faire fonctionner le cerveau gauche. Et après il faut travailler la communication entre les deux hémisphères et le cerveau gauche. C'est important de faire des exercices pour se concentrer et utiliser son cerveau différemment. C'est intéressant car on peut créer des technologies qui nous permettraient de faire fonctionner notre cerveau différemment. L'addiction aux technologies attaque notre cerveau reptilien, c'est comme la théorie du sucre qui est le contraire de la transcendance. Il faut avoir plus que jamais une pensée globale (reconnexion cerveau gauche et droit) capable de synthèse analytique pour mieux séparer le vrai du faux dans la masse d'informations qui circulent sur le Net.

Si les nouvelles technologies peuvent être, sur certains aspects, facilitatrices de notre intelligence globale, elles s'avèrent aussi dangereuses par la contraction du temps qu'elles nous imposent et l'addiction avec laquelle elles nous enchaînent. Gilles Babinet nous met en garde contre cette surstimulation de notre mental qu'elles peuvent provoquer. L'intelligence artificielle et le numérique peuvent dès lors avoir des effets pervers comme progressistes. L'entretien avec Emeric Lebreton, docteur en psychologie sociale, pointe la même ambivalence : la robotisation peut être un progrès pour l'humanité si elle tend à réduire les risques des métiers dangereux et la pénibilité du travail, mais elle est aussi dangereuse si elle détruit des emplois intéressants. Ce docteur en psychologie et auteur de *Robot Révolution*[38] a développé une application qui permet de coter un peu moins de 800 métiers pour savoir s'ils ont un caractère robotisable.

Il est plus facile de créer des agents conversationnels qui se substituent au langage d'un être humain que de créer des robots pour déboucher les toilettes. La contrepartie en est alors l'appauvrissement de notre langue et le cauchemar de devoir utiliser 40 mots pour se faire comprendre par un robot… Voici un petit éclairage des avantages et risques de l'automatisation du travail.

38. LEBRETON Emeric, *Robot Révolution*, Editions Orient'Action, 2019.

*Interview d'***Emeric Lebreton**, *fondateur d'Orientaction®*

D'après votre livre, on comprend que le principe d'automation est de pouvoir confier aux robots les travaux répétitifs et pénibles afin que les êtres humains puissent avoir des métiers plus passionnants. Pourquoi certains chercheurs s'évertuent alors à concevoir des robots « artistes » ou des robots qui pourraient avoir des émotions ? On ne comprend pas très bien la finalité de certaines recherches sur le plan économique. D'ailleurs, « automatisation » n'est-ce pas le contraire de « création » ?

Emeric Lebreton : c'est un préjugé de considérer que l'automatisation ne concerne que les tâches peu intéressantes. Il existe aussi des recherches pour les tâches complexes et celles qui peuvent procurer des plaisirs. Cela vient en contradiction avec l'idéal de l'être humain car la machine n'est pas libératrice. Si demain la musique est créée par un robot, cela permet de s'exonérer des auteurs-compositeurs. Certes, sur le plan économique, cela peut être contestable mais il y a des chercheurs aventuriers qui font de la recherche dans des objectifs autres que business. Ce sont plus des questions d'ordre philosophique.
Sur les émotions, nous avons un marché très important sur le soin des personnes âgées. On arrive à robotiser certains actes d'une aide-soignante et d'une infirmière. On peut découper les tâches en différents thèmes : les tâches techniques tels que les piqûres, les plateaux-repas, ainsi que les tâches relationnelles. **Paradoxalement, les tâches techniques sont plus difficiles à robotiser que les tâches relationnelles pour l'instant. Et nous constatons un deuxième paradoxe : certaines personnes préfèrent interagir avec les robots que des êtres humains !** Car pour certaines personnes introverties, aller dans un magasin revient à sortir de sa zone de confort… Les robots peuvent aider dans la gestion des émotions, apporter une aide quand les gens sont tristes, ont peur… Ce n'est peut-être pas aussi profond qu'avec un

être humain, mais cela peut soulager la personne.
Le remplacement d'un humain par un robot ne se fait jamais de façon entière. Les robots émotionnels vont s'insérer de façon douce. Prenons l'exemple d'un adolescent qui veut apprendre l'anglais, on le met sur Babel. C'est un temps que le parent délègue à un robot pour son enfant... Tout est plein de paradoxes. On pourrait penser à automatiser des fonctions faiblement qualifiées. Par exemple, dans certains supermarchés, il faut savoir que les préparateurs des commandes sont dirigés par des robots. Le salarié est contraint d'utiliser un vocabulaire d'une trentaine de mots pour échanger avec le robot manager... On va vite vers ce management robotique, et aussi pour des raisons de fiscalité. Tout dépend du coût de la robotisation, qui semble plus facile à développer dans les services que dans l'industrie.
Je ne suis pas économiste mais les robots menacent surtout les classes moyennes, dans la mesure où les emplois très peu qualifiés ne sont pas chers et aidés par l'État (peu de cotisations). En revanche, pour les emplois très qualifiés, complexes, l'humain a sa place. Le robot reste spécialisé par nature. On risque d'avoir un effet sablier du marché de l'emploi.

Dans la presse, on assiste aussi au développement de robots journalistes, comme le robot Heliograph. N'est-ce pas un appauvrissement de la langue ?

Emeric Lebreton : je n'ai pas d'idées d'utilisation de ce type de robots dans la presse. On sait qu'il existe de la production de contenu automatique pour les entreprises de web.

Sur le recrutement, le robot profiler peut apporter plus d'objectivité, comme pour le tri des CV. En revanche, on perd sur la qualité relationnelle. Qu'en pensez-vous ?

Emeric Lebreton : pour faire passer les entretiens, il existe des *chatbots*. Amazon avait créé une intelligence artificielle basée sur les expériences de recrutement passées. Ce robot s'est révélé finalement sexiste, raciste... Il avait repris tous les travers des recruteurs humains... Il aurait pu faire des mesures plus objectives. J'ai développé un petit robot recruteur, c'est un outil de *matching* avec analyse des valeurs, des besoins, de la personnalité. L'avantage de ce type de robot est qu'il est un outil conversationnel. C'est plutôt un *chatbot*. En cas de multitudes de candidats, cela est un gain de temps.

Quand vous écrivez que les robots nous remplaceront dans de nombreuses tâches de nature sociale comme les « robots nounou », n'avez-vous pas l'impression qu'on est en train de rendre les relations humaines artificielles et mécaniques? Les neurosciences ont tendance à prouver que les interactions humaines modifient la chimie de notre cerveau? Est-ce que la robotisation ne peut pas tuer le désir?

Emeric Lebreton: en fait, il faut se poser la question suivante: quelles sont les qualités qu'un robot ne peut pas reproduire? *A priori*, il ne peut pas donner de l'amour. Mais **si on reprend les idées d'Idriss Abarkane, un robot peut donner du temps et de l'attention. Tout dépend des définitions que l'on donne à l'amour.** Si on découpe l'acte d'aimer en « tâches », on peut créer un simulacre de relations affectives qui utilise des mécanismes projectifs. On peut projeter plein de choses sur un objet, sur un robot...

Il n'y a qu'à observer les relations des enfants avec leurs doudous...

Emeric Lebreton: en effet en Occident, nous nous méfions des humanoïdes, à cause du mythe de Frankenstein. Imiter l'être humain, c'est une transgression selon notre culture. Mais dans la culture japonaise, qui est plus animiste, chaque objet a une âme, cela ne leur pose pas de problème. Peut-être qu'en revanche, il vaut mieux que le robot ne ressemble pas à un être humain.
Demain on interagira avec des robots et des êtres humains. On aura un autre vocabulaire. Sispeo en est l'exemple dans la *Guerre des étoiles*. Tout tend à montrer que ce qui compte c'est ce que l'utilisateur du robot projette comme émotion ou comme idée sur le robot plutôt que ce que fait le robot réellement.
Cela reste néanmoins compliqué pour un robot d'accomplir toutes les tâches. Plus les tâches sont différentes, plus on a besoin d'adaptation. Se déplacer par exemple, c'est complexe. Il est très difficile de concevoir des robots pour le BTP car ces métiers recouvrent plein de petites tâches très précises.

Les robots nous renvoient finalement à qui on est, cela est perturbant. Prenons l'exemple des robots pour les relations charnelles, il existe même une maison close à Paris avec des robots humanoïdes. C'est un marché en plein développement. Plein d'acteurs développent de l'innovation dans le domaine de la sexualité à partir de robots.

Vous écrivez que seuls les professionnels ayant un niveau élevé d'intelligence émotionnelle resteront compétitifs face aux robots ce qui revient à valoriser les* soft skills. *Est-ce que finalement les hypersensibles et ceux dotés d'une intelligence relationnelle, vont ressortir gagnants ?

Emeric Lebreton : tout dépend de la façon dont on définit les *soft skills*. Mon prochain livre sort sur ce sujet. Le QI repose plutôt sur l'évaluation de la mémoire et la logique. Les experts ce sont les plus grosses mémoires. Les *soft skills* sont vraiment l'avenir à l'exception des expertises techniques qu'on ne peut pas acquérir facilement. Il faut qu'on ait vraiment des salariés qui sachent gérer des émotions, chercher l'information et s'adapter. En école de commerce, on acquiert généralement des *soft skills*.
Ces *soft skills* doivent aussi mieux s'apprendre, elles se mesurent mal. Pour mesurer les *soft skills*, je suis en train de développer une sorte de « TOEIC » des *soft skills*, avec un certificat qui permettrait d'évaluer ses aptitudes.

Dans les nouveaux métiers que vous évoquez, nous trouvons « coach en curiosité » et « coach holistique ». Ces métiers ont-ils de l'avenir ?

Emeric Lebreton : c'est très exploratoire les futurs métiers. Il n'y a pas de base scientifique pour anticiper les métiers de demain. Le coach holistique permet de prendre en compte tous les plans, personnel, professionnel et santé d'une personne. Ce ne sera pas automatisable. Si on prend l'exemple des médecins, le diagnostic sur des symptômes qui concernent des maladies bénignes est relativement simple. Ce type de diagnostic pourrait être réalisé par un robot. Alors que l'approche holistique de la santé d'un patient qui traite de son hygiène de vie, de ses comportements, des évènements qui surviennent dans sa vie et du fonctionnement de physiologie et/ou de sa psychologie est plus difficilement robotisable. C'est une approche différente de la médecine.

L'intelligence artificielle se révèle angoissante quand elle cherche à imiter les humains dans leur humanité : quel serait l'intérêt de créer des humanoïdes plutôt que des machines qui ressemblent à des robots ? C'est là où l'on peut questionner le côté vertueux de certaines innovations. La machine peut vraiment aider l'homme à se libérer du travail répétitif et à le sécuriser en anticipant mieux les risques. Mais elle peut aussi s'avérer, au fur et à mesure, une rivale et asservir l'homme en le robotisant. Pour cette raison, l'éthique déjà défendue par Laurence Devillers dans la première partie est un des enjeux de l'innovation et nous avons consacré notre dernier chapitre à la « disruption », mais à une disruption qui ne rime pas avec la disparition de l'être humain, mais avec son enchantement !

Chapitre 5
Disruptons !

Résumé

Les Directions de l'innovation sont les « cerveaux droits » des entreprises pour leur donner le goût et l'élan de l'aventure créative. Xavier Pavie, docteur en philosophie et professeur d'innovation, nous explique pourquoi l'innovation ne doit pas rester enfermée dans le paradigme capitaliste. Le grand risque des sociétés est de perdre le pouvoir de l'imagination, de réduire celle-ci à des espaces confinés, connus et prévisibles, où elle ne sera que maigrement utilisée. Nous avons besoin du double regard bienveillant de l'artiste et du philosophe pour innover, ce « mystère du poète ». Non la disruption ne rime pas avec la disparition de l'être humain, mais avec son réenchantement !

Témoignages d'Anne-Sophie Godon, ancienne directrice innovation de Malakoff Humanis et de Xavier Pavie, professeur d'innovation à l'ESSEC et philosophe.

« Savoir écouter, c'est posséder, outre le sien, le cerveau des autres. »
Léonard de Vinci

L'innovation a toujours été l'eldorado qui a fait vibrer l'humanité. La créativité, la nouveauté nous arrachent à la routine. Le progrès suscite le rêve. Encore, faut-il aujourd'hui s'entendre sur les contours de ce rêve pour l'humanité. Certains fantasment sur l'immortalité comme les transhumanistes, cela fait écho, dans notre inconscient, au mythe de Frankenstein. D'autres aspirent à un retour à la nature, à un développement des énergies renouvelables, de villes plus intelligentes et de métiers moins pénibles. D'autres encore, dans leur désir de toute puissance, espèrent pouvoir bientôt tout contrôler, tout surveiller, *Big brother is watching you*! Notre liberté peut être rapidement remise en cause par notre quotidien parsemé d'objets connectés. Nous sommes déjà des Hommes augmentés, puisque les smartphones sont le prolongement de notre main et de nos neurones… et aussi un peu des zombies qui marchons tête baissée les yeux rivés sur nos écrans.

Pour notre part, nous faisons plutôt partie du camp des optimistes sur l'innovation, mais comme Machiavel, nous restons méfiantes sur les dérives de l'obsession du pouvoir. Les technologies restent, comme la science, un outil. Tout dépend de leur usage. En peu de temps, nous avons vécu de nombreux bouleversements positifs. Lorsqu'Internet est arrivé, cela a été une révolution, on a pu communiquer avec tous nos amis dans le monde entier, faire des rencontres virtuelles et réaliser des recherches facilement sans la contrainte d'aller à la bibliothèque en ayant parfois la mauvaise surprise de récupérer un livre avec des pages arrachées… Nous avons par la suite vécu d'autres améliorations incrémentales : l'arrivée des smartphones, l'ubérisation, les réseaux sociaux qui aujourd'hui jouent un rôle considérable dans nos démocraties. Les nouvelles technologies nous apportent plus de services, plus de confort, plus de communication. C'est indéniable. Mais attention à la tentation de restreindre nos libertés : Facebook censure de plus en plus de propos non diffamatoires qui ne portent pas atteinte à l'ordre public. Les GAFAM jouent un rôle de censeur à la place de nos tribunaux. La position des réseaux sociaux tels que Facebook et Twitter est paradoxale, d'un côté ils se donnent l'image de chasseur de « fake news » et d'un autre côté ils prônent la liberté de parole. Ce sont d'ailleurs les théories dissonantes, en marge de l'opinion dominante, qui entretiennent l'addiction à ces réseaux. Les réseaux sociaux donnent ainsi l'impression aux citoyens de pouvoir s'exprimer, interagir avec les tweets du président de la

République, de jouer un rôle d'influenceur pour changer le cours des choses. Mais attention, le revers de la médaille de ce supposé pouvoir offert aux citoyens est le cyberharcèlement, les trolls et la nouvelle censure exercée par les GAFAM. Robert Redeker, philosophe, interprète l'affrontement qui s'est produit entre le président Trump et les réseaux sociaux comme une « *guerre des Léviathans* ». « Twitter et Amazon prétendent imposer les critères du bien et du mal, du bon et du méchant, travail de la morale qui relevait jusqu'ici de l'office de Dieu et de l'État », déplore ce philosophe[39]. Il perçoit les réseaux sociaux comme une nouvelle âme digitale du monde (pour ne pas dire arme digitale ...), une sorte d'*anima mundi numérique.* Reste à savoir si cette nouvelle âme digitale nous rapproche de ce qu'appelait Jung l'inconscient collectif... Malheureusement, au vu des nombreux tweets qui pullulent et qui polluent, on y pressent peu de psychologie des profondeurs. L'inconvénient de ces réseaux sociaux est qu'ils phagocytent le besoin d'intériorité des êtres humains et qu'ils les aliènent incontestablement. Sont-ils encore capables de penser par eux-mêmes ? Toute l'ambivalence est là : les réseaux sociaux sont-ils un nouveau contre-pouvoir offert aux citoyens ou au contraire l'émergence d'un nouveau pouvoir contrôlé par quelques milliardaires ? L'enjeu de la postmodernité est que comme nous sommes depuis plusieurs décennies dans une société de défiance que les réseaux sociaux entretiennent et nos dirigeants ne savent plus comment s'y prendre pour réinstaurer un climat de confiance. D'ailleurs, nous savons que les algorithmes jouent un rôle de censure indirectement en hiérarchisant les posts dans les fils d'actualité, ce qui entrave finalement la liberté d'expression et tend à donner du pouvoir à l'intelligence artificielle (et à ceux qui les conçoivent) sur l'intelligence humaine... Est-ce que l'hémisphère droit de notre cerveau va pouvoir servir de contre-pouvoir au déferlement de ces algorithmes avec sa vision globale et la puissance de son intelligence émotionnelle ? Espérons-le, la psychologie restera la clé pour détecter l'authenticité des propos et les *fake news.*

Notre société numérique a également redonné du pouvoir aux consommateurs. Le consommateur peut désormais comparer les produits en ligne en quelques clics, boycotter certaines marques jugées non-éthiques et même adopter une posture de « non-achat » pour des raisons écologiques ou éthiques. Les postures de « déconsommation » ou de « l'alter-consommation » sont-ils des dangers pour l'économie keynésienne ? La consommation reste la clé de

39. REDEKER Redeker, *Réseaux sociaux : la guerre des Léviathans*, Rocher. 2021.

nos économies industrielles. Il semblerait que le pouvoir du consommateur soit un vrai contre-pouvoir, bien plus redoutable que celui des réseaux sociaux car la décision des consommateurs peut encore échapper au pouvoir des algorithmes et déstabiliser les entreprises. D'ailleurs, le consommateur n'est pas si rationnel et échappe souvent aux calculs froids du marketing. C'est ce que nous enseignent les neurosciences, la psychologie et le courant de la Behavioral Economics. La nouvelle tendance du *nudge marketing*[40] (« petit coup de pouce » en anglais) qui consiste à influencer le comportement des personnes en jouant sur les biais cognitifs a destitué l'image de l'homme rationnel qui s'est imposée au XXe siècle sous l'influence de la théorie de l'économie néoclassique. Le consommateur n'est pas l'*Homo economicus* que les économistes « cerveau gauche » se sont jusqu'alors imaginés. Nous ne fonctionnons pas comme un super ordinateur IBM. C'est le neuroscientifique Antonio Damasio, déjà cité dans notre ouvrage, qui a popularisé le rôle important des émotions dans nos décisions dans *L'Erreur de Descartes: La Raison des émotions*. L'expérience de Phinéas Gage, qui a été victime d'une grave lésion cérébrale à cause d'un accident, tend à démontrer que l'on ne peut pas prendre des décisions raisonnées sans l'alliance de nos deux hémisphères cérébraux. Mais attention à ne pas sombrer pour autant dans l'excès de zèle du neuromarketing. Tout ne s'explique pas par l'imagerie cérébrale. La créativité peut séduire les consommateurs, sans que l'on sache l'expliquer par la science ou les théories marketing. C'est toute la magie de l'être humain qui échappe à toute théorie prédictive. Et c'est en cela que le consommateur exerce sans le savoir un redoutable contre-pouvoir qu'il nous faut à tout prix entretenir grâce à l'alternance harmonieuse entre nos deux hémisphères cérébraux.

40. Pour en savoir plus : *Nudge marketing, comment changer efficacement les comportements*, Eric Singler, Pearson, 2015.

Dans un tel contexte, comment les entreprises peuvent-elles encore innover ?

Dans l'innovation, les profils MBTI intuitifs restent plus créatifs que les profils organisateurs. Si l'on reprend la classification des personnalités du test MBTI, nous allons avoir davantage de profil INTJ[41] (profil architecte, rationnel et intuitif) chez les collaborateurs innovants. Elon Musk serait un bel exemple de ce type de profil INTJ. Certains spécialistes classent aussi le philosophe Nietzsche dans les INTJ, que nous avons décrit dans notre première partie comme l'exemple d'un excès de cerveau droit. Myriam Ogier, auteur *d'Un cerveau droit au pays des cerveaux gauches*[42] avec laquelle nous nous sommes entretenues dans la première partie, a cité Elon Musk, comme un exemple de cerveau droit qu'il faut savoir freiner sur sa quête d'innovation extrême. L'innovation doit être un équilibre entre les intelligences cerveau gauche et droit. Les profils MBTI plutôt philosophes comme les « rationnels logiciens » (INFP[43]) et les « philosophes idéalistes » (INTP[44]) forment probablement le bon duo avec les profils « architectes rationnels intuitifs » (INTJ) pour innover dans le respect de la nature et notre humanité.

Notre humanité est aussi dans le reflet de notre créativité et cela fait froid dans le dos lorsque des chercheurs sont fiers d'annoncer qu'ils ont conçu un robot qui a la capacité d'écrire un roman… Avez-vous envie de lire un roman écrit par une machine? Quel en serait l'intérêt? Et surtout pour quel plaisir? Après le CtoC (le cœur à cœur), l'idée de voir déferler le RtoC (le *robot* to *consumer*) est angoissante… L'innovation a besoin d'avoir un sens, d'avoir du sens.

Comme nous l'a expliqué Xavier Pavie, professeur d'innovation à l'ESSEC qui défend une innovation responsable grâce au double regard de l'artiste et du philosophe, un algorithme qui écrit des romans est une innovation incrémentale. La capacité d'écrire des histoires en fonction de connaissances, de savoirs, lui a été inculquée par un humain. Est-ce qu'un algorithme est pour

41. Signe en anglais : *Introversion, Intuition, Thinking, Judgment* signifiant « Introversion, Intuition, Penseur, Jugement ».
42. OGIER Myriam, *Un cerveau droit au pays des cerveaux gauches*, Eyrolles, 2018.
43. Sigle en anglais : *Extroversion, Intuition, Thinking, Judgment* signifiant « Extraversion, Intuition, Pensée, Jugement ».
44. Signe en anglais : *Introversion, Intuition, Thinking, Perception* signifiant « Introversion, Intuition, Penseur, Perception ».

autant capable d'inventer ce qu'est le roman comme l'ont fait Chrétien de Troyes, Rabelais ou Cervantès ? Probablement pas. À l'heure du développement de l'intelligence artificielle, des algorithmes et autres machines apprenantes, la créativité est l'avantage compétitif de l'être humain sur la machine.

Afin d'ouvrir le bal d'une innovation plus responsable, nous avons rencontré Anne-Sophie Godon-Rensonnet, directrice des services d'un grand groupe qui prône une innovation frugale et humaine. Convaincue que l'entreprise est un territoire privilégié pour la prévention santé, elle a été, pendant cinq ans, directrice innovation et anime depuis dix ans une ambitieuse politique de partenariats et d'études sur la santé et la qualité de vie des salariés et des dirigeants au sein du groupe de protection sociale Malakoff Humanis. Elle a créé également le Comptoir de la nouvelle entreprise afin d'anticiper et décrypter les grandes tendances de l'humain dans l'entreprise. Son enthousiasme l'a conduit à lancer avec son équipe un livre à destination des petites entreprises pour « Innovez et décrochez la lune », un réseau de référents innovation ainsi qu'une série de conférences inspirantes. Son optimisme à toute épreuve est son premier talent. Nous l'avons interviewée pour qu'elle nous explique comment une Direction de l'innovation, qui est le « cerveau droit » d'une entreprise, peut s'imposer et insuffler une transformation frugale et humaine.

*Interview d'***Anne-Sophie Godon-Rensonnet***,*
directrice des services du groupe Malakoff Humanis
« Innovez et décrochez la lune ! »

Comment avez-vous réussi à créer une direction de l'innovation ex nihilo *?*

Anne-Sophie Godon-Rensonnet : Guillaume Sarkozy (*NDLR : ancien directeur général du groupe Malakoff Médéric*) m'a embauchée pour réfléchir à la stratégie de prévention santé. Nous avions en tête cette idée que l'on était obligé d'innover par la prévention pour au moins deux raisons : se différencier dans un marché de plus en plus contraint et contribuer à la maîtrise des risques assurés qui connaissent une inflation régulière. Pour mener à bien ces projets et toux ceux rendus obligatoires par le contexte externe, le groupe avait besoin d'une transformation culturelle. Cela a fait germer l'idée de créer une direction innovation pour insuffler et diffuser cette transformation, à la fois pour les parties prenantes externes et internes. Les entreprises doivent avoir conscience que les collaborateurs ont d'énormes talents et que l'innovation est l'affaire de tous.

Les directions de l'innovation ne sont-elles pas une métaphore du cerveau droit ?

Anne-Sophie Godon-Rensonnet : pour innover on ne doit pas tomber amoureux de ses idées et pour autant il est important d'avoir des intuitions et d'oser les suivre. **Or les entreprises et leurs dirigeants se méfient très souvent de l'intuition.** Les processus de décision sont très rationnels et nous sommes dans le suivi permanent des « KPI »[45]. D'ailleurs, lorsque j'ai pris mes nouvelles fonctions de directrice de l'innovation, un des membres de la direction générale m'avait prévenue : « tu devras lutter contre deux choses : la peur ou le manque de confiance que le système accorde à l'intuition et le fait de devoir renoncer en permanence ». La deuxième difficulté que j'ai rencontrée repose dans la **confusion fréquente entre créativité et innovation**. L'innovation, c'est une « idée efficace » qui répond à un besoin du marché et que l'on va mettre en œuvre. La clé de la réussite est très souvent dans la mise en œuvre.

C'est particulièrement compliqué de laisser respirer le « cerveau droit » dans des entreprises très « cerveau gauche ». Personnellement, j'ai conscience d'après mon profil MBTI, que je suis plutôt « cerveau droit ». J'ai aussi conscience que j'ai besoin de « m'associer » avec d'autres pour compléter utilement mes préférences de fonctionnement et mes compétences en clarification et idéation par des compétences en développement.

45. *Key Performance indicators* ou indicateurs de performance.

Quels freins avez-vous rencontrés ?

Anne-Sophie Godon-Rensonnet: j'ai été confrontée à des freins d'image, l'innovation étant perçue comme un département pas assez concret, qui émet des milliers d'idées qui n'aboutissent pas. Il est souvent compliqué de donner du sérieux à l'innovation. Or, innover répond à des impératifs de *delivery,* se conçoit avec des méthodes et suit un processus. Nous avons des enjeux de convergence, de savoir dépasser l'étape du concept pour aboutir à une version industrielle qui répond à un besoin métier. Je n'ai pas toujours réussi cette étape d'industrialisation notamment parce que les conditions de son internalisation n'ont pas été suffisamment traitées ou pas assez tôt. En revanche, savoir associer innovation interne et externe est très puissant et constructif. La création de Labs[46], la mise en place de réseaux de référents innovation, ou encore le déploiement de formations pour tous (par exemple à la créativité ou à la méthode de *Design thinking*[47]) ont donné une belle visibilité à l'innovation, ont contribué à la transformation culturelle et des pratiques mais ce n'était pas celle que je voulais car perçue comme pas assez orientée dans le *do*, la réalisation de projets. **En entreprise, ce qui ne se mesure pas en termes de KPI n'a malheureusement pas de valeur, même si cela contribue fortement à la dynamique de transformation d'une entreprise.**

L'innovation frugale et humaine semble être la nouvelle tendance. Que change ce mode d'innovation ?

Anne-Sophie Godon-Rensonnet : l'innovation frugale se réalise par des moyens justes. Il faut se faire confiance, laisser place à l'autonomie. Elle est contrainte en temps et en budget, ce qui permet de créer un focus naturel sur l'essentiel. C'est l'idée d'un mieux, d'une innovation pour le progrès de la société. C'est pour cette raison que **l'innovation frugale est couplée à l'humain car elle cherche à améliorer nos modes de vie. Elle place la technologie au service du « bien » humain.** L'équilibre entre l'Intelligence Artificielle et l'humain, par exemple, est

46. Les laboratoires de créativité sont des dispositifs permettant de favoriser les ateliers d'innovation, ils peuvent se matérialiser en salles de réunion spécialement aménagées en laboratoires de créativité.
47. Méthode de créativité qui a pour particularité d'être centrée sur l'humain.

absolument clé. L'IA peut apporter de la simplicité ainsi que réduire les risques dans le milieu industriel et la pénibilité du travail. La technologie est l'occasion de questionner la valeur des hommes et des femmes dans la chaîne de valeurs, pour prendre un nouveau virage.
Il existe déjà des objets connectés qui réduisent les risques de somnolence, de chute. Toutes ces innovations sont passées sous silence, pourtant elles sont efficaces. Je pense sincèrement que la technologie peut libérer les collaborateurs des tâches répétitives et inintéressantes. Certains sont parfois inquiets sur l'avancée de l'IA, mais c'est comme pour l'innovation et le clivage cerveau gauche cerveau droit, nous avons, d'un côté, toujours l'avocat de l'ange avec le regard bienveillant, et de l'autre, une manière plus négative et pessimiste de considérer la nouveauté, avec une crainte de perte de sens dans le travail. Il faut des managers capables de porter cette transformation. Les managers s'intéressent davantage à l'art de manager. Aujourd'hui, on est plus tolérant sur le droit à l'erreur et la prise d'initiative. Le télétravail a permis plus d'autonomie. Déléguer reste essentiel.

Demain, ce serait quoi une entreprise inspirante ?

Anne-Sophie Godon-Rensonnet : les entreprises sont inspirantes par leur raison d'être et leur engagement. Inspirantes aussi par les hommes et les femmes qui les composent, la diversité des profils. Inspirant, expirant… Cela revient à aspirer l'extérieur et expirer à l'intérieur. Et inversement. L'inspiration est un mouvement.
C'est dans les moments compliqués que l'on dénombre des transformations qui ne sont pas encore visibles aujourd'hui. La crise sanitaire va nécessairement changer les méthodes de travail. Il y aura une attention plus forte aux autres, l'environnement, la proximité. Cela aura des conséquences positives ! La consommation ne va pas reprendre forcément de façon effrénée. J'essaie de pérenniser les leçons de cette crise à titre personnel, en intégrant des nouveaux modèles. Il est important de rendre visible le positif de cette transformation. Il est utile de se poser et de faire un retour d'expérience (REX) de cette crise sanitaire à titre individuel et collectif, avec toutes nos émotions positives et négatives. En essayant de pérenniser ce que nous avons vécu de plus merveilleux, même si les situations dramatiques sont nombreuses. **L'innovation c'est aussi de l'optimisme !**

Les directions de l'innovation sont les « cerveaux droits » des entreprises pour leur donner le goût et l'élan de l'aventure créative. Et le fameux sentiment du *safe to fail*, oser sans craindre l'échec. Elles sont l'avocat de l'ange. Elles sont là aussi pour promouvoir une innovation responsable, plus humaine et frugale. Sans être dans la théorie de la décroissance, nous pouvons faire le choix d'une croissance plus qualitative, plus respectueuse de notre environnement et de notre propre nature.

Xavier Pavie nous explique pourquoi l'innovation ne doit pas rester enfermée dans une herméneutique capitaliste. Après avoir passé près d'une quinzaine d'années dans différentes organisations (Nestlé, Unilever, Club Méditerranée) en charge du marketing comme de l'innovation, cet expert rejoint l'*ESSEC Business School* en 2008 en tant que professeur d'innovation et pour diriger l'Institut de Stratégie d'Innovations. Il est docteur en philosophie avec une thèse consacrée aux exercices spirituels et une habilitation à la direction de recherches dédiée à la philosophie de l'innovation responsable. En 2012, il crée le centre iMagination dont les travaux sont dédiés à l'imagination et à la transdisciplinarité pour l'innovation responsable. Il soutient l'idée que l'innovation doit être responsable et que cette responsabilité sera possible avec le double regard de l'artiste et du philosophe, ce qui redore, selon nous, le blason de notre cher cerveau droit.

*Interview de **Xavier Pavie**, philosophe, professeur à l'ESSEC Business School, directeur du Centre iMagination et chercheur à l'Institut de recherches philosophiques de l'université Paris Nanterre*

Vivons-nous actuellement un changement de paradigme lié aux NBIC (nanotechnologies, biotechnologies, informatique et sciences cognitives) ?

Xavier Pavie : nous utilisons un peu rapidement ce terme de « paradigme ». Il faut le mettre dans le contexte de l'innovation qui distingue trois degrés d'innovation : l'incrémental (amélioration), le radical ou disruptif (généralement grâce à une technologie émergente) enfin le paradigmatique (bouleverse de manière définitive les modes de vie. ex : machine à vapeur, vaccination, Internet, impression 3D).
Un exemple de paradigme est celui de l'imprimerie qui a été l'un des plus importants bouleversements du XVe siècle, celle-ci n'a pas seulement bouleversé les façons de communiquer ou d'écrire mais elle a eu des conséquences physiologiques. En diffusant les écrits, la lecture s'est développée avec des conséquences sur le développement du cerveau et de nouvelles synapses qui sont apparues chez l'être humain. Depuis la fin du XIXe le cerveau est de nouveau sollicité avec le développement d'innovations majeures autour d'Internet et des outils numériques. Ceux qui sont nés dans cet environnement sont en train de développer de nouvelles facultés inconnues de leurs parents et de leurs grands-parents. C'est la même chose pour la convergence NBIC, **celle-ci entraîne l'humain dans un paradigme dont les effets physiologiques, intellectuels sont inconnus**.

Donc qu'il puisse y avoir un changement de paradigme à venir avec les NBIC, probablement, mais ce n'est pas le premier ni le dernier et d'autres avancées technologiques majeures, notamment dans le domaine de la génétique, vont encore bouleverser nos modes de vies.

La croissance a besoin d'innovation. Mais doit-on innover à tout prix ?

Xavier Pavie : c'est la question que nous ne posons jamais et qui est déterminante dès lors que l'on parle d'enjeux concernant le climat, la politique ou l'humain par exemple. Tout est innovation avec les conséquences que cela entraîne, nous n'en avons pas conscience et dès lors nous continuons tête baissée. Il est intéressant de noter que nous essayons de traiter les maux (par exemple avec le changement climatique), sans s'intéresser aux causes. Plus précisément, l'innovation est enfermée dans une herméneutique capitaliste dont elle doit s'extraire. Depuis des décennies, l'innovation est affectée par une culture, des symboles, un environnement, un écosystème qui la noie dans une façon d'être, dans une façon de se comporter qui la réduit en un dispositif exclusivement destiné à la production économique. Cette herméneutique l'empêche de penser, elle n'est plus que faire, n'est plus qu'outil de production. Et s'il faut qualifier cette herméneutique, n'ayons pas peur d'affirmer qu'elle est d'essence capitaliste. Ainsi je ne crois pas qu'il faille se demander si l'on doit innover à tout prix, car c'est intrinsèque à l'humanité, mais plutôt comment innover ?

L'excès d'innovation nous éloigne-t-il de la sagesse des premiers philosophes ?

Xavier Pavie : il ne semble pas qu'il y ait un excès d'innovation, mais il y a plutôt à s'interroger sur « comment penser l'innovation ». Il faut en effet, aujourd'hui, prôner une innovation responsable de ses actes et respectueuse de l'environnement, des enjeux politiques que cela peut créer et plus globalement de l'humain.
À ce titre la philosophie peut être une grande aide. Il semble plus particulièrement que nous avons à regarder du côté des exercices spirituels. Cette notion d'exercice spirituel s'élabore au sein des différentes écoles de l'Antiquité essentiellement chez les stoïciens, mais aussi les épicuriens et les cyniques, qui vont développer techniques et méthodes pour que chacun puisse parvenir à un mieux-être. Il nous semble déterminant que les innovateurs puissent interroger pourquoi ils innovent à l'aide des exercices spirituels : est-ce pour le pouvoir ? la richesse ? le contrôle ? le luxe ? L'initiative correspond-elle à un besoin

naturel et nécessaire qui ne nuit pas aux autres ? **La sagesse des philosophes antiques se trouve dans ces questions, ces pratiques et celles-ci doivent être apprises par les innovateurs du XXIe siècle**.

Quel serait selon vous les caractéristiques de ce « nouvel innovateur » ?

Xavier Pavie : Deux personnalités doivent inspirer l'innovateur aujourd'hui : l' artiste sent, voit, comprend le monde mieux et avant les autres. Il le ressent avec toute sa sensibilité, ainsi que l'explique Bergson : la philosophie n'est pas l'art, mais elle a avec l'art de nombreux points communs avec lui. L'artiste est quelqu'un qui voit mieux que les autres, car il regarde la réalité nue et sans voiles. C'est la même chose avec le philosophe, avec cette différence que la philosophie s'adresse moins aux objets extérieurs qu'à la vie intérieure de l'âme.
Le philosophe est systématiquement en décalage, en avance sur ses concitoyens. Cela vaut pour la façon de se nourrir, de s'habiller, de se loger ou encore de penser. En cela, il est très proche des artistes. Toutefois, le philosophe est capable de mettre en perspective les questions fondamentales que peut ressentir l'artiste. Il a de surcroît la capacité de combiner les sciences, d'articuler les concepts et de les rendre intelligibles au plus grand nombre tout en visant la sagesse.
Artistes et philosophes sont pourvoyeurs d'imagination. Ils nous font sortir de nos systèmes de pensée puisqu'ils traversent les disciplines et les barrières naturelles.
Pourquoi, dans notre société, l'art est-il devenu un domaine spécialisé, propre aux experts que seraient les artistes, demandait Michel Foucault. La vie de tout individu ne pourrait-elle pas être une œuvre d'art ? Il faut faire de sa vie une œuvre d'art.

Le transhumanisme ne met-il pas en péril notre humanité ?

Xavier Pavie : cela revient à se poser la question du progrès qui est intrinsèque à la nature humaine. Toute avancée technique est porteuse de questions. Devons-nous développer des avions qui volent plus vite pour se déplacer encore plus loin ? Peut-être pour des missions humanitaires, mais est-ce nécessaire pour le tourisme ? Devons-nous transformer l'humain en cyborg et qu'il vieillisse ainsi moins vite ? Probablement pour des personnes présentant un handicap mais est-ce utile pour être simplement plus performant ?

Ces questionnements peuvent concerner le transhumanisme qui peut mettre en péril notre humanité, mais dans le même temps celui-ci peut tout à fait avoir un volet social en faisant accéder la santé à tous grâce à des implants peu onéreux. Autrement dit, la notion du progrès est en permanence questionnée, et ce n'est pas récent. C'est de notre propre responsabilité de rendre le transhumanisme social, inclusif, tourné vers le bien commun. Le transhumanisme n'est pas une entité en soi, elle n'est que le produit d'hommes et de femmes qui travaillent sur le sujet. C'est à ces innovateurs de veiller à ce transhumanisme humain.

L'imagination humaine est-elle menacée ?

Xavier Pavie : le grand risque des sociétés est de perdre le pouvoir de l'imagination, de réduire celle-ci à des espaces confinés, connus et prévisibles, où elle ne sera que maigrement utilisée. L'imagination à destination de la conscience spirituelle doit pouvoir naître au sein des individus, quand elle semble aujourd'hui seulement destinée à la conscience agissante ou, au mieux, à la conscience citoyenne. Les technologies (algorithmes, *deep learning*, intelligence artificielle) ont pour enjeux d'accomplir un certain nombre de tâches de manière plus efficiente que pourrait le faire un cerveau humain. Néanmoins celles-ci n'ont pas la capacité d'imaginer. Seul l'être humain le peut, c'est d'ailleurs sa seule valeur ajoutée, en conséquence l'imagination n'est en rien menacée pour peu que nous la cultivions.

Vous parlez dans votre livre[48] *d'un* bivium, *quelles sont ces deux voies qui se dessinent pour l'humanité ?*

Xavier Pavie : dès la haute Antiquité, Hésiode avec son poème *Les Travaux et les jours*, fait référence aux choix de vies qui s'offrent à nous, d'un côté le bien, de l'autre le vice. Plus tard, les pythagoriciens ont symbolisé cette alternative entre deux choix de vie avec la lettre Y, c'était même le signe de leur secte. Ce Y représente la croisée des chemins, d'un côté une voie simple et accessible, de l'autre une voie plus complexe qui dirige vers le bon, la sagesse. Chaque disciple, pour pouvoir entrer dans la secte, doit accepter de suivre le chemin plus difficile avec les règles permettant de faire de lui un homme divin. Ainsi, depuis le

---

48. PAVIE Xavier, *L'innovation à l'épreuve de la philosophie*, PUF, 2018.

VIIIe siècle avant J.-C. on formalise cette conception du carrefour de la vie dans l'existence des hommes entre, d'une part, une route qui est large, d'accès aisé mais aboutissant à la « honte » ; et de l'autre côté, un sentier raide, sinueux et difficile, où se trouvent l'honneur, la gloire, le repos et la liberté. C'est le choix d'exister[49].

Nous pouvons tout à fait reprendre cela pour l'innovateur qui se trouve aujourd'hui face à un embranchement, une route qui se sépare en deux, un *bivium* pour un avenir authentiquement humain, il doit prendre le chemin du bien même s'il est plus long et plus complexe.

Nous retiendrons cette note positive : il peut y avoir un transhumanisme humaniste et social. À nous d'aider l'innovation à prendre le bon virage.

Les nouvelles technologies peuvent aussi, dans un certain sens, augmenter la capacité créative des artistes. D'ailleurs, lors d'une soirée festive, notre ami Jean-Christophe Poggioli, architecte d'intérieur et muséographe, nous a exprimé dans un cri du cœur sa vision optimiste d'un XXIe siècle créatif : « La création artistique ne cessera jamais… Contrairement à ce qu'on pourrait croire, la technologie plutôt que de bloquer la création, sera à son service. L'artiste, dans tous les sens du terme, utilisera les moyens techniques à sa portée pour développer et travailler son art. Les robots et les machines seront des outils et non des ennemis ! ». La technologie permet l'émergence d'expressions pluridisciplinaires dans l'art mêlant peinture, sculpture, images vidéo, sons, musique, etc. L'artiste aujourd'hui doit pouvoir dompter les techniques pour sublimer ses moyens d'expression.

La trajectoire responsable que nous suggère Xavier Pavie sous le double regard bienveillant de l'artiste et du philosophe, s'accorde aux thèmes que nous avons développés dans cet ouvrage comme « le mystère du poète »[50], « la philosophie comme trait d'union de toutes les formes d'intelligences »[51] ou encore le symbole du vol d'Icare expliqué par Luc Bigé[52].

49. PAVIE Xavier, *Le choix d'exister*, Les Belles Lettres 2015.
50. Dans la partie 4.
51. Dans la partie 1.
52. Dans la partie 2.

Oui, acceptons le mystère de notre monde et sa sincérité comme le prône Elsa Godart[53] pour embarquer vers ce nouveau monde qui nous sourit de son futur radieux !

53. Auteur du livre *Ethique de la sincérité*, interviewée dans notre chapitre 1, partie 5.

Conclusion

Avant de nous lancer dans cette revanche du cerveau droit, notre entourage nous a tout de suite alertées sur le caractère « démodé » de l'asymétrie cérébrale. Nous savions que ce concept avait été vite enterré par les rationalistes dogmatiques qui n'acceptent pas d'être concurrencés par des idées nouvelles, d'être déstabilisés dans leur tour d'ivoire, et surtout que l'on vienne semer le doute dans leurs raisonnements bien balisés ! Nous avons été accablées par les mêmes litanies lancinantes : *« Les qualités présupposées du « cerveau droit » sont complètement « New Age », « c'était un concept à la mode dans les années 70-80 mais aujourd'hui les neurosciences ont démontré que cette théorie est totalement dépassée »*. Mais nous n'avons pas cédé à la pression conformiste et avons suivi notre conviction que nos deux hémisphères cérébraux, même avec un statut de neuromythes, pouvaient encore éclairer les nouveaux enjeux de notre société moderne.

Nous sommes alors parties de l'hypothèse que l'asymétrie cérébrale était un mythe. Et là, arrivées au bout de notre fil d'ariane et de notre épopée transdisciplinaire, quelle belle surprise découvrons-nous : le cerveau droit n'est finalement pas qu'un neuromythe ! La pensée en arborescence utilisée dans ce livre nous a permis de sortir des sentiers battus et de constater que finalement le cerveau droit a bien des spécificités reconnues scientifiquement.

Pourquoi le cerveau droit n'est pas qu'un neuromythe ?

Comme expliqué dans les différentes parties de notre livre, grâce au progrès de l'imagerie cérébrale et des neurosciences, on remarque une activité plus importante du cerveau droit lors de la transe chamanique, de la lecture de la poésie, dans la capacité à se concentrer sur l'instant présent. Ce qui rejoint en définitive les moments qui permettent de prendre du recul par rapport au rythme incessant imposé par une société obsédée par la croissance et le PIB.

Les scientifiques ont également mis en exergue l'harmonisation des cerveaux gauche et droit qui se produit lors de la pratique musicale ainsi que méditative. Ces synchronisations cérébrales peuvent indirectement participer à l'atteinte d'autres niveaux de conscience. Ainsi, la spiritualité a des effets positifs sur notre plasticité cérébrale.

Nous remercions d'ailleurs le **neurologue Paolo Bartolomeo**, spécialiste du cerveau droit, qui nous a consacré du temps pour nous expliquer que la **latéralisation de notre cerveau n'est pas qu'un neuromythe.** Le cerveau droit qui serait le siège de la maîtrise des émotions, est plus global dans l'observation, car c'est lui qui gère le système d'alarme en cas de danger. Le cerveau gauche quant à lui joue un rôle important dans le langage et l'observation des détails. Plus les tâches sont complexes, plus le cerveau se spécialise. Les spécialisations hémisphériques existent même s'il faut néanmoins les nuancer au vu de l'avancée des neurosciences.

La pensée « cerveau droit » irrigue finalement depuis des décennies nos écoles de psychologie et de management sans qu'on le sache. Il faut juste un peu d'obstination pour lever le voile de cette belle percée des « cerveaux droits ». Sans compter, la nouvelle mode des *soft skills* qui est assurément une victoire de l'intelligence émotionnelle !

Ainsi, par la réactualisation de la théorie de l'asymétrie cérébrale, ce livre tend à éveiller les consciences sur les deux mouvances de pensées qui se font face dans un monde en transition. Son objectif est d'encourager le dialogue entre la science et les mythes, entre la science et la spiritualité. Les mythes ne sont jamais dénués de tout fondement, ils méritent autant d'attention que nos connaissances empiriques.

Nous plaidons pour un décloisonnement des disciplines, pour faire communiquer deux mondes qui paraissent hermétiques de prime abord mais qui peuvent converger vers un juste milieu. Créer des passerelles nouvelles entre la science, l'art, la philosophie, la sociologie, la psychologie et l'économie nous semble vital pour nous orienter dans le bon sens dans un monde qui se complexifie de plus en plus vite. Cette transdisciplinarité est la condition *sine qua non* pour un déploiement de la créativité. Ce qui – nous l'avons souvent répété dans ce livre – représente l'avantage incontestable de l'homme sur les machines.

Le XXIe siècle sera créatif ou ne sera pas. Et tout se joue dès l'enfance !

Réapprendre à utiliser notre cerveau droit sur les bancs de l'école

Nous profitons de cette conclusion pour lancer quelques idées phares pour améliorer notre système éducatif qui a été parfois évoqué en filigrane dans nos chapitres. Mais il était compliqué d'y consacrer une partie, car le sujet de l'éducation mérite un livre entier.

Dans son livre *Apprendre au XXIe siècle*[1], le très « cerveau droit » François Taddei nous invite à œuvrer tous ensemble pour une « humanité plus humaine ». Ce polytechnicien – qui avait été scolarisé dans son enfance dans un établissement classé ZEP[2] – sait de quoi il parle puisqu'il a vécu lui-même la souffrance de ces « vilains petits canards » qui pensent autrement dans un univers gris qui privilégie les normes au détriment des couleurs gaies de la créativité. Il nous confie « sa tristesse de voir se faire éjecter du système des élèves qui n'étaient pas moins capables que d'autres, mais qui ne répondaient pas aux codes de conduite attendus par l'institution »[3]. Quant à lui, il avoue avoir bon an mal an réussi à s'adapter à « un système éducatif qui récompense bien plus la capacité de soumission que le potentiel d'invention ou d'échanges »[4].

Dans son ouvrage arborescent et foisonnant d'idées neuves, François Taddei nous raconte son parcours du combattant pour éveiller les consciences sur la nécessité absolue de révolutionner des méthodes d'apprentissage qui deviennent obsolètes au regard des défis colossaux de notre temps.

Il a créé le Centre de Recherches Interdisciplinaires (CRI) à Paris pour explorer de nouvelles manières d'apprendre, d'enseigner et de faire de la recherche. Le dénominateur commun de tous les étudiants et chercheurs qui rejoignent ce centre innovant est le souhait de penser différemment (*thinking out of the box*).

La psychologue américaine Alison Gopnik dans son livre le *Bébé philosophe*[5] décrit les trésors de vérités sur l'amour et le sens de la vie qui jaillissent de l'esprit des enfants tels des joyaux lumineux.

---

1. TADDEI François, *Apprendre au XXIe siècle*, Calmann Levy, 2018.
2. ZEP signifie Zone d'Education Prioritaire.
3. TADDEI François, *Apprendre au XXIe siècle*, Calmann Levy, 2018.
4. *Ibid.*
5. GOPNIK Alison, *Le Bébé philosophe*, Editions le Pommier, 2012.

Nous naissons explorateurs mais nous l'avons oublié. Il faut donc réussir à développer le potentiel de chercheur qui est en nous.

Pour contribuer à ce grand défi, François Taddei et Ange Ansour ont créé le programme des « Savanturiers[6] » pour des élèves de primaires. Avec cette méthode, les enfants apprennent de manière spectaculaire car ils sont autonomes et peuvent poser toutes les questions qu'ils veulent aux spécialistes. Ils apprennent de manière empirique et collégiale comme de vrais scientifiques. **L'intelligence collective sera toujours plus forte que l'intelligence artificielle !**

Par ailleurs, aujourd'hui, nous avons les moyens d'identifier la préférence hémisphérique des enfants pour faciliter l'intégration des profils plus atypiques[7]. **Alors pourquoi cette résistance à la reconnaissance des autres intelligences ?** Ce déni de la diversité des personnalités qui fait la richesse de notre humanité ? Les intelligences manuelles ne doivent plus rester dans l'ombre des bancs de l'école. Elles seront toujours plus habiles que celles des robots ! Les hypersensibles ne doivent plus rougir, leur intelligence émotionnelle saura décoder les tendances de demain. Oui tous les enfants doivent se sentir à leur place, que l'on soit cygne, canard ou zèbre… Même les enfants rebelles et hyperactifs sauront gagner leur place et faire bouger les lignes de notre société endormie par les endorphines de nos cerveaux aliénés.

Notre livre a voulu déterrer les trésors enfouis en chacun de nous qui ne demandent qu'à se révéler.

Puisse-t-il être une pierre parmi tant d'autres pour l'édifice d'un monde meilleur.

---

6. Les « Savanturiers » est un programme éducatif qui promeut l'éducation par la recherche, aux niveaux national et international, en proposant projets pédagogiques, formations ainsi que ressources et méthodologies scientifiques. Créé par Ange Ansour et François Taddei au CRI, ce programme mobilise et fédère les communautés éducatives et scientifiques au service de l'École.
7. De nombreux tests existent pour mieux connaître les enfants. Concernant les adultes, les tests MBTI, HBDI et Process Communication sont cités dans notre dernière partie.

Épilogue

Ce livre a été écrit en mode « cerveau droit ». Même si nous savons alterner les deux types de pensée quand il le faut (quand « Panic Monster »[8] se met aux commandes). Mais ce qui a été remarquable, c'est que des synchronicités étonnantes ont émaillé notre parcours que l'on pourrait presque qualifier d'initiatique. À la fin, lorsque nous avons compté le nombre total d'interviews, le chiffre tout rond et équilibré 40 nous a étonné tant ces rencontres riches et passionnantes nous ont paru comme une évidence et sont venues à nous le plus naturellement possible… Nous étions d'autant plus perplexes que nous ne l'avions pas prévu au moment de notre course folle pour boucler le manuscrit. Calambours du destin et dernière synchronicité qui instaurent de la magie (l'âme agit) dans notre entreprise. Ce chiffre 40 est un symbole fort dans les religions monothéistes. Il annonce un nouveau cycle, une phase de changement débouchant sur un ordre nouveau. Un nouveau monde ? Nous l'espérons. De plus, il est composé du 4 qui évoque le monde manifesté dans toute sa perfection et du 0 qui évoque le mystère qui sous-tend la création. L'un est matière et l'autre esprit. Le 40 unit la matière et l'esprit[9]. Un beau clin d'œil à notre ami Spinoza ! Voilà donc une synchronicité qui nous met en joie.

---

8. Pour comprendre cette expression qui est une *private joke*, nous vous renvoyons à l'excellente conférence TED de Tim Urban intitulée « Dans la tête d'un expert de la procrastination » URL : https://www.ted.com/talks/tim_urban_inside_the_mind_of_a_master_procrastinator/transcript?language=fr
9. La symbolique du chiffre 40 est expliquée dans le site internet jepense.org.

Et pour finir, comme promis, voici la « surprise artistique » que nous a réservé notre ami Jean-Christophe Poggioli, artiste et technophile !

Lexique

Anthropomorphisme : tendance à attribuer aux animaux et aux choses des réactions humaines.

Biomimétisme : démarche d'innovation durable qui consiste à transférer et à adapter à l'espèce humaine les solutions déjà élaborées par la nature (faune, flore, etc.). (Source dictionnaire Larousse).

Endo-causalité : loi causale endogène, donc choisie et modifiable par loi interne. Cela la rend variable et non déterministe, c'est-à-dire aléatoire. (Par Emmanuel Ransford dans « L'homme quantique, vers une nouvelle compréhension de nos potentiels de guérison » chez Trédaniel en 2017).

DHEA : est l'abréviation de «DeHydroEpiAndrostérone» et est un androgène réputé pour ses effets antivieillissement.

Dopamine : neurotransmetteur libéré par le cerveau qui procure un sentiment de plaisir et de satisfaction.

Endorphines *:* provient de l'abréviation endogenous morphine. Comme son nom l'indique, il s'agit d'un neuropeptide synthétisé par le cerveau, qui agit sur les récepteurs opiacés. Il apporte du bien-être et est synthétisé par exemple lors de la pratique d'un sport intense.

Entropie : désordre microscopique d'un système.

Exo-causalité : loi causale exogène, donc subie et non modifiable par ce sur quoi elle s'exerce. Cela la rend figée, c'est-à-dire déterministe. (Par Emmanuel Ransford dans « L'homme quantique, vers une nouvelle compréhension de nos potentiels de guérison » chez Trédaniel en 2017).

GABA : il s'agit de l'acide γ-aminobutyrique, abrégé en GABA. Il est le principal neurotransmetteur inhibiteur du système nerveux central.

Heuristique : en psychologie cognitive, désigne un raccourci mental qui permet de prendre des décisions et résoudre des problèmes rapidement et efficacement sans recourir à un raisonnement déductif.

Holomatière : ce concept envisage que la matière soit porteuse d'un contenu ou d'une dimension invisible. Ce contenu caché serait au cœur du vivant. Dans cette hypothèse, la vie – y compris la vie consciente – serait déjà présente, en germe et en puissance, dans toute particule élémentaire[10].

Métacognition : connaissance d'un individu de ses capacités et de ses fonctionnements cognitifs. C'est une façon de connaître son propre fonctionnement mental, pour mieux apprendre et progresser.

Néguentropie : entropie négative qui se définit comme un facteur d'organisation d'un système.

Ndo : dans le concept d'holomatière d'Emmanuel Ransford, la partie ndo est considérée comme l'aspect psychique de la matière qui instaure le libre arbitre.

Noyau accumbens : il désigne une région du cerveau qui joue un rôle central dans les circuits de la récompense. Il repose sur deux neurotransmetteurs essentiels, la dopamine et la sérotonine. Il peut expliquer certaines addictions. Il est à la fois présent dans les cerveaux gauche et droit.

Numineux : le numineux exprime un phénomène mystérieux avec le sentiment d'être relié au divin. C'est un concept très utilisé dans les théories jungiennes. Une telle expérience échappe à toute approche rationnelle selon Rudolf Otto (auteur du livre *Le sacré*).

Occidentomanie : l'occidentomanie consiste à mettre sur un piédestal les valeurs culturelles occidentales, héritées principalement de la philosophie grecque de Socrate et Platon, comme la pensée logique et la rationalité.

10.. Emmanuel Ransford, « **L'homme quantique, vers une nouvelle compréhension de nos potentiels de guérison** », Trédaniel, 2017.

Ocytocine : neuropeptide qui joue un rôle majeur dans les rapports humains mais aussi durant la grossesse et l'accouchement.

Oxymore : figure de style qui réunit deux mots en apparence contradictoires (source dictionnaire Larousse).

Patterns : anglicisme qui fait référence à une représentation simplifiée d'une structure de comportement. Synonyme : Schéma. On parle par exemple de « patterns amoureux ».

Polysémie : cela désigne les mots ou les expressions qui ont plusieurs sens.

Testomanie : la testomanie privilégie les compétences qui sont quantifiables.

Quanta : en physique, quantum (mot latin signifiant « combien » et dont le pluriel s'écrit « quanta1 ») représente la plus petite mesure indivisible, que ce soit celle de l'énergie, de la quantité de mouvement ou de la masse. Cette notion est centrale en théorie des quanta, laquelle a donné naissance à la mécanique quantique. (Source Wikipedia).

Sérotonine : neuromodulateur, molécule produite par les neurones pour moduler la communication entre d'autres neurones.

Syllogismes : Raisonnement qui a la forme d'une implication dont l'antécédent est la conjonction de deux propositions appelées prémisses. : Si tout B est A et si tout C est B, alors tout C est A (Source Larousse). Ce type de raisonnement était très utilisé par Aristote dans sa création du raisonnement logique.

Test de Turing : une proposition de test d'intelligence artificielle fondée sur la faculté d'une machine à imiter la conversation humaine. (Source Wikipedia).

Transhumanisme : courant de pensée qui vise l'amélioration des capacités intellectuelles, physiques et psychiques de l'être humain grâce à l'usage de procédés scientifiques et techniques (manipulation génétique, nanotechnologies, intelligence artificielle, etc.). (Conviction idéologique plus que position solidement argumentée, le transhumanisme est contesté aussi bien d'un point de vue scientifique que d'un point de vue éthique.) (Source dictionnaire Larousse).

Xo : dans le concept d'holomatière d'Emmanuel Ransford, la partie Xo est considérée comme l'aspect figé de la matière soumise à une causalité extérieure. Il s'agit de l'exocausalité.

Bibliographie

ALEXANDRE Laurent, *La guerre des intelligences, Intelligence Artificielle versus Intelligence Humaine*, JC Lattès, 2017.

ALVAREZ Christophe, PIERRE Agnès, *Libérez votre futur*, éditions Alpha and you, 2020.

ANDRE Christophe, *Sérénité : 25 histoires d'équilibre intérieur*, Odile Jacob, 2012.

ANDRE Christophe, *Vivre heureux*, Odile Jacob, 2003.

BABINET Gilles, *Big data, penser l'Homme et le monde autrement*, Le Passeur, 2015.

BARTOLOMEO Paolo, *Penser droit*, Flammarion, 2020.

BENGIER Gary F., *Un voyage sans entraves*, Chiliagon Press Napa California, 2021.

BENZ Stéphanie, *Neurosciences, Sérotonine vs Dopamine, la chimie du bien-être*, L'express, 2018.

BERTHOLOT Louis et WARNER Jacqueline, *Les secrets de l'intestin*, Le Livre de Poche, 2015.

BESTER Eva, *Remède à la mélancolie*, Autrement, 2016.

BIGÉ Luc, *Icare la passion du Soleil*, Les éditions Janus, 2016.

BOLTE TAYLOR Jill, *Voyage au-delà de mon cerveau*, J'ai lu, 2013.

CAILLIAU Hesna, *Le paradoxe du poisson rouge*, J'ai lu bien-être, 2019.

CASTAREDE Marie-France et DOCK Samuel, *Le nouveau Malaise dans la civilisation*, Plon, 2017.

CHAMBON Olivier, *Psychothérapie et chamanisme*, Vega, 2012.

CHAPOT Audrey, *Eloges des métiers hybrides*, Audrey Chapot, 2021.

CHAPOT Audrey, *L'esprit des mots*, Audrey Chapot, 2019.

CHAPOT Audrey, *Tel un roseau, souple et ancré dans un monde qui chahute*, Edition Audrey Chapot, 2016.

CHOLLE Francis, *L'intelligence intuitive pour réussir autrement*, Eyrolles, 2007.

CHOPRA Deepak, *Le livre des coïncidences*, J'ai lu, 2009.

COLLERY Arnaud, *Mister Happiness*, Larousse, 2018.

COLONNA Marie-Laure, *Réenchanter l'Occident*, Entrelacs, 2019.

CORCOS Maurice, *Rimbaud et une adolescence violée*, L'esprit du temps, 2016.

CROZIER Michel, *La société bloquée,* Editions du Seuil, 1950.

DAMASIO Antonio, *L'erreur du Descartes*, Odile Jacob, 1995.

DE BRABANDERE Luc, MIKOLAJCZAK Anne, *Le plaisir des idées, Devenir créatif,* Dunod, 2e édition, 2002.

DE RICHEMONT Blanche, *Petit dictionnaire de la joie*, Philippe Rey, 2017.

DE ROSNAY Joël, *Je cherche à comprendre, les codes cachés de la nature,* Les liens qui libèrent, 2017.

DE ROSNAY Joël, *La symphonie du vivant*, Les liens qui libèrent, 2018.

DE ROSNAY Joël, ORNISH Dean, JUNIEN Claudine, KHAYAT David, GOUYON Pierre-Henri, *La révolution épigénétique, votre mode de vie compte plus que votre hérédité*, Albin Michel, 2018.

DE VULPIAN Alain et DUPOUX-COUTURIER Irène, *Homo sapiens à l'heure de l'intelligence artificielles*, Eyrolles, 2019.

DE VULPIAN Alain, *Eloge de la métamorphose, En marche vers une nouvelle humanité*, Saint-Simon, 2016.

DELEUZE Gilles, *Proust et les signes*, PUF, 1964.

DESCARTES René, *Règles pour la direction de l'esprit*, 1684.

DEVEZE Erwan, *Le pouvoir rend-il fou ? Enquête au cœur des cerveaux de nos dirigeants*, Larousse, 2020.

DEVILLERS Laurence, *Des robots et des hommes*, Plon, 2017.

DEVILLERS Laurence, *Les robots émotionnels, Santé, surveillance, sexualité… : et l'éthique dans tout cela ?* L'Observatoire, 2020.

DILLENSEGER Marie-Pierre, *Debout*, Mama Editions, 2021.

DILLENSEGER Marie-Pierre, *La voie du Feng Shui*, InterEditions, 2020.

DILLENSEGER Marie-Pierre, *Oser s'accomplir*, Mama Editions, 2020.

DILLENSEGER Marie-Pierre, *L'Alignement*, Mama Editions, 2021.

DRUCKER Peter, *Postcapitalist society*, édition originale 1993.

EDWARDS Betty, *Dessiner grâce au cerveau droit*, Mardaga, 1979.

FAUCHET Valérie et DOMPE Marie-Noëlle, *Une voyante passe aux aveux*, Ipanema, 2019.

FONTAINE Isabelle, *Libérez la voix de votre intuition*, Editions Eyrolles, 2019.

GADNER Howard, *Les Intelligences multiples*, Editions Retz, 2008.

GAWDAT Mo, *La formule du bonheur*, Larousse, 2016.

GIRERENZER Gerd, *Le génie de l'intuition*, Pocket, 2011.

GIULIANI Bruno, *L'éveil de la joie*, Almora, 2020.

GIULIANI Bruno, *Le bonheur avec Spinoza, l'Ethique reformulée pour notre temps*, Almora, 2017.

GLADWELL Malcom, *La force de l'intuition*, Pocket, 2007.

GODART Elsa, *Je selfie donc je suis*, Albin Michel, 2016.

GOLEMAN Daniel, *L'intelligence émotionnelle*, version intégrale, J'ai lu, 2014.

GOPNIK Alison, *Le Bébé philosophe*, le Pommier, 2012.

GOURDIN Henri, *Léopoldine. L'enfant-muse de Victor Hugo*, Presse de la Renaissance, 2007.

GROOPMAN Jérôme, *La force de l'espoir*, Lattès, 2004.

GUILLEMANT Philippe, *La physique de la conscience*, Trédaniel, 2015.

GUILLEMANT Philippe, *La route du temps, Temps présent*, 2010, édition augmentée en 2020.

GUILLEMANT Philippe, *Le grand virage de l'humanité*, Trédaniel, 2021.

GUILLEMANT Philippe, *Le pic de l'esprit*, Trédaniel, 2017.

H. RAY Paul, *L'émergence des créatifs culturels : enquête sur les acteurs d'un changement de société*, Yves Michel, 2001.

HARARI Yuval Noah, *Homo deus*, Albin Michel, 2017.

HIRIGOYEN Marie-France, *Les Narcisse, ils ont pris le pouvoir*, La découverte, 2007.

ISRAËL Lucien, *Cerveau droit, cerveau gauche : culture et civilisations*, Plon, 1995.

JUNG C.G., *Psychologie et alchimie*, Buchet – Chastel, 2018.

JUNG Carl Gustav, *Essai d'exploration de l'inconscient*, Folio, 1998.

JUNG Carl Gustav, *L'Homme à la découverte de son âme*, Albin Michel, 1987.

JUNG Carl Gustav, *Psychologie de l'inconscient, 1916*, Le Livre de Poche, 1996.

JUNG Carl Gustav, *Psychologie du yoga de la Kundalini*, Albin Michel, 2005.

KASTRUP Bernardo, *Why materialism is baloney*, iff books, 2014.

KLEIN Jean-Pierre, *Penser l'art-thérapie*, PUF, 2012.

KRIEGEL Blandine, *Spinoza l'autre voie*, Les éditions du Cerf, 2018.

LASH Christopher, *La culture du narcissisme*, Editions Flammarion, Poche, 2018 (paru la première fois en 1979).

LEBLANC Elisabeth, *La psychanalyse jungienne*, Morisset, 1997.

LEBLANC Elysabeth, *La psychanalyse jungienne*, Bernet-Danilot, coll. « Essentialis », 2002.

LEBRETON Emeric, *Robot Révolution*, Editions Orient'Action, 2019.

LECOURT Edith, *La musicothérapie*, Eyrolles Pratique, 2019.

LETERRIER Romuald et MORISSON Jocelin, *Se souvenir du futur*, Trédaniel, 2019.

LEVITIN Daniel, *De la note au cerveau*, Editions Héloïse d'Ormesson, 2010.

LIPOVETSKY Gilles, *Les temps hypermodernes*, Grasset, 2004.

LOREAU Dominique, *L'art de la délicatesse*, Flammarion, 2016.

LUYCKX GHISI Marc, *Surgissement d'un nouveau monde, Valeurs, vision, économie, politique, tout change*, L'harmattan, 2010, seconde édition 2021.

LYNCH David, *Catching the Big Fish : Meditation, Consciousness, and Creativity*, TarcherPerigee, 2007.

METIVIER Francis, *Liberté inconditionnelle*, Pygmalion, 2016.

MIDAL Fabrice, *Pourquoi la poésie*, Pocket, 2010.

MOUKHEIBER Albert, *Votre cerveau vous joue des tours*, Allary Editions, 2019.

NIETZCHE, *Le livre du philosophe*, Flammarion, 1991.

OGIER Myriam, *Multipotentiels atypiques, visionnaires, intuitifs, créatifs, les pépites de demain*, Eyrolles, 2021.

OGIER Myriam, *Un cerveau droit au pays des cerveaux gauches*, Eyrolles, 2018.

PAVIE Xavier, *L'innovation à l'épreuve de la philosophie*, PUF 2018.

PAVIE Xavier, *Le choix d'exister*, Les Belles Lettres, 2015.

PETITCOLLIN Christel, *Je pense trop*, Editions Trédaniel, 2016.

PINK Daniel, *L'homme aux deux cerveaux : Apprendre à penser différemment dans un monde nouveau*, Robert Laffont, 2007.

PITCHER Patricia, *Artistes, artisans et technocrates dans nos organisations : Rêves, réalités et illusions du leadership*, Editeur Québec, 2e édition, 2006.

POINDRON Eric, *Comment vivre en poète*, Le Castor astral, 2019.

RANDOM Michel, *La mutation du futur : le colloque de l'Unesco à Toky*o, Albin Michel, 1996.

RANSFORD Emmanuel, CHAMBON Olivier, ATHAM Tom, *L'homme quantique, vers une nouvelle compréhension de nos potentiels de guérison*, Trédaniel, 2017.

REDEKER Redeker, *Réseaux sociaux : la guerre des Léviathans*, Rocher, 2021.

ROUHAN Isabelle, SCHMELCK Clara-Doïna, *Les métiers du futur*, First éditions, 2019.

SABLE Erik, *Chamanisme et magie animale suivi de : l'oiseau dans le voyage spirituel de l'âme*, Dervy, 2014.

SCHWALLER DE LUBICZ René, *Le Roi de la théocratie pharaonique*, Flammarion, 1961.

SÉDILLOT Carole, *Jung, Explorateur de l'esprit*, Dervy, 2018.

SEGALEN Victor, *Essai sur le mystérieux et aux textes*, Payot-Rivages, 2021.

SENK Pascale et de GRAVELAINE Frédérique, *Guérir de nos dépendances*, Leduc Pratique, 2018.

SPINOZA, *Éthique*, traduction de Robert Misrahi, Le Livre de Poche, 2011.

STAMBOULI Karim B. et BRIONE Eric, *Buzz Marketing, la stratégie de bouche-à-oreille*, Editions d'Organisation 2002.

TADDEI François, *Apprendre au XXIe siècle*, Calmann Levy, 2018.

VAN DER VELDE Liliane, CHAMBON Olivier, *L'approche chamanique de la thérapie, Médecine Supra Quantique du Vivant*, Vega, 2016.

Liste des experts

Agis Stéphanie, coach holistique et fondatrice d'une chaîne YouTube d'inspiration alchimiste égyptienne

Alvarez Christophe, coach cofondateur de la méthode Alpha and You

Bengier Gary F, écrivain, philosophe et technologue

Babinet Gilles, entrepreneur français, spécialiste des questions du numérique.

Bach Christine, fondatrice du cercle littéraire Le Rendez-vous Rive Gauche et du prix littéraire Marco Polo Venise

Bartolomeo Paolo, neurologue et chercheur INSERM à l'institut du cerveau

Luc Bigé, dr. ès Sciences, symboliste, essayiste, conférencier et explorateur d'interstices. Il propose une formation en ligne autour de l'astrologie, de la mythologie grecque et sur la nature de la conscience : https://reenchanterlemonde.com

Bonlarron Anne, fondatrice de Sienceo (www.scienceo.fr)

Buffet Anne-Laure, thérapeute spécialisée dans l'accompagnement des victimes psychologiques, conférencière et essayiste

Cholle Francis, fondateur-dirigeant de *The Human Company* et auteur franco-américain d'un premier best-seller en France: L'intelligence intuitive, suivi de deux livres The Intuitive Compass (USA Best Book Awards Winner) et SQUIRCLE, bestsellers du Wall Street Journal et de USA Today

Colonna Marie-Laure, psychanalyste jungienne, et membre superviseur de l'IAAP (Association Internationale de Psychologie Analytique) et de la SFPA (Société Française de Psychologie Analytique)

Corcos Maurice, Professeur de psychiatrie et Chef de service du département de psychiatrie de l'adolescent et de l'adulte jeune à l'IMM

Couture CharlElie, artiste multiste : chanteur, compositeur, peintre, écrivain et photographe français

Chapot Audrey, anthropologue, praticienne éclectique et auteur, elle est notamment diplômée en ethnologie, civilisation indienne et conseil en organisation. Elle se consacre à assainir notre rapport au vivant et à mettre à jour nos modes de vie

Chambon Olivier, médecin psychiatre et psychothérapeute depuis 30 ans, spécialiste de l'utilisation thérapeutique des états élargis de la conscience (chamanisme, psychédéliques, EMI, etc.)

Chevallier Audrey, psychopraticienne, astrologue et enseignante en astrologie humaniste

De Vulpian Alain, sociologue et ethnologue, spécialiste des transformations du monde occidental

Dillenseger Marie-Pierre, auteur, conférencière et praticienne des arts stratégiques chinois appliqués (Yi Jing, art de la guerre, synchronicité, analyse spatiale, décodage temporel)

Devillers Laurence, professeur à l'université Paris-Sorbonne 4 en informatique appliquée aux sciences et chercheur en apprentissage machine, modélisation des émotions et interaction hommes-machine dans un laboratoire du CNRS-LIMSI

Dupoux-Couturier Irène, historienne et sociologue, spécialiste des cultures internationales, co-présidente du think tank « happymorphose »

Ederlin Christophe, praticien en Médecine Traditionnelle Chinoise depuis 1996, Vice-Président de la Fédération Nationale de Médecine Traditionnelle Chinoise (FNMTC) et formateur au sein du Collège SFERE – Énergétique Traditionnelle Chinoise

Fondateur de la chaîne YouTube Esprit 2.0

Fauchet Valérie, écrivain, auteur de chansons et poète

Fontaine Isabelle, journaliste pendant vingt ans, auteure et experte dans le domaine de l'intuition, elle est également thérapeute et accompagne des personnes et des groupes sur le chemin de la connaissance de soi

Gardner Howard, psychologue cognitiviste, professeur de neurologie et enseignant à *Harvard graduate school of education* et concepteur de la théorie des intelligences multiples.

Genest Philippe, hypnologue, psychothérapeute

Giuliani Bruno, docteur en philosophie et maître en biochimie, spécialiste de Spinoza

Godart Elsa, directrice de recherche à l'université, philosophe et psychanalyste. Auteure de nombreux ouvrages (En finir avec la culpabilisation sociale, 2021, Albin Michel)

Godon Anne-Sophie, directrice des services chez Malakoff Humanis, Groupe de protection sociale

Guillemant Philippe, ingénieur centralien, spécialiste de l'intelligence artificielle et d'une nouvelle théorie sur l'espace-temps qui révolutionne notre vision du monde

Jacquet Amandine, coach holistique et énergétique, pour rallumer la flamme et vivre connecté à son plus vibrant potentiel : libération des souffrances - harmonisation des énergies et de la Kundalini - connexion à un scénario basé sur le cœur

Klein Jean-Pierre, psychiatre et pionnier de l'art-thérapie, directeur de l'Institut national d'expression, création, art et thérapie

Lebreton Emeric, enseignant-chercheur, auteur de Robot révolution et fondateur d'Orient'Action

Madre Marie-Sophie, artiste peintre et art thérapeute

Ogier Myriam, coach et auteur spécialiste des multipotentiels atypiques ou «cerveaux droits», TEDx speaker, fondatrice du Cercle « Innovants et Intuitifs : penser autrement »

Pavie Xavier, philosophe, Professeur à l'ESSEC Business School et chercheur associé à l'Institut de recherches philosophiques (IREPH) université Paris Nanterre. Ses travaux portent notamment sur la question de la présence des exercices spirituels dans l'espace contemporain et s'intéresse de près à l'innovateur responsable. Il a publié une dizaine d'ouvrages tant sur les exercices spirituels (notamment Exercices spirituels, leçons de la philosophie antique et Exercices spirituels, leçons de la philosophie contemporaines aux Belles Lettres) que sur la philosophie de l'innovation responsable (notamment L'innovation à l'épreuve de la philosophie aux PUF)

Pierre Agnès, coach co-fondatrice de la méthode alpha and you

Poindron Éric, éditeur, écrivain, poète, réalisateur

Rosinski Philippe, pionnier du coaching global et interculturel, auteur de « Leadership & coaching global» (Valeurs d'Avenir, 2018)

Stambouli Karim B, directeur conseil chez Publicis e-brand, spécialiste des stratégies de communication transversale, et hypnothérapeute

Achevé d'imprimer en décembre 2021
dans les ateliers d'Evoluprint
31150 Bruguières